汉学研究大系
Series of Chinese Studies
阎纯德 总主编

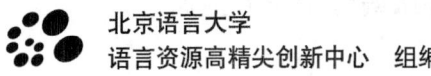
北京语言大学
语言资源高精尖创新中心　组编

列国汉学史丛书

澳新汉学研究史

熊文华　著

学苑出版社

图书在版编目（CIP）数据

澳新汉学研究史 / 北京语言大学语言资源高精尖创新中心组编；熊文华著. -- 北京：学苑出版社，2019.12

（汉学研究大系 / 阎纯德总主编）

ISBN 978-7-5077-5878-8

Ⅰ．①澳… Ⅱ．①北… ②熊… Ⅲ．①汉学-历史-澳大利亚、新西兰 Ⅳ．①K207.8

中国版本图书馆CIP数据核字(2019)第299671号

责任编辑：	杨 雷 张敏娜
出版发行：	学苑出版社
社　　址：	北京市丰台区南方庄2号院1号楼
邮政编码：	100079
网　　址：	www.book001.com
电子信箱：	xueyuanpress@163.com
联系电话：	010-67601101（销售部） 67603091（总编室）
经　　销：	新华书店
印 刷 厂：	北京建宏印刷有限公司
开本尺寸：	710×1000　1/16
字　　数：	406千字
印　　张：	26.75
印　　数：	1500册
版　　次：	2019年12月第1版
印　　次：	2019年12月第1次印刷
定　　价：	75.00元

汉学研究大系 组织编写委员会

主　任：李宇明　刘　利
成　员：阎纯德　杨尔弘　刘晓海　田列朋

汉学研究大系 总编辑委员会

总顾问：袁行霈　李学勤
顾　问：王晓平　乐黛云　宇文所安　李明滨　吴志良
　　　　严绍璗　张西平　宋绍香　何培忠　郁　白
　　　　孟　白　钱林森　崔希亮　柴剑虹　阎国栋
　　　　熊文华
主　任：李宇明
总主编：阎纯德
助　理：陈　畠

列国汉学史丛书 编辑委员会

主　任：刘　利
副主任：韩经太
主　编：阎纯德　吴志良
编　委：安平秋　许光华　李海绩　李雪涛　陈开科
　　　　陈戎女　杨玉英　张国刚　周　阅　侯且岸
　　　　钱婉约　徐志啸

总　序　一

经过近30年多位学者的辛劳努力,现在我们可以说,国际汉学研究确实已经成长为一门具有特色的学科了。

"汉学"一词本义是对中国语言、历史、文化等的研究,而在国内习惯上专指外国人的这种研究,所以特称"国际汉学",也有时作"世界汉学""国际中国学",以区别于中国人自己的研究。至于"国际汉学研究",则是对"国际汉学"的研究。中外都有学者从事国际汉学研究,我们在这里讲的,是中国学术界的国际汉学研究。

自从"改革开放"以来,国际汉学研究改变了禁区的地位,逐渐开拓和发展。其进程我想不妨划分为三个阶段:一开始仅限于对国际汉学界状况的了解和介绍,中心工作是编纂有关的工具书,这是第一个阶段。到了20世纪90年代,出现国际汉学研究的专门机构,大量翻译和评述汉学论著,应作为第二个阶段。在这两个阶段里,学者们为深入研究国际汉学打好了基础,准备了条件。新世纪到来之后,进入全面系统地研究国际汉学的可能性应该说业已具备。

今后国际汉学研究应当如何发展,有待大家磋商讨论。以我个人的浅见,历史的研究与现实的考察应当并重。国际汉学研究不是和现实脱离的,认识国际汉学的现状,与外国汉学家交流沟通,对于我国学术文化的发展以至于多方面的工作都是必要的。我曾经提议,编写一部中等规模的《当代国际汉学手册》,使我们的学者便于使用;如果有条件的话,还要组织出版《国际汉学年鉴》。这样,大家在接触外国汉学界时,不会感到隔膜,阅读外国汉学作品,也就更容易体味了。必须指出的是,国际汉学有着长久的历史,因此现实和历史是分不开的,不了解各国汉学的历史传统,终究无法认识汉学的现状。

我们已经有了不少国际汉学史的著作及论文。实际上,公推为中国最早的汉学史专书,是1949年出版的莫东寅的《汉学发达史》,尽管是通史体裁，也包含了分国的篇章。这本书最近已有经过校勘的新版，大家容易看到，尽管只是概述性的，却使读者能够看到各国汉学互相间的关系。由此可见，有组织、有系统地考察各国汉学的演进和成果，将之放在国际汉学整体的背景中来考察，实在是更为理想的。

这正是我在这里向大家推荐阎纯德教授、吴志良博士主编的这套"列国汉学史书系"（即"汉学研究大系"）的原因。

阎纯德教授在北京语言大学主持汉学研究所工作多年，是我在这方面的同行和老友，曾给我以许多帮助。他为推进国际汉学研究，可谓不遗余力，所做出的重要贡献是学术界周知的。在他的引导之下，《中国文化研究》季刊成为这一学科的园地，随之又主编了《汉学研究》，列入《中国文化研究汉学书系》，有非常广泛的影响。其锲而不舍的精神，我一直无比敬服。特别要说的是，阎纯德教授这几年为了编著这套"列国汉学史书系"所投入的心血精力，可称出人意想。

在《汉学研究》第八集的《卷前絮语》中，阎纯德教授慨叹："《汉学研究》很像同人刊物，究其原因，是从事这个领域研究的学者太少，尤其是专门的研究者更是少之又少，所以每一集多是读者相熟的面孔。"现在看"列国汉学史书系"，作者已形成不小的专业队伍，这是学科进步的表现，更不必说这套书涉及的范围比以前大为扩充了。希望"列国汉学史书系"的问世成为国际汉学研究这个学科在新世纪蓬勃发展的一个界标，让我们在此对阎纯德教授、这套书的各位作者，还有出版社各位所做出的劳绩表示感谢。

李学勤

2007 年 4 月 8 日

于清华大学国际汉学研究所

总　序　二

　　汉学历史和学术形态历史是既抽象又具体的存在,是浩瀚无边的过去、现在和未来。历史会让我们兴奋,也会使我们悲哀,有时还会觉得它仿佛是一个梦。但是,当我们梦醒而理智的时候,便会发现——太阳、地球、人类社会,一切的一切,不管是曾经存在过的恐龙,还是至今还在生生不息的蚂蚁社群,天上的、地下的、看得见的、看不见的,一切都有自己的历史。一切都有过发生,一切都还在发展,可能还会灭亡。

　　任何事物的发生都有一个有形或无形的孕育过程,"汉学"(Sinology)也是这样,其孕育和成长,就是中国文化与异质文化相互交媾浸淫的历史。这个历史,始于公元一世纪前后汉代所开通的丝绸之路,接下来是七八世纪的大唐帝国、十四五世纪的明代、清末的鸦片战争和五四新文化运动,这种文化的碰撞和交流之潮时起时伏直到今天,还会发展到永远。这是历史,是汉学的昨天、今天和未来,是其孕育、发生和成长的过程显现出的文化精神。但是,昨天有远有近,我们可以寻着蛛丝马迹探讨找回其真;而今天,只是一个过渡,一俟走过,便成为昨天的陈迹。

　　写作汉学史是一件艰难的劳作,尤其对象是遥远的昨天,尤其是"遗失"在异国他乡的昨天,更非一件易事。时至今日,朦胧面纱下的汉学还不完全为一些学人所认识,因此有必要取下面纱,让人们看个究竟。

　　中华人民共和国成立最初的30年,对于"汉学"讳莫如深,因为"它"被认为是个有害于中国的"坏东西";从20世纪70年代中期之后,尤其90年代以降,"汉学"便逐渐成为学术界耳熟能详的学术名词。中国大陆重提"汉学"至今,汉学就像隐藏在深山里的小溪,经过30年的艰辛跋涉,才终于形成一条奔腾的水流,并成为中国文化水系不可或缺的组成部分;尤其是到了21世纪最初十年之后,国家领导人也提出倡导研究汉学(中国学)。这是天翻地覆的文化壮举。这个变化是时代和历史变迁带来的结果,也是文化自身发展的规律。

那么，究竟什么是汉学呢？首先，这里的汉学非指汉代研究经学注重名物、训诂——后世称"研究经、史、名物、训诂考据之学"的"汉学"，而是指外国人研究中国历史、语言、哲学、文学、艺术、宗教、考古及社会、经济、法律、科技等人文和社会科学领域的学问，这起码是近300来年世界上的习惯学术称谓。李学勤（1933—2019）教授多次说："'汉学'，英语是Sinology，意思是对中国历史文化和语言文学等方面的研究。在国内学术界，'汉学'一词主要是指外国人对中国历史文化等的研究。有的学者主张把它改译为'中国学'，不过'汉学'沿用已久，在国外普遍流行，谈外国人这方面的研究，用'汉学'比较方便。"[①]Sinology一词来自外国，它不是汉代的"汉"，也不是汉族的"汉"，不指一代一族，其词根Sino源于秦朝的"秦"（Sin），所指是中国。为了弄清Sinology的真正含义和译义，我曾向西方多位汉学家征求其看法。他们几乎毫无疑义地认为：Sinology的词根"Sino"，意思是"秦"，所指是中国，源自拉丁词语"Sina"（China，中国），"logia"为希腊词语，其意为"科学"，或含有考古学或哲学的部分意思；前者所示是"中国"，后者所示是"科学"或"研究"，两者相加，Sinology就是"中国的科学研究"。Sinology一词的诞生，最早应是始于后利玛窦时代，出自某个传教士的智慧——借用汉代和清代的"汉学"。从那时起，西方传教士就将对中国的文化研究称为Sinology（汉学），研究者称为Sinologist（汉学家）。

如果我们将Sinology在学术上称为"汉学"和"中国学"，名字虽异，但实质上它们是"异名共体"，所表述的内涵完全一样。高利克在回信中说："我认为Sinology（汉学）或Sinologist（汉学家）是用以指称我们所从事的事业之恰当的词语。"

在历史长河里，汉学由胚胎逐渐发育成长。当汉学走过少年时代，在西学东渐和中学西传互示友情之后，中学开始影响西方而成为人类文明史上的伟大事件。中世纪以来，欧洲视中国为"修明政治之邦"，对中国充满了好奇与好感，18世纪"中国热"蜂起欧洲，19世纪初期法国便成为西方汉学的中心，巴黎成为"汉学之都"。戴密微（Paul Demiéville，1894—1979）曾说汉学的先驱是葡萄牙、西班牙和意大利，但是汉学作为学术研究和一

---

① 李学勤《国际汉学漫步·序》，河北教育出版社，1997年。

种文化形态，举大旗的则是法国人。1814 年 12 月 11 日，雷慕沙（Jean Pierre Abel Rémusat, 1788—1832）在法兰西学院首开"汉语和鞑靼—满语语言与文学讲座"，开启了西方真正的汉学时代。但指代汉学的"Sinologie"（英文"Sinology"）一词则出现在 17 世纪末，应该早过雷慕沙主持第一个汉学讲座 100 年的时间。从此之后，"Sinology"便成为主导汉学世界的图腾、约定俗成的学术"域名"。在世界文化史和汉学史上，外国人把研究中国的学问称为"汉学"，研究中国学问的造诣深厚的学者称为"汉学家"。因此，我认为，我们不必要标新立异，根据西方绝大部分汉学家的习惯看法，"Sinology"发展到如今，这一学术概念有着最广阔的内涵，绝不是汉代和清代独有的"汉学"，更不是什么"汉族文化之学"，它涵盖中国的一切学问，既有以儒释道为核心的传统文化，也包含"敦煌学""西夏学""突厥学""满学"以及"藏学"和"蒙古学"等领域。由于汉学的发展、演进，以法国为首的"传统汉学"（Sinology）和以美国为首的"现代汉学"（"中国学"，Chinese Studies），到了 20 世纪中叶之后，研究内容、理念和方法，已经出现兼容并包状态，就是说 Sinology 可以准确地包含 Chinese Studies 的内容和理念；从历史上看，尽管 Sinology 和 Chinese Studies 所负载的传统和内容有所不同，但现在却可以互为表达、"雌雄同体"于同一个学术概念了。话再说回来，对于这样一个负载着深刻而丰富历史内涵的学术"域名"，我以为还是叫它"汉学"（Sinology）为好，因为 Sinology 不仅承继了汉学的传统，而且也容纳了 Chinese Studies 较为广阔而现代的内容。另外，中国人对中国文化的研究应该称为国学，而外国学者研究中国文化的那种学问则称为汉学。汉学是国学有血有肉有灵魂的"影子"，而汉学不是国学，是介于中学与西学两者之间、本质上更接近西学的一种文化形态。说它与国学同根而生，说它们是"一条藤上的两个瓜"（许嘉璐语），都不为过，然而瓜的形象与味道却不相同，一个是"东瓜"，一个是"西瓜"。我认为这样认识汉学，既符合中国文化的学术规范，又符合世界上的历史认同与学术发展实际。

　　汉学的历史是中国文化与异质文化交流的历史，是外国学者阅读、认识、理解、研究、阐释中国文明的结晶。汉学是中国文化和外国文化撞击后派生出来的学问，实际上也是中国文化另一种形式的自然延伸。但是，汉学不是纯粹的中国文化，它与中国文化有着密不可分的血缘关系，它既是中外文化的"混血儿",又是可以照见"中国文化"的镜子,是可以攻玉的"他山之石";"'Sinology'是一门在国际文化中涉及双边或多边文化关系的近代边缘性的学术,它以'中国文化'作为研究的'客体',以研究者各自的'本土文化语境'作为观察'客体'的基点,在'跨文化'的层面上各自表述其研究的结果,它具有'泛比较文化研究'的性质。"①以上两种表述虽有不同,但学理一致,基本可以厘清我们对于 Sinology 的学术定位。

法国汉学家马伯乐(Henri Maspero,1883—1945)说过:"中国是欧洲以外仅有的这样的一个国家:自远古起,其古老的本土文化传统一直流传至今。"法国哲学家弗朗索瓦·于连(François Jullien)也说:"中国文明是在与欧洲没有实际的借鉴或影响关系之下独自发展的、时间最长的文明……中国是从外部审视我们的思想——由此使之脱离传统成见——的理想形象。"②他在《为什么我们西方人研究哲学不能绕过中国》中提出:"我们选择出发,也就是选择离开,以创造远景思维的空间。人们这样穿越中国,也是为了更好地阅读希腊。"为了获得一个"外在的视点",他才从遥远的视点出发,并借此视点去"解放"自己。这便是一个未曾断流、在世界上仅存的几种古老文化之一的中国文明的意义。中国文明是一道奔流不息的活水,活水流出去,以自己生命的光辉影响世界;流出的"活水"吸纳异国文化的智慧之后,形成既有中国文化的因子,又有外国文化思维的一种文化,这就是"汉学"。也就是说,汉学是以中国文化为原料,经过另一种文化精神的智慧加工而形成的一种文化。从某种意义上说,汉学既是外国化了的中国文化,又是中国化了的外国文化;抑或说是一种亦中亦西、不中不西,有着独立个性的文化。汉学作为一门独立的具有跨文化性质的学科,是外国文化对中国文化借鉴的结果。汉学对外国人来说是他们的"中学",对中国人来说又是"西学",它的思想和理论体系仍属"西学"。

我们的汉学研究,是指对外国汉学家及其对中国文化研究成果的再研究,是中国学者对外国学者研究中国文化的反馈,也是对外国文化借鉴的一个方面。凡是对历史或异质文化进行研究,都有一个价值判断和公正褒贬的问题。因此,对于汉学家对中国文化的研究,必得有我们自己的判断,

---

① 严绍璗《我对 Sinology 的理解和思考》,载《世界汉学》2006 年第 4 期。
② [法]弗朗索瓦·于连(François Jullien)《迂回与进入》,香港三联书店,1998 年。

然后做出公正的褒贬。我们说汉学是可以攻玉的"他山之石",但是这句箴言并非只适用于中国人,对外国人也是一样。汉学也像外国的本体文化一样,对我们来说有借鉴作用,对西方来说有启迪作用——西方学者以汉学为媒介来了解中国,汲取中国文化的精华,完善自己的文明。人类由于文化背景差异和文化语境的不同,思维方向和方式也会不同,因而就会得出不同的结论,讲出不同的道理。"西方学者接受近现代科学方法的训练,又由于他们置身局外,在庐山以外看庐山,有些问题国内学者司空见惯,习而不察,外国学者往往探骊得珠。如语言学、民俗学、考古学、人类学、社会学诸多领域,时时迸发出耀眼的火花。"① 汉学的学术价值往往不被国人重视,并利用汉学家对于中国文化的一些误读而贬低汉学的价值。其实,这并不公平,有些汉学家对于中国文化确实有其独到的见解,能发中国人未发之音。法国汉学家马伯乐对中国上古文化和上古宗教的研究就有独到的贡献,中国学者称赞他对中国宗教研究有开"先河"之功。他研究中国宗教的宗教社会学之方法,促进和推动了中国学者采用宗教社会学来研究中国宗教,被称为"中国宗教社会学研究的真正创始人"。

踏着地理学家和探险家斯文·赫定(Sven Hedin,1865—1952)的足迹来到中国的瑞典地质学家、考古学家安特生(John Gunnar Andersson,1874—1960),他对中国的贡献足以说明他也是一位汉学家。1914 年,他被中国北洋政府农商部聘任为矿政顾问,他先是从事地质调查,写出《中国的铁矿和铁矿工业》和《华北马兰台地》的调查报告,然后致力于古生物化石的收集和研究。1921 年 10 月,在河南渑池发现仰韶文化,因此被誉为"仰韶文化之父"。他的研究揭开了中国田野考古工作的序幕,改变了中国近代考古的面貌。他有《甘肃考古记》、《中国远古之文化》(*An Early Chinese Culture*,1923)、《黄土的女儿:中国史前史研究》(*Children of the Yellow Earth:Studies in Prehistoric China*)等著作。

瑞典汉学家高本汉(Bernhard Karlgren,1889—1978)的最高成就是根据研究古代韵书、韵图和现代汉语方言、日朝越诸语言中汉语借词译音构拟汉语中古音,以及根据中古音和《诗经》用韵、谐声字构拟古音,写出著名的学术专著《中国音韵学研究》《汉语中古音与古音概要》《古汉语字典

---

① 季羡林《汉学研究·序》第七集,中华书局,2003 年。

重订本》《中日汉字形声论》《论汉语》《诗经注释》《尚书注释》和《汉朝以前文献中的假借字》等。他对汉语音韵训诂的研究是不少中国学者所不及的,并深刻影响了对于中国音韵训诂的研究。20世纪日本学者津田左右吉(Tsuda Soukichi,1873—1961)关于中国文化的研究著述甚丰,他认为中国文化是一种"人事本位文化",其核心是"帝王文化",其他认识上尽管有偏颇,但也有其独异性和深刻之处。这就是"他山之石"的意义和价值。

当然,不可否认,汉学家对于中国文化的误读或歪曲也是常见的。美国现代汉学(中国学)的奠基人费正清对中国历史尤其近代史的研究独具风采,为美国人民认识中国搭建了一座桥梁;但他在研究上的所谓"冲击—回应"模式,却近乎荒谬,认为是西方给中国带来了文明,是西方的侵略拯救了中国。

综上所述,对于汉学成果的研究,只有冷静、公正、客观、全面,才能在沙中淘得真金,发现真正的"他山之石"。

在中国,汉学的接受与命运,诚实地说,在20世纪80年代初期之前,基本上是无视它的学术价值,更没人把它看作是中国文化的延伸。此外,由于民族心理上的历史"障碍",我们还曾视汉学为洪水猛兽,甚至觉得它是仇视中国、侮辱中国的一个境外的文化"孽种"。这种"观点",虽嫌偏颇,当然也不是空穴来风。因为自19世纪鸦片战争前后,直至20世纪40年代,偌大的中国曾经惨遭蹂躏,其间也不乏为列强殖民政策服务的少数传教士、"旅行家"和"学者"深入中国腹地,以旅行、探险、考古之名而实行社会情报的搜集、盗窃和骗取中国文物。

人类思想的飞翔,是受社会和历史禁锢的,山高水远的阻隔也使得人类互相寻找的岁月特别漫长。交流是人类文化选择的自然形态,汉学就发生在这种物质交流和文化交流之中。

人类在互相寻找的初级阶段,中国和西方试探性的商业交往还很原始,那时的人类,不同的国家、民族和族群处于相对落后和封闭的状态,人类各个角落的不同文化还处于相对不自觉或是相对蒙昧的历史时期。在人类最早的沟通中,中国人走在最前边。公元前139年,张骞奉汉武帝之命,越过葱岭,亲历大宛、康居、大月氏、大夏、乌孙、安息等地,直达地中海东岸,先后两次出使中亚各国,历时十多年,开创了古代和中世纪贯通欧亚非的陆路"丝绸之路",为人类交往开了先河,也为汉学的萌发洒下最初的雨露。

在文化史上，以孔孟儒家学说为核心的中国文化最先影响朝鲜半岛，然后才是日本和越南等周边国家。这些周边国家与中国的关系复杂，甚至被说成同种同文，因此可以说它们的文化与中国文化有着很深的"血缘"关系。公元522年，中国佛教渡海东传日本，从那时开始，中国典籍便大量传入日本；但这只是一种"输入"，只是日本创建自己文化的借鉴，并没有形成对于中国文化的深层研究。及至唐代，由于文化上承接了汉朝的开放潮流，那时与异质文化的交流相对更加频繁，商贸往来和文化沟通有了发展，西方和中国周边国家或地域的人士通过陆路和水路进入中国腹地，有的经商，有的留学，长安（今西安）、洛阳、扬州、广州、泉州等城市，都是中外贸易和文化交汇的重要都会。尤其是长安（今西安），是当时世界最大的商业文化之都；而扬州、广州、泉州等，由于东南沿海经济崛起、人口增多、手工业发达、农田水利的改善，为海外贸易发展创造了条件，再由于唐代中期"安史之乱"切断了陆路"丝绸之路"的缘故，曾称为"鲤城""温陵""刺桐城"的泉州，便成为联结亚洲、欧洲和非洲的海上丝绸之路的"东方第一大港"，是那时以丝绸、金银、铜器、铁器、瓷器为主的国际贸易之都。通过频繁的往来和交流，外国人对中国文化的认识越来越多、越来越深，汉学也便在这种交流中不知不觉慢慢衍生。

但是，源远流长的汉学，人们习惯地认为其洪流和网络在西方，西方是汉学的形象代表。这种看法，一是源自近代以来西方强势文化和中国人的崇洋心理；二是西方汉学的某些特征也确实有别于朝鲜半岛、日本和越南的汉学。其实，如果我们从世界汉学历史发展的角度看，日本、朝鲜半岛和越南的汉学要早于西方的汉学，比如日本在十四五世纪已经初步形成了汉学，而那时西方的传教士还没有进入中国。因此，对于汉学的研究，无论是西方还是东方（朝鲜半岛、日本和越南），我们都不能顾此失彼，要以同样的关注和努力而探讨之。当然，汉学的历史藏在文献里，而隐性源头却可能在文献之外。

文化往往伴随经济流动，其交流也会在不自觉或无意识状态下发生。到了明代初年，郑和于1405年，率200多艘舰船的庞大舰队出使西洋，前后7次，历经28年，到过30多个国家，最远抵达非洲东岸和红海口，真正拓展了海上"丝绸之路"。

在公元八九世纪至十六七八世纪期间,关于中国,多见于西方商人、外交使节、旅行家、探险家、传教士、文化人所写的游记、日记、札记、通信、报告之中,这些文字包含着重要的汉学资源,因此这些文献被称为"旅游汉学"。这些人的东来源于文艺复兴,因为思潮的开放影响了欧洲人的思想和生活,他们或通商,或传教,或猎奇,但了解和研究中国文化却是一致的,于是汉学便在葡萄牙、西班牙、意大利、法国、荷兰、英国、德国、俄罗斯等主要的西方国家逐步发展起来。

这类游记和著作较早的,有约在公元851年成书的描述大唐帝国繁荣富强的阿拉伯帝国(大食国)旅行家苏莱曼(Sulayman)的《中国印度见闻录》(又译《苏莱曼东游记》)、威廉·吕布吕基斯(1215—1219)的《远东游记》(1254)、意大利雅各布·德安克纳的《光明城》(The City of Light);这类"旅游汉学"著作中,最著名且影响至今的当属《马可·波罗游记》(The Travels of Marco Polo,又译《东方见闻录》)。马可·波罗(Marco Polo,1254—1324)于1275年随父亲和叔父来中国,觐见过元世祖忽必烈,1295年回国后出版了这本书,它以美丽的语言和无穷的魅力翔实地记述了中国元朝的财富、人口、政治、物产、文化、社会与生活,第一次向西方细腻地展示了"唯一的文明国家""神秘中国"的方方面面。

大航海凯旋不久,欧洲传教士最初到世界各地传教,在美洲和日本等许多地方遭遇不顺。但是,他们唯独在中国这个以德仁待人的文明国度得到了善待。庞迪我(Diego de Pantoja,1571—1618)在1602年写给西班牙主教的信里说:"中国那么强大,为什么不去征服那些周边小的国家,甚至一任那些小国给它制造麻烦呢?因为中国不想用自己的威力征服别人。这一事实,对欧洲人来说是不可理解的;中国人与他们的皇上并不寻求或梦想超过他们目前的国土疆界来扩大他们的帝国。"利玛窦(Matteo Ricci,1552—1610)说:"在这样一个几乎具有无数人口和无限国土幅员辽阔、各种物产丰富的国家,虽然它有装备精良的陆军和海军,很容易征服临近的国家,但他们的皇上和人民却从来没想过要发动侵略战争,他们很满足于自己已有的东西,没有征服别人的野心。在这方面,他们与欧洲人很不相同,欧洲人常常不满意自己的政府,并贪婪祈求别人享有的东西……我仔细研究了中国四千多年的历史,我不得不承认,我从未见过这类征服的记载,我也没有听说过他们对外侵略、扩张国界。"

从 16 世纪到十八九世纪，在数以千计的散布在中国各地的传教士中，有不少人成为名载史册的汉学先驱，他们为汉学的发展做出了重大贡献。自 1540 年圣伊纳爵·罗耀拉（St Ignatins de Loyola，1491—1556）、圣方济各·沙勿略（St. Francisco Xavier，1506—1552）等人来华，开始了以葡萄牙、西班牙、意大利传教士为主的第一波耶稣会的传教活动。接着，意大利的范礼安（Alexandre Valignani，1539—1606）、罗明坚（Michel Ruggieri，1543—1607）等著名传教士来华。明朝万历十一年（1583 年），罗明坚又将利玛窦神甫带到中国，从此，耶稣会传教士在中国的宗教活动无论是对于西方还是东方，都开始了一个新的历史时期。

西方众多旅行家、探险家、商人和耶稣会士来华，他们笔下的许多记载和著译，催生了汉学。葡萄牙贝尔西奥（P. Belchior，1519—1571）的《中华王国的风俗与法律》（1554）、葡萄牙多明我会传教士加斯帕尔·达·克鲁斯（Gaspar da Cruz，1520—1570）全面介绍中国的《中国情况详介专著》，最著名的是 1585 年在罗马出版的西班牙胡安·冈萨雷斯·德·门多萨（Juan Gonsales de Mendoza，1545—1618）编著的《中华大帝国史》（*Dell'historia della China*，又译《大中国志》）。这位没有来过中国的传教士汉学家，却根据自己所掌握的有关中国文献写出了第一部真正的汉学著作，名副其实地对中国的政治、历史、地理、文字、教育、科学、军事、矿产、物产、衣食住行、风俗习惯等做了百科全书式的介绍，具有相当的学术价值，以七种文字印行，风靡欧洲。

在这个一百多年的岁月里，前后出版的有金尼阁（Nicolas Trigault，1577—1629）根据利玛窦日记的整理，加上自己的中国见闻合著为《利玛窦中国札记》（*Regni Chinensis Descriptio*，又译《基督教远征中国史》），亚历山大·德·罗德（Alexandre de Rhodes，1591—1660）的《在中国的数次旅行》（1666），比利时南怀仁（Ferdinand Verbiest，1623—1688）的《中国皇帝出游西鞑靼行记》（1684），葡萄牙费尔南·门德斯·托平的（Fernão Mendes Pinto，1509—1583）的《远游记》，法国李明（Louis-Daniel Le Comte，1655—1728）的《关于中国现状的新回忆录》（*Nouveau mémoire sur l'état présent de la Chine*，1696，又译《中国近事报道》）和《中华帝国全志》（《中国通志》），等等。

这些包罗万象的文献，不仅记录了不同时代的中国，还以自己的文化视角开始了中西文化最初的碰撞。作为文献，这些游记、日记、札记、通信和报告，有赞美，有误读，也有批评，但因为其中包含大量中国物质文化及政治、经济、历史、地理、宗教、科举等多方面的文化记载，而成为汉学的重要组成部分，在学术史上有重要价值。

汉学的发生、发展与经济、政治、交通以及资讯分不开。有学者把汉学的历史分为"萌芽""初创""成熟""发展""繁荣"几个时期，也有的分为"游记汉学时期""传教士汉学时期"和"专业汉学时期"三个阶段。但汉学的真正形成是在明末清初兴起的"西学东渐"和"中学西传"的互动之中。

以利玛窦为核心的耶稣会士的历史意义在于他们开始了对中国文化的全面开垦，不仅著书立说，还把《大学》《中庸》《论语》《孟子》等中国文化经典译成西文，不仅开西学东渐之先河，也推动了中学西传，使中国文化对西方科学与哲学产生重要影响，因此这位思想家当仁不让地被视为西方汉学的鼻祖。与其先后到达中国的著名的传教士大都曾著书立说、传播中国文化，对推动西学东渐和中学西传做出了贡献。

在世界汉学史上，除了以上提及的，还有许多汉学家的名字十分响亮，如曾德照、柏应理、卫匡国、殷铎泽、南怀仁、汤若望、龙华民、罗如望、熊三拔、张诚、白晋、马若瑟、宋君荣、钱德明、翟理斯、安特生、雷慕沙、儒莲、德理文、安东尼·巴赞、蒙田、冯秉正、尼·雅·比丘林、巴拉第·卡法罗夫、瓦西里耶夫、沙畹、伯希和、马伯乐、葛兰言、马礼逊、斯坦因、理雅各、李约瑟、韦利、霍克斯、卫礼贤、福兰阁、孔拉迪、高本汉、卫三畏、费正清、拉铁摩尔、孔飞力、史景迁、狄百瑞、傅高义、齐赫文斯基、季塔连科、戴密微、谢和耐、石泰安、汪德迈、施寒瑞、施舟人、顾彬、宇文所安，等。他们对中国文化的独特理解，铸造成汉学史上的思想学术之碑，开垦了汉学成长的沃土。

"西方的汉学是由法国人创立的。"但是，在欧洲全面研究中国文明的问题上，"法国的先驱是葡萄牙、西班牙和意大利"①。戴密微把以上三个国家誉为汉学的先锋，"他们于16世纪末叶，为法国的汉学家开辟了道路，

---

① [法]戴密微《法国汉学研究史》，耿昇译《法国当代中国学》，中国社会科学出版社，1998年。

而法国的汉学家稍后又在汉学中取代了他们",真正建立了作为学术的汉学传统。就传统汉学而言,法国是汉学家最多的国家之一,还有英国、俄罗斯、美国、日本等国,有许多汉学界的学术巨擘,不断为汉学大厦的崇高而添砖加瓦。

中外文化交流的结果不仅意味着中国文化"外化"的传播,也意味着异质文化对中国文化"内化"的接受。汉学家作为中外文化交流的桥梁和使者,在异质文化的交流中,也是人类和谐与进步的推动者。

汉学诞生在与异质文化碰撞、交流和相互浸淫之中。这个结果无异于一枚果子的成熟,只有"风调雨顺"才能生长得好。和谐、宽容、理解与尊重,是异质文化彼此借鉴的保证。作为文化形态的汉学,其生存和成长离不开良好的国际语境。就中国而言,历史上凡是开放的时代,文化交流就多,汉学就发展;反之,汉学就停滞,这似乎成为一种规律。

作为学术公器的汉学,文化上有其自己的成长过程。汉学是发展的,这一植根于中国文化土壤、生存于异国他乡的文化,同样深受不同时代语境的极大影响。这里所说的语境,既包括中国的历史演变,也包括异国和世界的历史变化;就是说,不同的历史时期,不同的社会、政治、经济、文化背景,在很大程度上左右着汉学的发展方向和内容;换句话说,汉学的形成和发展,不仅受制于中国历史的更迭,也受制于他者社会的变化。这就是以历史悠久的中国文化为研究对象的汉学发展的基本轨迹。

传统汉学以法国为中心,现代汉学兴显于美国。20世纪中期以来,在西方其他国家葆有传统汉学的同时,现代汉学也很繁荣。这个时期的"汉学"涂满了政治色彩,以法国为代表的汉学较多地保持着传统汉学的学术精神,而美国的"中国学"却成了充满政治意识的现代汉学的代表。

19世纪末至20世纪初,美国汉学悄然嬗变为中国学,并以自己独有的个性特点和极强的生命力出现在世人面前。美国的"中国学"所关心的不是中国文化,更不是中国的传统文化,而是中国的政治、经济、军事、教育和社会生活各个层面的问题。这种政治特征,是那个时期美国中国学的基础,这一特征也影响了其他国家汉学的研究方向和内容。

人类文化包含了物质文化和观念文化。物质文化表现在衣食住行生活方面,是一种看得见、摸得着又极易变化的"具象"文化,例如饮食、服饰、住房、音乐、舞蹈等;观念文化是一个民族精神的核心,表现在人的价值观、道德观、家庭观、宗教观等诸多方面,以及对自由、平等、民主的理解,观念文化是一个民族的思维经过高度抽象后形成的思想、观念和精神,它是通过文化的灵魂——哲学、文学、语言、宗教、历史等来表达的。① 观念文化,一俟进入汉学家的研究视野,他们的研究也就进入了对中国文化核心的深层研究。

  汉学家从对中国物质文化到观念文化的研究,其研究领域越来越广阔,越来越深厚。现在,汉学不仅包括对中国的哲学、文学、宗教、历史领域的研究,还包括对社会学、政治学和自然科学的研究。传统汉学和现代汉学,它们已经亲密到"异名共体"的地步。二者的差异在于前者是以文献研究和古典研究为中心,包括哲学、宗教、历史、文学、语言等;而以美国为中心的现代汉学(中国学)则以现实为中心,以实用为原则,其兴趣根本不在那些负载着古典文化资源的"古典文献",而重视正在演进、发展着的信息资源。但是,汉学发展到21世纪,其研究内容和方式已经出现了融通这两种形态的特点。这种状况既出现在欧洲的汉学世界,也出现在美国的中国学研究之中,可以说世界各国汉学家的研究,都兼有以上两种汉学形态。

  汉学(Sinology)对中国研究者来说,被尘封得太久,所以它的空白很多,浩如烟海的资源还有待于深入开掘。这种开掘,不仅可以收获汉学,还可以于无意中发现被历史"放逐"和"遗失"在异国他乡的中国文化。编撰"汉学研究大系"的目的和宗旨,不仅是为了梳理已有的汉学资源,在世界范围内追踪中国文化的传播与研究的历史状况、经验及影响,同时探究汉学的产生、成长、发展与繁荣,还要尽可能厘清这块"他山之石"对于中国文化的作用。当然,"汉学研究大系"还期望对推动中国文化与世界文化当下的交流有所裨益。

  "汉学研究大系"包括"列国汉学史丛书""中国文化经典与名人传播与研究丛书""汉学家研究丛书""外国文学与中国丛书""西学中医丛书"等多个"丛书"。作为一个文化工程,其撰写的难度非一般学术著作所能比拟。严绍璗教授谈到Sinology的研究者的学识素养时提出四个"必须":第一,必须具有本国的文化素养(尤其是相关的历史、哲学素养);第二,必

---

① 任继愈《汉学发展前景无限》,载《中华读书报》2001年9月19日。

须具有特定对象国的文化素养(同样包括历史、哲学素养);第三,必须具有关于文化史学的基本学理素养(特别是关于"文化本体"理论的修养);第四,必须具有两种以上语文的素养(很好的中文素养和对象国的语文素养)。这几点确实都是汉学研究者必须具备的文化和语文素养,否则很难高效进入汉学研究的学术境界。

"列国汉学史书系"的启动始于20世纪90年代,但它的诞生经历了千难万险,如果稍微松懈,必定会死于胎中。2018年10月13日,在北京语言大学校长刘利教授和北京语言大学语言资源高精尖创新中心领导李宇明教授的支持下,开了一次"'汉学研究大系'专家咨询会"。来自北京、天津和南京的学者、在京的汉学家,以及多家新闻媒体的记者参加了本次咨询会。从那时开始,我们将"汉学史书系"裂变为多个"丛书",如此变化,完全是为了能将书系编撰得更科学、更广阔。这个"大系"就像一个"汉学研究超市",如此分法,就是为了便于更多的学者能将自己的作品加入这个"超市"之中,也便于更多的读者走进这个"超市"选购自己需要的精神食粮。

冬天到了之后是春天,接着便是收获的季节。这套富有创意和价值的书系工程几乎涵盖了汉学研究的一切领域,它将对中外文化交流和汉学的发展以及比较研究产生深远影响。

在人类的文化长廊里,无论是中国还是外国,各种书写异国文化的著作琳琅满目,这其中有外国人写中国各类历史的,也有中国人写外国的各类著作。历史,是往事,是记录,是选择,并有相对独立的评论和褒贬。但是,事实上任何一部历史都不是最后的历史,历史随着时光的流逝而演进,修史很难一步到位,它需要一代代的学者"积跬步"才能"至千里",只有"积土成山,积水成渊",才会有"风雨兴""蛟龙生"。学问之事非一夕之功,非得有前赴后继者敢于赴汤蹈火"流血牺牲",才会达至光明顶峰。

开拓者也许会在某个时候将自己的真诚劳作化为欢乐,因为在以后的岁月里,定会有人踏着自己的肩膀攀上高峰,以鸟瞰美丽风光。21世纪是经济的大空间,对汉学来说也是一个"大空间"。但是,要探索这个"大空间",需要有个和谐的"太空站",需要大家联袂共建。当然,世界需要多元文化和谐相处的历史语境,共同创造彼此接近、认识、理解、尊重、沟通、借鉴与融合的机会,这个机会,就是汉学研究发展的机会。

时间在行走,历史在行走。人类创造过历史,书写过历史,但这尚不是最后的历史。汉学有历史,而且还正在创造新的历史,汉学及其研究将以自己的品格和个性在人类文化的世界里放出异彩。

阎纯德

2019年3月3日

于北京半亩春秋

目　　录

前言：中国与澳大利亚国家关系发展史的来龙去脉 ………（Ⅰ）

第一章　中澳交往历史在汉学研究中的认同与构建 ………（1）
　　一、澳大利亚民族国家发展史回顾 ………………………（2）
　　二、华人在中澳两国关系发展中的地位和作用 …………（6）
　　三、"白澳政策"时期的中国与澳大利亚关系 ……………（10）
　　四、地缘政治、地缘经济与中澳学术交流 ………………（13）
　　五、冷战前后澳大利亚政界、商界和学界的中国观 ……（19）
　　六、澳大利亚国立大学的汉学研究 ………………………（24）
　　七、澳大利亚国家图书馆的汉学研究资源 ………………（27）

第二章　澳大利亚汉学研究发展史进程及其领域 ………（32）
　　一、儒家思想在澳大利亚的研究和传播 …………………（32）
　　二、中国文学在澳大利亚多元语境中的引介、翻译和研究 ……（36）
　　三、历史：中国故事在澳洲汉学平台上的浓妆再现 ……（42）
　　四、中澳经济关系的前景为澳洲分析家提供了重要课题 ………（48）
　　五、澳洲学者对道教和佛教之研究 ………………………（55）
　　六、中共党史和毛泽东思想研究开创了澳洲汉学新领域 ………（62）
　　七、澳洲汉语研究和教育的历史与现状 …………………（65）
　　八、澳洲汉学中的少数民族研究 …………………………（68）
　　九、澳大利亚学者对中国妇女问题的研究 ………………（72）

第三章　澳大利亚汉学研究的运作和团队的组建 ………（86）
　　第一节　前汉学时期(19世纪中叶至1917年) ……………（91）
　　　一、对中国历史、文化和社会有深入研究的梅辉立 ……（93）

二、为云南村寨边民创制文字翻译圣经的神学博士郭秀峰 …… (94)
三、向19—20世纪之交的世界报道中国新闻的记者莫里循…… (95)
四、中国和澳大利亚早期文化交往史中的宗教代表张尔昌 …… (98)
五、中国近代史上重大政治事件见证人端纳 …… (100)
六、对中国文化和舞台表演情有独钟的邝如丝 …… (104)

第二节 常态化、专业化和团队化研究时期(1918—1971) …… (105)
一、编纂汉英双语辞典和汉语教科书的领军人物马守真 …… (107)
二、向世界揭露侵华日军杀害30万南京平民的记者田伯烈 …… (112)
三、被中国人的胸怀、宽厚和文化的客观性所感动的
　　费子智 …… (116)
四、致力于中国古文字学和考古学研究的诺埃尔·巴纳 …… (120)
五、长期潜心研究文言文和中国哲学与两汉历史的毕汉斯 …… (122)
六、亚洲佛教古典文献的翻译和研究者狄雍 …… (123)
七、中国宗教史和开封犹太人研究权威李渡南 …… (128)
八、建构巴布亚新几内亚与西南太平洋语言研究项目的
　　沃姆 …… (130)
九、陶渊明诗文翻译和研究专家戴维斯 …… (132)
十、在欧洲和澳洲从事汉学教学和研究四十余年的马悦然 …… (133)
十一、当代著名的蒙古学及元史学专家罗依果 …… (138)
十二、研究中国共产党和毛泽东的生平与思想的泰维斯 …… (142)
十三、中国文学和书画艺术研究者李克曼 …… (145)
十四、汉末和三国历史学研究和文献翻译开拓者张磊夫 …… (148)
十五、特里尔的《毛泽东传》是西方同类著作中最畅销的
　　版本 …… (151)
十六、专攻中国经济史、文化史和环境史的历史学家
　　伊懋可 …… (154)

第三节 在多元共生语境中的发展时期(1972年至今) …… (157)
一、长期潜心研究中国历史、古典戏剧和少数民族的
　　权威马克林 …… (164)
二、研究中国人口管理从父权本位转变到人民本位的达顿 …… (169)
三、对西方中国文学研究和译介有积极影响的杜博妮 …… (170)

四、研究聚焦于意识形态、马列主义和中国政治的
　　比尔·布鲁格 …………………………………………（173）
五、长期从事中国文学研究与翻译的闵福德 ……………（175）
六、潜心专研中国农村基层社会和城镇化的安戈 ………（177）
七、从事中国政治精英和省份中国研究的古德曼 ………（180）
八、澳大利亚女真和契丹语文研究权威康丹 ……………（183）
九、中国文学作品的研究者和翻译家周思 ………………（186）
十、从事近现代中国文学研究和翻译的学者白杰明 ……（188）
十一、研究中国思想史与现代学术学科发展史的梅·约翰 …（189）
十二、小说家和电影字幕翻译贾佩琳 ……………………（191）
十三、研究中国历代法制与法规的专家达顿 ……………（193）
十四、聚焦于16—20世纪中国社会和文化发展史的安东篱 …（194）
十五、较早关注中国思想史和公共政策问题研究的戴凯利 …（196）
十六、著述涵盖中国政治社会和城镇化方方面面的邓利杰 …（197）
十七、亚太地区人权、安全和国家关系的研究者范乃思 ……（199）
十八、专攻中国壮傣历史、语言和民间宗教与歌谣的
　　　贺大卫 ……………………………………………（202）
十九、聚焦青年、性别、全球化和消费主义的历史学家胡珀 …（205）
二十、研究中国企业行为全球性扩展的杭智科 …………（206）
二十一、研究现代中国国际关系与中国政治社会的
　　　　凯瑞·布朗 ……………………………………（209）
二十二、近代中国妇女参政思潮和女权运动的研究者
　　　　李木兰 …………………………………………（210）
二十三、毛泽东思想、意识形态与哲学研究者尼克·奈特 ……（212）
二十四、中国经济和世界中国研究比较专家韦立德 ……（214）
二十五、专心研究中国政治和经济历史与现状的
　　　　安德鲁·沃森 …………………………………（218）
二十六、推广汉语教学促进中澳文化交流贡献突出的
　　　　席格伦 …………………………………………（219）

第四章　华人学者在澳大利亚汉学发展史中的贡献 ………（222）
一、长期从事中国历史与文学研究的刘渭平 ……………（223）

二、与李约瑟合作编写《中国科学技术史》的王铃 …………（225）
三、在中国文学、道教研究和版本学方面贡献突出的
　　柳存仁 ………………………………………………（228）
四、对中国天文学史、数学史和化学史研究有重要贡献的
　　何丙郁 ………………………………………………（230）
五、中国史、东南亚史和海外华人史的权威学者王赓武 ……（233）
六、治学严谨的海外华人史权威颜清湟 ………………………（235）
七、近现代中国文学与历史研究专家陈顺妍 …………………（238）
八、提倡综合微观、宏观与全面均衡分析的黄有光 …………（240）
九、以孙中山、鸦片战争和太平天国为研究领域的黄宇和 …（242）
十、研究中国社会史、医学史和清史的叶晓青 ………………（244）
十一、研究西方政治理论、比较政治学和非政府组织的
　　　何包钢 ……………………………………………（247）
十二、以先秦思想史、中国哲学和古代文化为研究领域的
　　　陈慧 ………………………………………………（249）
十三、熟悉中国现代军事史、政治史和中外关系史的
　　　冯兆基 ……………………………………………（252）
十四、中国文化思想史研究者黄乐嫣 …………………………（254）
十五、在文学、戏剧、宗教和绘画方面造诣非凡的黄兆汉 …（256）
十六、以中国文学、语言、哲学和历史为研究选项的雷金庆 …（257）
十七、致力于近代商业史与海外物质文化史研究的黎志刚 …（259）
十八、晚清诗歌、电影和鲁迅研究学者寇致铭 ………………（262）
十九、人力资源管理和中国研究专家李应芳 …………………（263）
二十、荣获澳大利亚国家勋章的汉语学者吴坚立 ……………（264）
二十一、从事当代中国文学研究与翻译的西敏 ………………（265）
二十二、对翻译、诗歌、小说和文艺批评有突出贡献的
　　　　欧阳昱 …………………………………………（267）

第五章　澳大利亚政界和学界的两栖顾问团："中国通" …（270）
一、集学者、军人、特工和外交官于一身的邓安佑 …………（272）
二、长期研究中国与澳大利亚国家关系的权威费思棻 ………（274）
三、国际关系、学术著作和科学模式评论家李瑞智 …………（276）

四、对中国长期保持关注和研究的经济顾问郜若素 …………（278）
五、从事翻译、评论和中国研究的任格瑞 …………………（281）
六、研究近代中国政治学与中澳关系史的费约翰 …………（282）
七、澳大利亚经济学家和外交家芮捷锐 ……………………（284）
八、历任工党领袖、外交部部长和政府总理的陆克文 ……（286）
九、从媒体、律师所、银行、企业进入政界的谭宝 ………（289）

第六章　孕育于大洋洲人文共同体的新西兰汉学 …………（291）
一、新西兰政界、商界和学界对中国经济的研究 …………（296）
二、中国文学在新西兰作家、译者和读者中的传播 ………（299）
三、新西兰华文教育的开展与研究 …………………………（302）

第一节　新西兰汉学研究代表人物扫描 ……………………（303）
一、中新关系的架桥人和教育家路易·艾黎 ………………（304）
二、对新西兰早期汉学研究有开创性贡献的贝特兰 ………（307）
三、在多元文化的格局中研究中国古典和白话小说的韩南 …（309）
四、新西兰中国地理学研究先驱布坎南 ……………………（313）
五、研究世界新秩序中中华文明与超级文明之间关系的
    阿谢德 …………………………………………………（315）
六、长期从事东亚和中亚古代史研究的专家狄宇宙 ………（317）
七、潜心研究中国电影文化的康浩 …………………………（318）
八、关注中国极地政策和中新两国关系的安琳 ……………（320）
九、执着于中国历史、哲学与国际关系研究的纪保宁 ……（323）
十、致力于南太平洋华侨史和东南亚民族主义运动研究的
    云达忠 …………………………………………………（325）
十一、精通中国文学和中国园林艺术的邓肯·坎贝尔 ……（327）

第二节　华人学者的加盟与新西兰汉学领域的开拓 ………（329）
一、新西兰华人移民史和妇女史专家叶宋曼瑛 ……………（330）
二、致力于戏剧史、艺术学和比较文化学研究的孙玫 ……（331）
三、长期从事中西文化交流与中国音乐史研究的宫宏宇 …（334）
四、专攻中国古典小说和戏曲的赵晓寰 ……………………（338）
五、对清代思想史和中国教育思潮研究贡献突出的白莉民 …（339）
六、对中国乡土文学和移民史研究有造诣的王一燕 ………（342）

七、在中国电影、电视剧、网络文化方面有所建树的林勇 …… (344)
第三节　新西兰中国问题专家视野中的多维世界 …………… (347)
　　一、热爱中国传统艺术和文化的包逸之 ………………… (349)
　　二、了解中国历史和文化的新西兰著名"中国通"麦康年 …… (350)
　　三、熟悉中国历史喜爱中国文化的伍开文 ……………… (351)
　　四、关心中国政治和亚太安全的杨健 …………………… (352)

第七章　情境化、中国性、认同策略与省份中国研究 ……… (354)
　　一、澳大利亚汉学研究的文献语境化解读 ……………… (355)
　　二、汉学文献解读中中国性的保存与失落 ……………… (358)
　　三、澳大利亚汉学家的省份中国研究 …………………… (361)
　　四、由汉学研究中的他者、异域和相异性引发的思考 …… (364)

参考文献 …………………………………………………………… (368)

澳新汉学汉英人名对照表 ………………………………………… (374)

澳新汉英术语对照表 ……………………………………………… (383)

澳新汉学发展史大事记 …………………………………………… (386)

前　　言

　　大洋洲(Oceania)位于亚洲和南极洲之间,包括澳大利亚(Australia)和新西兰(New Zealand)等14个独立国家和十几个欧美国家的属地。

　　澳大利亚是中国与太平洋岛国之间交流的重要中介。那里海天一色的景致、热带雨林、红色沙漠、大堡礁和乌鲁汝(Ayers Rock,澳大利亚荒野中的巨石)曾对航海家和历史探索者充满吸引力,千百年来见证了原住民与欧亚移民共同创造奇迹建设家园的历史。澳大利亚汉学史跌宕起伏的章节在时空隧道中的再现,一次次唤起了人们已经淡忘了的记忆。

　　根据德国科学家对澳大利亚新南威尔士州蒙戈湖(Lake Mungo)附近发现的古人类化石的研究,距今大约4.5万年前澳洲大陆就已经出现了人类活动的迹象。中外学术界认为,澳大利亚大陆地理上长期孤立,18世纪末叶以前与外界几乎处于封闭隔绝状态。但是《美国国家科学院院刊》(Proceedings of the National Academy of Sciences of the United States of America)刊载的一份研究报告却称,大约在4230年前印度人种的基因就开始向澳大利亚转移,近代将近11%的澳洲原住民的基因组曾被检测出与澳洲大陆的印度人的基因组之间存在着亲缘关系。这一时期澳大利亚出现了石制器皿、食品加工技术和澳洲野狗种群,也是支持澳洲文明发端的佐证。

　　虽然中国与澳大利亚远隔千山万水,但是两国人民之间的交往历史源远流长。据《梁书》和《南史》等史籍记载,云游高僧慧深法师曾于南朝齐永元元年(499)造访过扶桑国,见证了当地人以国树为口粮,织其皮为布以制衣,修板屋却不建城郭,有文字但无兵甲。法师还说南朝天监六年(507)有晋安人游扶桑东千里外之女人国,亲见当地女子个个容貌端正,又被告知若每年二月至三月入水妊娠,六月或七月便可产子。虽然历史学家和人类学家对于史书上述记载的真伪判断和解读不一,但是也有一些学者认为,若联系澳大利亚历史生态及其特有单孔目动物鸭嘴兽,可对以上传说加以验证。有关慧深以中华高僧身份到访澳大利亚的史话正是由此演绎而来。

元朝南昌航海家汪大渊（1311—？）至顺元年（1330）从泉州乘商船出海，历经海南岛、马六甲、苏门答腊、缅甸、印度、波斯、埃及，横渡地中海到摩洛哥，又出红海到索马里，由印度洋到斯里兰卡，经澳洲到加里曼丹和菲律宾返回泉州，历时5年。至元三年（1337）他再次从泉州出航，历经南洋群岛、阿拉伯海、红海、地中海、莫桑比克海峡和澳大利亚，两年后返闽。他所著《岛夷志略》（成书于1349年）记载了名为"麻那里"和"罗婆斯"的地方，还有"楠树"（澳洲火焰树）和"仙鹤"（澳洲鹤）等异物，以及"男女辫发以带梢，臂饰金钿，穿五色绢短衫，以朋加剌布为独幅裙系之"等习俗。他曾说书中所记"皆身所游焉，耳目所亲见，传说之事则不载焉"。19世纪中叶，《岛夷志略》就引起了国外汉学家的关注，先后对其翻译、征引和考证。英国学者伟烈亚力（Alexander Wylic，1815—1887）在他1867年所编的《中国文献记略》（Notes on Chinese Literature）中曾收录该书。经反复考证，多数中外学者认为，"麻那里"是马来语Maharani或Marani的对音，意为"女人国"，其地在今日的达尔文港以东一带。至于"罗婆斯"，韩振华认为是印度尼西亚语nusa-su或lusa-su的对音，意为"绝岛"，当在澳大利亚境内。①

1879年，在澳大利亚达尔文港附近的一棵树龄约为200年的榕树下1.2米深处，曾出土中国道教寿星的雕像，被树根缠满，引起许多学者猜测是否为郑和船队的遗物。美国学者李露晔（Louise Levathes）根据《星槎胜览》文字记载，推断郑和船队曾经到过达尔文港以北的吉里地闷岛（现称"帝汶岛"）。《郑和航海图》中有一处标为"哈甫泥"的地方，可能就是南太平洋的科尔圭兰岛。如果考证属实，就可以断定郑和船队到达过南半球。但是后来发现那尊寿星雕像是用一块软皂石雕刻而成的，不可能保存那么长时间，因此存疑。

英国退休潜艇军官凯文·孟希斯（Gavin Menzis，1937—）在其专著《1421年：中国发现了世界》（1421: The Year China Discovered the World）中

---

① 韩振华：《元朝有关澳洲的地名名称及其风土人情的记述》，陈佳荣、钱江编：《韩振华选集》第一卷，《中外关系史研究》，香港大学亚洲研究中心，1999年。

断言,15世纪中国明朝三保太监郑和(1371—1433)率领的船队曾沿着西洋海路浩浩荡荡南下,1422年抵达了澳大利亚。

一支澳大利亚考古队根据1826年建造的一艘捕鲸船留下的罗经测位标记和一张可能绘制于1860年前后的木船和沙堆示意图的提示,在距离海岸线150米的沙丘下发现了20多块坚硬无比的红色木块,有些大小像土豆,有些形同人指,一端尖利另一端平整光滑似木船榫钉,极为罕见。此事最初未曾引起人们的关注,直到几十年后木片消失在海滩沙堆中才有知情者旧事重提。他们开始考查其来历,坚信那些钉状红木仍然埋藏在仙女港(Port Fairy)和瓦南布尔(Warrnambool)之间25千米海岸的沙丘下。为此他们专门成立了一个红船考查委员会,维多利亚州政府还承诺悬赏提供有价值线索者25万澳元,并在相关地段修建了步道。委员们坚信那些红木残片可能是外国船只留下的,出土与否对澳大利亚的历史肯定有着某种特殊意义,也许可以为公元1405—1433年郑和下西洋的船队早于欧洲人到达了澳大利亚北部达尔文港的推断提供物证。

在群雄争霸的大航海时代,葡萄牙、西班牙、法国和荷兰等欧洲国家的探险队为寻找香料曾先后登陆澳洲。1768年英国船长库克(James Cook,1728—1779)率领"奋进"号(H M Barque Endeavour)到达大溪地(Tahiti),两年后他在占领岛(Possession Island)上宣布命名东海岸地区为"新南威尔士",由英王乔治三世(George Ⅲ,1738—1820)行使主权。1788年年初亚瑟·菲利普(Arthur Philip,1738—1814)奉命运载第一批英国公民志愿者前往悉尼定居,正式建立了第一个殖民地。

1797年,麦卡瑟(John MacArthur,1767—1834)从好望角将美丽诺羊种(Merino lambs)引进澳洲,奶制品和羊毛逐渐成为当地居民生活的必需品。1829年,英国把西澳作为囚犯流放地(penal colony)并入版图,进一步扩大了其殖民范围。从1820年到1850年,澳大利亚人口总数由33543人增至405356人,其中原住民人数很少,而自由民的比例却逐渐攀升。至19世纪末,英国在澳大利亚的殖民区已达6个。1901年1月1日,澳大利亚6个殖民区改制为"州",在统一宪法下组成了英属自治领的澳大利亚联邦。

澳大利亚联邦的版图由澳洲大陆和塔斯马尼亚等岛屿及海外领土组成,面积共769.2万平方千米。据2009年统计全邦人口为2177万,其中70%为英格兰和爱尔兰人后裔,18%为欧洲其他民族的后裔,亚裔仅占

6%，土著居民约占2.3%。华人是澳大利亚最大的少数族群之一，1901年人数为3万，19世纪50年代中期减至数千人，到2012年又升至38万，主要聚居于东海岸的悉尼和墨尔本等地。

由于生存状态和文化表现的差异，早先中澳两国的人文联系并不深厚，但是在浩浩荡荡的历史大潮中两国都不甘沉默，都希望相互了解、相互往来。澳大利亚殖民时期两国主要通过传教士、外交官、记者、商人、游客和军人发挥联系纽带的作用。从1888年到1900年，澳大利亚先后派遣了81名传教士来华，其中男教士41名，女教士40名，属于英国传教士戴德生（James Hudson Taylor, 1832—1905）创立的中国内地会（China Inland Mission）所差派的800人员中的一部分。

澳大利亚神职人员艾文斯1941—1944年任职于葛布，授命创办圣经学校和瞽目学校，葛布总会成立后他负责推选朱文正为教会总长老，为后期发展打下基础。

墨尔本还有一对桑德斯姐妹，姐姐纳莉（Nellie Saunders）生于1871年，妹妹陶普思（Topsy Saunders）生于1873年，1893年年底同时被派往福建古田传教，受到了早期到达的昆士兰籍安妮·高登（Annie Gordon）小姐的热情接待。姐妹俩学习了一年的中文后便开始深入基层。纳莉担任两个男童班的教学工作，陶普思在离住处20千米外的一个妇女识字班任教。姐妹俩总是把传播福音与教学结合起来，逐家逐户地深入民居，访贫问苦，还向人们传授生活和自救知识。在那社会动乱、缺医少药、温饱堪忧的年代，村民们能得到外界关怀、帮助化解疑虑，了解生命意义，因此姐妹俩受到欢迎。

澳大利亚军人两次出现在中国历史上，虽然历史学家对此着墨甚少，但是却被视为重要史料。

1900年年初，义和团运动席卷直隶和山东，八国联军入侵中国。英国从澳洲的维多利亚军团中派出200人，从新南威尔士选送260人，外加水兵109人，于当年8月8日以"中国远征军"（China Expeditionary Force）名义来华。9月9日，澳军抵达塘沽，与俄、德、奥等国8000名官兵联合攻打天津，但是他们到达北塘镇时战斗已经结束。维多利亚的200名军人在另一次军事行动中，经过12天的行军到达预定目的地保定时也因行动迟缓折返。至于驻防北京的新南威尔士军人，多数奉命转业担任维持社会秩序、消防和火车站检票工作。

1941年12月8日,太平洋战争爆发后,经过爆破、伏击和侦察技术培训的澳洲军队官兵45人,与50名英国军人组成了"郁金香部队"(Tulip Force),乘坐卡车沿着滇缅公路行驶3000千米到达昆明,后乘火车到达湖南祁阳,加入李默庵将军指挥的第一突击队第五突击营。同年6月他们跟随第五突击营的中国官兵,穿过湘中和湘东,前往江西,驻防靖安。

澳大利亚汉学研究史可分为三个阶段:前汉学时期(19世纪中叶至1917年);常态化、专业化和团队化研究时期(1918—1971);在多元共生语境中的发展时期(1972年至今)。

1894年,澳大利亚维多利亚州的乔治·厄内斯特·莫里循(George Ernest Morrison,1862—1920)从上海到大光(今日仰光)进行长途旅行,第二年发表了一部旅行游记。1897—1912年,他作为英国《泰晤士报》的记者来华采访,后来应聘成为民国政府顾问。1932年,澳大利亚华人为纪念莫里循的学术贡献每年举办一次莫里循讲座,研究中国的学术风气在澳洲由此逐渐形成。

此后有关中国和亚洲研究的规模在澳大利亚和新西兰迅速扩大,越南战争和中国"文化大革命"引起了世界各国对中国的更多关注。20世纪70年代初期,中西方冷战对峙结束,1972年年底,惠特拉姆(Gough Whitlam,1916—2014)政府与中华人民共和国正式建交,扩大了中澳交往的渠道和规模。1986年时任总理的罗伯特·霍克(Robert Hawke)领导的澳大利亚联邦政府成立亚洲研究理事会。该理事会在随后的一篇报告中详细地阐述了在澳大利亚大力加强汉语和中国文化教育对于本国经济和旅游发展的必要性,获得了政界和学术界的认同。

当前澳大利亚的汉学研究在国际汉学界享有重要地位。在澳大利亚36所大学中,设有汉语课程或中国问题研究专业的有:阿德雷德大学(University of Adelaide)、澳大利亚国立大学(Astralia National University)、巴拉拉特大学(Ballarat University College)、堪培拉大学(University of Canberra)、迪金大学(Deakin University)、埃迪斯·科万大学(Edith Cowan University)、格里菲斯大学(Griffith University)、北昆士兰州詹姆斯·库克大学(James Cook University of North Queensland)、拉筹伯大学(La Trobe University)、麦考瑞大学(Macquarie University)、墨尔本大学(University of

Melbourne）、莫纳什大学（Monash University）、莫尔多克大学（Murdoch University）、纽卡斯尔大学（University of Newcastle）、新英格兰大学（University of New England）、新南威尔士大学（University of New South Wales）、昆士兰大学（University of Queensland）、悉尼大学（University of Sydney）、西悉尼大学（University of Western Sydney）。

　　澳大利亚有一支大约由400名专业人士组成的汉学研究团队，主要分布在澳大利亚国立大学、墨尔本大学、莫纳什大学和悉尼大学。20世纪90年代以来，新人辈出，学术研究正朝着专题化和规模化方向发展。

　　由澳大利亚国立大学的远东历史系和当代中国中心先后于70年代创办的《远东历史论丛》（Papers of Far Eastern History）和《澳大利亚中国事务杂志》（现已分别更名为《远东史》和《中国研究》）一直是澳大利亚研究当代中国的主要刊物，所刊登的文章涉及中国的政治、经济、文化、教育和外交等方面，反映了澳大利亚学者对当代中国研究的最新动态。此外还有《东方社会杂志》（Journal of the Oriental Society，1960年创刊）、每年三期刊《亚洲评论——澳大利亚亚洲研究协会杂志》（Asian Studies Review：Journal of the Asian Studies Association of Australia，1977年创刊）、半年刊《澳大利亚中国研究协会通信》（CSAA Newsletter，1990年创刊）和双月刊《进入中国》（Access China，1991年创刊），都是公认的国际性中国研究刊物，为各国人民相互了解和友谊发挥着重要作用。

　　2012年，澳大利亚政府发表的《中国国别战略——亚洲世纪中的澳大利亚面向2025年》指出：

　　　　虽然澳中两国有着不同的政治、历史和社会传统，但是双方的关系是互补和符合共同利益的。经过澳大利亚和中国连续数代企业家、教育工作者、学生、决策者、社会领袖和艺术家的努力，在动态的全球环境中深化双方经济、政治、文化和社会联系的共同愿望，成为澳中关系的基础。

　　　　两国关系源远流长，从19世纪澳大利亚第一批欧洲定居者和中国的交往，到今天澳中的广泛伙伴关系，都显示双方关系不仅有着深厚的历史基础，而且还有远大的发展前景。

　　　　两国的关系以前所未有的速度发展，新的机会持续出现。中国现在是澳大利亚最大的双向贸易伙伴,也是越来越重要的投资来源国。澳大利亚公司正在为澳中两国的社会建立牢固的工作关系,创造经济机遇。

两国的知识、社会和文化联系也在发展。中国是澳大利亚最大的国际学生来源国,2012年,中国超过英国成为澳大利亚第二大国外游客来源国。中文是澳大利亚使用最广泛的外语。澳大利亚数量众多的华人在促进两国商业、文化和教育联系方面发挥着重要作用,也加深了澳大利亚社会对中国的理解。

澳大利亚将需要远见、创新思维和承诺,以便利用双边关系中的机遇和处理其中的复杂情况。

第一章
中澳交往历史在汉学研究中的认同与构建

澳大利亚汉学研究的开端和发展，与澳洲各个时期的人文生态、同中国的经济和文化交往，以及澳洲学术界的中国问题研究意识关系密切。

由于历史原因，在相当长的一段时间内许多澳大利亚人以归属西方为荣，一些人认为英国才是自己的"家"，甚至对纯正的英国口音也竭力追捧。

第二次世界大战爆发后，澳大利亚新生代慢慢地从对英国传统文化的追求转向了美国通俗文化。生活的变化使澳大利亚政界不安，他们开始对所执行的脱亚政策进行了反思，慢慢地认识到面向亚洲、亲近亚洲、融入亚洲应该成为他们新的价值取向。随着国际政治格局的变化以及中国、日本、韩国和新加坡等国的经济崛起，澳大利亚人逐渐改变了态度，越来越多地参与亚洲事务，甚至公开宣称21世纪为"亚洲世纪"（Asian Century），不愿意为广义的西方利益冒犯东方各国。但是，毕竟积重难返，澳大利亚行政当局在敏感国际问题上一边表现出亲近西方的倾向，一边又声称"不选边站"。20世纪60年代之后，澳大利亚在艺术、文学、音乐、电影等领域重视与世界接轨，力图通过对原住民文化与白人文化的同化，以此打造出新型的澳大利亚文化。

影响澳大利亚各个时期的文化政策、思想导向和对外交往的变数，是多数澳大利亚人尊奉的基督教文化、执政党和利益集团的方针路线。只要不发生冲突，学术界译介或诠释的域外文化就不会受到排挤抵制，就可能进入主流学科的领域。

1972年，威廉·麦克马洪（William McMahon，1908—1988）任联邦总理时，澳大利亚正式与中华人民共和国建立了外交关系，两国交往立场发生了积极的变化。然而由于政治制度和意识形态方面的差异，澳大利亚对欧美的认同思潮仍时起时伏,中澳两国关系的发展并不一帆风顺。进入21世纪以后,通过双方的努力,两国在政治、经济、文化等方面有了显著的提升,成为不同社会制度国家之间友好相处的典范。

国际汉学研究是在对象国与中国文化交流的基础上展开的,与中国交往频繁的民族和国家必有一部内容丰富的汉学史。没有两国之间的文化交流,就没有对象国的汉学发展史。中澳两国关系在学术领域中的认同和建构,就是澳大利亚汉学研究的基石和原动力。

一、澳大利亚民族国家发展史回顾

距今5万年前,澳洲就出现了人类活动的迹象,据考证原住民的祖先来自东南亚。大航海时代西班牙人、荷兰人、法国人为寻找香料和海外殖民地曾先后驾舟造访澳大利亚。欧洲人最早绘制澳洲海图的记录是1606年3月,荷兰探险家威廉·詹斯(Willem Janszoon,1571—1638)所绘制的昆士兰州约克角西部的海岸图,距离亚瑟·菲利普率领首批英国移民定居悉尼的时间相差182年。

农牧业是澳大利亚早期的经济基础,随后采矿、冶金、交通和通信业也逐渐发展了起来。1829年,西澳大利亚殖民区建立,1836年,南澳大利亚殖民区紧步其后尘。殖民区的建立与澳大利亚国家系统的形成几乎是同时进行的,财富与机遇为澳洲制造了富翁与贫民、大厦与蜗居、海上称雄争霸与矿区挣扎谋生。随着澳大利亚的社会变化、经济发展以及移民对权利的期待,独具英伦色彩的澳大利亚国家意识在岁月积淀中构建。

1817年,新南威尔士州苏格兰裔总督拉克伦·麦格理(Lachlan Macquarie,1762—1824)批准在官方文件上使用"澳大利亚"的名称,并建议殖民政府正式将它用作官方称谓。1823年7月,英国议会通过了《改善司法条例》,新南威尔士的咨询性立法机关随后建立。这一决定帮助了澳大利亚移民为维护自身权益直接对英国代议制的移植,并很快发生了向澳洲各地辐射的连锁效应。1824年,《澳大利亚人》(The Australian)创刊号提出了"澳大利亚人"的国籍概念,不过与同期其他民族运动口号有所不同的是那些移民还要求享有英国公民的权利,并实行英国纳税制和陪审团审判制。

1851年开始的"淘金热"(Gold Rush)吸引了大批移民,伴随移民大潮而来的还有企业家、银行家、工程师和其他知识分子,推动了澳大利亚政治、经济和文化的全面发展。这一年由自由移民构成的维多利亚区成为正式建制,第二年昆士兰殖民区也列入区划,到19世纪60年代,澳大利亚已形成了七大殖民区。酝酿中的澳大利亚民族资本主义加速了19世纪下半叶的自治统一运动。

1852年12月,英国政府决定允许澳洲各殖民地筹建自治政府,不久范迪门(塔斯马尼亚)、昆士兰、维多利亚、新南威尔士、南澳大利亚(包括北领地)和西澳大利亚等地的责任政府相继挂牌运作。1865年,英国议会根据《殖民地法律有效性法》之条款正式确认了澳大利亚各殖民地议会之间的立法程序和隶属关系,1891年在悉尼召开了代表联席会议。

1901年1月1日,由6个各自独立的英国殖民地组建成澳大利亚联邦政府,摆脱了英国殖民地的地位。这是"淘金热"以来的经济、政治和文化发展的结果,预示着由英属移民殖民地转型而来的新生民族国家进入史册,标志着澳大利亚民族国家(nation state)的形成和国家现代化的开端。

1901年,澳大利亚第一次大选时参与竞争的有三大政党:以艾尔弗雷德·迪金(Alfred Deakin,1856—1919)为首的自由党,以乔治·豪斯顿·里德(George Houston Reid,1845—1918)为首的保守党和以约翰·克利斯蒂安·华森(John Christian Watson,1867—1941)为代表的工党。这几个政党在国防控制、政治态度、经济政策、外交策略和对英立场等问题上观点接近,但是自由党更倾向于依附英国,因为他们认为澳大利亚的农牧产品主要输往英国,所需要的工业产品、技术和设备基本来自英国,国家安危也需要英国的保护。当时澳大利亚每一个殖民区都派出了一名代表常驻英国,联邦建立后各州的代表仍然留在伦敦。

虽然早先澳大利亚的外交和国防都为英国所控制,但是执政党并非时时事事言听计从。1904年和1905年,迪金曾就《限制移民入境法案》和有关日本国民申请入澳等问题直接与日本驻澳总领事谈判,象征着澳大利亚独立外交的开端。

1908年,澳大利亚定都堪培拉,为国家独立做好了前期准备。历史如是见证了澳大利亚社会性质与形态的变化:以和平方式由一个英国流放犯海外殖民地转变为英属移民殖民地,至此,澳大利亚民族国家的正式建成已经指日可待。1909年9月,澳大利亚政府派遣里德以联邦高级专员身份常驻英国,标志着澳英关系的新发展。

1900年,八国联军入侵中国,当时澳大利亚联邦尚未成立,部分殖民地军队正由英国统一号令在南非波尔参战,便从海军和预备役人员中调派了569名士兵(其中维多利亚200人、新南威尔士260人、海军109名),从阿德莱德港乘英舰"皇家保护者"号来华。1941年,澳大利亚抽调了一部分官兵到缅甸培训丛林战学员,太平洋战争爆发后受训者中的部分官兵与英国人一起组成一支名为"郁金香部队"(Tulip Force)与日本侵略军作战。由于当时澳大利亚民族主权国家地位尚未确立,上述活动都由英国出面或者牵头组织。

此后澳大利亚曾以独立国家名义派代表参加了巴黎和会和国际联盟。1936年,澳大利亚曾提议签署"太平洋无侵略协定",但因国力还不足以获得立项支持者的规定票数,未能付诸实施。第二次世界大战期间,澳大利亚的海军舰艇仍由英海军部管理,直到大战硝烟散尽,澳大利亚才再次把本国在南太平洋和东南亚地区的经济利益与安全问题提上议事日程。

英国社会政治制度在澳大利亚的复制产生了巨大影响,但是并没有在社会财富增长和生活水准提高方面与英伦三岛同步。澳大利亚与英国之间发展水平的差异逐渐引起了怀念故国移民的不满,他们似乎不介意继续保留英王子民的地位,但是更向往做民族国家的公民。于是那些上流社会的精英一方面想方设法维护君主立宪制导的社会秩序,保持与英国的联系,另一方面又把目光投向了美国式的联邦制。从表面上看这只是精英阶层的思维,却直接干扰了澳大利亚的立国理念和地缘政治决策,延缓了民族国家的构建工程,也为日后澳大利亚政界在亲近欧美还是融入亚洲的问题上留下伏笔。

1986年,英国女王伊丽莎白二世前往澳大利亚签署《与澳大利亚关系法》,规定在国家重大问题上澳大利亚最高法院拥有终审权,从此澳大利亚正式脱离英国而成为独立国家。1999年,澳大利亚曾经举行全民公投决定以共和体制取代现有君主立宪制并直选作为国家元首的总统,但是未获通过。

在历史上相当长的一段时间内,澳大利亚不是一个王朝国家,亦非民族国家,而是移民国家。多数澳大利亚白人的祖先是19—20世纪的英国移民,全国人口中外来移民人口比例占绝大多数,原住民仅为总人口的1%。根据2006年的人口普查登记,自称澳大利亚人的选民占37.13%,英格兰后裔占31.65%,爱尔兰后裔为9.08%,苏格兰后裔为7.56%,其余分别为华裔、德裔、希腊裔和意大利裔。

从对外关系看,澳大利亚政府在20世纪大部分时间内都把本国外交与英美战略框架相联系,与西方国家保持着密切的盟友关系。20世纪50年代,澳大利亚全力支持美国政策,1951年签署了澳大利亚、新西兰和美国安全条约(Australia, New Zealand and the United States Security Treaty),1954年加入了东南亚条约组织(Southeast Asia Treaty Organization)。在朝鲜战争期间(1951—1953)澳大利亚派出了参战部队,在马来西亚紧急状态时期(1948—1960)和马印冲突时期(1962—1966)澳大利亚也在军事上协助英国。1969年尼克松主义出台后澳大利亚政府开始全面调整其外交政策。1970年获悉美国的对华政策将做重大改变,不久澳大利亚外交部部长雷努夫(Alan Phillip Renouf, 1919—2008)与中华人民共和国驻法国大使黄镇开始商讨改善两国关系的问题。

澳大利亚的主流文化自20世纪60年代崛起,其艺术、文学、音乐和影视均与世界主流文化接轨,原住民文化与白种人的主流文化兼容,在一些领域逐渐形成了具有澳大利亚特色的文化。

第二次世界大战之前,澳大利亚的主流文化实质上是英国文化的延伸,因为时间和空间的历史差异使得澳大利亚在文化上显得十分另类。19世纪下半叶移民澳大利亚的一些西欧画家因为无法表现当地景色背景的画面而放弃所熟悉的创作思想。直到20世纪二三十年代澳大利亚画派仍不热衷于印象主义和立体主义革命。随着美国海外势力的扩展和20世纪60年代新一代移民的大批加盟,赋予了澳大利亚文化在欧美色彩映衬下的多元特色,曾组建类似比吉斯(Bee Gees)的国际知名摇滚乐团,创作出一些广为传唱的歌曲。越南战争爆发后,在澳大利亚新生代崇尚以好莱坞影视为代表的美国文化语境中,澳大利亚旅美电影人因此被称为"桉树叶帮"(The Eucalytus Group),而传统的英国文化逐渐被视为明日黄花。当代澳大利亚的文化、艺术、电影、文学和音乐日臻完美和国际化,然而不甘寂寞的一代却希望打造出更具大洋洲特色的新文化。

澳大利亚独立和统一后,联邦政府和联邦议会制定了一系列法律,用以解决对内与对外政策的矛盾以及澳大利亚与英国之间的矛盾,但是在相当长的一段时间内澳大利亚的国防决策仍缺乏独立性和主动性。

20世纪70年代初,中澳双边关系迅速发展,冷战的结束引起亚太地缘政治格局变化,澳大利亚加大其融入东亚的步伐,在扩大经贸往来的同时积极发展与东亚国家间的政治关系。

现在澳大利亚国际贸易占国内总产值的比重在经济合作与发展组织国家中排行一直靠前。2012年,澳大利亚前10位的贸易伙伴除英国和美国外,其他都是亚洲国家。同样地,在澳大利亚产品出口的前10个市场中,8个是亚洲经济体,占其出口总数的89%。2012年,中澳双边贸易额高达1176亿美元,同年澳大利亚对华贸易的顺差额度为325.6亿美元。中国经济的快速发展为澳大利亚经济发展提供了最佳机遇,已是不争的事实。

但是在相当长的一段时间内澳大利似乎没有充分利用历史潮流所赋予的契机,因此在执行区域合作政策时出现了两个对立的倾向:一方面本国利益取向自然形成澳大利亚与中国经济的紧密联系,另一方面按照其地缘政治目标的指引澳大利亚在战略上又不得不步英国美国后尘。英国和美国曾先后被视为澳大利亚国家安全的基石,但是第二次世界大战期间日本军国主义的南侵以及英国力量的退却震惊了澳大利亚民众,也给历届政府首脑留下了可以无限扩展的竞选话题。澳大利亚政治家们希望自己国家有充分理由在地理上和经济上加速融入亚洲,既能搭上中国经济快车又可不失时机地强化与美国的军事合作。

澳大利亚是否具备民族国家的性质,与其在汉学史中的地位关系密切。

二、华人在中澳两国关系发展中的地位和作用

明朝定鼎金陵后为了打击东南沿海倭寇侵扰实施海禁,国家海上贸易则主要通过朝贡和官办机构进行。清朝最初为办铜不禁海,后来实行严格海禁是出于对接济反清势力民众的防范。顺治十二年(1655)六月,清廷下令沿海省份"无许片帆入海,违者立置重典"。康熙元年(1662)沿海边民被迁入内地50里,至康熙三年(1664)又再迁徙50里,出海捕鱼和贸易皆禁。康熙十年(1671)皇室重申不准闽粤二省船只出洋。朝廷以海禁加文字狱政策扼杀民族文化和海洋贸易的发展,遗患200多年。1840年后西方帝国主义的入侵,清廷被迫与侵略者缔结了多个不平等条约,割地赔款和开放通商口岸使中国逐步沦为半封建半殖民地社会,百姓衣食艰难,税负日益沉重,处于水深火热之中,边民纷纷商议远走他乡。

19世纪二三十年代,澳大利亚养羊业发展迅速。据计算当时每1000头羊需要牧羊人2名,管理员1名,而澳洲人口仅7万,羊只却有数百万头。劳动力短缺直接影响了羊肉、皮毛和奶制品的生产以及其他相关产业的发展,输入劳动力已经势在必然。

1810年到达悉尼的广州人麦世英(Mak Sai Ying,1796—1880)被认为是史载第一位赴澳华人。此后当地一些富商曾先后就牧羊和耕作劳动力短缺问题呼吁当局允许招聘华工入境。1848年,海船"宁罗"号(Nimrod)把招募到的121名中国贫苦农民运送到悉尼充当放牧、拓荒或耕种的农工。他们大多是厦门及周边乡镇的市民,后来赴澳者也有原住中国香港的台山、中山、恩平、开平、东莞、增城、高要和新会籍人。有些人原来只想到澳大利亚碰碰运气,也有不少人被外国投机商和招工头在中国厦门和中国香港等地设立的"猪仔馆"诱骗去的。据资料记载:人贩子把所招聘的华工送到"猪仔馆"就可按人头领取报酬。最初每名的酬金为银洋3元,后来涨到8至10元,最高可达90至100元。华工到澳洲后头三年的劳动收入用作偿还赎身费,第四年后才能领取工资。这就是所谓的"契约制"(Indenture System),那些华工因此被称为"契约华工"。

1851年,新南威尔士州的贝瑟斯特和维多利亚州的巴拉勒特发现金矿,一批批福建、广东和东南亚华人农民、工人或小贩离乡背井到澳大利亚寻求发展。1853年,除了新南威尔士近1万名华工外,维多利亚还有2万余名华工。1854年又有2500名华工移民澳大利亚,到1857年全澳华工已达4万名之多,临时安身之处扩大到维多利亚州的中部城市本迪戈(Bendigo)和巴拉莱特(Ballrate)。他们中的多数人聚居于莫顿(Moreton),签了为期5年的合同,每年工资只发12镑。

澳洲砂金资源丰富,早期可以自由开采。多数华工吃苦耐劳,彼此合作,推选有组织能力的人指挥施工,还修建水渠解决淘金需要的用水问题。他们的收入除了纳税外都尽可能给国内亲人寄钱,1856年他们通过墨尔本寄回国内的黄金就多达12万盎司。

但是不少华工倾家荡产赴澳,苦干多年却还不清债务,有些人积劳成疾,丧命于异国他乡。其中原因包括环境恶劣和工作劳累,以及白人社会的歧视和压迫。当地政府向华人收缴名目繁多的税项,其中入境税每人10英镑,采金执照税每人每月1英镑。白人指责华工赌博、偷窃、抽鸦片、传染天花和麻风病,华工被殴打和抢掠的事情经常发生。他们的住所被拆毁,甚至被驱赶出采金场。1861年6月30日,在新南威尔士的扬格市(Young),大约3000名白人采金工手执大棒和凶器冲向窝棚区,野蛮殴打华工,洗劫他们的钱财。有不少华人被迫另谋生路,在当地城镇种植蔬菜水果,制作家具或者开办洗衣店。

在维多利亚州西南部的阿拉雷特小镇,1857年,来自四邑的700多名广东人发现了含金量极高的矿脉,在此后的55年中他们披星戴月,日夜劳作,很快使阿拉雷特由无名荒村发展成繁荣的矿区,鼎盛时期人口超过了5万。1926年,最后一批中国矿工离开了那个流淌过他们血泪和汗水的地方,留下了300多座坟茔。虽然小镇上已经看不到中国人的踪影,但是当地居民每年11月都要焚香点烛,撒菊舞狮,以庄重的仪式祭奠亡灵。在他们心目中早先华人移民就是开创伟业的先贤。

在19世纪的后30年,华人菜农生产的蔬菜占全澳总量一半以上,不但改善了当地人民的生活,还使淘金地免遭坏血病之灾。华工为当地城镇引进了鱼苗,昆士兰的华工还试种了大米、玉米、花生、菠萝和香蕉。

南海穷人谭仕沛光绪三年(1877)与父亲和弟弟赴澳洲当淘金工,后经商致富,为了将自己艰辛往事留言后人,特请人代笔写下了《阅历遗训》。书中写道:

> 世传谷党埠(Cooktown)土产黄金,地不悋宝,采之无禁,掘之无竭。习闻不擦,父子兄弟同心向往,光绪二年十二月初五日由乡祖道,初九日在港扬帆,十二年廿低埠,顿失所望,据悉传闻失实,误听伪言,金既难求,且也水土不合,因而致病者比比然也。沿途所见华人,鹄形菜色,非贫即病,愁叹之声不绝于耳。先进者不歌来暮,反切去思,后进者能不聆心忧。然既已来此,姑往探之。乃置锄焉,备铲焉,举凡器用食品,或负之,或担之,左提右挈。三年正月初四日,结侣入山,鱼贯而行。比到十六米(英里)时,夕阳西下,因而止息。露宿风餐,其苦可知。越二日戒途,凌晨遄征,人步亦步,人趋亦趋。既不敢离群而索居,亦不敢独行踽踽,恐失援而为野人所算,剩食堪虞。所以载驰载驱,汗流气喘而不敢自由止息者,我是之故也。及到二十米逢水即止,群焉卸担,提汲执炊,各行其事。憩息二天,爰又启行。履鹆岩,越崎岖,及到廿六米。疲困已极,举步难移,人怀止息。又歇三天。行至四十米,滂沱大雨,坑水盛涨,欲济无舟,徒兴望洋之叹。栉风沐雨,淋漓

尽致。守望水涸。而糇粮已尽。我迫转回谷党,以解粮食。及水涸首途,至五十二米止宿。屈计行程,已匝一月。到此则万里平阳,一路康衡大道。至七十二米,名曰大山脚,亦云殆矣。在此息处,此有次大山焉,高插云霄,不知其几千万仞,纡徐而上,迤斜而下,愈桎难堪,询诸行旅,曰此为八十二米。或轻弃其行李者有人,或作阮籍之泣者有人。手胼足胝,肩破血流,血衣胶固,牢不可脱,强为更衣,痛不可耐,呜呼,无辜而受肉刑,不禁抚肩而太息。暂停数天而又行矣,至九十六米而止。然臣朔已饥,见有英人面包铺在,乞食于英人,幸亦怜而与之,聊以果腹。及至一百米,已越三月。乃拾淘沙,绝不见金,戚然忧之。适郭良兄道出其间,不吝指教,始晓开采,而所采又属无多,每日不过一二分金,仅足糊口而已。乃时数恨人,命途多舛,脚生石疽,不良于行。闻道石疽用火炙石,石热脚踏其上,血活即愈。吾如法试之,果有奇效。然尚未痊愈,同侣远徒,不得不追随而往,至百二米欲止,又闻百三米金苗极旺,群趋若鹜,载奔载骤,及至百三米,时已六月。择地而采,每日可得六七分。而父与弟相继而病,呻吟枕席,焦虑万分。幸遇陈盘兄过从,知为黑痧毛钉病,如法救治,其病若失。感恩图报,辞不受谢,似此盛德,求诸今人,吾见亦罕。至于谷党,世界艰难,流落而不得归者,所在多有。此风传至中国,凡有尊亲莫不忧形于色。由中国汇舟来然后归者,不知凡几。吾堂叔闻此消息,将我房屋按典,得资一百六十元,由省万全珍珠铺汇来谷党万全安店,折合英金三十二镑,以为我父子兄弟归家舟费之用。父因时运不济,复病而费尽。至十一月到百六米,父子兄弟困于此,茸茬数载……无一而可,不得已重旧业,复往采金……至乜泣大河(Mitchell River)一望汪洋,同侣栖息。是晚钟鸣九点,突闻人群起,鸣示警,终夜戒严,如临大敌,守至天明,立即徙避,时已五年,吾见采金究同海底捉月,又顾而之地。佣工酒馆,每月可得工金两镑。是年除用外,实存工金25镑16司令6便士,六载于兹,振作毫无。①

在澳洲州志镇史中都记录了华人移民遭遇到的种种磨难以及地方当局强加给他们的各种规章制度。1901 年 6 月,联邦政府通过的《邮电法

---

① 刘渭平:《澳洲华侨史》,香港星岛出版社,1989 年。

案》第15条规定不准雇佣有色劳工。同年8月联邦第一届国会通过的《限制移民入境法案》规定对申请入境的移民进行英语测试,在联邦海关官员监督下听写50个英语单词,不及格者不准入境。1905年经过修改的《限制移民入境法案》规定对申请入境者测试的不限于欧洲语言,还应包括任意指定的语言,并把批准留居期限定为五年。1902—1903年,澳大利亚各口岸海关共举行听写测试805次,通过者仅46人;1904—1909年,举行听写测试554次,通过者仅6人;到1909年,没有一个入境申请者通过测试。1902年通过的《联邦选举条例》具体规定,任何居住在澳大利亚的土著人、亚洲人、非洲人和太平洋诸岛上的土著人不得登录选民名册。1908年,联邦政府颁布的《残废恤金和养老金条例》还明文规定澳大利亚土著人和亚洲人(在澳大利亚出生者除外)一律无权领取残疾抚恤金和养老金。那些文件中规定对于有色人种和其他亚洲人的限制主要对象就是华人。在居留条件受到严格限制又失去话语权的社会环境中,已获准入境的华人习俗和传统得不到尊重,因此给中华文化的研究和引介留下了许多历史空白。

英籍移民埋怨中国淘金工的涌入降低了他们的劳动力价值,还担心淘金工带去的中国文化和习俗会对他们产生不好的影响,这是排华的"白澳政策"(White Australian Policy)制定的主要依据,导致许多排华暴乱先后发生。以白人为主的自治政府建立后陆续制定出一系列限制中国移民的法案。曾任澳大利亚总理的埃德蒙多·巴顿(Edmund Barton,1849—1920)曾得意扬扬地宣称人类平等的原则只适用于澳籍英国人而不适用于中国人。

华工在那片充满生机的土地上披星戴月辛勤劳作,为澳大利亚早期的资源开发和社会繁荣做出了卓越的贡献,过去和现在都得到举世公认。

三、"白澳政策"时期的中国与澳大利亚关系

19世纪初有少数华人从福建移民澳大利亚,在当地农场做帮工、牧羊或当家庭佣人。华工勤劳朴素,吃苦耐劳,随遇而安。他们的语言衣着和习俗都不同于当地人,儒、道、佛信仰和男人留辫子之类的事情引起了他人的关注。

1851年,澳大利亚发现了金矿,世界各国的移民争先恐后地涌入。在20多年中,4万多名中国男性移民和9000多名中国女性移民先后进入了

维多利亚州和新南威尔士州。

澳大利亚欧裔白人渐渐发觉华工的到来降低了自己的劳动价值,于是迁怒于华工带去的文化传统,对华人的怀疑和误解日趋尖锐。此后当地媒体的文章、漫画、海报和各类宣传工具都围绕这一题材广泛展开。

查尔斯·撒切尔(Charles R.Thatcher,1831—1878)祖籍英国布利斯托尔,曾任职于伦敦交响乐团,1852年,他移民澳大利亚墨尔本,投资本迪戈金矿,并在该市皇家乐团担任幕间串场说唱。他创作的一个极富煽动性的节目《华人移民》(*Chinese Immigration*),唱词是:

> 在伊莫拉尔德半山坡上,
> 他们盖起的佛寺凛凛威风,
> 一尊丑八怪佛像立在殿堂,
> 跟我想象的情景没有什么不同。
> 桌上供着香气四溢的小乳猪,
> 有时还摆上一头仝猪供奉。
> 在座的哪位也许会笑出声来,
> 可我真的就这么心事重重:
> 这里早晚会被他国殖民,
> 华人一声令下——颠覆澳洲,
> 改天换地,全都姓"中"。
> 一位留着长辫子的天子,
> 大驾择日降临金銮殿中。①

这两段毫不掩饰的唱词,堪称白澳力图扼杀"中国影响"的早期版本。

1901年,澳大利亚政府正式确立的种族主义"白澳政策"(White Austria Policy)包括以《限制移民入境法案》为主的几项重要法案和条例,通过对入境者进行的欧洲语言测验,确保澳大利亚白种人的优越地位,并达到排斥和歧视有色人种移居澳大利亚的目的。据文献记载,贸易联盟(Trade Association)和澳大利亚工党(Australian Labor Party)是"白澳政策"的主要炮制者。由于当地政府的不作为甚至默许,白人矿工与华人矿工之

---

① https://www.poetrynook.com.

间经常发生摩擦纠纷，后来一系列的抗议活动和骚乱由此产生。

1857年7月4日发生的伯克兰暴乱（Buckland Riot）是一起华工与欧裔移民之间暴力冲突引起的案件。维多利亚州伯克兰谷的金矿当时有华工2000人，欧裔移民700多人。事件发生当天，大约100名白人矿工袭击了华人矿工，掠夺了他们的财物，并把他们全部赶到伯克兰河对岸。冲突中3名华人矿工惨遭杀害，华工营地被抢掠。虽然后来当地警方逮捕了13名肇事的白人矿工，但是在随后审判时陪审团却认定他们是受到旁观者怂恿才袭击华工的，因此被判在所有重大罪行方面无罪。

1861年6月30日晚发生的林宾平原暴乱（Lambing Flat Riots）是另一起由欧裔暴徒袭击华工引发的系列反华案件。事件发生地点在新南威尔士州扬格镇（Young），诱发的原因有两个：一是悉尼地方议会当天否决了一项反华提案，另一个原因是当时谣传1500名示威华工正在前往扬格镇的路上。当晚2000名全副武装的欧裔矿工袭击了华工，拆毁了他们的帐篷，抢劫了他们的财物，剪下了他们的辫子，1000多名华工全部遭驱赶。第二天警方到出事地点调查，当地报纸《千里眼》（Argus）报道了有关案情。两周后警方抓捕了肇事矿工头目和另外三名参与者结案。

澳大利亚种族主义歧视矛头不仅针对华工移民，也针对大洋洲其他有色人种。从19世纪60年代起，被称为"绑架奴隶"的大批低薪劳工从周边岛国被强制征召到澳大利亚，填补了当时该国制糖业的紧缺劳力。1901年，澳大利亚制糖业市场不景气，已有的1万多名太平洋岛国工人面临裁员，澳大利亚议会趁机议决《1901年太平洋岛民劳工法案》，为遣返辞退员工扫清法律障碍。从1906年至1908年，在"白澳政策"的特许下，7500名太平洋廉价劳工被辞退出境。

在此后的一个多世纪先后发生了多起种族歧视的风波，给澳大利亚社会带来动荡和不安，制造了骚乱和灾难。在1919年法国巴黎和会（Paris Peace Conference）上，日本代表提议在《国际联盟盟约》（Covenant of the League of Nations）中加入有关"禁止一切形式的种族歧视"内容的条款，遭到了英国和美国代表的阻挠。时任澳大利亚军事情报局（Military Intelligence）局长的匹尔司（Edmund Piesse）预感到澳大利亚此举将树日本乃至亚洲各国为敌。第二次世界大战爆发后，日本战机轰炸了达尔文港，澳大利亚政界终于开始感受到本国的种族歧视政策为自己结下的苦果是何等苦涩。1973年，以惠特拉姆为总理的澳大利亚政府正式从法律层面终结了"白澳政策"。

2017年5月25日,澳大利亚维多利亚州州长丹尼尔·安德鲁斯(Daniel Andrews)在会见华人社区领袖时说:"对每位维多利亚州的华人,我谨代表维多利亚州议会、维多利亚州政府,表达我们最深切的歉意,我对你们说,我们深感抱歉。"

长期以来华人是澳大利亚社会的一个重要组成部分,从"淘金热"到殖民主义和民族主义运动时期,华人移民都以积极正面的形象出现在历史文献中。但在西方霸权主义意识形态的笔下,华人却被描绘成"他者",既嗜赌又吸毒,在欧裔白人眼中是"未开化的异教徒"。那些处于边缘地位的华工群体敢于挑战霸权话语,为建构自己的合法身份奋斗不息。第二次世界大战后澳大利亚逐步融入了国际社会,描写华人劳工已成为澳大利亚文学创作的一个重要选项。毕竟人们并不计较来自官方道歉时间早与晚的问题,重要的是还历史一个公道。维多利亚州华人代表接受丹尼尔·安德鲁斯州长正式道歉之后,当天分头在伯克兰暴乱和林宾平原暴乱爆发地树碑缅怀死难先烈,昭示后世。20世纪70年代以来,澳大利亚的种族政策已由"白澳"转为"多元文化主义"。

四、地缘政治、地缘经济与中澳学术交流

19世纪末,随着东西方新航路的开通,国与国关系的不断发展,经济利益与经济地位的提升逐渐成为欧美强国追逐的目标。这一期间,欧美政界和学术界先后提出了形形色色的国家发展理论和对策,角逐范围由陆地转向海洋与天空,军事对抗由真枪实弹转向意识形态,进而转向兵不血刃的文化交流与国际合作。这些策略和理念的变化,在澳大利亚与中国和亚洲其他国家的交往历史中都先后直接或间接地有所折射或者得到印证。

美国地缘战略家马汉(Alfred Thayer Mahan,1840—1914)在他1890年发表的著作《海权对历史的影响:1660—1783》(*The Influence of Sea Power Upon History*,1660—1783),以及1905年发表的《与1812年战争有关的海权问题》(*Sea Power in Relation to the War of 1812*)论文中,高调宣扬了他的"海权论"(Sea Power)思想,强调海洋的重要性以及控制海洋的意义。他认为大凡以商业立国的国家,都拥有强大的海上力量,为的是夺取殖民地和战略制高点,控制海洋,保障国家利益。他的军事思想符合19世纪末

至20世纪初海外扩张大国的需要,对美国和西欧的海洋战略产生了重要影响。

1904年,英国地理学家麦金德(Halford John Mackinder,1861—1947)在皇家地理学会宣读的论文《历史的地理枢纽》(The Geographical Pivot of History),以及1919年和1943年先后发表的论文《民主的理想和现实——政治学重建研究》(Democratic Ideals and Reality: A Study in the Politics of Reconstruction)和《全世界赢得和平》(The Round World and the Winning of the Peace),从全球战略角度分析了世界政治力量的对比,认为世界发展史就是大陆强国和海洋强国相互竞争的历史,陆权也像海权一样足以影响世界历史进程。他把世界边缘陆地划分为两个新月地带:一个是由德国、奥地利、土耳其、印度、中国等国构成内新月地带;另一个是由英国、南非、澳大利亚、美国、加拿大和日本等国组合成的外新月地带。这一战略理论对于历届澳大利亚政府首脑制定外交政策都发挥了指导性的作用。

地缘政治学(geopolitics)是1916年瑞典学者哲伦(Rudolf Kjellen,1864—1922)在他的《生存形态的国家》(*Statem Som Lifs Form*)一书中首先提出来的。他根据德国人文地理学家和人类学家拉采尔(Friedrich Ratzel,1844—1904)关于国家有机体的理论创建了地缘政治学,认为国家的行为应被看作是一种竞争力,力量对比优势就是国家发展的决定因素,强国左右全球政治是竞争的永恒定律。如果把国家看作地理有机体或者空间现象,就可以透视地理与应用政治学之间的相互关系。

德国政治学者卡尔·豪斯霍费尔(Karl Haushofer,1869—1946)是西欧极端主义地缘政治学派的创始人,曾在慕尼黑创立地缘政治研究所,1924年还创办了《地缘政治学杂志》(*Zeitschrift für Geopolitik*),成为后来纳粹对外侵略扩张的舆论工具。

第二次世界大战结束后,美国学者葛德石(George Babcock Cressey,1896—1963)创造了"地缘战略"(geostrategy)一词,通过地理因素来设计国家战略,即从一个国家的地理位置、人口、面积、民族、经济、资源、军事等影响对外政治决策的因素,来分析其战略状况和政治行为。20世纪20年代,他以浸礼会传教士身份来华,1922—1927年,任沪江大学副教授,曾到内蒙古和西藏等地进行过考察,著有《中国地理基础:土地及其民族概要》(*China's Geographic Foundations: A Survey of the Land and Its People*)和《亚洲的国家与民族:地球三分之一和人口的三分之二的地理学》(*Asia's Land*

and Peoples: *A Geography of One-Third the Earth and Two-Thirds Its People*)等专著。他的地缘政治学理论强调国家安全与国际互惠合作之间的关系,淡化了原来隐含的军事战略概念。

1993年,美国政治学家亨廷顿(Huntington Phillips Samuel,1927—2008)在美国《外交》(*Foreign Affairs*)季刊夏季号发表了《文明的冲突》(The Clash of Civilizations)一文,认为世界政治正进入一个新阶段。

20世纪40年代末,西方一些学者呼吁放弃以军事实力作为全球称霸的主要手段,而把国际投资和自由贸易作为维护本国经济利益的手段。这种以经济利益取代军事对抗和政治关系的学说被学术界称为"地缘经济学"(geoeconomics)。其核心思想是:各国在追求经济利益和安全的同时,也存在着促进交流和合作的利害关系。利用地缘经济空间就是通过政治、经济和文化的联系整合资源,以获取国家利益的空间范围。在地缘经济学理论的鼓动下,东西方经济和贸易实体不断发展、合作、提升和扩大,全球经济一体化的速度加快,资金流动空前活跃,营销方式多样,形成了推动世界经济多极化发展的潮流。

澳大利亚在地理上独占南太平洋一块大陆,海岸线36735千米长,东部与太平洋诸岛国相邻,北部被日本、菲律宾、印尼和关岛构成的岛屿链镶嵌。作为印度洋与太平洋之间的一个中转站,它是前往马六甲海峡、南海、好望角和南极洲的便捷通道,因此雄心勃勃地以南太平洋海洋大国为其追求目标。1901年以后,澳大利亚出于维护国家安全的考虑,耗资369.5万英镑建造了包括一艘重型巡洋舰、三艘轻型巡洋舰、六艘驱逐舰和三艘潜水艇的第一批海军舰艇,改变了长期依赖英国海军维护防务的状况。20世纪末,联邦政府宣布耗资3.5亿澳元实施一项执行到2027年的新防御计划。现在澳大利亚海军人数已多达1.47万人,海军航空兵950人,拥有多艘驱逐舰、护卫舰、潜艇和巡逻艇,并启用了柯林斯新潜艇,使海防能力得到大幅度提高。

地缘政治是外交战略与地区安全战略结合的产物。第二次世界大战时日本的疯狂侵略和英国在东南亚战火中的羞辱退却迫使澳大利亚做出了从与英国结盟到与美国靠拢的艰难选择,所带来的后果之一是1951年澳大利亚、新西兰和美国安全条约(Australia New Zealand and the United States Pacific Security Treaty)的签订。之后,澳大利亚又加入了东南亚条约组织(Southeast Asia Treaty Organization),被史学界视为澳大利亚联邦政府实行地缘政治和地缘经济策略的真正开端。

  第二次世界大战后,美国全球的地缘战略首先定位于欧亚大陆,但是因为有些地方鞭长莫及必须建立一个战略基地。因为美国的全球战略符合澳大利亚的利益需要,两国的军事同盟关系便得到了进一步加强。1995年和1996年,澳大利亚还分别与印尼和新加坡签订了安全协议,把"五国(英国、澳大利亚、新西兰、马来西亚、新加坡)联防"扩大到整个东盟地区。1996年,澳大利亚与美国加强了在军事技术、情报分享和后勤支援等方面的合作,2000年,两国还签署了《在国防装备和工业方面加强合作的原则协议》。澳大利亚希望通过加强海洋建设,积极参与亚太多边安全合作防务机制,保持在南太平洋地区的军事优势,使自己成为亚太地区有影响力的海洋大国。

  地缘政治与地缘经济之间存在着互动互补的关系,单纯的地缘政治不是目的,地缘经济的发展广泛捆绑于军事、外交、旅游和文化交流之中。澳大利亚的船舶工业和海洋工程水平与其他发达大国接近。发展造船和远洋运输可以加强与其他国家的贸易往来和文化交流,拓宽旅游资源。海洋资源包括丰富的石油、天然气、矿产、海产、水利、地热等,因为澳大利亚国内市场还不足以消化自己的产品,而外贸收益在国民经济生产总值中所占比例却很高,其战略意义无疑蕴含着更深层次的地缘政治与地缘经济利益。为此,澳大利亚期待发挥一个理想大国的作用,既保持南太地区秩序的长期稳定与经济繁荣,同时又有利于海上运输、海难救助和遏制捕鲸问题的解决。目前亚太地缘政治趋于多元化的发展格局,加强以美国为中心的安全机制,开展区域性安全对话,被澳大利亚政界看作实现上述目标的途径之一。

  区域合作符合当今各国奋斗的目标。近年澳大利亚经济上已经被视为广义的亚太地区的成员,统计数字显示:在该国前10名的贸易伙伴中,除了英国和美国之外,其余都是亚洲经济体。2008年,金融危机席卷全球,多数经济发达国家也不能幸免,但是中国适时采取了扩大投资的应对措施,澳大利亚对华出口贸易额出人意料地不降反增。中国是澳大利亚最大的贸易伙伴,2012年的双边贸易额高达1176亿美元,约占全澳当年进出口总值的20%。

  从地缘战略意义上看,中国和澳大利亚领土互不连接,彼此之间没有潜在的不安全因素。两国建交后都致力于本国经济发展,希望有一个和平稳定的地区和国际环境。澳大利亚政界、商界和学术界看到了中国稳定快速发展的经济，认为可能成为带动澳大利亚繁荣的有利因素。霍华德执政时的澳大利亚政府，通过谈判与中国确立了21世纪互利共赢全面合作关系。2007年9月，胡锦涛主席访澳时，两国宣布共同建立中澳战略对话机制。

澳大利亚独特的自然环境和资源决定其外贸产品主要集中在矿业开采、加工和服务方面，其对外联系的通道也无不跟这些方面的情况相连。该国盛产铁、铅、锌、铀，也是锆石、金刚石、金红石、铁矿石和钛铁矿石的最大生产国，此外，烟煤、铅矿砂和铝土矿等均属于使竞争对手望而却步的产品。过去澳大利亚的农副产品和矿业产品主要输往欧美，随着20世纪80年代亚洲市场的开发和本地制造商的加盟，上述澳大利亚部分产品开始转销亚洲，渐渐地澳大利亚对亚洲市场的依赖程度日趋增加。澳大利亚在亚洲国家的经贸舞台和合作论坛上非常活跃，先后倡导或者参加了"亚太经济合作组织"（APEC）、"东盟地区论坛"（ASEAN Regional Forum）、"自由贸易协定"（FTA）、"跨太平洋伙伴关系协定"（TPP）、"东亚峰会"（ASEAN+10）和"区域全面经济伙伴关系"（RECP）等区域合作组织。这就是澳大利亚提出"脱欧入亚"的思想基础，也是澳大利亚对外经济政策转型的导因。

地缘政治和地缘经济是影响澳大利亚对华政策的两个重要因素。全球一体化促使国际政治重心从传统的地缘政治转向地缘经济，然而在对华政策中如何平衡地缘政治与地缘经济之间的关系对澳大利亚来说是一个难题。目前澳大利亚对华政策面临着对中国经济的日益依赖和在战略上依靠美国的两难处境。因为历史、文化、市场和经济系统的差异，澳大利亚在实施区域合作时常常暴露出其地缘政治与地缘经济政策发生冲突的情况。就宗主国的影响、结盟历史和宗教信仰方面来考察，澳大利亚半数以上公民来自欧洲，信奉基督教，自然更熟悉并更亲近欧美世界，希望通过与美国的结盟确保世界秩序的稳定和安全，至少可以实现亚太"再平衡战略"。澳大利亚政界曾多次表示他们和美国之间的同盟关系是历史继承下来的，并不需要以牺牲和中国的经济关系为代价，但是媒体常常发表一些观点不同的报道。在20世纪50年代的"朝鲜战争"以及70年代的"越南战争"中，澳大利亚国防部都先后派出军队参战，后来还参与了两次伊拉克战争和阿富汗战争。随着美国将其战略中心转向亚太地区，澳大利亚以主动参与美国组织的各种军事演习为手段积极响应。2013年12月,中国宣布在东海设立防空识别区,与此毫无直接关系的澳大利亚反应强烈,外长朱莉·毕晓普(Julie Bishop,1956—)立即约见中国驻澳大使发表有损双方互信的激烈言辞,被媒体批评为"越线"。近几十年中国经济快速发展,虽然澳大利亚学术界和商界许多有识之士表示欢迎,但是在少数政客看来却可能对他们构成"威胁"。当前澳大利亚面临着相互抵触的双重压力:一是来自与本国有70余年同盟关系的美国,另一个是来自与中国蓬勃发展的贸易往来的吸引力。

在中国和澳大利亚国家关系中,澳大利亚行政当局总是希望通过实施地缘政治所得的利益能超越执行地缘经济政策所能得到的好处,在安全观方面他们所遵循的显然也是这一模式。但是中国不断发展的经济及其持续扩大的市场,对澳大利亚产生的吸引力是无法改变的。其结果是:澳方一方面不遗余力地在追赶中国经济发展的快车,另一方面又尽力顾及对美澳经济政治合作关系的强化。这也许是长期以来中澳关系处于时冷时热亦好亦坏的原因所在。

但是人们也乐观地看到,东西方冷战结束后亚太地缘政治格局的演变总体上还是有助于巩固和发展中澳双边关系,推动两国经贸合作、政治互信、文化和军事交流。中国当代崛起和经济转型正在改变着世界的经济和战略平衡,尽管有些人认为它给地区带来了某种程度的不确定性和复杂性,然而更多人却认为这是21世纪重要的地缘政治事件。澳大利亚作为亚太地区的一个地缘政治大国,在积极参与美国"再平衡"策略背景下的多边计划的同时,也关注扩大中澳两国的贸易和文化交流、高层互访和技术合作,支持中国建设性参与地区事务,这对于共同维护亚太地区的稳定与繁荣无疑是有益的。

2018年5月1日,环球网记者张骜在《为何中国不再信任澳大利亚》一文中写道:澳前驻华大使芮捷锐说:"随着中国的崛起,全球秩序发生了变化,堪培拉方面应对起来正面临巨大困难。想要理解中澳双边关系的急剧恶化,需要结合相关背景,即:当今地缘政治秩序迅速变化,同时堪培拉政策制定者带有意识形态先决条件,希望以美国为首的旧秩序回归。"①

---

① 张骜(环球网记者):《为何中国不再信任澳大利亚》,2018年5月1日。

五、冷战前后澳大利亚政界、商界和学界的中国观

"中国观"是一个人、一个群体、一个时代对于中国历史、政治、文化、经济和国际地位的总体印象。美国和西欧等西方的政界、精英智库和主流媒体对中国政坛、社会和历史的综合评价和宏观态度构成了早期的西方中国观。当代的中国观涉及中国崛起、中国精神、中国模式、中国力量和中国话语权等方面的重大问题。不同群体、不同时代、不同考察角度都可能形成不同的中国观。一般来说,历史传统、文化差异、话语霸权和妖魔化中国的心态都可能直接影响对中国的客观公正评价。在闭塞困境中观察中国,分析难免带主观色彩,结论必然落入负面俗套。在充分把握信息彻底摆脱偏见的前提下对中国进行客观理性分析,就有可能得出符合实际的判断。

元西征时期西方政界所谓的"黄祸论"(the Yellow Peril)是出于对本民族前途命运担忧而提出诋毁黄色人种的一种理论,与第二次世界大战中希特勒污蔑犹太人为"劣等民族"以及"白澳政策"时期澳大利亚华人淘金工所受到的歧视一样。这类他者化的中国观一提出来就被赋予了意识形态功能,但是政界精英中许多人很快就意识到中国人是廉价劳动力的雇佣对象,中国人的聪明才智和刻苦耐劳的品质是他们所需要的资源。由此他们预感到中国一旦觉醒就可能有震惊世界的壮举,把中国纳入西方的体系首先必须重新认识中国。从1840年第一次鸦片战争到中华人民共和国成立,西方的中国观经历了多次变化都没有离开这一固有模式。

谈澳大利亚政界、商界和学界的中国观,首先必须了解澳大利亚的价值观。历史上的澳洲文化在欧洲移民进入澳洲之后逐渐消失,当代的澳洲文化主要是在欧洲文化延续和变化的基础上加入了美国文化的元素。有些人认为澳洲没有独特的文化,商店和家中到处都是外国的食品、服装、电器、图书、音乐、绘画,毕竟现代澳洲文化只有100多年的历史。随着澳洲与世界各国的交往频繁,本土价值观逐渐淡化。

18世纪,包括澳大利亚神职人员在内的西方来华传教士对中国历史和人民有不少积极评价,对中华文明的惊人成就和不可思议的发明创造的认识基调是积极正面的,对于千百年封建制度的闭塞、压制和专断也有一针见血的批评,尽管那些见解建立在凌乱的见闻和分散的史籍基础之上,仍属于早期西方版本的中国观。

19世纪，澳大利亚公众对中国的了解主要源于对华人淘金工的接触和有关华人移民的传说与报道。作为澳大利亚本国的公民，他们担心华人淘金工带来了与自己格格不入的思想和文化，并将抢走自己的饭碗。"白澳政策"的出台客观上助长了他们的忧虑、嫉妒和偏激心态，以致产生对立和抗争的情绪。

1921年，澳大利亚一度任命了驻上海的商务专员，但是在1935年前并没有真正履行使命。这段时间澳大利亚与中国交往不多，但是彼此之间也没有发生过重大的利害冲突。1941年5月，澳大利亚与中国第一次建立全面外交关系，弗雷德里克·艾格莱斯通（Frederic Eggleston, 1875—1954）被任命为第一任驻华公使，两国成为反对日本侵略者的盟友。1944年，澳在华外交事务由欧菲塞（F. K. Office）代理。1946年，考普兰（Douglas Berry Copland, 1894—）任驻华公使。1948年，两国关系升格为大使级外交关系，欧菲塞为驻华大使。1949年4月，中国人民解放军解放南京，7月23日和8月25日，欧菲塞先后两次约见南京市政府外国侨民事务处处长黄华，希望保留澳大利亚在南京的使馆和上海的总领馆，黄华奉命告知南京已不再是中国的外交中心，如果澳大利亚不承认中国新政府，就必须关闭驻华使领馆。10月，澳大利亚驻华外交使团一小部分人员前往中国香港，其他人从南京回国。

朝鲜战争爆发后，澳大利亚政界追随美国敌视中国，中国人民志愿军与澳大利亚军队一度是战场上的对手。社会主义与资本主义两个阵营的对立气氛在朝鲜半岛传来的枪炮声中变得格外恐怖和充满敌意，澳大利亚的普通百姓从媒体、教科书、出版物和政府公告中了解不到有关中国的实情，两国民众的有限接触变得十分艰难，彼此信任就更无从谈起。虽然1954年6月18日召开的和平解决朝鲜和印支问题的国际会议上，周恩来总理和澳大利亚外交部部长凯西（Richard Gardiner Casey, 1890—1976）实现首次双边高级会晤，但是这条新闻在澳大利亚媒体刊物上并没有占据吸引眼球的版面。除了少数有远见卓识的学者和政界精英坚持理性立场，敢于向媒体讲真情外，普通澳大利亚人要了解中国的事情并不容易。

冷战期间，因为宗主国英国的传统以及后来美国等西方社会思潮的影响，澳大利亚的中国观与西方同期的中国观基本相同。20世纪60年代，澳大利亚卷入越战，从1966年起，澳大利亚政府一直向中国台湾派遣大使，使中澳两国关系恶化。澳大利亚政界把中国视为不稳定的因素，不仅可能对周边国家构成军事威胁,也可能同时构成经济威胁,中国成了他们的防范对象。

20世纪60年代,澳大利亚向中国出口小麦,1970年,加拿大以正式邦交国身份取代了澳大利亚对华小麦进口国的地位,澳大利亚商界要求政府尽快出台政策改善中澳关系。此事促使在野工党领袖高夫·惠特拉姆(Gough Whitlam)1971年7月2—14日的成功访华。在与周恩来总理会见时惠特拉姆许诺一旦换届获胜即与中国建交。同年7月9日,美国国务卿基辛格秘密来华访问以及不久之后中美两国高层正式接触,加速了东西方关系的变化,提高了澳大利亚对华战略的信心。

冷战结束后,受经贸实惠的驱动,澳大利亚商界将崛起的中国视为伙伴。随着中澳关系的发展,贸易规模的扩大,澳大利亚得到的实惠越来越多,"中国威胁论"在澳大利亚不断受到质疑。中澳之间互惠互利关系的建立增加了澳大利亚对中国的信任感,防范对立程度有所缩小。媒体对中国的报道增加了版面,商界感受到了中国在对外关系中所提供的机遇。1972年,中华人民共和国与澳大利亚联邦正式建交,公报措辞是:"澳大利亚政府承认中华人民共和国政府是中国的唯一合法政府,承认中国政府的态度,即台湾是中国一省,并决定于1973年1月25日前撤销其在(中国)台湾的官方代表。"澳大利亚政界、商界和学界中国观的转折点由此开始。

由于社会制度和意识形态的差异,澳大利亚政界和民众的中国观在中澳建交后曾发生多次曲折变化。直到1996年年底在马尼拉亚太经合组织会议期间两国首脑会谈后情况才有所好转。

1987年,中澳两国通过谈判确定了恰那(Channar)铁矿合资项目,1990年投产开采出2亿吨铁矿石后,力拓与中钢集团又于2010年进行了另一轮谈判,把该矿区产量提高到5000万吨。中国成为澳大利亚最大的贸易出口国,2015年,澳大利亚对中国的出口占全年总额的30%以上(同期出口日本占总额的15%,出口美国占总额的5%)。中国也是澳大利亚最大的外资来源国,2015年投入澳大利亚各产业的中资近110亿美元,涉及矿产、贸易、旅游、运输、农药、天然气和房地产等领域。2008年第四季度,中国调整了国民经济发展的速度,2009年,胡士泰行贿刺探中国钢铁业的核心秘密事件以及中铝公司对力拓相关股份和资产的收购被撤销,导致中国对澳大利亚矿石和能源的需求急剧减少,在就业机会萎缩的背景下很多澳大利亚人将投资转往中国香港。统计显示,当时中国香港有8万名澳大利亚人，600家澳大利亚公司，成为澳大利亚第六大投资地。大部分澳大利亚国际问题专家、学者、网民都承认中国对澳洲经济与社会发展提供的机遇，以及两国利益交集所体现出的关系重要性，稳定发展不仅造福两国人民，更有利于维持亚太地区的和谐与繁荣。中国本着开放包容、共赢互利原则发展与澳大利亚的经贸关系。

"亚洲化"是冷战后澳大利亚发展的趋势，2012年，澳大利亚政府颁布了《亚洲世纪白皮书》，计划在2025年前将教育和经济系统亚洲化。澳大利亚与中国保持着良好的关系，在经济、资源、能源和食品安全等领域吸引中国投资者。但是澳大利亚又是美日集团的重要成员，对中国崛起的担忧比欧洲各国有过之而无不及，总希望在美国重返亚洲的语境中受到保护。在澳大利亚政界看来，中国实力还没有强大到和日美等同的地步。美国重返亚洲的前提是打造美日澳三角联盟，澳大利亚自感国防预算不足需要借助美国军力保护，澳美70多年的同盟关系延续到今日，2007年3月15日签署的日澳双边安保合作协议就是美国精心策划的证明。任何想与亚洲各国建立超越欧美亲密关系的主张都无异于背叛历史传统。所谓"经济靠中国、安全靠美国"就是他们所采取的策略。有鉴于此，澳大利亚一方面担心中国的崛起会冲击现有的地区秩序，甚至挑战美国的霸权；但是在另一方面，澳大利亚在允许美国军队轮驻澳大利亚海港的同时，又不允许美军在澳大利亚本土建立永久性基地，不允许美国航母驶入澳大利亚水域。

民主、自由、法制与开放是21世纪商业化、城镇化和一体化语境中软实力的核心元素，这一强国发展理念和策略直接带动了国家政治、军事、科技和文化的飞跃，成为社会转型的标志和主导国际秩序的切入口。从21世纪开始，中国的中心任务已经从国内政治革命转入经济发展轨道。中国经济崛起的全球效应使欧美主导的军事、经济、科技实体面临挑战，也使世界各地未转型的社会秩序的不确定性更加突出。中国的海外投资、企业收购、能源采集与文化交流已经进入了多元化模式，使澳大利亚和其他一些西方体系感受到了某种压力，政界精英和智库高手一直在寻求相应对策。对崛起中国进行遏制是欧美西方国家采取的措施之一，澳大利亚一直亦步亦趋紧跟其后。中国以适合自己的身份加入或者参与创建国际组织，如世界贸易组织（WTO）和亚洲基础设施投资银行（Asian Infrastructure Investment Bank），使西方政客炮制的"中国威胁论"逐渐失去其市场价值。

在学术界，熟悉中国历史、文化与国情的学者和专家，一般都能较好理解中国,主张中澳增加接触,不断发展两国关系。而相信第二次世界大战后美国称霸世界实力的人往往倾向于把中国对地区的贡献视为挑战。观点不同,态度就有差别。2015年5月底,大约有5000份针对华人背景人群的传单出现在悉尼,认为中国投资导致了澳大利亚房价上涨。多位澳大利亚联邦议员发表声明对此论点以予批驳,坚信它不代表澳大利亚的价值观,指出种族主义可能把澳大利亚创造的多元文化和谐社区置于危险的境地。很多具有远见卓识的澳大利亚人都认为现在不同于冷战时期,不需要牺牲与中国的经济关系为代价。

在中澳建交40多年的历史中两国经贸关系一直保持良好发展势头,2011年,中国取代美国成为澳大利亚最大的服务贸易出口市场,双方形成了相互促进彼此依赖的关系,改变了澳大利亚各党派和部门所持的"与美国政策协调"的认识,2015年,澳大利亚不顾美国的反对加入了中国主导的亚洲基础设施投资银行便是其中一例。2005年4月18日,中澳两国政府在北京签署《中华人民共和国商务部与澳大利亚外交外贸部关于承认中国完全市场经济地位和启动中华人民共和国与澳大利亚自由贸易协定谈判的谅解备忘录》。2015年12月9日,中国驻澳大利亚大使马朝旭与澳大利亚候任驻华大使亚当斯分别代表两国政府在悉尼互换外交照会,共同确认《中华人民共和国和澳大利亚政府自由贸易协定》于2015年12月20日正式生效。这是中国与外国完成商签的贸易投资自由化水平最高的协定之一,加深了两国友谊和全面战略伙伴关系,标志着中国的"一带一路"倡议及澳大利亚的"面向亚洲"的政策构想将进一步推进亚太经济一体化的进程,为地区大家庭成员不断扩大共同利益、迈向命运共同体发挥重要作用,与美国和欧盟在承认中国市场经济地位的问题上的态度形成了鲜明的对照。澳大利亚政界、商界和学界对于"中国在全球经济和政治秩序中的崛起正在决定着21世纪的走向"的预测都趋向于认同。

2012年10月28日,澳大利亚政府发布了一份政府白皮书《亚洲世纪中的澳大利亚》,提出了有关教育、外交、经贸等领域在2025年前要实现的目标。关于中国在新世纪中的重要性,在作为白皮书延伸陈述的《中国国别战略——亚洲世纪中的澳大利亚面向2025年》报告中有这样一段文字:

> 中国在全球经济和政治秩序中的崛起正在决定着21世纪的走向。到2025年,中国将成为世界最大经济体。今天中国经济的体量

和规模,加上其强劲的增长,使中国在 2025 年之前持续成为全球和亚洲经济增长的最大贡献者。

中国如何管理其从出口和投资主导的发展方式到创新驱动的经济增长的转型,将决定未来几十年的全球经济体系。

中国的经济改革将进一步推进城市化并形成世界上最大的中产阶层。到 2030 年,百分之七十的中国人将在城市生活,会形成新的城市,而且二、三线城市中心将扩大规模。城市化将进一步向西部和内陆扩展,在中国的内陆地区形成新的、更大的经济枢纽。

到 2015 年中国将变成世界第二大消费市场。可自由支配收入的增加将带来对金融、法律、医疗服务以及更优质的食品、消费品和娱乐需求的激增。

经济扩张和城市化将增加中国在环境、基础设施、能源、粮食安全和教育系统方面的压力。老年人将占总人口的很大比例,并将持续增加,这将考验中国的医疗和养老服务部门。

中国正成为最大的资本输出国之一,其在澳大利亚、非洲、拉丁美洲、亚洲和太平洋地区的投资不断增长。

中国的城市化是影响 21 世纪世界发展的两大重要因素之一。

2017 年,澳大利亚政界、学界以及媒体一度发出对华不友好的声音,导致双边经贸和政治受到冲击。澳大利亚新一届政府上台后,该国总理和部长释放了积极信号。自由党籍新总理莫里森在上台后一次外交政策演讲中 10 次提到中国,称将继续深化中澳两国全面战略伙伴关系。

六、澳大利亚国立大学的汉学研究

澳大利亚从事汉学研究的学者多半任职于澳大利亚国立大学、墨尔本大学、莫纳什大学和悉尼大学下属的学院及其研究所。澳大利亚国立大学和悉尼大学是澳大利亚中国研究的两个举足轻重的中心。

1946 年,澳大利亚国立大学创建于首都堪培拉,1960 年,与堪培拉大学院(Canberra University College,墨尔本大学分校)合并成为本科教学与研究兼备的综合性大学。鉴于历史原因,该校的汉学研究从专业管理与分工角度分属于太平洋研究院和亚洲研究院,通过 40 多名专家一流水平的专业教学与科研,培育了大批人才。

1932年,澳大利亚华人举办莫里循讲座,以纪念作家和记者乔治·莫里循长期为中澳文化交流所做的贡献,希望为那充满猜疑和敌意的年代增加两国人民之间的理解和互信。该讲座每年在解剖研究所(Institute of Anatomy)举办,但是从1948年起改由澳大利亚国立大学主办,每年4月邀请国内外学者就有关中国文学、艺术、文化和历史等汉学研究问题畅谈个人见解,提出建议,得到了政界和学术界的好评。

1949年,汉学家费子智(Charles Patrick Fitzgerald,1902—1992)被任命为澳大利亚国立大学远东历史系主任。早年他主要研究中国古代史和云南少数民族,个人专著以简明通俗为其特色,任职于远东历史系后他的研究重心逐渐向中国近代史倾斜。1952年,他的《中国革命》(Revolution in China)一书出版,引起了国际学术界对澳大利亚汉学研究的广泛关注,翌年他被晋升为该系首任讲座教授。

1967年,费子智荣休,由王赓武接替他的历史系主任教授一职。过去该系学生所学专业除了历史外,还有语言和文学,但是历史专业没有开设博士课程,攻读中国史的博士研究生只能转入其他院系。从1970年起,王教授报请将招生对象统一于专门研习历史专业的学生,增加近代史教学的内容和课时,并增设历史博士专业,不久该系的研究人员和研究生人数大幅度增加。

远东历史系有效地开辟了生源和学术交流渠道,利用书刊扩大影响,欢迎国内外知名学者的长短期访问,每周和每学期举办学术研讨会和专题报告会,邀请知名学者参加。

20世纪70年代,时任总理的罗伯特·霍克(Robert Hawke)在一次大会开幕式上发表讲话时表示澳大利亚政府鼓励并主张扩大学术界和教育界开展对亚洲问题的研究,随后澳大利亚国立大学便创建澳大利亚亚洲研究协会(Asian Studies Association of Australia),对亚洲各国的语言、文化、政治等方面进行研究,并为政府提供服务。该协会每两年召开一次全体大会。

1971年1月,澳大利亚国立大学成功举办了第28届国际汉学会议,扩大了澳大利亚汉学的国际影响。

20世纪80年代,在澳大利亚国立大学研究中国历史和文化的高级职称教师大约有7位,除了王赓武外,还有中国台湾的王铃(专研中国科技史)、新西兰的巴纳(N. Barnard,专研中国青铜器)、美国的傅因彻(John H. Fincher,专研中国近代史)、英国的(Henlen Dunstan,专研明清社会经济史)、(Jennifer Holmgren,专研中国妇女史)和美国的(Esta Ungar,专研中越关系)。

远东历史系在30年中共计培养博士研究生30余人,出版专书10余种。

1970年,在福特基金会的资助下,澳大利亚国立大学亚太研究学院设立了当代中国研究中心(Contemporary China Centre),研究范围涵盖1949年以后的中国政治、经济、文化、教育、法律、军事和外交诸多方面,并从社会学和人类学的视角对中国的社会问题分别进行研究,目的是为全澳的现代中国研究提供一个活动的平台。2010年,该中心与政治和社会变革系合并,但是它仍然是一个独立的存在。

安戈(Jonathan Unger)教授和陈佩华(Anita Chan)博士是中国研究中心研究成果最卓著的两位学者。

澳大利亚国立大学当代中国中心主办的出版物有《当代中国论集》一套三部、《远东历史论丛》和《中国研究》(1979年创刊,原名《澳大利亚中国事务杂志》,1995年更名,半年刊)。《中国研究》核心编委均任职或曾任职于该校,但是供稿的作者却是国际学术界学者。版面设有"研究论文""当代问题""通信报道"和"回顾"等专栏,研究范围广及中国和海外华人学界,得到国际学术界的好评。

东方语言学院(School of Oriental Languages)创建于1952年,翌年瑞典汉学家毕汉斯(Hans H. A. Bielenstein)出任该院讲座教授。他的行政能力很强,目光远大,争取到很多资助,加速了东方语言学院的发展。1957年,该校设立了亚洲文明课程,1961—1962年,学院下设中文、日文、印尼文和亚洲文明四个系。1958年,在他的推动下将澳大利亚国立大学远东历史系与堪培拉大学东方研究学院组合为东方研究中心(Centre of Oriental Studies),但对原来双方的行政结构没有加以改变。1960年,毕汉斯应聘调往哥伦比亚任教,1966年,东方研究中心取消,但是把两处的东方图书合并起来任命专人管理。20世纪70年代,东方研究学院改名为亚洲研究院(Faculty of Asian Studies),1983年年初,亚洲研究院改"系"为"中心",并增加系的建制,全校下设:中文中心、日文中心、南亚及西亚中心、亚洲历史中心和东南亚中心。

先后加入该校团队的学者除毕汉斯外,还有斯普里克副教授(Otto B. van der Sprenkel)、马悦然(N. G. D. Malmqvist)、巴沙姆(A. L. Basham)、狄雍(Jan Willem de Jong,1921—2000)、柳存仁、张磊夫(Rafe R. C. Crespigny)、李克曼(P. Ryckmans)等人。

澳大利亚国立大学的汉学研究历史悠久、人才辈出、成果累累。澳大利亚的汉学发展史浓缩了大洋洲中国问题研究的脉络,经验值得借鉴。

七、澳大利亚国家图书馆的汉学研究资源

公共图书馆是汉学研究的重要资源,其中的中文藏书、历史文献、专业典籍、地图杂志、报刊文档,可供研究者查阅所需的信息和数据,也可为他们验证引文或矫正失误。在电脑网络发达便利的今天,与各类数据库联网是汉学研究的常规,但是公共图书馆在学术研究中的作用其他手段无法代替。

澳大利亚实行联邦、州和市三级行政制,公共图书馆也因此被划分为国家图书馆、州立图书馆和地市图书馆三个级别。国家图书馆和州立图书馆均属于非外借型的研究参考图书馆。

澳大利亚国家图书馆(National Library of Australia)的前身是1901年成立的联邦议会图书馆,位于首都堪培拉。它是全澳最重要的典籍收藏机构,为读者提供图书与信息服务,支持大范围的资源共享和合作开发。据1986年6月的统计,澳大利亚国家图书馆收藏中文专书80622种,共158245卷,缩微胶卷7414卷,其中中文缩微胶卷7282卷。

从1956年起,澳大利亚国家图书馆与包括澳大利亚国立大学图书馆在内的几个规模较大的高校图书馆在汉籍收藏方面实行分工合作制度,国家图书馆的收藏重点为通史(中国通史分检年限为1912年后)、社会科学史、政府出版物、报刊和缩微胶卷。20世纪60年代以后,因为获得福特基金会的特别资助,国立大学图书馆的收藏重点逐渐向当代中国文档倾斜。1973年9月根据国立大学的提议召开了一次会议,与会单位一致同意对中文典籍的原收藏分工范围进行了调整:国家图书馆的收藏重点为考古、美术、报刊、党政文件、再版文档、视听材料;国立大学图书馆的收藏科目为历史、语言和文学。至于中国古典文献、哲学、宗教、科学、技术、农业、人类学、生物学和社会学等学科的收藏在协议中均未明确归口,只有"尽管因为

各种原因达成某种协议或做出其他安排,国家图书馆和国立大学图书馆都可在判断恰当的前提下根据现在和将来的情况,以适当的程度继续满足各自用户的需要"之笼统表述。

实际上,澳大利亚国家图书馆也珍藏了许多非规定学术领域的重要文献,包括汉语词源学、语音学、语义学、语法学的著述,如许慎编著的《说文解字》,有关汉语教学、文字改革和中国少数民族语言的专书专著,以及香港龙门书局的《语文汇编》。此外,在明清白话小说类的作品还有《封神演义》《东周列国志》《今古奇观》《金瓶梅》《三国演义》《水浒传》《西游记》《红楼梦》《西洋记》等,数量相当可观。

澳大利亚国立大学图书馆的中文图书收藏,始于1950年澳大利亚汉学研究领军人物费子智出面购得许地山(1893—1941)数千册佛教和道教藏书。许地山是中国现代著名的小说家和散文家,1927年结束留美研修学业回国,在致力于文学创作的同时也潜心于人类学、民俗学和宗教学研究。1935年,他应聘担任香港大学文学院主任教授,1941年病逝,留下了大批中文藏书。

澳大利亚国立大学是20世纪40年代后期成立的研究型大学,因为教学和科研需要,特派时为远东历史系教授的费子智去中国香港,通过书商跟许地山家人商讨购买藏书事宜。在香港大学中文系主任马鉴帮助下,澳大利亚国立大学图书馆以2500澳元购得许地山的中文藏书,共467种1224册。其中明代书籍10种,清代书籍32种,清末至民国(1840—1911)书籍132种,1912—1949年藏书204种,明清善本图书42种,其中许多是珍本书和绝版书。在那些具有很高版本价值的收藏中,有佛教典籍、道教典籍、儒家典籍,以及许地山本人创作或撰写的《空山灵雨》《缀网劳蛛》《大藏经索引》《道教思想与道教》《中国道教史》《道藏子目通检》,收藏价值无法估量。

澳大利亚国立大学图书馆购得许地山的藏书后,安排费子智负责馆内东方书籍和手稿索引的编制。1961年,房兆楹(Fang Chaoying, 1908—1985)受聘为国立大学图书馆副馆长兼东方部主任,在他的督导下用了大约两年时间进行人员和图书的整合,对许地山的部分藏书进行了编目。他在任时收藏的中文图书是澳大利亚国立大学图书馆现代中文藏书的核心部分,从中国直接购进的原版和再版图书数量也很可观,《近代中国史料丛刊》(*Modern Chinese History Series*)就是其中之一。

早在 1940 年,澳大利亚国家图书馆就与北京的中国国家图书馆建立了交换制度,1954 年,又与中国台北的图书馆之间实行交换计划,此外还与中国其他 59 个地方图书馆建立了交换关系。

房兆楹的继任陈炎生(Y. S. Chan)等人与中国香港和中国台湾的出版机构建立了定期采购制度,增添了澳大利亚国立大学图书馆的中文进书渠道。陈炎生是穿梭于海峡两岸的人物,在有关各方希望得到对方出版的专业书刊但又互不通邮的历史时期,曾经一次次通过陈炎生进行了出版物互换。

中澳两国正式建交前,澳大利亚国家图书馆经常通过北京的中国图书出版中心、香港的三联书店和台北的中国资料中心购买中国出版的书刊,有时也直接从其他国家和地区购买过期的中文刊物、再版书刊和缩微胶卷。这些出版物包括:英国汉学家颜慈(Walter Perceval Yetts, 1878—1958)有关中国考古和艺术的著作、房兆楹的中国现代史学、伦敦基督教传会教士有关 1851—1864 年太平天国起义的著述、德国汉学家西门·华德(Earnest Julius Walter Simon, 1893—1981)有关汉语和中国文学专论、澳大利亚学者董育德(Audrey Donnithorne)有关中国经济和农业的论述。

早在 1956 年澳大利亚国家图书馆就开始实行东亚专著联合编目(UCEAM)与东亚系列书刊联合编目(ULEAS)制度。专著联合编目款项包括"作者"和中日韩"书刊名"两项,而系列书刊联合编目则只有"书刊名"一项。这是新西兰东亚藏书首次被纳入系统时所采取的一项重要举措。现在纳入东亚专著联合编目的书籍有 40 万种,纳入东亚系列书刊大约有 6000 种。其中 1 万种用汉语拼音拼写,其余的采用威托玛拼写系统标注。这些条目由澳大利亚和新西兰的 24 个图书馆编制。

澳大利亚国家图书馆的汉学书刊收藏丰富,主要类别有:考古、美术、法学、医学、近代史(1840 年后)、地方史、生物学、政治学、经济学、社会学、宗教学、中外关系、报刊和杂志。东方研究阅览室周一至周六从上午 9 点半至下午 4 点 50 分对读者开放。除珍本和孤本图书外,其他都可提供馆际调阅服务。

读者可从馆藏的英国汉学家颜慈的存书中获得有关中国的考古艺术资料。除了对有关甲骨文、青铜器和石刻图文的辨认、翻译和研究外,澳大利亚国家图书馆还收藏了大量出土文物的报告,以及 1528 至 1600 年刻印的《宣和博古图录》、郭沫若编撰的《甲骨文》15 卷以及中国台北出版的

《故宫名画三百种》6卷。

颜慈对澳大利亚国家图书馆的贡献还表现在对中国美术作品的收藏方面，如：中国出版的有关中国绘画、书法、瓷器、雕刻、建筑和手工艺品的大批著作，特别是编印成册的中国国画和古往今来中国名家画册，以及各个博物馆收藏品的复制件。其中有中国台北出版的《故宫名画三百种》6卷、北京出版的《中国历代绘画》2卷、北京中国建筑工业出版社出版的《苏州古典园林》、中国台北出版的《故宫藏瓷》34卷、香港商务出版社出版的沈从文（1902—1988）编撰的《中国古代服饰研究》等。

澳大利亚国家图书馆的太平天国起义（1851—1864）藏书特别丰富，除了各类史料外，还保存着杨秀清（1823—1856）、韦昌辉（1823—1856）和萧朝贵（1820—1852）天京之变颁发的《资政新篇》等文献。

澳大利亚国家图书馆的古代和近代中国藏书逐年有所扩大，对中国各朝代重要文档都有所收藏。仅以《二十四史》为例就有7个不同的版本，包括：北京中华书局出版的《标点本二十四史》、中国台北商务出版社的《百衲本二十四史》、170卷的《明史录》、94卷的《清史录》、明清两朝授权编辑出版的《明清史手稿复印本》《中国方志丛书》和1524年的120卷《文献通考》等。

汉学文献典籍的收藏是澳大利亚国家图书馆的一大特色，最值得关注的是40卷的《皇清经解》、40卷的《通志堂经解》、中国台北商务印书馆出版的12系列4800卷的《四库全书》、3121卷的《四部丛刊》、2501卷的《四部备要》、7950卷《百部丛书集成》。其中最早的出版物为《公羊初疏》(*The Commentary of Kung-yang Kao on Spring and Auutumn Annals*)。1983—1986年，中国台北商务印书馆出版的1500卷的《文渊阁四库全书》规模最为壮观。

澳大利亚国家图书馆收藏的有关中外国家关系的图书数量大文种多。除了各类文献和条约的汇编，如：三朝《筹办夷务始末》编纂考（*A Complete Account of the Management of Barbarian Affairs*，1836—1874），还有《清季外交史料》(*Historical Documents Relating to Foreign Relations in the Latter Part of the Ching Dynasty*，1875—1908)和《中国近代史史料汇编》(*Collections of Historical Materals on Modern China*，1840—1920)等，以及许多有关中国与俄国、日本、法国和美国之间的国家关系文献，以及购自英国的1839—1902年中国大使馆和领事馆的珍贵中文档案。

经过数十年的采集和积累,澳大利亚国家图书馆所收藏有关中国经济、工业、农业、盐业、交通、运输、财务和风俗的著作数量相当可观。各类研究著作包括中国台湾东方文化出版社出版的贾士毅的《民国财政史》(*History of Chinese Public Finace since the Founding of the Republic of China in 1912*)、周春银的《盐法通史》(*History of the Salt Monopoly in China*)、彭信威的《中国货币史》(*History of the Monetaryy System of China*)、中国人民银行的《中国近代货币史资料》(*Historical Sources on Chinese Currency*, 1840—1911)、孙毓堂等的《中国工业史资料》(*Source Materials on the History of China's Modern Industry*, 1840—1914)、彭泽一的《中国近代手工业史资料》(*Source Materials on the History of the Handicraft Industry in Modern China*, 1840—1949)以及李文治与张有义的《中国近代农业史资料》(*Source Materials on China's Modern Agricultural History*, 1840—1937)。

《大藏经》(*Chinese Tripitaka*)是佛教禅宗经典之总集,按照文字分类有汉文、藏文、蒙古文、满文、西夏文、日文和巴利文等七大系统;按照出版年代有《洪武南藏》《永乐北藏》《乾隆大藏经》等;按照版本又可分为《大藏经》和《象雄大藏经》。佛教传入内地千余年间,仅经录即达50种之多,流传至今不少于20种。澳大利亚国家图书馆收藏的《大藏经》版本有《碛沙藏》和《嘉兴大藏经》等。《正统道藏》(*Taoist Canon*)有1120卷,数量相当可观。

澳大利亚国家图书馆收藏的诸子百家典籍是中国台北出版社编辑出版的《论语集成》(*Collection of Works on the Analects of Confucius*)308卷、《孟子集成》(*Collection of Works on Meng-tzu*)42卷、《老子集成》(*Collection of Works on Lao Tzu*)160卷、《墨子集成》(*Collection of Works on Mo-tzu*)46卷、《庄子集成》(*Collection of Works on Chuang-tzu*)72卷、《荀子集成》(*Collection of Works on Hsun-tzu*)49卷、《列子集成》(*Collection of Works on Lieh-tzu*)12卷。

与欧美汉学研究大国相比较,澳大利亚汉学研究历史较短,研究团队人员较少,早期的核心力量主要源自侨居澳洲的欧美汉学家和华裔学者,但是规模发展迅速,形成了自己的特色和优势。有关中国图书资料收藏最为丰富的机构首推澳大利亚国会图书馆,澳大利亚汉学研究已经成为国际汉学研究领域的一个重要分支,主要得益于该国成功的资源和团队建设。

第二章
澳大利亚汉学研究发展史进程及其领域

一、儒家思想在澳大利亚的研究和传播

创建于先秦时期的儒家学说,在 2000 多年的实践和完善过程中逐步发展成集心智、伦理和治国之术为一体的综合思想体系。两汉经学实现了对儒家学说的第一次飞跃,宋明理学又对儒家学说进一步验证和提升,而近现代的新儒学(新儒家)则是在中西文明碰撞下衍生出来的新学派,被认为是传统儒学面向现代社会的一个历史性发展。作为中华文明的主干,儒家思想始终占据着国家意识形态的正统地位,东西方的汉学界都把它作为核心选题纳入自己的研究项目之中。

当代儒学研究的范围和方法有不同的思考和定位:小则聚焦于《论语》,研究在个人的修身养性、优化思维方式、行为准则和价值取向方面如何与开放社会接轨;大至对"四书"或者"五经"甚至"十三经"的版本学、训诂学和语言学的诠释与分析,研究历代名儒大家,联系与佛教和基督教文明的对话、东方文明的复兴、增进各国人民之间的理解与信任等话题进行深入细致的学术探讨。

在澳大利亚各个时期先后出现了一些对儒家学说有专门研究的学者,民间和专业的机构曾为此营造了良好的环境。李瑞智(Reginald Little)、梅约翰(John Makeham)和吕武吉(Martin Wu-chi Lu)等汉学家在学术界都很活跃,曾做出过突出贡献。

李瑞智曾在澳大利亚外交界服务 25 年。1984—1988 年,他担任澳大利亚外交外贸部澳中协会执行主席,1987 年,曾出席在山东曲阜召开的首届儒学研究大会。自 1994 年国际儒联总部在北京成立以来他一直担任理

事并于 2009 年被推选为副会长。他也是澳大利亚邦德大学东西文化经济研究中心的创始人之一，2000 年访问过北京、重庆、大连。他通过研究发现儒学是日本经济成功的思想基础，由此他预见到中国在不远的将来进入高速发展的可能。1989 年，他在与黎华伦(Warren Reed)合著的《儒学的复兴》(*The Confucian Renaissance*)中谈到，儒学发展史表明儒家思想在世界文明中拥有一席之地，既能帮助人们实现物质需求满足的愿望，又能使人们在心灵上得到陶冶。该书曾被译为中文和日文并多次再版，引起了学术界和教育界的高度重视，为澳大利亚汉学赢得了发展契机。

2008 年 9 月 27 日，在山东曲阜召开的世界儒学大会上，李瑞智在提交的论文《儒家价值观在全球市场的影响》中说：世界新秩序在建立过程中，儒家思想通过解决愈来愈多的经济问题，不断地施加其有力的影响，从某种意义上说，正在对全球社区进行重塑。只有坚持儒学传统并成功应对各种挑战的东亚人民才能使之充分发挥效力，可以期待它对前人的超越，在人和自然的和谐相处中保持其最佳状态。

李瑞智在专论《儒家全球秩序——亚洲的和平兴起》中提出了自己从考察分析中得出的结论：在东南亚社会新秩序的建立过程中所有行政和商务精英都经过儒学思想的洗礼。他认为该地区的 20 亿人都在优化自己的教育、行政策略、应用技术、生产能力和金融资源，使之适应世界新潮流。他坚信东南亚将成为未来全球活力的中心，与过去两个世纪逐渐衰败的西欧相比，其与众不同的价值观发挥得淋漓尽致，完美无比。

2013 年 9 月 3 日至 5 日，由国际儒学联合会和澳大利亚国际事务研究学会共同主办的"2013 年中澳文化对话"国际论坛，分别在布里斯班、悉尼和墨尔本召开，主题为"21 世纪的亚洲与中国传统文化经典"。李瑞智在一次发言中指出：了解中国传统文化的思维特点，对于进一步推进澳大利亚和中国的文化交流具有重要的意义，已有更多的澳大利亚人表达了学习和了解中国文化的愿望。

李瑞智的个人专著以及与其他学者合作完成的著述还有《儒学道学影响下的新千年》《儒家文明在 21 世纪全球秩序中的作用》《儒学的更新及英语全球秩序的衰退》《21 世纪的挑战与王阳明思想》《多元文化情景中儒学面临的挑战》《全球市场中的儒家道德》等。

澳大利亚阿德来德大学亚洲研究中心主任梅约翰是 1992 年澳大利亚国立大学毕业的中国思想史博士，对儒学和中国哲学有独到研究。2003

年10月16日他应邀在中国人民大学孔子研究院座谈会上做了题为"新儒家'追溯方式'的成立"的发言,就"现代新儒家"名称的界定以及目前海峡两岸学术界对现代新儒学的研究,做了详尽的介绍和评析。

2005年9月10日在武汉大学举办的第七届当代新儒学国际学术讨论会上,梅约翰发言的主题是《从旁观者的角度看中国哲学的合法性》。他认为澳大利亚当今儒学的研究与推广只是在一个有限的圈子里进行,研究者主要是华裔学者,在现实操作层面难以实施,在学术研究层面也很难产生像法兰克福学派那样的影响,表达了他对澳大利亚儒学研究现状的忧虑和期待。

梅约翰的主要著作有《早期中国思想的名实论》和《现代新儒学评析》等。

吕武吉(Martin Wu-chi Lu)在台湾大学外文系毕业后就读于美国南伊利诺大学哲学硕士和博士专业,获得了相应学位后被澳洲邦德大学聘任为东西文化与经济研究中心主任,同时兼任北京国际儒学联合会理事和中国社会科学院客座教授。他的研究方向是儒学、基督教文化以及东西文化的交流。2011年9月27日,他在第四届世界儒学大会上做了《儒家"天"与基督教"上帝"——存在与超越之揭露》的学术发言。他认为儒家的"无言天"表示"天"可以有言,基督教的上帝是"有言的"。基督信仰的"天国就在你的心中"以及儒家的"尽心、知性、知天"等说法表明:人文和宗教领域的真理只具有存在现象意义,而"现象"不是人与世界不可避免的障碍或隔阂,而是可以自己的方式体现出来的真理。他的主要著述有《中国哲学的重建:梁燕城、牟宗三与现象学》《禅与佛性——批判佛学(佛教)风暴的新探讨》《孔子在〈论语〉里的精神境界、心理分析和后现代诠释》和《海外华人儒家学说提升》等。

澳大利亚墨尔本大学高等教育研究中心(Center for the Study of Higher Education)教授马金森(Simon Marginson)在他的《东亚及新加坡的高等教育:儒家模式的发展》①中,提出了对"后儒家"(post-Confucian)国家(中国、日本、韩国、越南、新加坡和马来西亚)教育发展的思考。这些国家的教育都不同程度地充满活力,创造了一种独特的高等教育模式,在政府对教育的关注和家庭对教育的投入方面比北美和欧洲显得更有成效。他认为儒家模式的教育发展具有四大特点:以强大国家主权结构、资金和实力为

---

① 载王大千编《中国儒学年鉴》,山东《中国儒学年鉴》社,2012年,第222页。

后盾;自费生多半来自具有儒家价值观念的家庭;全国统考缩小了社会竞争与优劣大学之间的差异;适时增加对学术研究和一流大学的投资。这一模式可能导致公民参与社会活动的不平等以及国家对院校行政自主权和学术活动的干预,但是经济发展和税收的减少可以促使儒家模式教育的迅速发展。东方文化以其超预期的成就举世瞩目,以往"东方"是"速度"的同义词,现在"东方"更预示着希望。马金森是著名的比较教育学家,他的主要著述有《教育市场》(Markets in Education,1997)、《澳大利亚教育:1960年以来的政府、经济与国民》(Educating Australia: Government, economy, and citizen since 1960)、《澳大利亚教育与公共政策》(Education and public policy in Australia,1993)和《澳大利亚高等教育》(Tertiary Education Policy in Australia,2013)等。

自2005年在西澳大学建立第一所孔子学院以来,澳大利亚已有13所孔子学院和20多所孔子课堂,并先后成功地举办了10届"汉语桥"世界大学生中文比赛和4届世界中学生中文预赛。20世纪80—90年代,儒家文化在澳洲的传播和发展成绩突出,有关新闻不断见诸报刊。李瑞智和黎华伦曾在《儒学的复兴》一书中指出,在未来的10—20年之内,如果不懂汉语,不了解儒家的基本传统观念,所带来的负面影响将如今日不懂英语又不了解西方价值观和潮流一样。

昆士兰华人论坛(Queensland Chinese Forum)成立于1994年,现有13个成员协会,其主旨在于搭建一个华人团体讨论社区重要事项平台,相互交流并弘扬中华文化。2012年11月28日,他们举办了"儒学与海外华人"研讨会,当地华文报纸《大洋日报》对此做了专题报道。

2014年1月25日,"奋斗在澳洲华人论坛"刊登了一篇题为《改革教育:多一些儒家思想,少一些明星名媛》,作者写道:

> 在2012年的国际学生评估(Programme for International Students Assessment)中,排名前七位的中国上海、新加坡、中国香港、中国台湾、韩国、中国澳门、日本都深受儒家文化的影响。在这些国家(地区),大多数人尊敬教师、不崇拜名人。大多数家长认为优良的教育是使自己的孩子拥有一个美好前程的主要手段。他们愿付出常人不可比拟的辛劳,以鼓励和支持孩子的教育。在东亚地区,孩子们感到学习很"酷"。尖子生被视为英雄,而不是书呆子。

东亚地区的教育成就也有利于经济增长。在过去的50年里,世界目睹了日本的经济复苏,中国台湾、中国香港、新加坡和韩国的高速工业化,还有中国的崛起。1979年,赫尔曼·卡恩(Herman Kahn),世界著名的未来学家,以及1980年罗德里克·麦克法夸尔(Roderick McFarquhar),世界知名的中国问题专家和哈佛大学教授,都把东亚经济的快速增长的原因归结于儒家价值观。

在同样的文化影响下,澳大利亚亚裔学生在教育上也很成功。他们以远超出其人口比例的高入学率进入我们的一流大学。在澳大利亚最负盛名的高中科学竞赛,英特尔科学人才搜索和西门子科学竞赛,在过去的五年中,超过20%的国家获奖者是东亚裔的,而他们在澳大利亚只占有大约2%的人口比例。

澳大利亚亚裔家庭的经验已经证明,儒家价值观有助于在一个家庭培养出对教育的执着、勤奋学习的精神和追求成功的毅力。它帮助亚裔澳大利亚家庭抵御通俗文化的不良影响,并证明对教育的承诺将会得到以获得主流行业高薪职业的回报。

这里需要指出的是:东亚国家已经开始学习澳大利亚教育的优势,例如强调创造力和社会技能的培养。这将使他们的教育更为强大。要振兴澳大利亚教育,并维持澳大利亚在全球经济和技术上的领先地位,我们需要借鉴东亚教育优势,尤其是其崇尚教育的文化。这就意味着:我们需要多一些儒家,少一些明星名媛(Kardashians)![1]

儒家思想在澳大利亚深入人心的影响由此可见一斑。

二、中国文学在澳大利亚多元语境中的引介、翻译和研究

按照澳大利亚汉学界的定义,"新汉学"涵盖了外国人对于中国国情和文化的研究,也包括对侨居海外华人的人文和社会科学成果的研究。中

---

[1] 2014年1月5日,作者在《奥兰多卫报》上发表了《改革教育:多一些儒家思想,少一些明星名媛》(Revamp education: more Confucians, fewer Kardashians)一文,抨击通俗文化对教育的危害,褒扬儒家文化对教育的激励作用。据称文章发表之后全球有70多个网站转引或链接,其中包括澳大利亚教育厅长协会网站,1月25日该文作者把原文译成中文刊登在"奋斗在澳洲华人论坛"上,本文转引自其中文译文。

国文学是国际汉学研究领域的核心学科之一。将文学选题导入汉学研究有多种方式和手段:除了在杂志学刊上发表文章或者通过出版部门推出论著外,还有口述、网络、媒体、教学、书展和专题研讨等方式。各种华人报纸杂志曾直接刊登过不少中国文学作品、翻译及其评论分析文章,淘金热时期广东、福建和东南亚的4万多名华工也先后带去许多中国文学读物伴随他们度过艰辛的海外寻梦生活。

从1953年起,澳大利亚每年或隔年都要举办大约40多种文学节、作家节、诗歌节、艺术节、作家周或作家周末。进入21世纪后这类文学艺术节规模之大以及与中国关系之密切逐渐超出了人们的想象。例如:2006年的阿得莱德作家周邀请了25位国际作家和42位澳大利亚作家,但听众人数却高达107255人。又如2007年5月28日至6月3日的悉尼作家节,受邀的国内外作家420名,而听众人数竟超过了8.5万人。2010年第三届澳大利亚文学周以"真实的故事"为主题,先后在北京和成都举办。嘉宾中有澳大利亚翻译家贾佩琳(Linda Jaivin)以及集翻译、文学评论和诗歌编辑于一身的莱斯·穆瑞(Les Murray,1938—)等大腕。在2013年3月举办的阿德莱德艺术节上,华人作家欧阳昱的长篇英文小说《东坡纪事》荣获了文学创新奖。2014年3月16日,由中国戏剧协会和墨尔本大学孔子学院联办的第六届中国戏剧节在当地市政大厅举行,贵州黔剧院的32位艺术家为墨尔本观众上演了《珍珠塔》《九驿图》《打瓜缘》和《奢香夫人》,还表演了民族乐器合奏《弥渡山歌》、丝弦重奏《跃龙》和三重奏《梅花三弄》。这些独具特色的文学艺术节是中国文学、文化和艺术进入澳大利亚的重要渠道,通过邀请中国作家、翻译家和海外华人学者,在节庆氛围中推介他们的作品,在校园、书虫咖啡屋、国家图书馆的论坛、研讨会和座谈会上汉学家可与读者和观众面对面交流,共同分享彼此的故事和心得,加深对中国文学和文化的了解。

在殖民时期(1770—1900)和白澳政策执行时期(1901—1972),澳大利亚学术界对于中国国情了解甚少。之所以滞后,其中有学术生态方面的原因,也有资源方面的原因。在忙于淘金开矿以及后来为争取民族独立奋斗的日子里汉学研究自然排不上国家日程。另外,澳大利亚建国初期全国人口中移民占大多数,如果需要借鉴或者引述中国资料,学者们完全可以借用他们所熟悉的欧美资源或者东方学文献。1972年中澳正式建交以前,两国没有官方文化交流,对中国文学感兴趣的澳大利亚读者仅限于个人爱好,活动范围有限。

　　第一位直接以中国题材进行创作的澳大利亚诗人肯尼思·阿道夫·斯莱瑟(Kenneth Slessor,1901—1971),1901年3月27日出生于澳大利亚新南威尔士的奥兰治。他的父亲罗伯特·施勒瑟(Robert Schloesser)是具有日耳曼血统的伦敦犹太人,1914年11月14日第一次世界大战爆发后,由于政治上的考虑他让全家人都把姓改为"斯莱瑟"。1920年,他父亲以采矿工程师的身份受聘于华北一家公司,两年后母亲和弟弟也来华与父亲团聚。父亲曾教导儿子"人生追求莫过于美食、音乐和知识",肯尼思·斯莱瑟从小勤奋好学,把求知放在了第一位。虽然因故未能来华,但是父亲的在华的经历对他学习中国历史和文化产生了深刻的影响。早在中学时代他就在悉尼英格兰教会文法学校校刊上发表过有关华人欢度传统节日的诗歌,批评当时歧视华人的不良社会风气。1917年,他的第一部作品发表在《公报》(*The Bulletin*,1880年创刊)上,用戏剧独白形式讲述了一位将告别尘寰的淘金者对悉尼港和男人沙滩的怀念,那是一种很具魅力的东方古典描写手法的尝试。第二年,他的一首爱国主义诗作《耶路撒冷重获自由》(*Jerusalem Set Free*)荣获维多利亚联盟奖,引起了澳大利亚新闻媒体的广泛关注。1919年,他又在《公报》和史密斯主办的《周刊》(*Weekly*)上发表了6首诗作,充分表现了他的幽默才华。他根据英国汉学家阿瑟·韦利(Arthur Waley)译自中文的诗歌创作了三组诗,给人留下深刻的印象是丰富的想象就是他的美学思想之魂。

　　在斯莱塞创作的10首有关中国的诗作中,《马可·波罗》(*Marco Polo*)、《古诗一首》(*An Old Chinese Poem*)和《道家》(*Taoist*)最受读者追捧。《马可·波罗》表现出诗人在读完《马可·波罗游记》之后凭幻觉神游成吉思汗金碧辉煌的宫阙的情形。作者写道:

> 当读到有关马可·波罗
> 如何沿着通往汗八里的马道而来,
> 被遗忘的毡料静待燃烧,
> 烟雾使尘封的记忆重放异彩。
> 在那已经逝去的岁月中,
> 我看到被镌刻的营垒光彩夺目,
> 忽必烈的五爪龙光焰四射之处,

恰似用一根根线条绘成的双足飞龙。①

在《道家》一诗中作者用诗歌的语汇对道家的"清净"和"无为"观念进行了解读，认为那是远古哲人的告诫和点化，他本人认可老子的箴言，终将看破红尘，消失在茫茫太虚之中。他写道：

在沉寂的金字塔内，
官员和巫师身边如今已撒满尘埃。
在金子铸造的亭台楼阁中，
先哲们曾饮着香醇美酒舌战正酣，
除此之外，还有什么信条可谈？
总是对于百年遗恨的追悔，
总是难使尊者内心得到宽慰，
虽然亡羊补牢无济于事，
不如沉思于无为无奈中，
世间善行终将使一切罪孽消融……②

诗人冲破了当时东西方之间的认知藩篱，为前汉学时期的澳大利亚文学增添了中国元素和对华亲近感。也许中国题材只为他提供了诗歌创作的想象空间，但是他和其他具有洞察力和远见的作家确实为澳洲汉学家团队日后的组建做出了可贵的铺垫。

马克林（Colin Mackerras），1939年出生于悉尼，先后获墨尔本大学文学士、艺术学士、英国剑桥大学文学硕士及澳洲国立大学博士学位。他的研究领域包括中国古典戏剧、中国少数民族及其历史。

马克林对音乐的兴趣与素养，使得他在研究中国历史时对于戏剧发展及其所受到的政治社会环境影响加倍关注。此外，中国少数民族的表演艺术以及历史上对中原王朝的影响也是他的研究课题之一。中国少数民族的表演艺术和少数民族历史是他的双关研究选题，也是20世纪90年代之后马克林的研究重点转向少数民族问题的一个重要因素。他除了研究传

---

① 译自 Poems by Kenneth Slessor, http://www.poemhunter.com/poem/marco-polo-2/.
② 译自 Poems by Kenneth Slessor, http://www.poemhunter.com/poem/taoist/.

统戏剧外,对于少数民族的表演艺术也有所涉猎,总是把戏剧与政治社会环境结合起来探讨考察,通过在各地观赏地方戏剧进行田野调查。虽然他喜欢传统戏剧,但他认为应该给戏剧创新留出空间;传统文化并非不可发展,继承和创新同时兼顾艺术才有新的价值。

马克林撰写有关中国戏曲的研究论著有《1770—1870 年:京剧的兴起以及清代戏剧的社会因素》(*The Rise of the Peking Opera*, 1770—1870, *Social Aspects of the Theatre in Manchu China*, Clarendon Press, Oxford, 1972)、《中华人民共和国的戏剧》(*Drama in the People's Republic of China edited by Constantine Tung and Colin Mackerras*, Albany: State University of New York Press, 1987)、《中国戏剧》(*Chinese drama: a historical survey*, 1st ed. Beijing, China: New World Press: distributed by China International Book Trading Corp., 1990)、《京剧》(*Peking opera*, New York: Oxford University Press, 1997)。

澳大利亚新南威尔士大学教授、中国与印尼研究系主任寇致铭(Jon Eugene Von Kowallis)主要从事中国文学和比较文学研究,从 20 世纪末就开始研究中国文学巨匠鲁迅。1996 年,他在夏威夷大学出版社刊行的专著《诗人鲁迅:鲁迅旧体诗研究》(*The Lyrical Lu Xun: A Study of His Classical-style Verse*)是一部有精到见解的专著。该书共分两部分:第一部分为"导言",介绍鲁迅的生平和文学创作,并就"五四"之后的旧体诗发展以及中国古典文学传统对鲁迅旧体诗创作的影响进行了分析和探讨;第二部分是按照编年体编排的鲁迅现存 64 首旧体诗的英文翻译。他遵循英诗音步规则,使译诗与原文结构尽可能对应,以再现原诗的古典风格。他通过征引鲁迅日记、鲁迅与友人的通信、专著的序言以及亲友的回忆,为每首诗解题、诠释和分析。

寇致铭在《节日之于鲁迅:"小传统"与国民身份认同》一文中指出,鲁迅在《祝福》《社戏》《无常》《送灶日漫笔》《庚子送灶神即事》等小说和回忆中,重温了儿时旧事,以"节日"为话题展开关于社戏、祈神、美食和乡俗的描写。值得注意的是,在鲁迅笔下节日的礼仪和表演并不全是民族文化的财富,有时也隐含着辛酸的反思。

寇致铭还从比较文学角度写过《鲁迅与果戈理》之类的评论,从《狂人日记》中的人物描写和艺术构思进行对照分析,展示中俄两国作家之间的文思交流和影响。

寇致铭还写过《微妙的革命:清末民初"旧体"诗人》(The Subtle Revolution: Poets of the "Old Schools" in Late Qing and Early Republican China)、《清末旧体诗的现代性——樊增祥的前后〈彩云曲〉与赛金花的传说》(Modernity in Classical-Style Verse: Fan Zengxiang's 'Song of Rainbow Cloud' and the Popular Legend of Sai Jinhua, Cross-cultural Courtesan of the Late Qing Era)等论著,对近代中国诗人及其作品进行译介和详尽的评价。

2013年4月1日,寇致铭就当代鲁迅研究问题接受《中国社会科学报》记者杨敏采访时说:

> 学习鲁迅不仅具有文学意义上的价值,还有历史价值。年轻人可以通过鲁迅了解中国的过去。这很重要,只有了解过去才能展望未来。我在澳大利亚开了一门课,通过电影让学生比较那些根据鲁迅小说改编的电影与鲁迅小说之间的区别。在这个过程中即便那些对中国历史知之甚少的学生也能参与。①

杜博妮(Bonnie McDougall,1941—)是20世纪后期大批涌现出来的澳大利亚年轻翻译家和汉学家中的一位。1958年,留学北京大学的经历使她与中国文化结下了不解之缘。1965—1970年,她获得了悉尼大学的学士、硕士和博士学位后,曾在悉尼大学(1972—1976)、伦敦大学亚非学院(1975)、哈佛大学(1977—1978)、北京外文出版社(1980—1983)、北京外交学院(1984—1986)和挪威奥斯陆大学(1986—1990)讲授中文和中国文学,同时从事翻译以及研究工作。她勤于钻研,笔耕不辍,已经出版了13部专著和译著,发表近50篇论文、48篇文学评论、50余篇译文,30余篇学术笔记、研究报告和工具书词条。1971年,她的《中国对西方文学理论的引入:1919—1925》是根据自己的博士论文扩展而成的专著。此外她还编译了《梦中之路:何其芳诗歌散文选》《二十世纪中国文学》《毛泽东在延安文艺工作会议上的讲话》等书。

杜博妮曾翻译鲁迅与许广平的《两地书》,与她后来的专著《情书与当代中国隐私:鲁迅与许广平的亲密生活》以及与韩安德(Anders Hansson)合编的《中国人的隐私观念》组合成系列专题研究。她认为《两地书》的问

---

① 杨敏:《在中国历史背景下研究鲁迅》,《中国社会科学报》2013年4月8日。

世对文化历史学家都有重要的参考价值。虽然许广平为了支持鲁迅的事业而自告奋勇承担家务，但是彼此之间在政治上的影响却也是十分可贵的。1925年，北京女师大事件发生后鲁迅为许广平及其学友辩护，从此成为英勇的斗士。从某种意义上说该书的出版是为了与读者分享他们的隐私，但同时也是为了澄清有关他们师生婚恋关系的种种流言蜚语。

杜博妮与雷金庆（Kam Louie）合著的《20世纪的中国文学》（1997）以及论文集《虚构的作者与想象的受众：二十世纪的现代中国文学》（2003）都是学者们案头的重要参考书。她的很多翻译论述还被《澳大利亚中国事务杂志》（The Australian Journal of Chinese Affairs）、《中国翻译》和《易言之》（In Other Words: The Journal for Literary Translators）等期刊所收录。

澳大利亚学者全面研究中国文学大约始于20世纪50年代。1956年，悉尼大学聘请戴维斯重建东方研究系，正式开始汉语教学和汉学研究。他是一位研究陶渊明的专家，但是他的英译陶诗多半是从日语转译的。他指导的研究生杜博妮和陈顺妍都翻译过不少现代中国文学作品。1981年，澳大利亚国立大学举办纪念鲁迅诞生100周年研讨会，参会人数60多人，专题报告共分9场，选题包括"鲁迅与国学""鲁迅与瞿秋白""鲁迅与章炳麟""鲁迅与胡风""鲁迅与尼采""鲁迅在华南"和"鲁迅对诗歌形式的运用"等，无论规模还是学术水平，都是前所未有的。

三、历史：中国故事在澳洲汉学平台上的浓妆再现

研究中国历史的澳大利亚学者人数不多，近当代史的研究始于20世纪70年代，范围广及各个重要时期。有关辛亥革命、国共对抗、抗日战争以及华人社会等方面的研究都出版了一些有价值的专著，成果令人瞩目。

1970年，澳大利亚国立大学的远东历史系创办的《远东历史论丛》（现名为《远东史》）每期都刊发一些研究成果，受到各国史学界的关注，很快成为世界中国史学的主流刊物。该刊经常登载长篇学术论文，侧重于古代和近现代远东各国的历史，其中中国史研究的比例较高，例如第1辑5篇论文中就有4篇研究中国史的论文。1979年出版的第18辑是辛亥革命研究专辑，内容包括：辛亥革命时期的军人、海外华人、留日革命者、中国使团、民族资产阶级以及革命运动对内蒙古和上海等地的影响。有作者谈道：辛亥革命爆发前几个月上海原来的掌权者已向革命派妥协，革命枪声

打响后新旧掌权者开始联合执政。之所以产生和平过渡,是因为新当权者与金融界和商界巨头的关系密切,这也为联盟后来的分裂埋下伏笔。

1972年中澳两国建交之后,双方学术交流不断深入和发展,一些澳大利亚大学开设了中国历史课程并招收了中国史专业的本科生和研究生。研究部门会聚了各个时期培养出来的专家,欧美和中国访问学者中也先后有一些人加盟,推动了全澳中国历史研究的团队化和常态化进程。

毕生从事中国历史、文化和外交关系研究的澳大利亚汉学家费子智(Charles Patrick Fitzgerald,1902—1992)毕业于英国克利夫顿学院。他曾得到利弗休姆奖学金(Leverhulme Fellowship)的资助在云南大理从事中国社会研究工作(1936—1939),后来服务于英国外交部,还在中国担任过英国文化委员会驻南京办事处官员(1946—1950),客居中国时间长达10余年,对中国历史非常了解,中华人民共和国成立后,他积极主张承认人民政权。他怀着专业和敬重的心态到中国各地考察,结合自己的选题收集资料,向读者传递正面的信息。

费子智于1950年移居澳洲并出任澳洲国立大学副教授。1954年,该校设立远东历史系,他被推选为首任教授兼系主任,不久又被聘请兼任刚成立的太平洋学院院长一职。1968年他退休后,担任客座教授,继续研究中国与东南亚关系的课题。

费子智将自己的学术生涯与中国的历史变迁比喻为情感历程,并将它记录在《为什么是中国?——1923—1950年中国往事》一书中,告诉读者自己如何被中国文化的广度、兼容性和客观性所深深吸引的往事。他不仅是一位历史学家,也是一位社会活动家和教育家,为澳洲培养了诸如王赓武和费思棻那样的一批汉学家。

费子智在中国革命史研究方面成绩卓著。1952年出版的《中国革命》(*Revolution in China*)是他的著述中影响面广的一部。该书共10章,包括:中国革命的起源、中国革命与西方列强、建国三时期、基督教与中国革命、革命与传统、中国革命与远东各国、新民主主义论、中国革命的前景等。他认为,研究中国革命史必须持中国中心观才能得出科学的结论。虽然西方的思想和革命运动对中国革命产生过这样或那样的影响,但是中国人民是中国历史的创造者和见证人,从外国角度来考察就有可能失去历史的真实。西方学者对中国革命研究的感受和评价不应该无视中国人民的感情,强调中国革命中的外部导因,可能会引发研究方向偏误,也没有说服力。

一位名为罗伯特·吉尔(Robert L. Gill)的摩根州立学院读者在评价费子智的《中国革命》时这样写道：

> 这位博学多才的远东问题学者，怀着情感简练生动地对于中国的社会政治体制，以及具有凝聚力的佛教影响进行了追溯。西方撬开了华夏大门的后果是，签订了不平等条约，被强加了治外法权，划分租借地，租界与势力范围，设立国际拓居地，甚至禁止华人入内，写得一清二楚，明明白白。同样地，天主教传教团的组建，新教帮派之间的频繁争吵，对中国关税的征收，邮政系统的管理，银子的消耗，其他被称为"权利"的滥用，都刻画得入木三分。难怪孙逸仙博士把中国叫作"亚殖民地"（hypocolony）。西方使出了看家本领要使中国衰败下去，中国的鲜血实际上已经被榨尽，而列强诸国竟没有以任何具有建设性的东西回报。①

费子智著作丰富。据统计，他一生出版了 28 种专著。发表在各地期刊中的论文、短文、文论章节以及小册子 380 多篇。他撰写的有关中国历史的重要书籍有：《天子：李世民传》(Son of Heaven: a biography of Li Shih-Min, 1933);《中国革命》(Revolution in China, London: Cresset Press, 1952);《武则天》(The Empress Wu, London: Cresset Press, 1956);《中国文化简史》(China: a Short Cultural History, 1961);《共产中国的诞生》(The Birth of Communist China, 1964)。

刘渭平(Liu Weiping, 1915—2003)，祖籍江苏南通，生于北京。1936 年，毕业于厦门大学文学院法律系。1941 年，通过考试在外交部工作。1945 年，被派赴澳大利亚，先后任驻悉尼和珀思领事。1950 年，获悉尼大学文学硕士学位。1955 年，参与创办悉尼大学东方系（后改为东亚系），晋升为副教授，并见证了此后 30 多年的发展史。1980 年退休后，他受聘为该校荣誉研究教授。

刘渭平长期从事中国文学和历史的研究与教学工作，工余时间致力于澳洲华人历史研究。他广泛搜集资料、照片、旧闻，经常在悉尼密昔尔图书

---

① Robert L. Gill: Morgan State college, Book Reviews, *Revolution in China by Charles Patrick Fitzgerald*, New York: Frederick A. Praeger Inc, 1952.

馆伏案阅览史书,抄录《广益华报》(1894年孙俊臣在悉尼创办的首张华文报)、《东华新报》(1898年悉尼华人合资创办,1920年改名《东华报》)、《爱国报》(1920年墨尔本华人创办)以及当地发行的英文报纸,采访侨界中的知名人士,如刘光福等人。日积月累,呕心沥血,文稿盈箱。退休之后详加整理,终于脱稿。

1989年3月,星岛出版社在中国香港和中国台北同时发行刘渭平的专著《澳洲华侨史》,受到了广泛关注。该书由13个专题组成:1.澳洲的发现与建国;2.中国是否最先发现澳洲;3.最早到过澳洲之中国人;4.一位早期华侨的自述;5.早期侨社中之名人;6.19世纪时期之澳洲华侨;7.澳洲之华文报纸与中文学校;8.排华运动;9.白澳政策之起因与发展;10.澳洲华侨之事业与生活;11.梁启超的澳洲之行;12.澳洲华侨与祖国政治;13.太平洋战争后之澳洲华侨。书后还收入附录9则。该书所述的人物和事件均来源于当事人见闻或者报刊报道,再加上作者的专业分析和评析,极具直观性和学术性,非一般史家或者编辑所能代替,其史学价值超越了其他同类专著。

王赓武(Wang Gungwu,1930—),出生于印度尼西亚泗水,后随双亲移居马来西亚。1955年,获硕士学位,1957年,获英国伦敦大学博士学位。1957年起,先后任马来亚大学历史系讲师、教授兼系主任、文学院院长。1968年,他接替费子智任澳大利亚国立大学远东历史系主任与太平洋研究院院长。他是研究中国现代史和华人移民史的专家和教育家。

他出版的有关历史研究的著述有《南海贸易:南中国海华人早期贸易史研究》(*The Nanhai Trade:a Study of the Early History of Chinese Trade in the South China Sea*,1955)、《南洋华人简史》(*A Short History of the Nanyang Chinese*,Singapore:Eastern Universities Press,1959)、《五代时期北方中国的权力结构》(*The Structure of Power In North China During the Five Dynasties*,Kuala Lumpur:University of Malaya Press,1963)、《历史的功能》(*The Use of History*,1990)、《建立新国家:五个东南亚国家的建国历史》(*Nation-Building:Five Southeast Asian Histories*. Ed. Singapore:Institute of Southeast Asian Studies,2005)。

颜清湟(Yen Ching Hwang,1937—),祖籍福建永春,1946年,随母亲赴马来西亚与父亲团聚。他从小就对中国文学和历史有浓厚的兴趣。1957年,他以优异的成绩考入新加坡南洋大学历史系。1965年3月,进入澳大利亚国立大学远东历史系攻读。1969年,获博士学位后受聘为南澳阿德雷德大学历史系讲师,1976年,升任高级讲师,1987年,提升为研究员(Reader)。1989—1990年,他出任香港大学历史系讲座教授兼主任。2000年8月,被聘任为新加坡南洋理工大学陈六使讲座教授,现任阿德雷德大学历史系兼任教授。

颜清湟是当代华人史学家。1975年5月,他对自己的博士论文进行了修改和扩展,以《星马华人与辛亥革命》的书名交由吉隆坡的牛津大学出版社出版。该专著论述了1900—1911年推翻封建统治的辛亥革命在新加坡和马来西亚华人中得到声援的情况,分析了华人社会不同利益集团对革命运动的反应,肯定了海外华人对这场革命的人力和物力方面的贡献。这部著作的出版填补了海外华人支援辛亥革命专题研究的空白,受到学术界的欢迎和好评。

颜清湟搜集了大量史料,考察了中国历代海禁政策的制定与执行,联系晚清政府的外交和华侨政策的变化,写出了《出国华工与清朝官员》一书,1985年由新加坡大学出版社出版。他在书中就清政府是否保护海外华人利益问题提出了自己观点。他认为捍卫华人合法权益是清政府的既定国策,认为在这方面无所作为在很大程度上是革命党人的片面宣传,这一观点不幸也被民国时期史学界所认同。事实上从1870年起清政府已经改变了敌视海外华人的态度,但是由于西方列强的入侵和国力衰败等原因,海外华人的许多合法权益没有得到有效的保护。

1986年,颜清湟出版了另一部专著《新马华人社会史》,从华社角度回顾并分析1800—1911年新马华人的生存状况和所面对的问题。通过分析华人的社会结构、方言组织、宗亲组织、秘密会社、阶级结构、社会分化等问题,探讨他们如何组织自己,如何相互对待,以及所面临的问题。全书共9章,分别为:第一章华人社会的形成;第二章方言组织:结构与只能;第三章宗亲组织:结构与职能;第四章秘密会社与社会结构;第五章阶级结构与社会的变动;第六章社会分化与社会冲突;第七章社会问题及其控制;第八章文化与教育;第九章结论。作者认为,新加坡和马来西亚华人社会是由三个阶级组成的,即"商""士"和"工"。

王赓武在《新马华人社会史·序》中写道:

> 颜清湟博士的成就是极其令人钦佩的。过去,他曾从不同的角度

撰写了多部华侨史的著作而为人所称道,现在,他又主要利用有关华人社会基本的社会组织活动的记录,同时代的期刊和回忆录等史料,大胆尝试从内部的角度来撰写了这部华人社会史。他曾面临着这样的困难,即大部分的华人社团都建立于19世纪,它们的会议记录和其他档案大多已散失,或在日占时期毁于战火。为此,他不得不在相当大的程度上,依靠这些社会的元老在近期刊物中登载的追忆其组织的源起及早期活动的文章,并以一些寺庙和义冢的碑铭以及英国的文件和一些当时的报刊材料,去弥补这些回忆录之不足。在新马从事收集华人社团出版物的工作中,他备尝艰辛。他利用这些社团自己的观点去再现华人社会历史的各个方面所做的努力,是值得热情赞颂的。尽管他阐述的历史情况并不完备,甚至有些还只是逸闻,但他所做的开拓性工作,将会鼓励更多的人进一步去研究这一课题。①

颜清湟热心参与各项学术研究活动,1993—1998年,他受聘为国际海外华人研究学会(ISSCO)理事;1989—1990年,担任亚洲历史学家国际协会第12届国际大会组委会主席。此外他还应聘担任广东省海外华侨华人历史学会顾问、暨南大学东南亚研究所和华侨华人研究所顾问、新加坡华裔馆的《海外华人学报》国际顾问团顾问以及北京大学《海外华侨华人百科全书》国际顾问团顾问(1994—2003)。

颜清湟先后研究过政治史、外交史、社会史和商业史,出版英文和中文著作14册,学术论文60余篇,分别刊登于剑桥大学的《近代亚洲研究》(*Modern Asian Studies*),新加坡国立大学的《东南亚研究》(*Journal of Southeast Asian Studies*)和新加坡南洋学会的《南洋学报》等学刊。他的主要著述有《星马华人与辛亥革命》(*The Overseas Chinese and the 1911 Revolution*, Oxford University Press, 1976)、《出国华工与清朝官员》(*Coolies and Mandarins*, Singapore University Press, 1985)、《新马华人社会史》(*A Social History of the Chinese in Singapore and Malaya*, 1800—1911, Oxford University Press, 1986)、《近代海外华人史研究》(*Studies in Modern Overseas Chinese History*, 1995)、《社群与政治:殖民地时代新马的华人》(*Community*

---

① 颜清湟著,粟明鲜、陆宇生、梁瑞平、蒋刚译:《新马华人社会史》,第2—3页,中国华侨出版公司,1991年10月。

and Politics; The Chinese in Colonial Singapore and Malaysia, 1995)、《东亚和东南亚的华人：商业，文化与政治》(The Ethnic Chinese in East and Southeast Asia, 2002)、《东南亚及其境外的华人》(The Chinese in Southeast Asia and Beyond: Socioeconomic and Political Dimensions, World Scientific Publishing Company, 2008)。

1985年，墨尔本大学出版社出版了安德鲁斯(E. M. Andrews, 1933—)编著的《澳中关系史》(Australia and China: the Ambiguous Relationship. Melboune: Melboune University Press)一书，回顾了从1848年至1983年弗雷泽换届时期的中澳两国关系。全书共8章：第一章，19世纪；第二章，移民与革命(1901—1930)；第三章，中国与日本(1931—1939)；第四章，第二次世界大战(1939—1945)；第五章，国民党与共产党(1945—1949)；第六章，五十年代自由党与中国关系；第七章，六十年代自由党与中国关系；第八章，惠特拉姆与弗雷泽时代。该书为澳大利亚第一本系统论述中澳关系的专著，取材于许多未发表的论文、专著和记述人物与事件的读物，以及伦敦、墨尔本、堪培拉等地的英国和澳大利亚档案，论证全面充分深刻。作者认同这样的观点：中国有文字记录的历史比澳大利亚悠久，中国的人口数量大大超过澳大利亚，中国对澳大利亚的了解要多于澳大利亚对中国的了解，但是中国人目前的生活条件不如澳大利亚人优越，澳大利亚经济的现代化程度也高于中国。随着中国经济的发展和澳大利亚华人团体的活跃，两国关系一定会日益密切起来。

四、中澳经济关系的前景为澳洲分析家提供了重要课题

澳大利亚学者对中国经济研究的重视反映了贸易在两国关系发展中的重要地位，因此被视为两国关系的晴雨表。中华人民共和国和澳大利亚建交以来，两国经济交流与合作不断加强。1972年，双边贸易额仅为8655万美元，1989年，提高到18.9亿美元，到2001年，已接近90亿美元，为30年前的100倍。2003年，两国签订了中澳经贸合作框架协议，推动了双边有关农业、矿业、投资、服务业、知识产权保护等16个领域的合作。2005年两国又启动自贸区谈判，经过11轮商谈后双边经贸关系得到了进一步提高。

中国对澳大利亚铁矿、煤炭和天然气的巨大需求，使澳大利亚得以从

巴西和印度手中夺得了中国的市场份额,不仅帮助澳大利亚平稳度过2008年全球金融危机,还促进其经济的持续繁荣。澳大利亚出口到中国的铁矿石数量逐年增长,从2004年的8010万吨快速上升到2008年的18330万吨(占当年澳大利亚铁矿石开采总数的59.2%),年均增长率为13%。2011年,澳大利亚对中国的铁矿石出口额为440亿澳元。一些政治家开始预感到中澳矿产的大宗交易可能对澳大利亚非矿行业造成负面影响。

2003年,澳大利亚外交与贸易部发表了一份由澳大利亚经济分析小组撰写的《中国工业腾飞——东亚面临挑战》(China's Industrial Rise: East Asia's Challenge)的报告,认为对中国经济快速增长感到担忧的人是反应过度,实际上中国的制造业正在逐渐地与地区生产融为一体,两国经济互补性越来越显得重要。澳大利亚是中国铁矿石、煤炭、氧化铝、天然气、有色金属、羊毛、粮食和水产品的进口来源地;中国对澳出口的主要有机电产品、纺织品、塑料、橡胶、鞋、家具、旅游用品和化工产品等。这表明中澳两国之间经贸合作的利益要远大于相互之间的竞争。报告中还写道:

> 中国强劲的发展势头和巨大的经济引起了东亚以及本区域和第三市场之间的生产模式和贸易流向的快速变化。这些变化不仅影响了本区域的经济实体,对于澳大利亚出口商——其中多数为中国和东亚其他经济体工业投入商——也产生了举足轻重的推动作用。
> ……
> 澳大利亚是中国原材料的供应大国,也是一个规模虽小但却是举足轻重的尖端产品制造国家,已经从中国飞速发展中获益匪浅。而且,在东亚其他经济实体成功地适应中国工业的腾飞之时,澳大利亚也应该保持并扩展在这些经济实体中的传统市场。对于东亚经济实体如何适应中国工业腾飞的具体了解,有助于澳大利亚贸易跟上这些主要新兴市场潮流并从中受益。①

2003—2009年,澳大利亚力拓有限公司驻上海代表处首席代表胡士

---

① Australian Department of Foreign Affairs and Trade, Economic Analytical Unit, 2003. *China's Industrial Rise: Easia's Challenge*, p. IX.

泰因为通过行贿窃取商务秘密被逮捕判刑,又因澳大利亚坚持强化澳美同盟关系,使中澳两国贸易几经波折。根据四大国际会计师事务所之一的毕马威(KPMG)和悉尼大学中国研究中心(The University of Sydney's China Studies Centre)的研究报告,2012年,中国在澳大利亚的直接投资为101.05亿美元,2013年,却下降至91.15亿美元。采矿业是澳大利亚经济的支柱之一,而现在这方面的投资却每况愈下。虽然中国在澳大利亚的民营投资有所增加,但是也无法弥补中国对澳大利亚采矿业和能源行业投资的减少。对此,澳大利亚自由党政治家亚历山大·唐纳(Alexander Downer,1951—)指出:中国经济的发展不但不会对澳大利亚构成威胁,恰恰相反,只会为东亚经济带来好处,使澳大利亚从中获利。

2011年,中国根据本国具体情况调整了经济发展速度,由第一季度的9.7%降至第四季度的8.9%,全年增长率比此前一年下降了1.2个百分点。中国房地产销售量的下滑和对信贷的收缩给澳大利亚的原材料出口前景蒙上了阴影。随着国有银行向私企提供信贷的减少,借款人将被迫在破产与地下钱庄高利贷之间做出选择,而后者的贷款利率是官方的10倍之多。虽然2014年3月澳大利亚对中国的出口量较前一年增长了30%,第一季度对华出口总额约合930亿美元,然而部分专家仍然认为中国经济在未来几年内是脆弱的,由于部分指标出现下滑,可能对世界产生"外溢性影响"。中国经济发展中出现的任何问题都可能使澳大利亚铁矿、煤炭和小麦的出口价格受挫,导致税收、投资和收支的失衡。新南威尔士大学商学院名誉教授拉贾·朱南卡(Raja Junankar)认为对于这一问题的严重性不可低估。他说:万一中国经济出现滑坡,不仅澳大利亚会受到冲击,连欧洲和美国都可能面临麻烦。

澳大利亚学术界的有识之士却对中国的经济发展表示乐观。他们看到在世界各大经济体中,中国的经济走势最为强劲,对世界经济拉动最大。虽然近年中国出现了经济增速放缓的迹象,但是中国经济增长率远高于美国和欧元区,对世界经济增长的贡献率已接近30%,对亚洲经济增长的同年度贡献率更超过了50%,依然是世界经济增长最为重要的国家。

澳大利亚对华投资始终保持良好态势。直至2010年年底,澳大利亚在华投资项目已多达9582个,金额超过65亿美元。另据会计师事务所普华永道(Price Waterhouse Coopers,又称为"罗宾咸永道")发布的报告显示:至2012年10月澳大利亚对中国的投资额已达176亿美元,呈快速增长态势,创造了历史新高。至于部分澳大利亚人对中国经济存在偏见和担心,使中国企业在澳投资受到不公正待遇的问题,也自有公论。澳大利亚资源、能源兼旅游部长马丁·弗格森(Martin John Ferguson,1953—)曾在多处场合呼吁澳大利亚主管部门理性对待中国投资,让中国享受与其他国家投资同样的待遇。2012年9月25日,他在"2012悉尼中国商业论坛"上说,澳中经贸关系对两国来说是双赢的,各政党和有关各方应该搁置分歧,欢迎来自中国的投资,因为中国投资有益于澳大利亚经济发展,有助于澳大利亚保持世界重要投资目的国地位。

2013年7月25日,访问中国香港的澳大利亚外交部部长鲍勃·卡尔(Bob Carr,1947—)在接受《南华早报》记者采访时说澳中关系不会受到中国经济放缓的影响。目前大约有600家澳大利亚公司已在港投资,8万澳大利亚人侨居中国香港,中国香港已成为澳大利亚第六大外商投资地。卡尔还表示,澳大利亚的亚洲化是当今重要的发展趋势,2012年颁布的《亚洲世纪白皮书》计划在2025年前将澳大利亚的教育与经济系统亚洲化。他说,澳大利亚愿意与中国在经济、资源、能源及食品安全等领域保持良好关系,澳大利亚欢迎中国投资者。

彼得·德赖斯代尔(Peter David Drysdale,1938—),曾就读于新英格兰大学,主修经济学。1967年,在麦克斯·考登(Max Corden,1927—)指导下完成博士学位课程。他的学术领域广及对华贸易、贸易政策和亚太经济一体化。2002年前,他曾任澳大利亚国立大学亚太学院克劳福德经济和政府系教授,后任东亚经济研究局(the East Asian Bureau of Economic Research)局长,《东亚论坛》(*The East Forum*)合作主编。他的理论和观点经常被路透社(The Reuters)、《电讯》(*Telegraph*)、《澳大利亚人报》(*The Australian*)和《环球时报》(*Global Times*)等媒体报刊所引述。他的独创性专著《国际多元经济学:东亚与太平洋经济政策》(*The Economics of International Pluralism:Economic Policy in East Asia and the Pacific*)是1989年成立的亚太经合组织的创建理论指南。

彼得·德赖斯代尔对于中国经济的历史和现状有深入的了解和研究。2009年6月6日,由中国科技部、工业和信息化部、财政部、中国人民银行等单位在北京联合举办的有关解决中小企业融资难的国际论坛上,他在发言中说:中小企业可以在国家经济中占有非常重要的地位,要建立一个好的发展环境首先要帮助他们解决融资问题。以前银行比较关注国企的融资,而忽视中小企业在这方面的需求。中国有许多大型国有企业,但是包括就业在内的整个经济的活都是由中小企业参与推动的。如果融资难的问题继续存在,中国要保持非常强劲的国内总产值的增长就会遇到挑战。①

2013年3月19日,彼得·德赖斯代尔就中国如何避开中等收入陷阱并实现可持续增长等问题接受新华社记者采访时说:中国首先应对金融市场和法律制度进行改革,明确国家与国有企业之间的关系,提高企业管理水平,使私营经济能为平等准入获取投资。目前中国还无法通过市场经济的运作有效分配资源以保证经济持续高速发展,因此必须摆脱简单的制造业生产,从目前的生产要素型增长转变为企业推动型增长。至于城镇化问题,不仅要提高城镇交通能源效率,更需要改革户籍制度,以免发生社会和经济中的不平等现象。②

悉尼大学中国研究中心主任凯瑞·布朗(Kerry Brown)主要从事现代中国政治、经济、社会以及国际关系研究,长期关注中国的发展,是欧洲中国研究和欧盟顾问网的领军人物。在一次接受采访时,他对中国改革开放以来在经济方面所取得的成就给予了高度评价:中国过去最显著的成就之一就是经济高速增长,主动地与世界交流、融合,并积极参与全球经济治理活动。中国政府在政策上的有力支持展示了中国经济向多样化灵活发展的良好前景。中国在国际社会上发挥的最重要作用就是使许多中国人摆脱了贫穷。在经济全球化的今天,中国经济已与世界经济紧密地联系在一起,我们都面临着共同的问题,也有共同的奋斗目标,在各个国际领域中国都发挥着至关重要的作用。③

在另一次接受采访时凯瑞·布朗表示,中国面临的挑战是如何通过可持续发展的方式,到2020年使国内生产总值翻一番,同时在经济层面上处理好一些问题。行之有效的途径是通过提高工作效率、提升劳动与资本生产率并进行税务改革。与此同时,平衡国有企业与非国有企业之间的关系也十分重要,资金雄厚的国有企业需通过深化改革才能提升效率。他说,中国对澳大利亚的影响十分广泛,中澳之间的经贸往来不应局限于资源方

---

① 德赖斯代尔:《让中小企业接触更多的资金渠道》,央视网,2009年6月6日。
② 徐海静:《澳大利亚专家论中国经济前景》,新华社,2013年3月19日。
③ 姜红、张哲:《中国将成世界构建和谐社会的楷模》,中国社会科学在线,2012年11月16日。

面,还可以向服务业和其他领域拓展。①

澳洲西太平洋银行资深国际经济学家麦凯(Huw Mackay)认为,即使取消所有的关税壁垒,与美国的自由贸易协定每年只能为澳大利亚经济增加20亿—40亿美元的收入,对于一年产值7000亿美元的澳大利亚的经济来说其影响微乎其微。事实上与亚洲的贸易往来占了澳国际贸易的60%,其中只有大约10%的生意是与美国做的。澳大利亚苦苦追求与华盛顿签订协议,却甘愿冒和最重要的经济伙伴——亚洲产生裂痕的风险。澳大利亚的投资者们也可以从政府与亚洲国家更积极的贸易政策中获利。目前有不到5%的澳大利亚海外公司的资产在亚洲,其中的大部分投资在资源部门。② 麦凯的观点是对澳大利亚亚洲化政策的有力支持,也是为中澳贸易的发展前景献计献策。

罗德·泰尔斯(Rod Tyers)是一位国际应用经济学专家,曾就读于夏威夷大学、阿德莱德大学和澳大利亚国立大学,分别于1973年获墨尔本大学工程学硕士学位,1978年获得哈佛大学经济学博士学位。此后他应聘担任澳大利亚国立大学经济研究所副教授,还兼任西澳大学经济学温思罗普教席。他围绕经济模型(economic modeling)在国际经济学中的应用问题撰写了4部专著、70篇论文以及50部专著中的相关章节。近年来他主要研究中国宏观经济政策的制定,以及中国和日本人口统计学变化的全球性影响,他的学术领域广及外贸政策、商品市场的不稳定性、全球化和技术变化对劳务市场的运作等宏观政策等方面。

罗德·泰尔斯长期从事教学和科研工作,对中国的经济发展非常感兴趣,曾多次应邀到中国大学和研究机构进行学术访问。他针对国际社会有关中国实际汇率的种种猜疑,利用瑞典经济学家卡塞尔(Gustav Cassel,1866—1945)在1922年出版的《1914年以后的货币与外汇》(*Money and Foreign Exchange After 1914*)一书中提出的购买力平价(Purchasing Power Parity)理论,联系中国国情,阐释了自己对中国实际汇率问题的研究和见解。2007年12月7日,他在北京大学中国经济研究中心致福轩发表了题为"竞争性政策、公司储蓄和中国的经常账户盈余"的演讲,分析了同样数

---

① 王佳可:《澳大利亚学者谈新形势下的中国发展前景》,人民网国际频道,2013年3月8日。

② 孙超:《澳大利亚:急速发展的海外经济》,编译自《远东经济评论》,中国经济时报社,2003年6月2日。

额的美元按照同期汇率兑换成不同国家货币,其结果显示在穷国可以买到比富国更多的商品,换言之,穷国的市场汇率平价高于购买力平价。然而实际评估还必须考虑与经济增长有关的其他潜在因素,如:总体经济增速、劳动力培训范围以及深化贸易改革程度等。2008年12月10日,他在辽宁大学亚澳商学院做了题为"竞争政策与中国的经常账户盈余"(Competitive Policy and China's Current-Account Surplus)的学术报告,认为导致货币贬值的通货膨胀在某种程度上与过度储蓄有关。消费数据表明,中国多数家庭把三分之一的可支配收入存入银行。至于公司储蓄,近10年来已成为中国总储蓄的决定性成分,约占国内生产总值的20%,这就扩大了中国的总体投资与储蓄之间的差距,增加了经常账户盈余。罗德·泰尔斯如此为与会者提供了分析经济问题的新视角,受到了广泛的欢迎。

悉尼大学副教授、该校国际安全研究中心迈克尔·欣策能源安全研究员兼哈德逊研究所(Hudson Institute)非常驻资深研究员李约翰(John Lee, 1955—),曾就读于新南威尔士大学,后获牛津大学哲学和法律博士学位,主要从事中国政治经济和东南亚外交政策研究。他先后在《华尔街学刊》(The Wall Street Journal)、《国际先驱论坛报》(International Herald Tribune)、《卫报》(The Guardian)、《泰晤士报》(The Times)、《南华早报》(The South China Morning Post)、《星岛日报》(Sing Tao Daily)、《海峡时报》(Strait Times)、《中国邮报》(The China Post)、《纽约时报》(New York Times)、《环球时报》(Global Times)、《明镜周刊》(Der Speigel)、《金融时报》(Financial Times)、《新闻周刊》(Newsweek)以及澳大利亚主流媒体发表社评和专论。此外,他的文章还经常见之于《国家利益》(The National Interest)、《美国利益》(The American Interest)和《霍布斯杂志》(Forbes)。他曾应邀出席过美中经济安全审查委员会(US-China Economic Security Review Commision)听证会。

2009年5月下旬,在由澳大利亚智囊团独立研究中心(The Centre for Independent Studies)举办的一次有关中国经济问题的研讨会上,李约翰发言称中国经济中存在着许多非经济因素,在中国政府试图保存实力(maintain power)并对经济进行控制时,78%的资本都被用于无效的企业中,这不仅仅是经济风险,同时也是社会风险。针对有人认为"中国将带领世界走出经济危机"的看法,他否认中国成为世界经济的主要驱动力的可能。

2013年,李约翰在《国家利益》上发表的《老龄化中国的陷阱》(Pitfalls of An Aging China)一文中指出:目前中国大约有1.2亿名65岁及以上的老人,到2035年全国将有大约3.2亿名老人,但是人口总数只可能比现在增长1亿名左右。20世纪90年代以后,虽然中国经济持续快速增长,但对人口老龄化却没有充分准备。这一背景要求国家经济增长必须从出口和固定资产投资为主导的模式转型。中国现在还是一个贫穷国家,如果固定资产投资与国内总产值的比例过大,就可能将大量储蓄用于人们暂时用不着的项目。国家对固定资产投资的依赖是一种浪费,在提高生产力的基础上维持经济增长的同时,还要确保居民的收入按照国内总产值的整体速度增长,实现财产和机会从国有部门向私人转移。经济向更多国内消费转型是持续增长所必需的,否则中国将成为一个未富先老的国家。

由于政治观点和数据可信度的差异,李约翰的一些观点也受到人们普遍的质疑。例如有一次他在引用《福布斯中国》资料时说,2010年,《胡润百富》(Hurun Report)400富豪榜中收录了146位资产超过10亿美元的超级富豪。对1000名最富中国人的追踪显示,90%的人不是中共官员就是中共党员。他认为在中国身份是攀登社会阶梯的特权。在澳大利亚智囊团独立研究中心举办的一次中国经济问题研讨会上,他坚信在过去10年中国有4亿人的收入是下降的,至少有一亿人未能享受30年经济发展的成果,而1990年的官员数量却比1980年多了一倍。① 李约翰所引用的出处不明的数据,为他的似是而非的分析蒙上了阴影,但是对于多数业内人士而言,他的论断有时缺乏可信度。

五、澳洲学者对道教和佛教之研究

澳大利亚独特的历史和东西方联姻的文化铸就了该国宗教自由的社会环境。欧亚和美洲移民把新教、道教、佛教、东正教、伊斯兰教和犹太教带进了澳大利亚,使宗教生活渗透到社会每一个角落,为宗教研究创造了良好的条件。时任澳大利亚总理的陆克文在对2009年3月27日至4月1日在无锡和台北举行的第二届世界佛教论坛的贺信中说:"澳大利亚是各种信仰的家园,宽容、互相尊重以及民主传统将这些信仰团结在一起。"

---

① 约翰·李:《中国的"国家公司化"必须得到遏制》,财经网,2011年9月16日。

(一)对道教的研究

澳大利亚从事道教研究的学者主要有华人教授柳存仁(Liu Ts'un-yan,1917—2009)、德裔汉学家贺大卫(David Leopold Holm)和巴尔巴拉·坎德尔(Barbara Kandel,又称 Barbara B. Hedrischke)等人。

柳存仁(1971—),祖籍山东临清,生于北京,毕业于北京大学,1946 年后,执教于香港皇仁书院和罗富国师范学校。1957 年,他以论文《佛道教影响中国小说考》(Buddhist and Taoist Influences on Chinese Novels)获得了伦敦大学哲学博士学位。1962 年,他赴澳大利亚国立大学中文系任教,是该系的第一位华人学者。1966 年至 1989 年,他先后担任哈佛燕京学社、哥伦比亚大学、夏威夷大学、巴黎大学、香港中文大学中国文化研究所、马来亚大学、早稻田大学、新加坡大学、新西兰奥克兰大学的客座教授,后受聘为澳大利亚人文科学院首届院士。

20 世纪 60—70 年代,柳存仁撰写了多部有关道家和道教的英文著作,以及一系列道教研究文章,其中大部分收入后来出版的《和风堂文集》中。由于自幼接受儒家教育,对中国文史哲传统文化有深厚修养,青年时代又接受过现代科学教育,对于道教曾持批判态度,认为道教是"最卑俚、最无内容、最浅薄贫弱的"。

1971 年,他在荷兰《通报》上发表了题为《12 世纪道士的结核病知识》的文章,介绍了 12 世纪中叶出现的道经《无上玄元三天玉堂大法》,认为当时的道士已经认识到结核病是一种由某种原因或者寄生虫引起的传染病,而且可通过多种途径传染他人。经过查考不同时期的中国文献他又深入了解了西方医学史上的有关记载,认为中国道士在该领域里所获得的知识早于其他国家数百年。

1974—1984 年,柳存仁曾四次应邀到北京、成都、上海、西安、武汉和敦煌等地访问,对中国文化和宗教有了更深入的了解,所到之处都有一些新发现并作专题学术讲演。

1962 年,他在德国威斯巴登出版的英文专著《佛道教影响中国小说考》,以嘉靖年间江苏兴华县道士陆西星的身世和著作为依据,论证明代小说《封神演义》的作者不是许仲琳而是陆西星。

1976 年,他的英文专著《和风堂论文选集》(Selected Papers From the Hall of Harmonious Wind),共四部分,由法国汉学家戴密微作序,在荷兰莱顿比卢书店出版。书中的第二部分收录道教论文 6 篇,分别为《十二世纪道士的结核病知识》《道教对明代新儒家精英之渗透》《三一教主林兆恩（1517—1598）》《陆西星：十六世纪的一个儒家学者、道士和佛门献身者》《陆西星之参同契测疏》和《袁黄及其"四训"》。

1991年10月，上海古籍出版社出版了他的中文版《和风堂论文集》上、中、下三册。收录论文40余篇，其中道教论著20篇，其余为《道藏》研究、天师道研究、摩尼教对道教影响、宋代道教与儒学和道教文学的关系以及有关《宗教词典》的评论等。

1995年，柳存仁先后发表了《道教追求长生——〈湘绮楼说诗〉卷一梦衍义》（收入陈鼓应主编《道家文化研究》第七辑，上海古籍出版社，1995年）、《道教为什么是多神教》（收入林徐典编《汉学研究之回顾与前瞻·历史哲学卷》，北京：中华书局，1995年），等等。

他还写过一些有关道教的专论，如《明代思想中的道教自我修养》[收入狄百瑞编《明代思想中的自我与社会》（*Self and Society in Ming Thought*），纽约，1970年]、《道藏的编纂和历史价值》[收入莱列斯等编《中国历史资料论集》（*Essays in the Source for Chinese History*），澳大利亚国立大学出版社，堪培拉，1973年]、与朱迪·柏林（Judith Berling）合著的《元代的三教》[收入陈学霖和狄百瑞编《元代思想：蒙古人统治下的中国思想和宗教》（*Yuan Thought: Chinese Thought and Religion Under the Mongols*），纽约，哥伦比亚大学出版社，1982年]。

1996年8月11—16日，北京大学哲学系暨中国哲学与文化研究所和香港道教学院在北京联合举办道家文化国际学术研讨会。柳存仁应邀赴会，并在会议第一天做了主题演讲，在分组会上宣读了论文《道教与道术》。

柳存仁在澳大利亚国立大学任教期间培养了一批道教研究人才。他现在已经退休，但是仍笔耕不辍。

墨尔本大学亚洲研究所的贺大卫，祖籍德国，少年时代就对中国和中华文化感兴趣。20岁时就读于苏格兰哥拉斯格大学，学习希腊文和拉丁文。以《19世纪常州派儒家经文》获得硕士学位后到牛津大学攻读中文，在隆彼得教授的指导下完成了博士论文《抗日战争时期陕甘宁边区的文艺活动》。1995年，他被聘任为墨尔本大学教中文讲师，从事梅山道教、道教科仪与经典以及僮族方块字研究。1976年，他随一个英国年轻汉学者代表团从老挝经中国香港、广州、北京、南京、扬州到上海参观，以后又多次到中国西北和华北地区实地考察,到过陕西佳县白云山白云观。2008年9月,在台湾"清华大学"主讲"梅福与梅山教:僮族方块字系统研究"(Mei Fu and Meishanjiao:The Old Zhuang Script)。

他的著述有《欧洲馆藏中国报刊文献》(*A Bibliography of Chinese Newspapers and Periodicals in European Libraries*, Cambridge:Cambridge University Press,1975)、《革命中国的艺术和意识形态》(*Art and Ideology in Revolutionary China*, Oxford:Clarendon Press,1991)、《喊魂:广西的布洛陀经诗与傣族天书》(*Recalling Lost Souls:The Baeu Rodo Scriptures, Tai Cosmogonic Texts from Guangxi in South China*, Bangkok:White Lotus Co.,2004)、《中国少数民族的道教》(Taoism among China's Minority Nationalities, In Edward L. Davis ed. *Routledge Encyclopedia of Contemporary Chinese Culture*, London:Routledge,pp. 136—137,2005)。

麦考瑞大学教授巴尔巴拉·坎德尔也对中国道教思想做过研究。20世纪70年代初,她曾在德国慕尼黑大学任教,从语言学和哲学角度对《文子》进行过研究,1974年,在《威尔茨堡大学中国和日本学丛书》(*Wurzburager Sino-Japonica*)第一辑发表有关《文子》的论著《〈文子〉对道经的难点及理智的贡献》。1979年,她用英文发表了《太平经的起源和传播:非正式经典史》[载《德国东亚自然与人类学会报告》(*Mitteilungen der Ge-sellschaft ftir Natur-und Volkerkunde Ostasiens* 75)]。同年,她参加了第三次国际道教研究会议并宣读论文《宇宙模式及其社会影响——〈太平经〉中的"自然科学"》(*Cosmological Patterns and Their Social Impact-Natural Science in the Scripture of General Walfare T'ai-ping ching*)。她曾来华进行学术交流,访问了中国道教学会。1984年,她在瑞士《亚洲研究》第38期上发表文章介绍了"文化大革命"后的中国道教研究。1985年,参加纪念德国威尔茨堡大学教授石泰宁格65岁诞辰撰文活动,撰写了《天师对天意的确认》,后被收入纳多尔夫等编的《东亚的宗教和哲学》(*Religion und Philosophie in Ostasien*,1985)。1996年,她与澳大利亚国立大学的本杰明·彭尼(Benjamin Penny)合作写了《老君说一百八十戒:文本翻译与研究》,发表在美国杂志《道教资料》1996年8月第6卷第2期上。同年她应邀参加了北京道家文化国际学术研讨会,宣读了论文《太平经中财富和贫困的概念》,对于经文中有关"贫"与"富"的划分,以及致富避贫的思想和富人的社会作用提出了自己的观点,她有关《太平经》和早期道教的论述,独具新意。

(二)对佛教的研究

澳大利亚人类学家认为,佛教是最早进入澳洲的非本土宗教。据1857年的人口统计,维多利亚州有佛教徒27288名,其中大多数为各金矿的华工。1882年,500名僧伽罗人乘德文号(Devonshire)从科伦坡抵达澳大利亚,后来又有一批采珍珠的僧伽罗人到达星期四岛(Thursday Island),多数为佛教徒。澳大利亚也有来自西方国家的佛教徒移民,如1910年移民澳洲的英籍优娑纳德佳法师(U Sasana Dhaja)和1925年到达墨尔本的达摩派(the Little Circle of the Dharma)。

澳洲佛教有南传、汉传和藏传等流派,但是都彼此尊重包容,因此使佛教成为澳洲信仰率最高的宗教。20世纪60—70年代后,大乘佛教开始进入澳洲,80年代以后是澳洲佛教发展最快的时期。据1996年统计,全澳有佛教徒29.98万名,167个佛教团体,其中大乘佛教占36.5%,南传佛教占24%,藏传佛教占24.5%,其他宗派15%。

澳大利亚国立大学是澳洲涉藏研究的发源地,1964—1966年,英国藏学家兰姆(Alastair Lamb)曾在该校高等研究院任高级历史研究员。此外,在格里菲斯大学、纽卡斯尔大学、悉尼大学、悉尼科技大学和塔斯马尼亚大学都设立了研究西藏和藏传佛教的院系和专业,会聚着许多专家学者,培养了许多专门人才。

狄雍通晓法语、英语、德语、汉语、日语、俄语、藏语和梵文,1949年,获莱顿大学哲学博士学位。他曾在哈佛大学和巴黎大学学习,师从法国女藏学家玛赛乐·拉露(Marcelle Lalou,1890—1967),听过戴密微(Paul Henri Demieville,1849—1979)的讲座。1954年,他执教于莱顿大学,成为柯恩学院(印度学院)的第一位研究藏传佛教的教授。1965年,他受聘于澳大利亚国立大学,创建亚洲研究系并任系主任。他主要从事佛教教义、文献学和印度哲学研究,在西方佛学界和藏学界影响甚广,为国际藏学研究培养了不少人才。他于1986年退休。他的主要著述有《欧美佛学研究简史》(A Brief History of Buddhist Studies in Europe and America)、《米拉日巴传》(Mila ras pa'i rnamthar: Textetibetaindela vie de Milarepa)、《中国佛语》(Buddha's Word in China),还将梵文原典《中论颂月称注》(净明句论)部分译成法文。他一生收藏的图书资料共计2万多册,其中有些是18世纪欧洲出版的有关敦煌和西藏的图书,具有很高的学术价值,其余为各种文字的亚洲和佛教研究参考书。

约翰·鲍尔斯（John Powers），澳大利亚国立大学亚太研究学院社会和历史研究中心教授，西藏问题专家。1984年，他获加拿大麦克马斯特大学（McMaster University）印度哲学硕士学位。1991年，获美国弗吉尼亚大学宗教史博士学位。他曾先后任教于美国多所大学。1995年，受聘于澳大利亚国立大学。他长期从事藏传佛教和印度佛教哲学研究，目前研究的课题有"中国20世纪早期的佛教"和"中华人民共和国的宗教与国家"。他在澳大利亚藏学界非常活跃，曾多次接受澳大利亚广播公司（ABC）、英国广播公司（BBC）、美联社和洛杉矶时报等新闻机构的采访，在各种公开场合就宗教问题和藏传佛教问题发表评论，并在《美国历史评论》（American Historical Review）、《全球佛教杂志》（Journal of Global Buddhism）、《宗教研究评论》（Religious Studies Review）等报刊上发表书评、论文和随笔，还在澳大利亚移民与难民审核部（Migration Review Tribunal and Refugee Review Tribunal）担任政策研究顾问，在英国劳特里奇出版社（Routledge）担任特约编辑。他的主要著述有《佛教中的瑜伽行派：传记》（The Yogficfra School of Buddhism: A Biography, 1991）、《藏传佛教导论》（Introduction to Tibetan Buddhism, 1995）、《作为宣传的历史：流亡藏人与中华人民共和国》（History As Propaganda: Tibetan Exiles Versus the People's Republic of China, 2004）、《自由西藏运动：历史选讲》（The Free Tibet Movement: A Selective Narrative History）、《人权与文化价值：达赖喇嘛与中华人民共和国》（Human Rights and Cultural Values: The Dalai Lama versus the People's Republic of China）等。

杰弗瑞·萨缪尔（Geoffrey Samuel），1964—1967年，在牛津大学攻读物理专业，1967年，转学剑桥大学三一学院（Trinity College）学习理论物理，1975年，获剑桥大学社会人类学博士学位，学位论文为《水晶念珠：西藏宗教的人类学研究视野和方法》（The Crystal Rosary: Insight and Method in an Anthropological Study of Tibetan Religion）。他通晓法语、德语、意大利语、俄语和藏语。1978—2004年，他任教于澳大利亚纽卡斯尔大学，2004年，他应聘在英国卡迪夫大学宗教和神学研究院任教。他是英国皇家人类学会（Royal Anthropological Institute）会员、亚洲传统医学研究国际协会（International Association for the Study of Traditional Asian Medicine）副主席和《亚洲医学：传统与现代》（Asian Medicine: Tradition and Modernity）的编辑。他的研究领域为南亚地区宗教、藏传佛教、藏医和传统印度医学以及佛教和其他宗教在澳大利亚和英国的传播。他先后出版专著10多部、论文近百篇。其中包括《精神、肉体和文化：人类学与生物学交汇》(Mind, Body and Culture：Anthropology and the Biological Interface)、《文明的萨满：西藏社会中的佛教》(Civilized Shamans：Buddhism in Tibetan Societies)、《密宗新解：对藏传佛教和印度宗教的新理解》(Tantric Revisionings：New Understandings of Tibetan Buddhism and Indian Religion)、《瑜伽和密宗的起源：13世纪之前的印度宗教》(The Origins of Yoga and Tantra：Indic Religions to the Thirteenth Century)。此外，他还英译图齐的《西藏的宗教》和德国蒙古学家海西西(Walther Heissig)的《蒙古的宗教》(The Religions of Mongolia)。

杰弗瑞·萨缪尔曾承担或参与由澳大利亚政府、英国皇家学院以及中国台湾科学委员会等部门资助的研究项目，如："东部藏人的政治和社会秩序"(Politics and Social Order among Eastern Tibetans)、"西藏西部苯教藏医学校和医院里之传统与现代"(Tradition and Modernity in a Bonpo Medical School and Hospital in Western Tibet)、"西藏的长寿修行和观念：对敦珠传承中的长生修行的研究"(Longevity Practices and Concepts in Tibet：A Study of Long-Life Practices in the Dudiom Tradition)、"西藏苯教普巴仪轨中的音乐曲式和仪轨含义"(Musical Form and Ritual Meaning in the Phur-Pa Ritual Cycle of the Tibetan BonPo Religion)等。

悉尼大学印度次大陆研究系主任马克·阿伦(Mark Allon)是澳大利亚佛教研究会主席，主要研究南亚和中亚佛教，特别是阿富汗巴米扬地区的犍陀罗。

悉尼大学印度次大陆研究系安德鲁·麦克加里蒂(Andrew McGarrity)主要研究领域为印度中观学派、藏传佛教哲学、印度和藏传佛教逻辑等。他的博士论文是《从逻辑发展的视角看印度早期中观学派的方方面面，及其对理解西藏格鲁派经院哲学的意义》[Aspects of Early Madhyamaka in the light Of Logical Developments in India, and the Implications for Understanding Tibetand Gelugs pa(Gelukba) scholasticism]。

美国史密斯学院哲学教授杰伊·加菲尔德(JavL Garfield, 1955—)兼任澳大利亚墨尔本大学和塔斯马尼亚大学教授，也是塔斯马尼亚大学与中央高级藏学研究院学生交换项目的负责人，主要从事印度和藏传佛教中观哲学及宗喀巴研究，有专著和主编的图书10多部以及论文百余篇，其中包括《认知科学导论》(Cognitive Science: An Introduction, 1987)、《精神上的信仰:精神本体论研究》(Belief in Psychology: A Study in the Ontology of Mind, 1988)、《中道之根本》(Fundamental Wisdom of the Middle Way, 1995)、《空观:佛教哲学及其跨文化解读》(Empty Words: Buddhist Philosophy and Cross-Cultural Interpretation)、与格西阿旺桑丹合作翻译的宗喀巴大师著述《菩提道次第广论释》(An Ocean of Reasoning: Tsong kha pa's Great Commentary on Nagarjuna's Mulamadhyamakakarika with Geshe Ngawang Samten, 2006)。

索南塔却(Sonam Thakchoe)曾在印度学了9年藏传佛教史,于2002年获塔斯马尼亚大学博士学位,现在该校哲学系教授佛教哲学。他的主要著述有《二谛论争:宗喀巴与国然巴论中道》(The Two Truths Debate: Tsongkhapa and Gorampa on the Middle Way, 2007)、《宗喀巴中观哲学的俗谛》(Status of Conventional Truth in Tsong khapa's Madhyamika Philosophy)、《在西藏中观认识论中的先验知识》(Transcendental Knowledge in Tibetan Madhyamika Epistemology)等。

悉尼、昆士兰、墨尔本、西澳大利亚、南澳大利亚、新南威尔士在原有佛教团体和组织基础上联合成立了"澳洲佛教协会",以推进弘扬佛教为宗旨,通常每月举行两次集会,研究讨论三界、四谛、缘起、转世等佛教基本教义及佛教伦理。

澳大利亚的佛教研究中心(Australian Center of Buddhist Studies)创立于澳大利亚国立大学亚洲系内,重视佛学与梵文研究,编辑并出版《东方学研究专刊》(Oriental Monographs),常刊载有关佛教研究的著述。

澳大利亚佛教研究协会(Australian Association of Buddhist Studies)的成立旨在通过有组织的活动和研讨会,促进澳洲(包括澳大利亚联邦、新西兰、新几内亚和太平洋诸岛)的佛教学术研究,加强地区和国际学者和研究人员、不同学派和教派之间的信息交流和资源运用。

六、中共党史和毛泽东思想研究开创了澳洲汉学新领域

20世纪40年代,美国为了适应时局,开始招募费正清(John King Fairbank, 1908—1992)和拉铁摩尔(Owen Lattimore, 1900—1989)等中国问题专家进入官方智库。费正清来华期间对中国和中国共产党人有机会直

接接触,开始发表有关研究文章。他的弟子史华慈(Benjamin I. Schwartz, 1917—1999)是研究毛泽东思想专家,在西方率先提出了"毛主义(Maoism)"的观点,师生二人同时被世界公认为美国研究中共党史和毛泽东思想的先行者。

20世纪50年代,伦敦、牛津、爱丁堡、伯明翰和曼彻斯特等大学和相干研究所,先后开设了中共党史和中国现代史等课程。虽然参研人员不多,但出版的有关中共党史的研究成果却在英语国家中首屈一指。

20世纪80年代以后,澳大利亚学术界对于中共党史和毛泽东思想的研究逐步展开。一些大学的历史系开设了中国革命史课程,并开始培养中国史专业的硕士和博士研究生。90年代以后,费子智(Charles Patrieck Fitzgerald,1902—1992)、尼克·奈特(Nick Knight)、弗雷德里克·泰韦斯(Frederick C. Telwess)等人在学术界十分活跃,把中国问题研究引向体制化和专业化发展,掀起了澳大利亚中共党史和毛泽东思想研究热,出版了大量著作和论文,开展了两次大规模的毛泽东生平和毛泽东思想研究的大讨论,国际毛泽东思想研究的中心逐渐由欧美转移到澳大利亚。

澳大利亚国立大学远东历史系和当代中国中心于70年代创办的《远东历史论丛》和《澳大利亚中国事务杂志》(*The Australian Journal of Chinese Affairs*)经常刊登有关中国政治、经济、文化、外交、军事和教育方面的文章,反映澳大利亚学者对中共党史和当代中国研究的动态,成为公认的主流国际汉学刊物。

1923—1950年,费子智先后在中国居住和工作了15年。1936—1939年,在云南大理从事中国社会调研工作。1946—1950年,担任英国文化协会驻南京官员,曾到中国各地考察,以同情和尊重心态研究中国文化,对中国人民和中国共产党友好,是主张承认中华人民共和国政权的早期澳大利亚学者之一。他长期从事中国历史、文化和外交关系的研究,出版了28种专著、发表论文、时评以及合撰专著章节380余篇。

尼克·奈特是澳大利亚著名的毛泽东研究专家。20世纪60年代末,他就读于昆士兰大学,开始对毛泽东思想产生兴趣。在中国政治学家邱博士(Dr. C. L. Chiou)的影响下,他十分关心东亚的发展和中国的"文化大革命",曾认真思考过马克思主义如何在中国革命中发挥重要作用等问题。昆士兰大学毕业后他到伦敦大学亚非学院攻读中文,接受知名的毛泽东思想学者施拉姆(Stuart R. Schram)的指导研究中国政治,几年后获哲学博士学位。与同时代研究毛泽东思想的学者相比，他在研究之前就已经有一个比较完整的马克思主义认知背景，对西方学者关于毛泽东思想的几次争论的情况有所了解。1981年，他在澳大利亚格里菲斯大学亚洲和国际研究部任高级讲师，专门研究毛泽东思想与欧洲和苏联马克思主义之间的关系。40年来，尼克·奈特在毛泽东思想研究方面提出了一些独到的观点，认为毛泽东是在接受马克思主义的普遍原理并将它应用于中国历史环境的前提下，实现了马克思主义的中国化，从而成功地领导了中国革命。把毛泽东思想的研究与20世纪中国革命与建设史结合起来，更能显示其意义和价值。

对于毛泽东思想在中国革命中的贡献评价，尼克·奈特曾经做过这样的归纳：

> 在许多阐释中国马克思主义的学者看来，延安时期（1936—1947）标志着毛泽东在其马克思主义思想家的生涯中达到顶峰。正是在这一时期，毛撰写了许多最重要的理论著作；也正是在这一时期，毛解决了如何使马克思主义中国化的问题。诚然，延安时期，毛对马克思主义的理论和实践做出相当大的贡献，但是，在50—60年代，毛力图制定另一种经济发展战略（中国的社会主义道路），其成就之大与上述贡献相比，如果说没有超过也是毫不逊色的。在这方面，毛是航行在一条基本上未曾探测过的航道上。他所寻求的发展战略同苏联模式迥异，而50年代初，中国所沿用的正是这种模式。毛后来逐渐感到苏联模式基本上不适合中国国情，对它有了清醒的认识，这就促使毛去寻找一种同中国社会经济的特点和需要相适合的发展战略。毛泽东提出了一条中国式的社会主义道路（不管当代中国人对它做何评价），应当说这是对马克思主义理论和实践一个极为重大的贡献，因为这条道路开辟了一个新的天地，提出了一种不受苏联模式束缚的社会主义过渡时期发展战略。①

尼克·奈特的主要著作《马克思主义在亚洲》（合编，伦敦和悉尼克鲁

---

① 尼克·奈特：《毛泽东和中国的社会主义道路》，王应一摘译自科林·麦克顿斯和尼克·奈特主编的《马克思主义在亚洲》，伦敦和悉尼，1985年。

姆·赫尔姆公司出版,1985年)、《如何评价毛泽东的历史地位》(载《澳大利亚中国事务杂志》1985年第13期)、《毛泽东延安时期著作中的哲学与政治》(载《中国哲学研究》1987—1988年第19卷第2期)、《西方毛泽东研究:分析与评价》(载四川省社会科学院主办《毛泽东思想研究》1989年第2—4期)、《毛泽东论辩证唯物主义:1937年的哲学著作》(美国夏普公司出版,1990年)、《论毛泽东的社会变革因果观》(载《关心亚洲学者学报》1990年第22卷第2期)、《毛泽东的哲学思想:中国研究论文(1981—1989)》(载《中国哲学研究》1992年第23卷第3—4期)。

2010年推出了珍藏版,采用双色印刷,对原著主题进行了细致而又忠实的再现,使读者能在开阔视野中看到了一个具有高度历史真实感的毛泽东,受到史实的启发,以历史学家的目光去理解、认识和评价毛泽东。

弗雷德里克·泰韦斯(1939—),出生于美国,1961年,毕业于美国阿莫斯特学院,获得了学士学位。1969—1970年,他一边攻读政治学博士学位课程,一边任教于康奈尔大学。他对当代中国政治的研究充满兴趣,对毛泽东和邓小平进行过深入研究。1971年,他获得了哥伦毕亚业大学政治学博士学位,1976年,应聘在澳大利亚悉尼大学任教。1985年后,他曾三次来华进行学术访问。

澳大利亚学者开展对中共党史和毛泽东思想的研究并取得了重要的成绩,反映了冷战结束后中西方停止对峙和挑战的局面,多元文化的氛围改变了国际学术的价值取向和思维方式,打破了意识形态禁区,扩大了选题范围和研究方法。学者们在交流切磋的基础上敢于涉猎过去不允许探讨的内容和敏感的话题,是时代的进步,将中国发展置于更广阔的全球学术语境之中,也为各国同类学术研究树立了榜样,其意义和影响都是不可估量的。

七、澳洲汉语研究和教育的历史与现状

澳大利亚与华人世界的交往已经有近200年的历史。据2006年人口普查统计,澳大利亚70多万人有华人血统(约占人口总数的4%),其中38万人出生在中国。汉语是澳大利亚第二大语言,部分华人在口语交谈中经常使用闽南、广东和客家方言。目前大约有13万名中国留学生在澳大利亚学习,中国已经成为澳大利亚第一大留学生来源国。

澳大利亚的汉语教学与研究历史始于1909年成立的墨尔本中华夜校。因为当时联邦政府的"白澳政策"(white Australia policy)的干扰,汉语教学长期处于分散无序状态。华人学校少,生源匮乏,多数仅以补习班形式存在。20世纪70年代,随着"白澳政策"的终结和多元文化政策的实施,移民澳大利亚的华人迅速增加,华人教育开始受到重视。

澳大利亚是一个移民国家,语言和文化的差异长期困扰着澳大利亚人民和各届政府。由于高瞻远瞩的政治家、政府官员和语言学家的共同努力,该国制定了一套有利于民族团结和经济发展的国家语言政策。所谓"语言政策"(language policy),就是根据国家主流语言使用现状所制定的相关法律、条例和措施,它既符合社会对于语言的需要,也有助于解决语言教育和人才的培养问题。

1972年,中国和澳大利亚式建立外交关系后两国之间的贸易合作日趋密切,一些澳大利亚大学开始设立中文专业课程。由于中国经济的发展和国家地位的提升,中国传统文化在世界范围内产生了巨大影响。20世纪80年代,澳大利亚政府实施国家语言政策,澳政府为每位选学优先语言(汉语、日语、韩国/朝鲜语和印尼等语言)者提供平均300澳元的补贴。把语言与国家发展挂钩的这项政策推动了多元文化发展。1988—1991年,全澳正规小学与中学学习汉语的学生数分别增长了52%和24%,汉语教育在该国得到了长足的进步。

1991年,澳大利亚政府颁发了《澳大利亚语言与读写能力政策》文件,汉语正式成为14种优先教学语言之一,被纳入了高考的选修科目。按照《亚洲语文教育白皮书》的要求澳大利亚联邦政府设置的亚洲语文教育基金,极大地促进了该国中小学汉语教育的发展。

2008年,澳大利亚政府颁布了《关于公立学校亚洲语言学习计划》(*National Asian Languages and Studies in Schools Program*)。

2012年10月28日,时任澳大利亚总理的施拉姆(Stuart R. Schram)发布了澳大利亚政府《亚洲世纪中的澳大利亚》白皮书,强调澳大利亚与亚洲联系的重要性,以增强与中国在贸易、投资、军事、政治、文化和研究等领域的各方面联系。澳大利亚面向2025年的25个全国目标之一就是鼓励所有澳大利亚学生在校接受教育阶段坚持不断地学习包括汉语在内的一门亚洲语言课程。

据统计,2008年全澳已有700所中小学校开设了汉语课,学习汉语的

学生近 11 万人,全职和兼职教师 1200 多人。各州学习汉语的学生人数如下①:

州/行政区	维多利亚	新南威尔士	南澳	昆士兰	西澳	堪培拉	塔斯马尼亚
人数	47,000	20,000	20,000	15,000	2,000	2,000	1,500
百分比	43.7%	18.6%	18.6%	14%	1.85%	1.85%	1.4%

澳大利亚的汉语教师有三类:(一)以汉语为第一语言的老师,他们多半来自中国或东南亚,其中 60%是女教师,主要在澳大利亚的中学三四年级教学。以汉语为第一语言的部分老师因为不具备注册资格者在周末补习学校或者民族学校教学。(二)以汉语为第二语言的教师,多半为澳本地培训出来或者第一语言不是汉语的华裔。他们的语言水平不同,汉语知识也可能不够专业。(三)以汉语为第一语言的教师助手,他们中的许多人已经获得了资格证书,可以助教身份工作或者作为辅导员。

中文教师同盟(CLTFA)是澳大利亚的汉语教师协会。

在澳大利亚汉语学校主要有下列几种:(一)正规的中小学以和大学的汉语专业,汉语是学生的选修课,经费由来自联邦及各州政府,学生有白人、亚裔或华裔。(二)华人社区开办的周末学校。(三)培训班,学生多半对汉语感兴趣,有成年人和未成年人。

澳大利亚汉语测试有汉语水平测试(HSK)和维多利亚中文考试(VCE)两种。汉语水平测试考点分别设立于墨尔本皇家理工大学、西澳大学孔子学院和悉尼斯特斯·费尔德学院。2004 年参加墨尔本考点的考生人数多达 170 人。其中 150 多名维州的中学生首次参加了基础级的考试,绝大多数都达到了等级标准。2005 年,全澳共有 351 人参加了 HSK 考试。

澳大利亚教育由各州根据本区规定进行管理,因为维州的教育水平较高,所以该州考试成绩可得到其他州认可。维州教育证书课程属于大学预科,供 11 和 12 年级学生研修。维多利亚中文考试采用分卷制:以华语为背景的学生适用中文试卷;在澳洲出生或来澳超过七年以及第一语言为非汉语的考生,可以参加第二类考试。

---

① 吴坚立:《2009 年澳大利亚汉语教学发展形势》,载《世界汉语教学学会通讯》2009 年。

澳大利亚汉语教学与研究的主要机构有两个：一个是1970年成立的澳大利亚亚洲研究协会(Asian Studies Association of Australia)，研究领域为亚洲及语言教学，出版刊物为《亚洲研究评论》(*Critical Asian Studies*)；另一个是1989年7月7日成立的澳大利亚中国研究协会(Chinese Studies Association of Australia)，专业刊物为《中国研究通信》(后改名为《中国研究》)。澳大利亚中国研究协会每两年召开一次大会，与会者大约有200人，议题主要包括中国文学、汉语、道教、民族主义、消费主义、中国政治、经济与劳动力等问题。昆士兰大学与会者多聚焦于中国的文学、汉语和应用语言学。

研修汉语课程的澳大利亚大学生多于其他阶段学习汉语的人数，华裔学生的比例较大，绝大多数为学历生。1970年开设汉语课程的高校只有5所，1981年上升到11所，1990年增加到19所，1992年达到22所，目前至少有32所。

在澳大利亚当汉语教师需要通过资格审查，大部分教师来自中国，此外也有来自东南亚的教师和本土教师。以汉语为第一语言的教师主要担任语言教学，汉语为非母语的教师一般教授历史和文化课程。多数澳大利亚大学不单独开设汉语系或汉学系，一般附属于亚洲系或汉学院。部分历史、经贸和旅游专业的院系也有汉语选修课程。

2005年，西澳大学率先创建孔子学院，目前澳大利亚的孔子学院分布在5个州和1个行政区，共13所。虽然澳大利亚的孔子学院的数量只占世界各国孔子学院总数3%，但是类型较多，如：皇家墨尔本理工大学孔子学院、格里菲斯大学旅游孔子学院、昆士兰科技大学孔子学院、新南威尔士州教育与社区孔子学院。

八、澳洲汉学中的少数民族研究

1905年，梁启超在《历史上中国民族之观察》一文中提出了"中华民族"的概念，不久之后在学术界以及留日中国学生所办的《民报》《江苏》《国民报》《浙江潮》和《童子世界》等刊物中得到了广泛的响应。"中华民族"被理解为在漫长历史中所形成的一个超越血统的多元文化命运共同体，中国境内的56个民族为一家，中国文化的一体性和向心力就是中华民族大家庭的基石与灵魂。据此，海外媒体和学术中所说的"华人华侨"

（Chinese diaspora 或 overseas Chinese）不再局限于迁移或者侨居外国的汉人，而是涵盖了与中华大家庭历史和现实血脉相连的所有海外群体。从意识形态层次上看，无论汉族、蒙古族、藏族、回族、维吾尔族或者其他中华大家庭成员移居海外，法律上的变化只是"他者"的社会地位。

中国改革开放后对外交往规模扩大，人数逐年增加的华人华侨沟通外部世界的作用和影响令世人瞩目，各种机会和问题也应运而生。20世纪80年代之后，随着大中华经济圈的壮大和发展，华侨华人在国际学术中成了热点选题，各类研究机构纷纷成立。澳大利亚一些知名学者通过对华人资本与中国经济互动的研究，提出了"华人移民资本主义"（Chinese Diaspora Capitalism）的命题，推动了学术界对华人企业和华南外资企业的大规模调查。①

1999年，澳大利亚国立大学亚太研究学院成立的南方华裔研究中心（Centre for the Study of the Chinese Southern Diaspora）曾举办多次学术研讨会。2001年，还召开了以"移民身份与少数民族华侨华人"为专题的研讨会。

澳大利亚现有的2300万人口中，中国移民将近占有100万，是该国第一大非英语少数民族社团，主要聚居于悉尼、墨尔本和珀斯。这些华人华侨除了汉族以外，也包括中国的其他少数民族。目前在墨尔本、悉尼和阿德莱德的3万人多为汉、回、满、锡伯、俄罗斯、维吾尔、哈萨克、达斡尔等民族。1993年，澳大利亚中国各族同胞联谊会成立，会员500多人。中国综合国力和国际影响力的日益增强，为华侨华人在海外的生存提供了良好的条件，更充分凝聚了海外侨胞对祖国的向心力。

澳大利亚学者对中国少数民族的研究表现在各个时期和各种形式的学术活动中。1989年初夏，云南省红河哈尼族彝族自治州蒙自市文澜镇的文化站工作人员李福顺在镇采石场偶然发现一处动物骨骼化石遗址。3个月后，云南省博物馆研究员张兴永带领的团队经过10余天的抢救性挖掘，发现一具较完整的人类头盖骨化石、3件头骨化石碎片和部分人类下颌骨和牙齿化石，以及大量灰烬、柴炭和各类兽骨遗存。考古队将遗址命名为"马鹿洞"，并将曾经生存于此的古人类命名为"马鹿洞人"。2008年，

---

① Constance Lever-Tracy, David Lp & Noel Tracy, 1996. *The Chinese Diaspora and Mainland China*, *Anemerging economic synergy*, Hamphire：Macmillan Press.

云南省文物考古研究所与澳大利亚新南威尔士大学研究人员开始了为期4年的合作研究,利用各地的智人数据进行比对分析。他们在研究报告中得出的结论是:"马鹿洞人"生存于14500年至11500年前,具有远古人类的某些特征,可能代表着一种过去未知的新人群,是旧石器时代古人类中的"少数民族"。距今1万年前人类已经从狩猎采集向农耕过渡,"马鹿洞人"的存在表明,现代人在东亚地区起源和演化历史比学术界所掌握的情况更为复杂,证明了人类进化的多样性的存在。消息在国际知名学术期刊《公共科学图书馆·综合卷》上发表后,引起了考古学界的广泛关注。这是中国和澳大利亚考古学界有关古人类少数民族研究的首次合作。

20世纪60年代,几位著名的藏学家曾在澳大利亚开展过研究或从事讲学活动,其中有伦敦大学汉学教授沃特·西蒙(Walter Simon, 1893—1981)、荷兰莱顿大学教授狄雍、澳大利亚国立大学的阿利斯塔·兰博、曾在北京中央民族学院(现中央民族大学前身)研习藏语的捷克斯洛伐克学者约瑟夫·高马士(Josef Kolmas, 1933—)等人。此后澳大利亚的西藏研究高潮迭起。

马克林是长期从事中国文化和少数民族研究的澳大利亚学者。1964年,他首次来华,曾先后走访中国少数民族聚居地60余次,包括西藏4次,新疆5次,四川2次,延边朝鲜自治州2次,云南2次,内蒙古、宁夏和贵州各1次。他是在澳洲自身关注少数民族命运的背景下开展对中国民族问题进行研究的。中国边疆地区的许多学校、家庭、工厂、农场、修道院、清真寺都留下过他的足迹。他在访问时通常使用普通话,但是在采访不懂汉语的维吾尔族或藏族居民时才求助于翻译。

因为他主要在西藏和新疆进行田野考察,所以在有关少数民族著作中作品中对藏族和维吾尔族着墨最多。介绍中国其他少数民族时仅简要介绍历史背景,然后聚焦于当代现状,探讨现代化对中国少数民族社会结构带来的冲击。中国少数民族众多,分布地区广,各族情况不同,他在撰写专著专文时通常先介绍国家政策或某一环境变迁对少数民族的影响,然后再分别陈述各少数民族如何面对现实。他的学术领域广及宗教、教育、家庭、文学艺术以及少数民族在现代化下的认同问题。除了阅读中文史籍外他也参考英文、中文、德文或法文等相关研究文献。他亲眼见证了中国的巨大发展和进步,愿意把真实的中国介绍给西方。

马克林曾任澳大利亚格里菲斯大学国际经济与亚洲研究中心主任,澳大利亚中国研究协会主席。他撰写和编辑有关中国少数民族的专著及文章有《回鹘王国：从唐朝的历史来被看》[The Uighur Empire (744—840) According to the T'ang Dynastic Histories, Centre of Oriental Studies, Australian National University, Canberra, 1968]、《中国少数民族：20世纪的融合与现代化》(China's Minorities: Integration and Modernization in the Twentieth Century, Oxford University Press, Oxford, 1994)、《中国少数民族文化：1912年以来的身份认同与一体化》(China's Minority Cultures. Identities And Integration since 1912th, St. Martin's Press, New York, 1995)、《中国少数民族与全球化》(China's Ethnic Minorities and Globalization, Routledge-Curzon, New York, 2003)、《亚洲的少数民族》(Ethnicity in Asia. Routledge-Curzon, Edit. New York, 2003)、《中国、新疆与中亚：21世纪的历史、过渡与互动》(China, Xinjiang and Central Asia, History, Transition and Crossborder Interaction into 21st Century)等。

杰夫瑞·塞缪尔教授在受聘为英国兰卡斯特大学宗教学系研究生部主任之前，曾任澳大利亚纽卡斯尔大学人类学系主任。他曾出席分别在成都和拉萨召开的格萨尔研讨会，感受颇深。他的学术领域主要为西藏宗教、社会、音乐和格萨尔研究，曾发表《拉萨的歌曲》和《格萨尔史诗中的音乐和萨满力量》。近期他的研究聚焦于萨满教、印度与西藏的宗教之间的关系、西藏佛教中的两性关系和社会生态学的研究。

他的主要著作有《心灵、肉体和文化：人类学与生物学交汇》(Mind, Body and Culture: Anthropology and the Biological Interface)、《文明的萨满：西藏社会中的佛教》(Civilized Shamans: Buddhism in Tibetan Societies)、《今日之自然宗教：当今世界的异教选择》(Nature Religion Today: The Pagan Alternative in the Modern World)、《疗效与亚洲社会的现代性：传统药物、巫术与科学》(Healing Powers and Modernity in Asian Societies: Traditional Medicine, Shamanism and Science)、《西藏的怛特罗密宗与大众宗教》(Tantra and Popular Religion in Tibet)、《诃梨帝母女儿：南亚与东南亚分娩与妇女康复》(The Daughters of Hāritī: Childbirth and Female Healers in South and Southeast Asia)、《密宗新解：对藏传佛教和印度宗教的新理解》(Tantric Revisionings: New Understandings of Tibetan Buddhism and Indian Religion)、《瑜伽和密宗的起源：13世纪之前的印度宗教》(The Origins of Yoga and Tantra: Indic Religions to the Thirteenth Century)、《藏传佛教介绍》

(*Introducing Tibetan Buddhism*)、《亚洲与西方的宗教和躯体观念:心灵与肉体》(*Religion and the Subtle Body in Asia and the West*: *Between Mind and Body*, Co-authored with Jay Johnston)、《藏创佛教电子手册》(*Tibetan Buddhism*: *The E-Book*)、《西藏东北地区的僧俗传统》(*Monastic and Lay Traditions in North-Eastern Tibet*, Coauthored with Yangdon Dhondup)、《佛教、国际救济与国民社会》(*Buddhism*, *International Relief Work and Civil Society*)。

澳大利亚中国研究协会(Chinese Studies Association of Australia)是全澳范围的中国研究团体,每两年举行一次学术会议,少数民族问题是学术选题之一。1993年7月在布里斯班举行的第三届年会把西藏专题纳入了论文选题,代表们讨论了中国格萨尔研究的现状、现代西藏文学、唐卡艺术和西藏教育等方方面面的问题,材料主要源于甘孜、青海和西藏等地的田野调查。

1988年8月,澳大利亚人类学学会(Australlan Anthropological Society)召开过一次年会,"西藏和喜马拉雅地区社会"为该会专题,共有12位学者提交了有关密宗及大众宗教方面内容的论文,其中9人为澳大利亚学者。塞缪尔教授等人编辑的会议论文集《密宗和西藏的大众宗教》收录了论文12篇,1994年,由新德里的印度文化和阿地塔·普拉卡什国际学院出版。

20世纪90年代,澳大利亚和新西兰西藏学者曾举办双年会(Australia & New Zealand Tib-etanist Biennial Conference),就西藏政治、历史、戏剧、人类学、西藏与西方关系等问题展开深入探讨,与会代表约30—40人。

1995年12月,澳洲国立大学社会科学与太平洋研究院、亚洲研究学院和库母斯计算机部合作建立了西藏研究电子会议网络系统和档案中心,为世界范围的西藏研究提供联络工具(Communications Vehicle),为研究西藏和相关区域的历史、文化、文学、语言、哲学、政治、经济、艺术、宗教领域的学者提供服务。该网络系统要求参与者保持团结、愉快和专业的交流氛围,突出研究工作的学术性,可以通过网络把文章发送给世界各地的藏学研究者,同时也可以分享他们的研究成果,交流感受和心得。

九、澳大利亚学者对中国妇女问题的研究

澳大利亚学者对中国妇女的研究肇始于现当代。19世纪前,澳大利

亚学者对中国问题的研究大体上属于泛亚性质,"泛亚研究"可解读为一种意识形态,即"泛亚主义",也可解读为汉学的宽泛选题。因为澳大利亚在建国初期妇女地位低下,直到1902年她们才有投票权,真正社会学意义上的"女权主义"(Femalism)概念和现实长期空白。澳大利亚的早期历史就是男性的历史,更确切地说是白人男性的历史,因为女权主义、女性文学、女政治家和女评论家当时很难得到社会的认可,人文领域充满男性话语并不令人奇怪。学术界和媒体偶尔涉及一些中国妇女问题,也多半与裹足、文盲、纳妾、贫困和子女拖累等社会问题联系在一起,20世纪晚期,澳大利亚旅亚文学作品中才开始出现积极正面的中国妇女形象。

(一)华裔学者开创澳洲汉学研究新领域

20世纪70年代,美国哈佛大学阿瑟·史莱星格(Asser Slesinger)倡导编写的五卷本《中国妇女传记辞典》(Biographical Dictionary Of Chinese Women)是西方第一部中国女性人物大型学术性辞书。其中清代卷(1644—1912)总编为萧虹(Lily Xiao Hong Lee)和斯特凡诺斯卡(A. D. Stefanowska),撰稿刘咏聪(Chara Wing-chung Ho)等,1998年,由阿蒙克夏普出版社出版。

该词典收录了从上古神话到公元7世纪2000多年史籍中记载的200多位西方人知之甚少的中国女性人物。编者认真查阅了从刘向(约前77—前6)的《别录》到其他官修正史和稗官野史中所记载的皇后、女吏、尼姑、悍妇、烈女、淑女和才女事迹,虽然她们出身门第不同,但却是中国政治、科学、文学、宗教、烹饪、绘画、戏剧、刺绣和陶瓷等方面的女性人物代表,按姓名音序编为三类,并对她们在改朝换代背景中的命运和事迹详加说明。此外,该辞书还提供了词表、年表和目录,以便读者检索。

萧虹,华裔学人,1939年,出生于江西永县城,10岁时,随父母移居中国香港,5年后,与家人定居马来西亚。她曾就读于新加坡南洋大学,先后获美国亚特兰大学硕士和悉尼大学博士学位,是较早从事中国妇女问题研究的一位学者,在澳洲生活工作了数十年,现任悉尼大学中文系教授兼博士生导师。

萧虹的《阴之德——中国妇女研究论文集》(Virtue of Yin),1999年由张威翻译,新世界出版社出版。全书共收录《班昭——力图建立传统妇女观的女史》《佛教女尼在中国的出现及其社会影响》《语言和自我评估:魏晋时期的妇女》《晋代参与主流社会活动的妇女》《谢道韫——一位女名士的风范》等 5 篇论文。

萧虹的另一部研究妇女的著作是同年出版的传记体《长征妇女的归宿》(Women of the Long March)。该书记述了贺子珍(1909—1984)、康克清(1911—1992)、王泉媛(1913—2009)和从江西出发长征的其他 30 名妇女的英雄事迹,出版后广受读者欢迎。

2011 年,萧虹对自己在悉尼大学撰写的博士学位论文《〈世说新语〉整体研究》(An Integrated Study of Shishuo xinyu)进行了修改,由上海古籍出版社出版。该论文曾在学术期刊上刊载过部分章节,主要使用社会历史学的评论和考证方法,利用大量文献资料对《世说新语》的作者和文本进行考察分析。该书内容为:第一章,绪论、引言和《世说新语》的历史;第二章,商榷的问题;第三章,书源、编纂方式与成书经过;第四章,《世说新语》反映的社会风尚;第五章,《世说新语》的史料价值;第六章,对后世的影响,结论与后记。萧虹编排了《世说新语》作者南朝宋政权文学家刘义庆(403—444)的年谱,确定他从事文学创作的年份,进而分析袁淑、陆展、鲍照和何长瑜的文风与《世说新语》所采用的表现手段之间的差异。作者还从文化和历史的角度对《世说新语》进行了探讨,对其学术价值予以充分肯定。

2013 年 10 月,萧虹和丈夫李崇厚合著的《银发结伴游天下》由复旦大学出版社出版。该书虽然不是直接探讨中国妇女问题的专著,但是却从另一侧面记述了一对退休夫妇遍游世界各地山川和名胜的感受,充满家庭幸福和夫妻恩爱,令人难忘。

澳大利亚早期从事中国妇女问题研究的人员相当一部分是华人学者,特别是华人女性学者,选题范围比较分散。随着澳大利亚汉学领域的扩大,有名分有专业特长并掌握第一手资料的本地学者纷纷加入其中,李木兰(Louise Edwards)就是一位长期从事中国政界妇女、性别、文学及思想史研究的专家。她曾任香港大学人文学院中国近代史教授兼项目协调员,澳大利亚人文学院院士和澳大利亚社会科学学院院士。2002—2006 年,她出任澳大利亚国立大学中国史教授;2006—2009 年,任悉尼科技大学中国研究中心主任兼中国研究教授;2004—2009 年,担任澳大利亚研究委员会亚太未来研究网络的召集人。

2008 年,美国斯坦福大学出版社出版的李木兰专著《性别、政治与民主:近代中国的妇女参政》,是一部探讨中国妇女如何获得平等参政权的著述,她们在20世纪上半叶挑战了长达千百年的政治原则,发出了要求平等权利的强烈呼声,不仅为了妇女自身利益,也是为了最终改变整体政治结构。她们的成功使得中国社会的性别规范实现了转型。2014年,江苏人民出版社出版了由方小平翻译的该书中文版,受到了广泛的关注。

2014年9月,北京大学出版社出版了由聂友军翻译的李木兰专著《清代中国的男性与女性:〈红楼梦〉中的性别》。全书共212页,正文十章,内容分别为:第一章,导言:理论基点;第二章,清代中国性别隔离的界划:展现家庭;第三章,性别必要性:贾宝玉的两性兼具特征;第四章,年轻女性与纯洁规则;第五章,贾宝玉:前现代中国的童年、少年与成年;第六章,王熙凤:年轻女性与权力;第七章,驯化女斗士:与《镜花缘》比较;第八章,贾府女性:无节制的"纵容母亲";第九章,贾府男性:负责或堕落;第十章,1949年以后的"红学"与男女平等。贾府中充满了性别规则,特权阶层对弱势力的压迫,无处不在的"男尊女卑"大棒,主子的盛气凌人与丫环和下人的无奈,通过潜在的性别话语使濒于崩溃的富贵族之家的秩序得以维持。该书从性别的视角对《红楼梦》的文本进行解读,揭示种种努力之中隐藏的性别协调。《红楼梦》在中国是家喻户晓的清代名著,在国外也拥有大量读者群,但是从性别角度来观察解读贾府中人物和日常生活事件此前却不多见,真是别开生面。

李木兰个人编撰或与雷金庆、罗塞斯·米纳(Mina Roces)等人合作撰写的著述有《清代中国的男性与女性:〈红楼梦〉中的性别》(*Men and Women in Qing China*, E. J. Brill, 1994)、《孔夫子所审视的》(*Censored by Confucius*, co-written with Kam Louie, M. E. Sharpe, 1996)、《亚洲妇女:传统、现代性及全球化》(*Women in Asia: Tradition, Modernity and Globalization*, Allen & Unwin, University of Michigan Press, 2000)、《亚洲妇女的参政》(*Women's Suffrage in Asia*, co-written with Mina Roces, Routledge Curzon, 2004)、《亚洲和美洲的政治外衣》(*The Politics of Dress in Asia and the Americas*, co-written with Mina Roces, Sussex Academic, 2007)、《性别、政治与民主:近代中国的妇女参政》(*Gender, Politics, Democracy: Women's Suffrage in China*, Stanford UP, 2008)、《亚洲妇女:亚洲研究的批评观念》(*Women in Asia: Critical Concepts in Asian Studies* 4 vols, co-written with Mina Roces, Routledge, 2009)、《亚洲妇女运动:女权主义与跨国行动主义》(*Women's Movements in Asia: Feminisms and Transnational Activism*, Co-written with Mina

Roces，Routledge，2010）。

罗塞斯·米纳曾获美国密歇根大学历史学博士学位,现任悉尼新南威尔士大学人文学院副教授,兼任萨塞克斯亚洲研究系列图书总编、《亚洲研究评论》东南亚地区编辑以及澳大利亚亚洲研究协会出版部部长。她除了与李木兰合著《亚洲妇女的参政》《亚洲和美洲的政治外衣》《亚洲妇女：亚洲研究的批评观念》和《亚洲妇女运动：女权主义与跨国行动主义》等书籍外,1998—2012年还出版了三部有关菲律宾女权运动的著作。2004年,她在劳特利奇出版社出版的《亚洲妇女参政：性别、民族主义与民主》(*Women's Suffrage in Asia：Gender，Nationalism and Democracy*，Routledge，2004),内容涉及中国、印度、泰国、菲律宾、马来西亚、韩国和越南等国的妇女参政情况,以及各国有关这一问题的争论,对有关妇女参政史被忽略做出解读,在妇女为参政进行的抗争语境中释放文化、种族主义和殖民主义之间的联系机制。

据新闻集团澳大利亚分公司2013年12月2日报道,矿业富商克莱夫·帕尔默(Clive Palmer)在担任议员后的首次演讲时呼吁对管理机制进行革命。他引用了毛泽东主席关于"妇女能顶半边天"的名言,认为无论是在内阁还是议会都需要女性,这样才能实现所有公民的富裕和繁荣。帕尔默对女性价值的强调被认为是澳大利亚社会有关男女平等思维方式的一次革命性变化的标志。

（二）"女书"和"哭嫁"推动澳洲学者对中国妇女口头与礼仪文化的研究

马兰安(Anne Elizabeth McLaren)曾获澳大利亚国立大学中国文学博士学位,是墨尔本大学悉尼迈尔亚洲中心中国研究教授兼亚洲研究召集人。她的研究领域为中国通俗文化和话本小说、中国妇女的口头与礼仪文化、明清时期的印刷术及其推广、中国民间文化、传统艺术在当代的复兴。她除了日常研究工作外,还教授汉语和中国文化课程,指导研究生撰写有关中国文学、文化、宗教和性别研究的论文。

马兰安先后编辑过多种国际刊物,发表了许多论文,出版的著作涵盖了广泛的性别选题。她的研究项目曾得到澳大利亚研究协会(the Australian Research Council)和蒋经国基金会(the Chiang Ching-kuo Foundation)的资助,与其他国家研究人员合作的项目有："8—14世纪中国印刷史"(哈佛大学,2007)；"中国小说、戏曲和表演文学中口语与书面语的相互影响"(挪威文学院,2007);"中印互联网领域"(澳大利亚研究协会中国端项目);"中国农村新娘哭嫁和女书"(哈佛大学)等。她个人编辑、撰写或与他人合著的专著及文章主要有《中国蛇蝎美人:明代小说》(*The Chinese Femme Fatale:Stories from the Ming Period*, University of Sydney East Asia Monographs,1994)、《中国通俗文化与明代民谣俚曲》(*Chinese Popular Culture and Ming Chantefables*,Leiden:Brill,1998)、《女书:跨越中国性别隔离带》(*Crossing Gender Boundaries in China:Nüshu Narratives*, Intersections: Geender, History and Culrure in the Asian Context, Issue 1, September 1998)、《服饰、性别与中国文化文本》(*Dress, Sex and Text in Chinese Culture*, co-edited with Antonia Finnane, Monash Asia Institute, 1999)、《中国妇女的悲伤表达:从哭嫁到革命》(*The Grievance Rhetoric of Chinese Women: From Lamentation to Revolution*, Intersections: Gender, History and Culture in the Asian Context, Issue 4, September 2000)、《20世纪中国的抢亲》(*Marriage by Abduction in Twentieth Century China*, in Modern Asian Studies, Vol. 35:4, 953—984, Cambridge University Press, Oct. 2001)、《中国妇女:生活与劳作》(*Chinese Women-Living and Working*, Roctledge Curzon, 2003)、《母亲、女儿与中国新娘的社交》(*Mothers, Daughters, and the Socialisation of the Chinese Bride*, Asian Studies Review, Blackwells Vol. 27:1, 1—21. 2003)、《妇女的活计与中国礼仪场面》(*Women's Work and Ritual Space in China*, London: Curzon Routledge, anticip, 2004)、《中国农村新娘的哭嫁》(*Performing Grief: Bridal Laments in Rural China*, Honolulu, Hawaii, University of Hawaii Press, 2008)。

1982年,武汉大学宫哲兵教授在湖南省江永县发现当地妇女中曾经流传一种表音音节文字,第二年,他在第3期《中南民族学院学报》(哲学社会科学版)上发表了一篇《关于一种特殊文字的调查报告》,并在第16届国际汉藏语言学会议(美国)上递交了论文《湖南江永平地瑶文字辨析》,将消息传到国外,在学术界引起了轰动,专家学者纷纷深入江永考察、研究和发掘。1998年9月,马兰安发表的《女书:跨越中国性别隔离带》是国外较早研究中国"女书"(Women's Script)的论文之一。

马兰安在论文开头简单地介绍了女书的特点和使用情况之后提出了"中华文明是否发源于单一文化系统"的问题。她说江永地处湖南南端,与华南的广西为邻,从6世纪以来,当地土著居民中仍有一些非汉族群保存着自己的习俗。例如走婚,妇女生育第一胎前可以经常回娘家,同龄人(age-mates)结拜兄弟或姐妹,女性地位较高,享受一定程度的婚姻自由。上江圩镇的活跃妇女文化在中国并非独一无二,珠江三角洲等地也有相同现象,但对于上江圩镇来说创制一种特别文字来记录生活却是绝无仅有的。明清以来,学者们谈到中华一体化时往往把它归结为"单一的复合文化系统"或者"相互结合的多层次社会秩序"在中国的存在。学术上,广义的"中华文化"是指"共同的价值系统"(a shared system of values),或者"建立在儒家学说基础之上的共同社会伦理结构"(a common socio-ethical framework based on Confucianism),社会成员,包括有文化的和没文化的,都置身其中。中国地域辽阔,看来在共享一种书写系统的同时,也可以另辟蹊径学习基于当地方言发音的其他文字。

经过考察马兰安发现包含书信和贺婚礼等内容的女书资料都用韵文写成,有许多被专家称为"习惯用语"(押韵单元内的固定词组)中的口语体诗句,与"说唱"表演和由此衍生而来的唱本句式相同。女书的大部分实际上就是据"姑娘节""秋凉节"和冬闲或娶亲时妇女表演的节目录制而成的。

作者说她写这篇论文主要不是为了揭示女书和女书群体的来源,而是为了深入探讨女书文化是否属于"中国女子宣教业"——一种儒家正统建制的世代妇女说书和演唱群体的文案。

对于研究人员来说,女书材料的价值主要在于它的性别色彩,使研究者可以清楚地对区域妇女文化进行考察。男人在女书作品的撰写和传播中不起任何作用,除了个别特殊情况外,他们都宣称看不懂女书。当然,20世纪80年代女书印刷文本的问世都是中国男性学者努力的结果,实际上,基于或仿照口语文体书写的现存文本都是通过男性出版商才在妇女中流传开来的。明代的民歌俚曲和琵琶弹唱也是以这样的方式才推而广之的。因此无法确切辨认哪些材料不是妇女通过深思熟虑的方式才得以流传的。

马兰安认为被视为表演文本的女书属于古往今来中国各地都存在的一种说唱稿本。中国百姓喜闻乐见的这一艺术形式以及照此编写出来的唱本跨越了性别界限和社会各阶层。然而其中一类说唱(包括话本)却是女艺人用于服务女观众的。比如明代的弹唱,尽管像戏曲一样主要在集市演出,但是15世纪之后却跟堂会(household performance)关系最为密切。在江南地区的富贵之家,观看这种演出的人多半是后院的内眷、女仆和幼童。明代以降这类演出被称为"弹唱",在那个年代属于"下里巴人"等级,听众多半为妇女。弹词在清代的一些人看来有诲淫诲盗之嫌,中国北方兴起以武功为题材的大鼓书特别受男观众的欢迎,原因大概就在这里。

史料记载,女书是1949年以前湖南南部江永和江华等瑶族聚居地的妇女为诉说衷肠,采用近似汉字的结构,以当地方言为语音依托,创制了一种男人不认识的字符,将其刺绣、刻画或书写在纸扇、巾帕和服饰上,还用于坐歌堂、做女红、贺婚礼、庆三朝、结姐妹等多种场合。流传于当地女性居民中的儿歌、民歌、谜语、农事歌、诉苦歌、婚嫁歌、结交老同书,都以韵文形式写成,部分文本从汉籍转写而成。1992年,由赵丽明主编、清华大学出版社出版的《中国女书集成——一种奇特的女性文字资料总汇》问世,共收录贺三朝书82种、自传诉苦歌36种、结交老同书22种、传说叙事歌32种、祭祀歌7种、婚嫁歌56种、民歌87种、谜语47种、转写作品29种、书信330种。其规模可构成湖南江永和江华地区的一种亚文化。但是马兰安在论文中对于女书的说唱功能及其社会和文化效果的高调解读,显然已将其等同于当地的核心文化,是耶非耶,有待读者公断。

2008年,马兰安在美国夏威夷大学出版社出版了《中国农村新娘的哭嫁》,也是一部研究中国妇女问题的专著。1994年8—9月,华东师范大学中国民间表演和习俗专家陈勤建教授陪同她访问了上海郊区南汇县(现该辖区已撤销,归入上海市浦东新区),会见了当地文化局官员,欣赏了当地哭嫁和歌手的表演,得到几本有关哭嫁唱词的小册子。但是由于所转写的唱词用了许多罕见的汉字,又是根据当地吴方言的发音转写的,因此许多地方她都无法看懂。1996年7月,陈勤建教授访问墨尔本。他是上海浦东南汇人,这期间他为马兰安把哭嫁表演者潘彩莲的每一行唱词都译成了普通话并加以解释。1997年到2004年,马兰安又先后6次造访南汇,对潘彩莲的家乡的风俗习惯和亲情关系进行了详细的询问。

马兰安了解到:中国传统概念的"男人活计"是指家庭外边的事情,如种庄稼、当匠工或做买卖,而"女人活计"是指家庭内部的事情,包括做饭、打扫卫生、照顾老人和孩子、做针线活等。妇女哭嫁和哭丧只是过去她们可以抛头露面的少数场合,有独特的语言特点、并具有礼仪和社会功能。南汇哭嫁仪式在不同阶段有不同内容,哭诉中融入了格式化的吟唱,对新娘在夫家好运的期待,对未来可能遭遇厄运的担忧,对曾受兄嫂委屈的不满,对得到母爱和娘舅恩惠的感激,或对媒人不可预测哄骗的留言。哭者响亮的声音可赋予礼仪魅力,允许她们或祝福或诅咒,或赞美或责备,达到驱邪祈祷的目的。当地人觉得哭可以消除晦气,而欢送新娘去婆家并不是吉祥的兆头。从语言交际理论上讲,哭嫁是一种公共的礼仪而非个人行为。女子出嫁前要面对自己家庭成员举行的哭嫁仪式,为的是在自己个人、夫家和娘家之间建立起情感纽带,这也是一种话语社交策略。

关于哭嫁仪式的最初用意,陈勤建和马兰安在题为《中国妇女的口头文化与仪式文化——南汇的哭嫁》的论文中有以下一段分析,对于外国人从口头文化和仪式文化的角度了解这一习俗会有所帮助:

> 南汇新娘的哭嫁也有威胁性。首先,根据一般的信仰,哭嫁可以哭掉家里的晦气。其次,如果新娘可以成功地劝服家人,特别是娘舅、长兄和长嫂,她在婚后就有了支持她的强有力的后盾。最后,如果新娘哭好,会赢得人们的尊重。①

(三)中国妇女在艰难主体性建构中的磨炼与挑战

改革开放以来,中国的社会生活、文化交往和人际关系发生了很多变化。即便在边远地区,人们受教育程度也得到了极大提高,女书已经基本上成为历史文物,没有哪个社区的妇女为了彼此说"悄悄话"而学习一种专门文字。当今村姑村嫂通过打工、旅游、探亲或者劳务输出,可以从山区迁往城市,从北方移居南方,从国内飞往国外。社会主义市场经济体制改变了人们的思想和生活方式,城镇化热潮吸引着一亿多农村打工者,现代通信设备缩短了人们之间的距离。2006年,塔玛拉·杰华(Tamara Jacka, 1965—)出版的《中国城镇的农民女工:性别、流动与社会变迁》一书反映了这个翻天覆地时代的变化,曾被评为东亚人类学优秀著作并获得美国人类学协会许烺光奖(The American Anthropological Associations Francis Hsu Prize)。

---

① 陈勤建、李兰安:《中国妇女的口头文化与仪式文化——南汇的哭嫁》,载《民俗研究》2004年第2期。

许多早期同类著述主要聚焦于进城农民女工的主观独白,以及她们如何为适应新的生活环境对所碰到困难的掌控。杰华的著述与众不同之处是,她利用自己在20世纪80年代采访北京、杭州、山东和四川农民女工所获得的大量第一手材料,从人类文化学的理论高度分析农民女工在性别关系发生变化阶段的感受和心态。她认为农民女工与性别和城镇的关系并非一成不变,而是一种可以调整的双向结构。

《中国城镇的农民女工:性别、流动与社会变迁》正文共四部分七章,分别为:第一章,"农村的愚昧"与"城市的现代性"之间;第二章,打工姐妹大会合;第三章,上岗与下岗;第四章,向往之地;第五章,关系;第六章,认同;第七章,叙述、时间与功能部门。在该书"前言"所涉及的理论框架部分,杰华对适用于解读现阶段中国性别关系的后现代女权主义理论(postmodern feminist theories)的一些基本概念进行了界定。她首先关注的是打工者的体验,虽然纯属于个人感受,但却涵盖于社会实践和话语权之中。她还考察了社交程序与个人形象和客观身份的关系,认为"形象"和"身份"无疑受到"程序"的制约。

在本书第一章作者通过追溯"现代性"(modernity)概念的来龙去脉来展示话题的背景,对城乡关系的建构做出了如下描述:第一,居住地的差别决定了人与人之间不平等的性质;第二,在集体化时期中国农民通过诉苦获得了媒介感(sense of media),但是这样的机会毕竟限于历史条件,可农民往往因此被视为无声的对象而不是敢说话的主宰;第三,农村落后的原因被归结为农民的素质;第四,市场定向的变革把农民置于城市生活"他者"(others)的境地。在第二章中,作者把非官方组织和新媒体描述为与农民"他者化"关系密切的市民行为主义(civil activism)。在第三章作者关注农民女工进城打工时所碰到的困难,其体制上的原因有多方面,如:城市的户籍登记(urban household registration),以及拒农民工于城市大门之外的各种条条框框。在第四章作者分析了已婚和未婚农民女工之间的差异:她们承认在土地承包制度(land-contracting management system)等问题上都处于弱势地位,但是未婚打工妹愿意待在城里顺其自然发展,而已婚农民女工因为与公婆生活在同一屋檐下,更关心养家糊口之事。本书第七章主要记录了农民女工的肺腑之言。海淀的一些已婚打工妹说她们把外出打工看作是国家实施的一种"农村经济战略"(rural economic strategy);北京和杭州的打工妹认为进城打工只不过是人生的一个"插曲"。其他农民女工还谈到了"逃脱""改变命运"或"自我发展"的想法,这些表白推翻了传统价值观,都与主流话语有所不同。作者通过关注农民女工对个人酸甜苦辣生活的回忆,力图在现有环境中找到突破口,期盼改变全球资本主义社会经济秩序曙光的出现。

1994 年,塔玛拉·杰华获阿德莱德大学(University of Adelaide)博士学位,曾在默多克大学(Murdock University)教授中文和当代中国社会学等课程,现任澳大利亚国立大学亚太研究院性别关系中心高级研究员,研究领域为中国人口城乡流动、中国妇女运动、非政府组织与市民社会等。她还兼任《亚洲研究评论》(Critical Asian Studies)的主编、《世界劳工》(Global Labour)和《中国研究》(The China Journal)的编委。

杰华个人撰写或与他人合作的主要著述有《改革开放对中国农村妇女劳动与性别分工的影响(1978—1993)》[The Impact of Reform on Women's Work and Gender Divisions of Labour in Rural China(1978—1993),1994]、《中国农村妇女的活计:改革时代的性别、变迁与延续》(Women's Work in Rural China:Gender, Change and Continuity in An Era of Reform,Cambridge:Cambridge University Press,1997)、《中国城镇的农民女工:性别、流动与社会变迁》(Rural Women in Urban China:Gender, Migration and Social Change,Armonk,N.Y.,M.E.Sharpe,2006)、《迁徙:女性与当代中国的城乡流动》(On the Move:Women and Rural-to-Urban Migration in Contemporary China,ed. With Arianne Gractaous,2004)。

澳大利亚汉学家古德曼(David Stephen Gordon Goodman,1948—),英国伦敦大学博士,原澳大利亚悉尼科技大学副校长,现任悉尼大学中国研究中心学术主任,兼澳大利亚社会科学院院士。他长期研究当代中国的社会、政治、省份和中共党史,在《当代中国研究》(Journal of Contemporary China)、《亚洲研究评论》、《中国季刊》(The China Quarterly)和《当代中国学刊》(Journal of Current Chinese Affairs)等学术期刊上发表过数十篇论文。《为什么把妇女算上:中国妇女与改革领导》(Why Women Count:Chinese Women And the Leadership of Reform)是他撰写有关中国妇女就业和参政问题的一篇论文。

古德曼在文章的开头写到,20 世纪 70 年代以来,中华人民共和国采取了一系列旨在对现行国家社会主义体制进行逐步改革的措施,实现了经济持续快速增长和社会的明显变化。在这一过程中脱颖而出的社会经济界新富(the New Rich)显然是一批赢家,其中有建立超越现有经济结构的新企业家,也有为国家和社会经济快速发展提供新型服务的企业家。农村较贫穷地区的群众,特别是中国西部省份的农民受益较少。虽然20世纪80—90年代一些外界观察家对变革中妇女可能被挤对到最不利的地位表示关切,但是改革的影响无疑比较复杂,对于此类现成分析不必怀疑。当然,国家对妇女经济利益可能缺乏必要保护措施,支持她们参政的决策也不够。例如,一些国营企业为了调整经济和压缩规模让女工首批下岗,理由是在每个家庭中妇女的工资都不是收入的主要部分。华东和华南的一些新建轻工企业,因为生产线的开发为女工提供了新的就业机会,理由是因为她们最适合做这样的工作:工资标准既低,在车间又不添乱。20多年的改革裁减了相当一部分政府部门的高层女领导。跟过去一样,中共中央、各部委、省级党政部门的现职女干部人数都不多,新企业的女领导人数也少,但是省市级的副手仍然有女干部担任。一些私企和新式资本家的存在验证了这一性别不平衡现象。20世纪90年代中期以后,随着压制妇女的各种社会、政治、经济和文化规定的取消,出现了一道道亮丽纷繁的风景线。

在"新富的妻子"一节中,古德曼写道:中国的现代杂志和电视节目常常宣扬时下新富的豪宅、生活方式以及大手大脚花钱的事情,他们的妻子都不上班。普通山西人所说的"家庭妇女"就是指没有能耐、没有关系找到工作的人,地位很低,跟外人谈起来还觉得难为情。但是从作者团队1996—1998年对山西精英阶层的采访材料来看不上班的妻子只是少数,她们中的多数人都很敬业,而且多半都是夫唱妇随的冤家。

在"干部的妻子"一节中,古德曼说山西省担任领导职务的妇女人数不多,其实领导干部的妻子在本行业多半也是出类拔萃的人物。与新富的妻子不同的是,因为工作关系他们夫妻都不在同一单位上班。但是出于同一原因,他们都可能受过良好教育,并被聘任为专职干部。在改革中他们的身份不是领导干部,而是专业人员或者能为繁荣经济提供各种服务的人,如工程师、律师、医生、会计、教员、经理、行政干部等。

在"女干部与女企业家"一节中古德曼写道:他们所采访的12位女企业家和两位女干部所获得的材料不足以概括当地妇女在改革中所发挥的作用,因此还特意邀请了她们的丈夫帮助补充材料。两位受访女干部的背景和事业都不相同。其中一位出身于革命干部家庭,毕业于中央党校,在共青团工作一段时间后成为国家干部,丈夫是技术人员。另一位女干部大学时入党,成为地区领导前曾经从事技术研究工作,丈夫是省级研究员,在异地上班。12 位女企业家分别经营运输、汽车发动机、服装、家具、办公配件、皮革制品和种子公司,其中大学毕业生一人,研究生两人、未婚一人,其他人都是中学学历。采访材料表明,这 12 位女企业家和新富阶层都属于党和国家发展经济的中坚力量。对于这些女企业家来说她们讲述经济发展的地方主义指向并不明确,但是对于婚姻前景的考虑任职地点肯定是一个决定性因素。在 11 位已婚女企业家中,8 人的丈夫是本地人,3 对夫妇原是中学同学。与对新富男性受访者的材料不同的是,女企业家的丈夫与配偶婚前共事一般都达不到彼此一见面就能看出对方是个企业家坯子的程度。只有 3 位新富女企业家的丈夫在配偶创办的公司供职,但是没有哪位女企业家的丈夫在自己公司出任会计或簿记员。

在"社会变革领导中的妇女"一节中古德曼谈到了对山西的印象。他说,一般中国人认为山西是一个比较保守的省份,经济也欠发达。在 20 世纪 90 年代后期,几乎没有哪位山西妇女以当地政界领导或者经济开发领导的身份公开亮相的,然而这并不是说那里的妇女在改革中没有发挥作用,或者在领导体制改革中没有得到公认。这期间,山西的社会和经济变化最大的特点是地方主义(parochialism),从社会学的观点来看最明显表现在有些领导干部和新富都是从跟自己的背景出身相同的人或者从自己的出生地中寻找配偶的。其必然结果是,在促进经济发展,特别是对党和国家在企业中的核心作用受到影响,另外,这一地方主义必然导致夫妻店家庭企业的滋生。

自 20 世纪 80 年代以来,古德曼先后出版的主要专著有《中华人民共和国中心和省份》(Centre and Province in the People's Republic of China, 1986)、《邓小平与中国革命:政治评传》(Deng Xiaoping and the Chinese Revolution:A Political Biography, 1994)、《中国革命中的社会与政治变化——1934—1954 年抗日战争中的太行根据地》(Social and Political Change in Revolutionary China:The Taihang Base Area in the War of Resistance to Japan, 1937—1945, 2000)、《革命妇女与革命中的妇女:抗日战争中的中国共产党和妇女, 1937—1945》(The China Quarterly, 2000)、《为什么把妇女算上:中国妇女与改革领导》[Why Women Count:Chinese women and the leadership of reform. *Asian Studies Review*,26(3),331—353. 2002]、《中国西部大开发:全国、省和地区的前程》(*China's Campaign to "Open Up the West"*:*National*,*Provincial and Local Perspectives*,2004)、《中国的新贵:未来的统治者,今日的生活》(*The New Rich in China*:*Future Rulers*,*Present Lives*,2008)。

第三章
澳大利亚汉学研究的运作和团队的组建

澳大利亚汉学的发端和发展历史与社会脉络相互交织,与其不同时代的国策定位关系密切。

澳大利亚早期从事汉学研究的学者不少人来自亚洲或者欧美,他们的著述都普遍具有泛亚色彩,学术视野和解读思路中的多重文化突出,构成其汉学自身发展与专业化过程中的时代和地区特色。但是相对而言,早期澳大利亚学者的观点大多与英美学界的观点与研究有关,或者说是欧美学人释放出来的话语体系,而本土出生本土造就的汉学家却凤毛麟角。现代澳大利亚的汉学研究一改其历来的思路和方法,敢于以其独有的话语体系运作,并以此拓宽自己的学术领域,令世人瞩目。

澳大利亚与亚洲各国关系的半个世纪发展经历了从冷淡到认识、亲近和融入的过程。20世纪30年代,澳大利亚开始摆脱对英国外交的依附,第二次世界大战的爆发标志着澳大利亚亚洲政策取向的开端,在侵略与反侵略的炮火中卷入了亚洲和太平洋战场,把民族的命运跟亚洲反法西斯斗争的胜败联系在一起。东西方价值观在争取人类正义事业的前提下得到了交汇与统一,推动了亚澳关系的重大转折。1951年9月,《澳新美条约》签订后,澳大利亚在对外交往方面向美国靠拢的倾向日趋明显,共和运动的潮流导致了对英国皇室的疏远,并反映于澳大利亚汉学研究的独立性和后殖民化之中。20世纪70—80年代之后,随着国际政治格局的演变和东亚经济的崛起,澳大利亚开始直面亚洲,重新调整了在国际事务中的归属,越来越多地参与了亚洲大陆事务。一些有远见卓识的政治家公开宣称澳大利亚的未来系于亚洲,90年代初,基廷总理提出了"全面面向亚洲"的口号,澳亚关系从此进入了一个新的时期。

据统计,目前澳大利亚高等院校从事中国研究的专家有400多名。仅悉尼大学的中国研究中心就有研究人员114名。1989年成立的澳大利亚汉学研究协会会员人数最多时为250人。由于汉学研究本身具有跨文化、跨学科和跨地区的特性,中澳两国建交后澳大利亚汉学研究迅速发展,参与者人数和涉科范围的变动均以常态化和规模化方式展开。

澳大利亚汉学发展史可以划分为三个阶段:前汉学时期(19世纪中叶至1917年);汉学研究常态化、专业化和团队化时期(1918—1971年);多元共生语境中的综合发展时期(1972年至今)。

1901年澳大利亚联邦成立后,政界和学界的有识之士开始关注远东各国的发展,期待通过比照交流吸取经验,寻找榜样,接受挑战。澳大利亚前汉学时期的研究从本质上讲源于泛亚研究(Greater Asian Studies/Pan-Asian Studies)。所谓"泛亚",从地域上讲就是洲际超越的构思,从学术上讲就是联系亚洲的立场。这一思维萌发于脱欧取向,是先知先觉学者群体高瞻远瞩的呼唤。

从总体上看,澳大利亚汉学研究的初级阶段学科本位不强,参与开发的学者多为借调、改聘或兼职,经费、人力和学科资源方面的困难都是意料中之事。学者们对中国各领域相关议题皆有所涉及,研究成果多寡不一,但仅局限于以中国文化和历史为研究客体,并不是为了深入验证某个学科理论,因为他们的学科模式和专业思路多半参照欧美同行的泛亚或者东方研究。

1947年,第三任教授莱德敖(J. K. Rideout)走马上任,因为战乱,生源和办学经费都碰到种种困难,研究系每况愈下。社会智库更是势单力薄,研究主要参照西欧和北美模式,学术骨干以华裔和亚裔学者为主,选题范围多聚焦于历史、文学、哲学、宗教和语言学等方面。

1953年,澳大利亚国立大学设立了第一个中文教授席位。1955年,悉尼大学业已萎缩的汉学研究系聘任戴维思(A. R. Davis)教授重新筹办,第二年正式挂牌招生。戴维思是一位汉学家,对于陶渊明有专门研究,曾翻译校勘陶渊明诗文两卷。他主持悉尼大学东方研究系后,聘任华人学者刘渭平为讲师,共同策划课程,编写教材,制定规章,把教学和科研秩序管理得井井有条。与此同时,戴维斯还邀请专家学者组建澳洲东方学会,并自任会长,定期举行学术报告会和研讨会,出版会刊,在学术界产生了很大影响,提高了汉学研究系和东方学会的知名度。

此后,澳洲其他大学也相继设立了中文系或者东方研究所,并创办汉学期刊。澳大利亚国立大学(Australian National University)在太平洋研究所设立了远东史学系,又在东方研究院创办了中文系。新南威尔士大学(University of New South Wales)研究中心等机构先后成立,选题逐渐扩大到现当代中国研究,取得了长足进步。1960 年,悉尼大学亚洲研究院(School of Asian Studies)创办了学术性刊物《东方社会学刊》(Journal of the Oriental Society)。但是这一阶段各大学基本上还是根据本部门教授的学术倾向和选题开展教学和研究,个案立项多于综合性规划,较多关注中国的特殊性,系统归纳、比较分析、理论应用和方法选择都处于逐步完善过程。

20 世纪 70 年代初,中美两国代表开始秘密接触,商讨改善国家关系问题,引起了东西方政界和媒体的关注。澳大利亚国立大学因时顺势组建了澳大利亚亚洲研究协会(Asian Studies Association of Australia),旨在开展对亚洲各国的语言、文化、政治进行研究,并为政府提供咨询和服务。澳大利亚国立大学亚太研究学院(Research School of Pacific and Asian Studies)于 1970 年成立了当代中国中心(Contemporary China Centre),专门研究 1949 年以后中国的政治、经济、社会等方面的发展,后出版了《澳大利亚中国事务杂志》(The Australian Journal of Chinese Affairs)并设立了博士研究生课程。该校远东历史系创办的《远东历史论丛》也因为发表多篇名家杰作很快成为研究当代中国问题的主流刊物。

随着 1972 年中澳正式建交两国关系得到迅速发展。澳大利亚大学的汉学研究出现了可喜变化。学习汉语专业的学生人数增加,大多数人可以在中国学习一年。中国教育部门为来华澳大利亚留学生提供了良好的环境。中国档案馆和图书馆的开放为他们提供了丰富的学术资源,改变了以往的研究方式。他们还有许多机会深入中国社会,广泛接触城乡居民,对于提高汉语水平增加对中国的了解都有帮助。中澳两国学者的合作进入了常态化规模化发展。

澳大利亚学者和团队曾经发表过一系列关于加强澳大利亚高等院校东方语言和文化教学、加强与中国和亚洲学术交流的报告,其中广为人知的有"奥克缪蒂报告"(Auchmuty Report,1970)、"费思棻报告"(Fitzgerald Report,1980)、"英格尔森报告"(Ingleson Report,1989)和"亚洲研究理事会(Asian Studies Council)的国家战略报告",但是因为种种原因效果并不尽如人意。

20世纪70年代之前,中澳两国学术界联系不多。鉴于发展汉学和亚洲研究需要巨额资金支持,而社会对于这类人才的需求量却很有限,因此在澳大利亚高等教育投资逐年削减的情况下亚洲和汉学研究也受到了影响。1995年,澳大利亚政府宣布亚洲研究不再纳入国家重点,澳大利亚亚洲研究奖(Australian Awards for Research in Asia)随之被中断,一年之后澳大利亚全国亚洲语言奖学金计划(National Asian Language Scholarship Scheme)也停止执行。1996年,霍华德执政时期情况依然并未得到改善,对亚洲研究的有限支持进一步萎缩。

从事中国研究的澳大利亚机构有政府设立的,也有高等院校设立的。1985年设立的亚洲研究理事会(Asian Studies Council)是政府机构,提倡开展对亚洲的政治、经济、历史、地理和文化研究,澳大利亚驻华首任大使费思棻(Stephen Fitzgerald)出任该会第一任主席,至1991年撤销。另一个政府机构是澳大利亚政府理事会(Council of Australian Governments)下属的由马克林主持的亚洲语言与文化工作组(COAG Working Group on Asian Languages and Culture),1994年由马克林(Colin Mackerras,1939—)主持,1999年撤销。

20世纪90年代,阿德雷德大学(University of Adelaide)于1990年成立了中国经济研究小组(Chinese Economy Research Unit),侧重研究中国的城乡经济关系、农村工业化、粮食生产投资和就业等问题,并发表了相关报告。塔斯马尼亚大学(University of Tasmania)历史系也创办了《澳大利亚中国研究协会通信》(*CSAA Newsletter*)。麦考瑞大学(Macquarie University)也创办了中国政治经济中心(Centre for Chinese Political Economy),开展商业调查并举办讨论会,还出版了《进入中国》(*Access China*)以及不定期出版物《麦考瑞中国政治经济研究》(*Macquarie Studies in Chinese Political Economy*)。

以费子智、柳存仁、王赓武、泰韦斯、马克林、费约翰(John Fitzgerald,1951—)和白杰明(Geremie Barmé)等为代表的中国问题专家在学术界十分活跃,推动了澳大利亚的中国问题研究向专业化和规模化发展。澳大利亚当代中国研究在新的话语体系中广泛涉及社会科学、人文科学、自然科学、医疗保健、商业贸易等方面,并同中国对口部门开展了各种学术交流合作,制订研究培训计划,以适应两国的社会经济和文化交流发展的需要。

目前,澳大利亚高等院校研究中国和亚洲问题的中心有55个,主要分布在19所大学中。这些大学是：澳大利亚国立大学、麦考瑞大学、新南威尔士大学、悉尼大学、伍伦贡大学(University of Wollongong)、格里菲斯大学(Griffith University)、昆士兰大学(University of Queensland)、国际问题研究学院(Faculty of Asian and International Studies)、阿德雷得大学、塔斯马尼亚大学(University of Tasmania)、拉特罗布大学(La Trobe University)、墨尔本大学(University of Melbourne)、莫纳什大学(Monash University)、维多利亚理工大学(Victoria University of Technology)、墨尔多克大学(Murdoch University)和西澳大学(University of Western Australia)。澳大利亚国立大学、悉尼大学和墨尔本大学是澳大利亚最早开展中国研究项目的机构。

1989年，澳大利亚的汉学研究曾受到一定的影响，但是1991年后又出现了可喜的变化，研修大学汉学专业的本科生和研究生的人数以及新学科都有所增加，来华留学生和访问学者的人数也超过了以前的规模。2004年，澳大利亚研究理事会批准了对11项汉学课题的资助。这些课题涵盖了语言、历史、文学和文化等传统项目，也包括中国当代政治思想、经济管理和社会发展方面的选题，这是前所未有的现象。

澳大利亚全国2300多万人的祖籍分属于世界120多个国家的140多个民族，他们先后移民到澳洲，带来了不同的文化种子在那片土地上生根发芽，开花结果，其中一些人的后裔几十年后在国际文化交流的大潮中又从澳大利亚移居异邦他乡。移民国家的汉学研究赋予了澳大利亚汉学国际化、团队化和专业化的特点。读者们在面对澳大利亚汉学家众生相时，不能以移民官员的目光用"是否澳大利亚护照持有者"的标准来审视他们。因为父母亲都是澳大利亚公民的汉学家大概只能从20世纪60年代以后出生的学者中去考查，但是谁也不能保证在汉学研究方面有所建树者中是否已经移民或者曾一度加盟他国学者的行列。美国、英国、法国和荷兰汉学界的基本情况也是如此。大名鼎鼎的汉学家田伯烈(Harold John Timperley, 1898—1954)出生于澳大利亚，后来定居于英国，1928年曾任英国《曼彻斯特卫报》驻北京记者，抗日战争爆发后到上海采访，还在国民党中央宣传部驻外机构中任职多年，直到1941年才离任回国。1945—1952年，他又应聘于联合国教科文组织，后来赴印度尼西亚为该国战后重建效力。出生于澳洲后移居印度主持新德里中国研究所(Institute of Chinese Studies)智库的研究员胡佩霞(Patricia Uberoi, 1942—)，后来成为南亚汉学界可圈可点的人物。此外，从美国移民到澳洲的汉学家范乃思(Peter Van

Ness),祖籍山东临清的柳存仁曾任澳大利亚国立大学中文讲座教授、亚洲研究学院院长和澳大利亚人文科学院首届院士。这就是澳大利亚汉学跨学科、跨文化、跨专业特色与现代国际汉学界共性之表现。

2010年4月23日,时任澳大利亚总理的陆克文在澳洲国立大学发表题为"世界民族之林中的澳大利亚和中国"(Australia and China in the World)的演讲,提出在该大学建立"新汉学"基地,随后还在《华尔街日报》发表署名文章畅谈此观点。在外界的眼光中,澳大利亚进出口贸易可以从中国找到资源和市场,国土安全可以借助美国和西欧的科技优势;中国之于澳大利亚的独特性和重要性,甚于澳大利亚之于中国的独特性和重要性。

自2005年在珀斯建立澳大利亚的第一所孔子学院——西澳大学孔子学院以来,该国已先后建立了13所孔子学院和300多所孔子课堂。随着学习中文需求的增加,全澳开设中文课程的中小学超过了1000所,中文教师已增至近千人。据2011年的统计,在澳大利亚各高校学习的中国留学生约有15万人(约占澳大利亚外国留学生人数的1/3)。中国是澳大利亚最重要的贸易伙伴、最大的教育出口市场、第二大移民来源地,越来越多的澳大利亚人意识到学习中文的重要性。2011年12月,中国孔子学院总部理事会主席刘延东宣布实施旨在资助各国汉语教学和汉学研究的"新汉学国际计划",在澳大利亚汉学界引起了积极反响。从长远观点来看,学术共同体发展的最终目标是促进经济攸关方的进步,符合中澳两国人民的利益。

第一节 前汉学时期(19世纪中叶至1917年)

澳大利亚淘金热结束后的政治和经济形势促进了该国工业、农业和畜牧业的快速发展。新的科技发明与日俱增,产业工人队伍不断壮大,文化发展要求与国情和地区条件同步呼应。

虽然澳大利亚与中国发展两国之间的关系具有其地理和政治地位的优势,但是在1901年澳大利亚联邦政府成立之前中澳两国之间几乎没有正式的官方交流,彼此直接了解非常有限。作为近代民族国家公民对中国的认知,除了从欧美出版物获得一些信息外,澳洲人主要从东部淘金热时期赴澳的华工生活和工作中获得一些肤浅的印象。由于"白澳政策"的负面影响,普遍持扭曲中国观的澳洲社会视华人移民为"黄祸"入侵。缺乏必要的正常交往未能为更早催生澳洲汉学提供成熟土壤。

一些澳大利亚传教士、军人、新闻记者、商人和游客出于传教、通商、采访和观光的目的先后来华,把自己在华的所见所闻通过信函、报告和媒体等方式记录下来传达到国内,引起了读者和亲友的兴趣。细心的读者发现:那些信函、报告和媒体记录常常带着泛亚文论的色彩。应该说,早期这种交流形式除了当事人与派遣部门按照签约规定履行义务外,多半都属于个人的行为。由于语言障碍和管理部门缺乏专业安排,有关中国文化、历史和国情的文字记录内容一般都比较简单。就事论事的直观记述,随感式的议论,专业对象不明确和传递渠道的局限,使双方交流处于时断时续的状态。早期研究中国国情的澳大利亚学者因为文化习俗的差异和经验的缺乏,经常碰到认知中华事物的困难。

从国家意识上讲,这一阶段的很多澳大利亚白人移民认为自己就是生活在大洋洲的英国人,国家外交、经济和文化政策唯英马首是瞻,对外交往受到先入为主的限制。因此澳大利亚汉学的萌芽时期被视为与同时期英国汉学相关。聘请到澳大利亚高等学府东方学系或者亚洲研究中心任职的专家多半具有英国阅历,他们的研究模式、方法和选题也以英国早期汉学模式、方法和选题为参照依据。

从19世纪末到20世纪中期,大约有近百名澳大利亚修女、牧师和教徒来到贵州、云南和福建等地传教,其中一些挂靠在英国内地会名下。

1918年,悉尼大学(University of Sydney)率先设立了东方研究系,聘任原澳洲陆军学校的英籍日语学者梅笃克(J. Musdock)为教授,开始进行古代汉语教学,从此澳洲分散和自发的汉学研究正式步入了高校殿堂。1922年,赛德勒(A. L. Sadles)接替梅笃克的教席,招生和教学水平在原有基础上有所提高,汉学研究渐成规模。1947年,因生源和资金等方面的原因停办。1955年,悉尼大学重新恢复东方研究系,并于次年招生授课。

历史学家安德鲁斯在《澳中关系史·前言》中回顾澳大利亚早期汉学发展史时,谈到了多种文化语境限制了对于中国国情和文化的研究。他写道:"澳大利亚的中国问题研究直到最近才有少许,比如:从阿宾斯到克拉克时期一直没有著书记述澳中关系,直到1985年,冯氏和马克拉斯才写了有关书籍。有关中国问题的研究材料已积累不少,但澳中关系仍然无人问津。"[①]

[①] 安德鲁斯著,高亮、钟兴国、陈希育译:《澳中关系史》,厦门大学出版社,1992年。

值得关注的是,在中国一个多世纪波谲云涌的近代史大潮中,也有不少澳洲学者留下了自己的身影。其中广为人知的有:梅辉立、莫理循(George Ernest Morrison,1862—1920)、张尔昌、端纳、泽勒(Albert Selle)等人。

一、对中国历史、文化和社会有深入研究的梅辉立

梅辉立(William Frederick Mayers,1831—1878)生于澳大利亚塔斯马尼亚(Tasmania),其父为该州英总督的私人秘书。1842年,为使子女接受良好基础教育父母带全家返回英伦。梅辉立完成学业后一度到美国从事新闻记者工作。1859年来华,翌年任英国驻华公使馆翻译生。1871—1878年,升任汉务参赞(汉文正使)。

在华近20年的生涯中,梅辉立曾积极投身各类外交活动,诸如马嘉理被杀事件和吴淞铁路开通谈判,都是他亲历并参与解决的问题。公务之暇他常撰文向中国读者介绍西方文化,在《中日释疑札记》(Notes and Queries on China and Japan)和《中国评论》(China Review)等刊物上向国内读者介绍中国情况,对中西文化交流发挥了促进作用。

1867年3月31日,中国香港出版的英文期刊《中日释疑札记》第1卷第3期刊登了梅辉立撰写的《文献要目:聊斋志异》(Bibliographical: The Record of Marvels),向西方读者介绍了《聊斋志异》及其作者蒲松龄,并摘译了《酒友》(Boon Companion)的前半部分,然后对狐仙故事进行了深入分析和探讨,把读者带入了比较文学领域。他指出,按照欧洲的标准《聊斋志异》实属枯燥乏味一类的故事,令人感受到中国古代史家的笔法,但蒲松龄思维开阔,言之有物,值得一读。1872年,该文转载于《凤凰》杂志。

梅辉立1874年编著的《中国辞汇》共分四个部分:1.按英文字母顺序对974个中文词条进行释义;2.按数字大小顺序对317条含数字的中文词条进行释义;3.中国朝代年谱;4.汉字索引。辜鸿铭认为该书在已出版的同类著作中属于最严谨、最认真的一种,实际效用仅次于威妥玛的《自迩集》。[①]

1878年,梅辉立因斑疹伤寒病逝于上海。他的主要著述有《棉花传入

---

① 辜鸿铭:《中国人的精神》,海南出版社,1996年,第139页。

中国记》(*Introduction of Cotton into China*, 1868)、《中国辞汇》(*Chinese Reader's Manual*, 1874)、《中国政府——名目手册》(*The Chinese Government：A Manual, of Chinese Titles, Categorically Arranged and Explained*, 1878)、《中外条约集》(*Treaties between the Empire of China and Foreign Powers*, 1877)、《中日商埠志》(*The Treaty Ports of China and Japan：A Complete Guide to the Open Ports of Those Countries, together with Peking, Yedo, Hongkong and Makao*, 与德尼克等合著, 1867)。

二、为云南村寨边民创制文字翻译圣经的神学博士郭秀峰

1877年，中国内地会英国传教士麦嘉底(John M'Carthy)曾从上海启程，经过云南到达缅甸八莫，是最早进入云南的基督教传教士，但是因为当地村民防范严谨，加上违反英国政府规定，传教士毫无作为。

1880年，英国政府开始修改禁止传教士由缅甸进入中国的禁令。第二年英国传教士乔治·克拉克(George Clarke)夫妇经缅甸进入大理传教。1882年，中国内地会传教士又在昆明设立了教堂。此后基督教各教派相继入滇试探传教的可能和方式，其中包括：内地会、循道公会、浸礼会、浸信会、圣公会、长老会、青年会、路德会和信义会等。他们先后在云南各地设点传教，开堂礼拜，掀起了西方传教士入滇传教前后为时40年之久的三次浪潮(1911—1950)。

1883年，一些西方传教士在不平等条约以及封建官府的保护下进入云南昭通传教。由于与云南比邻的缅甸为英国军队盘踞，越南为法国占领军统治，边民对外交往难免有戒心，中国传统文化的封闭性使洋教传播困难重重。在15年时间内西方传教士发展的教徒只有30名。后来英国传教士柏格理(Samuel Pollard, 1864—1915)曾进入彝族地区传教，也遭到抵制。

1902年，传教士党居仁(J. R. Adames)曾经在贵州安顺偶遇被当地土目抢走猎物的苗族村民，他仗义执言，帮助村民要回鸟兽，使苗民大为感动，事后纷纷找传教士学道。党居仁让他们到昭通找柏格理。1903年，党居仁在昆明武成路中和巷建立起云南中国内地会总会计处，统筹并协调在云南的传教活动。

1905年，柏格理联合内地会澳大利亚传教士郭秀峰(Arthur G.

Nicholls)及其妻子到富民县等滇北大花苗地区传教,成立了小水井教会。郭秀峰具有神学博士和医师学历,很快在苗民中开展工作,受到欢迎。

1906年,郭秀峰在武定县洒普山苗族地区开办教会。他联合其他传教士为村民创制苗文,开办了数以百计的学校和苗文培训班,改变了当地口耳相传文化和没有学校的落后状况,短期内培养了一批批能读会写的村民,推动了苗族文化的发展。传教士利用苗族村民能歌善舞的风俗,把圣经、赞美诗和灵歌译成苗语,用苗族曲调演唱,很快就在村民中传播开来。教会还在信徒中组织了赛跑、跳高、跳远、诵经等一系列活动,赋予了当地苗族生活崭新内容和方式,取得了意想不到的效果。1923年,时为内地会滇北传教区监督的郭秀峰在洒普山主持成立了基督教内地会滇北六族联合会,并根据当地教会民族的分布情况,设立了武定县洒普山苗族总堂、滔谷傈僳族总堂、老把傣族总堂、阿谷米干彝族总堂、禄劝县撒老坞黑彝族总堂、寻甸县新哨白彝族总堂等六个传教点,各总堂下设若干分堂,分堂之下又设立支堂。1928年之后,安息日会的传教士也多次深入到滇北地区的富民、武定、禄劝县一些地方开办了教会,规模由小到大,逐渐扩展到临近的嵩明、寻甸、安宁、禄丰等县。到1950年,内地会滇北六族联合会共在这一地区建立了6个总堂、51个分堂、182个支堂,信徒人数增加到2万人。1944年,郭秀峰离华回国。

三、向19—20世纪之交的世界报道中国新闻的记者莫里循

莫理循(1862—),出生于澳大利亚吉朗(Geelong),父亲为中学校长。莫里循从小就喜欢冒险,曾从家乡步行1000多千米到阿德莱德。后来在新几内亚探险时曾被当地土人的长矛击中,幸免于难。在英国爱丁堡大学读医学博士专业课程期间他还划独木舟沿着墨累河漂游2600千米。他的兴趣广泛,喜欢收藏邮票和贝壳。

1894年2月,他揣着妈妈给的40英镑,从北京到上海,然后沿长江西行,有时坐船,有时骑驴,有时步行,经过100多天到达了缅甸仰光。其间他曾深入湖北、四川、贵州和云南等地考察。历尽磨难和风险之后将所见所闻写成了名为《一个澳大利亚人在中国》(*An Australian in China*)的见闻录,1895年分上、下两册在伦敦出版。

在这部中国游记中他以独特的视角记述了清末中国西部的风土、人

情、政治、经济和宗教习俗，几百张照片展示了各地的要塞、驿站、佛塔、村庄、集市、磨坊、清真寺和城门楼。有裹小脚的村妇、衣衫褴褛的乞丐、枷锁银铛的囚犯、神态威严的穆斯林长者。有关西北之行的12篇报道涉及了铁路交通、边防设置、武备学堂、专业教育、矿务和织呢管理、政务咨议等诸多方面，并联系"进步""自由""公正"与"和平"等近现代政治概念对中国社会进行解读。作者向西方世界打开了中国西部的政治、经济、军事和文化的窗口，一度引起了轰动，引起了计划开展系列改革的光绪皇帝对他的关注，下令将该著述纳入官员读物。

1897年3月，《泰晤士报》以每年1200英镑高薪聘任莫里循为常驻北京记者。他履职后以极高的政治热情关注先后发生的义和团运动、日俄战争、维新运动和辛亥革命，深入政界和商界进行调查研究。虽然他不懂中文，但是凭借自己的政治头脑和交际手段，他竟然能感动身边的许多人，出色地完成了一项又一项任务。

1900年，义和团运动席卷京城，莫里循身负重伤被困55天。1904年，他向西方媒体报道了俄国向中国发出的通牒以及日俄战争的爆发。当时清政府处于进退维谷的境地，竟宣布中立并在自己的国土内划出交战区。对此，莫里循公开揭露了日俄霸占中国东北并争夺对朝鲜的控制权的阴谋。

1911年，辛亥革命成功后他建议为逊位的清帝安排合理的居住条件和宽松的生活待遇，表明了他的政治家胸怀。

1912年8月，莫理循辞去《泰晤士报》记者职务，被袁世凯聘任为政治顾问，住在西绒线胡同，年薪3500英镑，住房津贴每年250英镑。上任后他奉命调查俄国和日本分争中国国土资源的动向，了解到俄国人打算修一条从吉林到旅顺的铁路。他认为日本不会拱手相让他们在满洲的既得利益，日俄之间的战争在所难免。

1914年，第一次世界大战爆发后，莫里循力主中国加入协约国阵营。鉴于多年来日本和俄国觊觎中国领土，与英国和法国等协约国修好可以牵制日俄两国，以期在战争结束后要求德国归还被占领的胶东半岛。1919年，莫理循以中国政府代表团顾问的身份抱病参加了巴黎和会，就中国政府收回胶东半岛的问题与谈判对手据理力争。不幸此时他的病情加重，不得不去英国求医。1920年5月30日，病逝于英国的德文郡，终年58岁。

莫里循在北京生活了24年，亲身经历了近代中国一系列重大历史事件。他同情晚清维新派,对辛亥革命爆发表示支持,在向世界报道的新闻中明确表示中国人有能力建立自己的新国家。他向西方公开揭露了日本帝国主义企图灭亡中国的阴谋,还劝说袁世凯放弃帝制。他是中澳两国人民友谊的奠基人,也是澳大利亚早期的中国研究学者。

他在日常采访报道工作和官场社交活动之余,经常搜集购买中西文书刊资料,其中图书 2.4 万多册,期刊 110 类 5000 余册,报表 1000 多种,地图 1000 余张,照片 3000 余张,此外还有大量画册和手稿。范围涉及中国、蒙古、朝鲜、日本、越南、老挝、俄罗斯、新加坡、柬埔寨、马来西亚、印度尼西亚和菲律宾等国,语种包括汉语、英语、法语、德语、荷兰语、丹麦语、希腊语、瑞典语、芬兰语、波兰语、拉丁语、西班牙语、意大利语、葡萄牙语和匈牙利语,学科囊括了语言、文学、历史、地理、政治、经济、法律、军事、外交、宗教、艺术、地质、动植物、医药卫生等领域。其中一些具有重要的史料价值,如:中国海关季报、年报和十年报,英国政府发表有关中国问题的蓝皮书、美国政府的《远东外事汇报》以及部分欧洲驻华使馆的报告,此外还有欧美来华传教士编撰的辞书和手册,有关中国和东亚的杂志。尤为珍贵的是在他的收藏中有 1485 年出版的马可波罗游记、明清西方传教士关于中国历史社会和宗教的报告、500 多种中国辞书和方言手册,以及有关日俄战争的书刊。

莫理循从 16 岁起就开始写日记,持之以恒地把每天发生在自己身边的大事小事都记录了下来。他喜欢读书,每次探险游历,他不仅把所见所闻记录下来,而且还加以分析和评论,发表自己的亲身感受。他的日记中记载了清末民初的许多人和事,包括政界、商界、军事、银行、教育、科技界的名流要人,如:李鸿章、袁世凯、许景澄、汪精卫、严复、辜鸿铭、丁文江、伍廷芳、伍连德、曾广铨、蔡廷干等。

莫理循的书刊收藏和文档最早放置于北京东交民巷公使馆区他的私宅中,义和团起事时转至肃亲王府。1902 年,莫理循以 750 英镑买下王府井大街西绒线胡同 98 号原伦贝子府一处临街房,他的收藏也随之转移到该处。

早在莫里循任北洋政府的政治顾问期间,因为健康和家庭负担方面的原因,他曾考虑出售图书收藏和文档后返回澳大利亚。1916 年,他先后与美国的耶鲁大学、加利福尼亚大学和荷兰驻华公使馆洽商出售藏书和资料事宜。著名实业家张謇原计划为筹建中的南通私人图书馆参与竞购,后因价格昂贵而放弃。日本横滨正金银行总裁井上准之助获悉此事后,与三菱财团岩崎久弥商量对策。1917年,小田切万寿之助与莫里逊达成协议,以3.5万英镑购得全部图书文献。同年9月,这批文件运抵日本存放于岩崎别墅。

莫理循去世后,夫人罗宾女士遵奉丈夫遗嘱将莫理循所有的日记、信函、名片、电报、简报、公告、票证、账单、请柬、通信录和备忘录共计255个箱子、装订册和袋子全部赠给悉尼米歇尔图书馆,但要求图书馆保管25年后再公开。1963年,米歇尔图书馆开始对上述文件进行了初步的分类整理,经过10年的努力出版了检索文件和目录。与此同时,澳大利亚作家西里尔·珀尔(Cyril Pearl)根据这些资料撰写了第一本关于莫理循的传记《北京的莫理循》并于1967年出版。

以莫理循名字命名的澳大利亚国立大学讲座,自1932年至今每年举办。澳洲华人对此长期大力赞助,知名人士如刘光福和麦锡祥都是热心的发起人。澳大利亚国立大学每年邀请中国和其他国家的知名学者,以该讲座为平台,就与中国研究有关的理论和实践问题抒发己见。

莫理循的私人图书馆记录了清末民初中国政坛的风云变幻历史场景,也是中澳文化交流的记录,具有珍贵的史证价值。

莫里循的主要著述有《莫理循亚洲文库目录》(*Catalogue of the Asiatic Library of Dr. G. E. Morrison*, own a Part of Oriental Library, Tokyo, Japan)、《一个澳大利亚人在中国》(*An Australian in China: being the Narrative of Quiet Journey across China to British Burma*, 1895)、《莫理循通信集》[*The Correspondence of G. E. Morrison*. 第一卷(1895—1912);第二卷(1912—1920), Cambridge University Press, 1975]。

四、中国和澳大利亚早期文化交往史中的宗教代表张尔昌

张尔昌(Gladstone Charles Flecher Porteous, 1874—1944),出生于澳大利亚维多利亚省坎汉镇(Carngham)的一个英国移民家庭,父亲约翰·邓普西-波蒂厄斯(John Dempsey-Porteous)原籍苏格兰格拉斯哥,母亲凯瑟琳·弗莱彻(Catherine Fletcher)是维多利亚省散顿人。

张尔昌青年时加入了中国内地会(China Inland Mission),曾在墨尔本郊区里奇蒙的里霍博斯传教士学院(Rehoboth Missionary College)受训。

1904年10月，他奉派来华负责滇东教务监督。1907年，张尔昌与郭秀峰（Arthur G. Nicholls）以及王怀仁（George E. Metcalf）到达云南传教站，在苗族村民中开展工作。他一边学习中文，一边凭自己的医学知识和带去的仪器为苗族村民治病。

张尔昌被朋友称为格拉迪·波蒂厄斯（Gladdie Porteous）。他是在詹姆斯·布鲁斯（James Bruce）去世（1902年8月逝世于湘西）之后派往中国的第一位年轻澳大利亚传教士。坊间误传是张尔昌把澳大利亚桉树带到了云南禄劝县，其实是19世纪50年代到澳大利亚淘金的华工将桉树种带回中国栽培供修建铁路的枕木使用的。

1915年，张尔昌来到云南武定县洒普山。1920年，转到禄劝县撒老坞开办教会，创办了彝族教会的撒老坞总堂。后来他又深入附近山寨建立了分堂。他所在的撒营盘镇（Sayingpan）在禄劝县城以北80千米处，原是彝族酋长撒老乌的城堡。

1908年，张尔昌与米妮·波蒂厄斯（Minnie Porteous）结婚成家。张尔昌来华几年后妻子加入了他的传教工作。他们在三天的行程中到达了撒老乌彝族村寨，开始了长达20年的开堂礼拜生活。在开展各种教务中，张尔昌很快学会了黑彝族语，在苗族信徒李发献等人协助下，利用柏格理创制的苗文字母（romanized Yi alphabet）设计了一套柏格理彝文（黑彝文）。他还与郭秀峰和萨谬尔·浦拉德（Samuel Pollard）等人合作，将《新约》四部福音分别译为彝族语等3种少数民族语言。此外他还翻译了两种版本的彝语赞美诗。他的语言才能和翻译技巧在当时的澳大利亚传教士中是出类拔萃的。

张尔昌一生共育三名子女：露丝·凯瑟琳（Ruth Catherine）、克莉丝汀·奥利弗（Christine Olive）和斯坦利·约翰（Stanley John）。儿子在第二次世界大战期间澳大利亚皇家空军服役时战死沙场。

1944年11月10日，70岁的张尔昌因斑疹伤寒病发在撒老坞去世，安葬于总堂坟地。当地教徒为他立碑，碑文用中文、彝文和英文刻成。

在张尔昌逝世时，大约有2万名彝族和苗族基督教徒，后发展到4万名。但是他在中澳两国早期文化交往史中的地位已经远远超越了宗教范畴。

五、中国近代史上重大政治事件见证人端纳

端纳（William Henry Donald,1875—1946），出生于澳大利亚新南威尔士州里斯谷（Lithgow），父亲是乔治·麦嘉维·端纳（George McGarvie Donald,1846—1930），原为建筑承包商，1889年，任利斯谷第一任市长；母亲玛丽·安（Mary Ann）。端纳曾就读于利斯谷公立学校和库耳乌尔学校。因为受过伤不能继承父亲的职业，一度当过印刷工，又先后在《巴瑟斯特护国报》（*Bathurst National Advocate*）、《悉尼每日电讯报》（*Sydney Daily Telegraph*）和《墨尔本守护者报》（*Melbourne Argus*）当记者。

1903年，端纳任职于香港《德臣报》（又译《中国邮报》，*China Mail*），1904年，与玛丽·华尔（Mary Wall）结婚。后来他被当时两广总督张人骏（Chang Chen-chun）聘任为顾问，结识了革命党人胡汉民和宋耀如。

端纳因为工作出色，不久就被提拔为《中国邮报》的执行社长。1905年，他被聘任为《纽约先驱报》（*New York Herald*）华南代表，便于1908年辞去了《中国邮报》的职务。

1911年春，他以《纽约先驱报》和《远东评论》记者身份抵达上海，访问了位于山东路的宋查理印刷所，发现该所除了印刷《圣经》和宗教书刊外，也印刷革命党人的小册子。同年10月10日，武昌起义的消息传到了上海，革命者在爱文义路伍廷芳的官邸建立起总部。端纳热情地帮助革命党人与英国驻华使馆联系，希望西方国家不要助纣为虐。

良好的交际修养和成功的业务开展逐渐把端纳推上了武昌起义上海总部顾问的宝座。辛亥革命后端纳被孙中山聘任为政治顾问，协助起草了《共和政府宣言》，随后与革命党大军浩浩荡荡进入了南京城。

1912年，端纳任《远东评论》编辑，因为与业主乔治·布朗松·瑞（George Bronson Rea）就日本在华作用问题意见分歧，虽然1908年端纳因为对1904—1905年日俄战争的报道曾荣获小日本勋章，但是到了1915年他却无法控制自己对日本帝国主义行径的厉声谴责。

1915年1月18日，日本驻华大使从国内返回驻华官邸后，即与袁世凯密谈签订"二十一条"的安排，要求以后中国政府聘用日本政治、经济和军事顾问，允许日本人在华购置具有土地所有权的区域设立医院、庙宇和学校，允许日本人为中国培训警察并管理其机构，声称如果中国不接受这些

条款就将意味着战争。

端纳通过特别途径获得了拟议中的"二十一条"秘密,并将其发表在《泰晤士报》上,很快引起了舆论界的轰动。《泰晤士报》总编随后致电端纳,希望中国或日本政府政要中有人能对消息来源加以证实。于是端纳便以感谢时任中国政府顾问的莫理循曾为病中妻子献花之事对他登门拜访。两人互致问候之后便转入了正题。端纳带着几分神秘语气说:"乔治,我是来告诉你一个密谋的……"

莫理循立即明白他的来意,碍于自己的身份不敢正面回应,便将几页文件放在桌上,借口要去书房片刻。端纳心领神会地迅速将桌上的文件收下,发现那正是"二十一条"的英文译稿。

几天后英国、美国和法国主流报刊几乎同时发表了日本向中国提出签订"二十一条"的新闻,使日本政府处境被动,在美国等西方国家的压力下日本内阁被迫在同年5月4日的议会上通过了删除拟议中的"二十一条"相关条款的决议,中国在北京等城市展开"倒袁"运动也因此获得成功。

1920年,端纳辞去了《远东评论》的职务,因为他新任北京经济信息局(Bureau of Economic Information in Peking)局长一职实际上是他在《远东评论》职务的延伸。在北京期间他积极投入了新闻采访,经常代表伦敦《泰晤士报》记者大卫·弗莱泽(David Fraser)出访,或者以《曼彻斯特卫报》记者身份报道。1928年,端纳被迫辞职前往东北接受少帅张学良顾问的聘任。这是端纳生涯中最重要也是最令人费解的决定。1931—1932年,张学良部队在满洲与热河之战中败阵于日本军后复苏期间,端纳发挥了至关重要的作用。日本人心怀叵测,曾鼓动张学良吸食鸦片,是端纳请德国医生米勒为他戒除了毒瘾。此后端纳又力荐张学良出访欧洲并陪同前往,使他有机会亲身体验西方社会和政治实情。1935年,张学良回国前端纳一直陪伴在他身边。

1936年12月12日,张学良和杨虎城将军因对蒋介石消极抗日不满发动了"西安事变",拘禁了蒋介石,并向全国通电救国八项主张。为了解决问题,宋美龄希望端纳出面调停,因为他曾是张作霖父子的顾问,又是蒋介石的好友。

端纳受宋美龄之托,多次往返于南京和西安之间。为了解释蒋介石对于抗日的态度,他向张学良出示了蒋介石的日记,表明蒋介石只是采取拖延战术,其实是积聚实力,等待时机。端纳还建议蒋介石和宋美龄会见周恩来,并通过周恩来说服杨虎城等西安将领改变策略。蒋介石采纳了端纳的建议,还通过他给儿子蒋经国和蒋纬国立下新遗嘱。事件最终得到了和平解决,消除了南京方面扩大事端的可能,蒋介石对于端纳也更加器重。

端纳希望中国发展政治民主,但是他的一些主张并不为国民党所采纳。1940年某日,他在与宋美龄的一次私下交谈中就宋氏家族对中国经济的垄断表达了思虑良久的批评,岂料宋美龄反诘说:"你可以尽管批评中国,尽管批评中国政府,但对宋家的有些人你是不可以批评的。"端纳素来自视清高,性格刚直,能言善道,从不回避使用"该死的"(damned)之类的脏话,以敢于顶撞名流上司而闻名。听了宋美龄一番言论他预感到可能发生的不测,加之他对于当时蒋介石的对德政策早就流露过不悦,便暗中盘算辞职离华。

当时抗日战争正进入攻坚阶段,国民政府准备从汉口迁往重庆,但因交通工具紧张,许多机关人员一直滞留在孤城汉口,其中包括端纳和他兼任所长的国民经济研究所全体人员。于是端纳乘机飞往重庆,请蒋介石为研究所撤出汉口一事颁布手令。端纳返回汉口在法租界的中央饭店等待了3天,无意中发现戴笠手下人员正将珍贵文物楚王剑等装箱运往中国香港。当即气愤地向重庆发了一份加急电报,扬言要辞职回澳大利亚。

一天,辗转到了中国香港准备回国的端纳在接待一个日本人时,对方向他谈了一通"大东亚共荣圈"之事,被特工秘密录了音,戴笠便以端纳通敌的证据将它送到了蒋介石案前。

日本人把帮助中国抗日的端纳视为"中国的恶魔"(evil Spirit of China),曾重金悬赏对他进行暗杀。有一次日本军机追杀端纳乘坐的飞机,幸好飞行员凭娴熟技巧躲过了一劫。

1940—1941年,端纳曾在女秘书安茜·李(Ansie Lee,1914—)的陪伴下畅游南太平洋,给他晚年生活留下许多温馨的回忆。1941年12月7日日军偷袭珍珠港事件爆发,端纳获悉后立即乘一艘美国邮轮返航,就近登陆菲律宾马尼拉暂住下来,不幸被日本占领军逮捕。先把他关押在山多士大学集中营(University of Santo Tomas Camp),后又关押在罗斯巴诺斯(Los Banos)。虽然一些难友认出了他,然而没有一人向日军告密。

在那不堪回首的4年中,端纳身边一直藏着一份有关他在华经历回忆的书稿,未被发现,可惜后来在慌乱中遗失,无缘与读者见面。1945年,在夏威夷他曾向美国记者赛勒(Earl Albert Selle,1906—1978)谈到来华往事,流露出几十年来对于中国有深入的了解,看到了这个杰出民族与他国的不同之处,但是同时也看到了许多中国人的隐私,担心写出来难免冒犯身边的友人。挚友斯伯瑞(Henry Sperry)曾遵照端纳的嘱咐,在他临终前将长期保存的一些书信、日记和手札全部焚毁。1941年11月,《亚洲杂志》(Asian Magazine)刊发端纳的《我的回忆》是他唯一有据可考的著述。

1945年2月,蒋介石电请美国远东地区司令道格拉斯·麦克阿瑟组织"洛斯巴尼斯"行动解救端纳,美国空降兵占领了集中营,直升机将端纳救出送往珍珠港美军基地医院。但是他的健康状态一直不佳,先后从大溪地转往檀香山,每日迎朝霞、送落日、呼吸新鲜空气,均未得到康复。

日本投降后,蒋介石表示欢迎端纳回到中国,宋美龄派专机赴夏威夷接他到上海。不幸他的病情日渐恶化,经常咯血,被确诊为肺癌晚期。在低落情绪中他常常吟诵诗人尼采的《夕阳西下》聊以自慰。但是"生命的日子啊,我的太阳落了"这样令人感伤的诗句,只能挑动他那无奈和无助的神经。昔日纵横捭阖于中外政界的一条汉子,如今只能静静地等待命运的裁判。临终前宋美龄在他病榻前诵读《圣经》。1946年11月9日,端纳病逝,获准安葬在宋氏家族墓地。

端纳来华40多年,跨越了晚清、民国、抗日等重大历史阶段,是西安事变的斡旋者之一,也是许多中外敏感事件的见证人,对于20世纪30—40年代的中国政治产生过影响。他是一位很有个性的人物。早在中国香港期间他就有放弃学习中文的打算,因为他发现身边的中国人可以当着他的面用自己的语言讨论任何问题,无须顾忌。1936年,他担任国民政府高级幕僚,月薪1万大洋,仅相当于当时普通外国公务员的工资水平,但是他很知足。他还是个工作狂,喜欢收集旧唱片和泛舟大海。他在中国任何场合都不饮酒,只吃西餐,也未回过澳大利亚。他的妻子安长期居住在中国香港。端纳去世前,妻子和女儿曾前去照料他的起居饮食。妻子埋怨说端纳其实并非与她结婚,而是和中国结婚了。

对端纳在中国的影响进行评测并非三言两语可以概括。有人说他只不过是一位被美化的公关人物,也有人说他在时局政策制定中确实发挥过重要作用。然而毫无疑问,1936年11月西安事变中,张学良心怀不满的部下拘禁蒋介石时,端纳所进行的调停是他在中国事业的最精彩的章节。

《端纳档案:一个澳大利亚人在近代中国的政治冒险》的作者张威说:

端纳的一生就是一个澳大利亚人在中国政坛冒险的一生,像许多冒险家一样,他经过了上升和陨落。这个"东方冒险者"的性格是复杂多面的,对中国和华人、对大英帝国和澳大利亚他是爱恨交织,他有光明磊落、疾恶如仇的一面,也有玩世不恭、Playboy 的一面,他是仁慈的,但也有铁石心肠的一面。①

六、对中国文化和舞台表演情有独钟的邝如丝

邝如丝(Rose Maud Quong,或 Kuang Ju-ssu,1879—1972)祖籍广东,出生于墨尔本东部,父亲邝春(Chun Quong)原籍广东,母亲安妮(Annie Née Moy Quong)出生于维多利亚。邝如丝在弟妹四人中是大姐,1896 年,在墨尔本大学 9 门功课的入学考试都取得优异成绩,原计划学习医学专业。

但是,1897 年她成了一名公务员,1901 年当上了墨尔本邮政总局接线员。1919 年成为海陆军中央总局审计员,但她的志愿是要学习舞台表演。1924 年,她获得英国伦敦罗斯娜·菲力彼学院(Academy of Rosina Filippi)奖学金,开始学习汉语、中国文化和戏剧表演专业,曾有多次机会到英国和法国等地演出。虽然当时澳大利亚实行白澳政策,但是伦敦的澳侨视她为自己同胞。初现她对于如何专业地表演一个中国角色有一种矛盾心理,当她明白自己不是一言一行都要像莎士比亚式的女演员时,朋友们就鼓励她从域外东方女性演员方向来塑造自己。

1924—1925 年,多家英国报刊对她进行了采访。1925 年 9 月,她结识了汉学家亚瑟·韦利(Arthur Waley),半年后她在冬日俱乐部的舞台上朗诵的中国诗歌译文就是出自韦利的手笔。在一次又一次的私人聚会上她经常朗诵中国诗歌。1925 年 11 月,她通过电台为英国广播公司(BBC)朗诵、评论中国诗歌,一举成名。从 1932 年起,她每隔一周,就在星期天组织聚会,在聚会上做有关中国主题的讲座并朗诵中国诗歌。1934 年,她赴美作为期 11 个月的旅行和讲座。1936 年,她到中国参观访问,心情激动,曾在文化界聚会上用汉语发表演说。从 1939 年 1 月起,她定居美国纽约,继

---

① 张威:《端纳档案:一个澳大利亚人在近代中国的政治冒险·作者序》,清华大学出版社,2013 年。

续其表演生涯,并且做有关中国戏剧、艺术和文化演讲,在旧金山唐人街参加花鼓戏(Flower Drum Song)演出。她热爱中国文化,尤其是中国哲学和历史。她长期努力学习中国文化,研究《易经》和瑜伽。

邝如丝英译蒲松龄的《聊斋志异》(*Chinese Ghost and Love Stories*)共选译《阿宝》《莲香》《香玉》《恒娘》《小谢》《小猎犬》《姐妹易嫁》《崂山道士》等40篇,由纽约潘思恩图书公司(Pantheon Books Inc.)于1946年出版,书中选用了一些《红楼梦》和《西厢记》等中文书籍的插图。在译本的《前言》中,邝如丝介绍故事中的男主人公时说他们多半都是参加科举的举子,他们的婚姻都必须遵奉父母之命媒妁之言,与西方的婚姻和教育制度完全不同。她希望通过译介故事向西方读者介绍中国数千年的儒家文化、道家思想和佛教信仰,帮助他们更多了解中国。

邝如丝终生未婚,事业有成,生活简朴。晚年曾在一部加拿大占星影片中出演角色。1972年12月14日她病故于纽约。她的著述有《汉字:中国人的聪明和才智》(*Chinese Written Characters: Their Wit and Wisdom*, Beacon Press,1944)、《蒲松龄的〈聊斋志异〉》(*Translation, Pu Sung-Ling's Chinese Ghost and Love Stories*, New York Pantheon,1946)。

第二节 常态化、专业化和团队化研究时期(1918—1971)

20世纪初至下半叶,多元文化背景以及与中国和日本等亚洲国家的关系资源,在澳大利亚各学科研究领域中逐渐得到了较充分的利用。

第一次世界大战之后,澳大利亚政界和学术界开始关注远东的发展。1918年,悉尼大学设立了东方研究系,聘任原澳洲陆军学校的英籍日文教授梅笃克(J. Musdock)主持教学和管理工作,1922年,该教席由赛德勒(A. L. Sadles)接替。因为早期澳大利亚与中国交往不多,彼此之间也没有直接的利害冲突,汉学研究专业主要依靠聘请欧美专家和华人学者任教,加之学习汉学专业的生源少,经费紧张,毕业生就业范围狭窄,使当时的中国研究发展举步维艰。

第二次世界大战结束后,由于政治和经济发展的需要开始出现了"中国热",澳大利亚工商界预见到中国市场对于本国经济发展的重要性,主流媒体经常撰文强调研究中国国情和文化应视为当务之急。澳洲教育界和学术界一些有识之士积极筹办汉学研究课程,邀请专家学者做专题演讲,出版会刊和汉学专著。

1947年,悉尼大学在泛亚研究的潮流中创办了东方研究系,开设了日语和东方学课程,莱德敖(J. K. Rideout)被聘任为系主任,因为主客观条件不够成熟,该专业一度处于停顿状态。1953年,澳大利亚国立大学正式设立了中文教席。1955年,悉尼大学恢复了原已萎缩的中文专业,聘任英人戴维斯(A. R. Davis)为教授并兼任主任。他积极策划课程设置,组织专家编写教材,邀请学者共商大计,组建澳大利亚东方学会,定期举办研讨会,出版会刊,逐渐扩大澳洲汉学研究的规模和影响。

1956年,悉尼大学成立的东方研究系包括中文和日文两部分。1960年,墨尔本大学西蒙教授(H.F.Simon)在亚洲研究院基础之上设立了汉学系,开展汉语和中国文化教学和研究工作,随后澳大利亚其他大学也纷纷响应。

澳大利亚早期的汉学研究主要沿袭牛津和剑桥大学的汉学研究模式,重点在于通过文本阅读开展对中国文学、哲学和历史的研究。他们的中国历史研究主要聚焦于1911—1949年的重大事件,中国文学领域较多关注现代和当代文学,语言学研究方面把汉语和中国少数民族的语言都纳入其中,中国哲学和宗教学研究则主要侧重于儒家学说、佛教和道教。此外,澳大利亚学术界开始重视对中国政治精英和高层政治历史的研究,先后出版了多部中国政治人物的生平传记,还致力于马列主义和毛泽东思想的专题研究,除此之外基本不涉及对当代中国国情和文化的探讨。

在澳大利亚与中华人民共和国正式建立外交关系以前两国通过一些民间渠道保持联系。一些认同共产主义的澳大利亚人先后来华访问,以小麦为主的贸易项目也以间接方式推动了两国关系的发展。

20世纪50—60年代,澳大利亚汉学已经初具规模,多数研究员是澳洲国立大学亚太研究院的博士毕业生或前远东历史系的研究人员,第一批汉学教授都毕业于中国历史学或者语言学专业。澳大利亚国立大学任命的第一位中文教授是瑞典中国历史学家毕汉斯(Hans Bielenstein),他的继任者是瑞典语言学家马悦然。1966年,就任的第三任中文教授为柳存仁。此外还有研究中国文化的戴维斯、研究中国革命史的费子智、研究中国共产党和中华人民共和国史的泰维斯、研究中国五代史和海外华人史的王赓武以及研究中国科技史的何丙郁(Ho Peng Yoke)。

第三章 澳大利亚汉学研究的运作和团队的组建

这一阶段澳大利亚大学设立汉学专业的系科有:澳洲国立大学太平洋研究院远东史学系和大学本部亚洲研究系、悉尼大学东亚研究系、麦考瑞大学现代语言学院、墨尔本大学亚洲语言系、莫纳什大学的印度尼西亚与中国研究系。招收的学生包括:华裔学生、在中小学学过中文的非母语学生以及从未学习过中文的学生。20世纪50年代,澳大利亚国立大学就开设了汉语培训课程,远东史学系会集着大批外国学者,使其成为世界首屈一指的汉学研究中心。从《中国历史论集》(Essays on the Sources for Chinese History)之撰稿人名单可以看出他们中的大部分人曾经或者一直任职于澳大利亚国立大学。通过对《东亚史》(East Asian History)也可以了解到当时澳大利亚汉学研究的规模。

这一时期新增加的澳大利亚汉学出版物有:1961年由悉尼大学亚太研究院创办的《澳大利亚东方学会学刊》(The Journal of the Oriental Society of Australia)和1970年由澳大利亚国立大学远东历史系创办的《东亚史》(East Asian History)。

随着澳大利亚汉学研究的发展,也不断暴露出各种问题。在澳大利亚国立大学40多人的研究团队中,当时只有亚洲研究中心的梅约翰和闵福德(John Minford)两位专职教授,他们主要关注中国哲学、中国戏剧、电影和文学翻译。因为研修古代汉语的难度大,学生人数少,学习中国文史专业学生就业途径狭窄,影响了他们的学习积极性。

1969年以后,澳大利亚设置中文专业的大学扩大到30多所。各校把教学重点定位于传播中国古代文化、提高学习者鉴赏水平,并进一步扩大专业涉科范围,授课方式也不断更新。1970年,澳大利亚政府发表的"奥克马蒂报告"(Auchmuty Report)进一步推动了中国国情研究和汉语的教学工作。

一、编纂汉英双语辞典和汉语教科书的领军人物马守真

马守真(Robert Henry Mathews,1877—1970),澳大利亚传教士,出生在墨尔本市弗莱明顿(Flemington)。他的父亲威廉·马修斯(William Mathews)原是英国锡匠,后来移民到澳大利亚,在接管废旧线路的维多利亚铁路部门谋得了一个职务。他的母亲玛丽·维特洛(Mary Whitlaw)是澳大利亚人。

父母曾希望马守真能掌握实用技能。在技工学院(后并入墨尔本皇家技术学院)学习平版印刷专业时马守真对于传教工作十分感兴趣。毕业后他一度经营了印刷业务,但是传教的魅力对他仍有很大吸引力。1906年,他29岁时,申请加入英国传教士戴德生创办的中国内地会。当时该会申请者获得批准的比例只有百分之十,他被告知已经超过了学习中文的最佳年龄段,经过一再恳求才被接纳。他在阿德莱德接受了一年半时间的圣经和见习牧师培训,还学习了如何救助流浪穷人的神学院学位课程。1908年,他东渡中国,在上海总部待了一段时间。同年12月30日,他与中国内地会的一位澳大利亚女传教士安妮·伊瑟尔·史密斯(Annie Ethel Smith)结婚成家。

马守真身材矮小,待人彬彬有礼,是一位温文尔雅的学者,布道讲经头头是道,让人信服。最初他被派遣到中国内地会特别关注的河南两个工作站工作。1915年,他被调派到安徽的徽州时开始对汉语感兴趣,渐渐掌握了后来使他出人头地的语言本领。返回河南后,马守真在冯玉祥部队中举办读经班,这位基督徒将军对于福音书深信不疑,成了中国内地会的精神支柱。不久马守真又到四川和青海等地担任读经班和神学院培训班工作。1920年,安妮去世,两年后,他与比他小6岁的维奥莉特·沃德组成新家。1926年,马守真返回墨尔本度假,但是因为当时中国局势动荡,行程一再拖延,直到1928年他才回到上海。

中国内地会根据他的兴趣和才能指派他编写一部中英双语辞典,从此在他心中开始确立汉学研究的目标。在妻子的协助下,他全身心地投入了一项雄心勃勃的计划。首先他对《博勒汉英分析辞典》(Baller's Analytical Chinese-English Dictionary)进行了修订,经过几年的努力,编写出一部1200页的大辞典。在1931年4月出版的《马守真汉英辞典·引言》中他谈到了如何完成这项任务的艰难过程:

> 已绝版的博勒汉英辞典于1900年问世,具有较高的实用价值,许多学习汉语的学者都得益于这本工具书。但是因为语言发展变化太快,随着现代发明的涌现和科技知识的普及,大量的新概念需要创制新词语。旧辞典过时是历史发展的必然,修修补补也无济于事。在保留原辞典服务对象并突出经济实惠便携式特点的前提下,还必须扩大容量以满足普通学生的需求。

《马守真汉英辞典》共收录汉字7785个(不包括异体字),大致可以满足一般学生的需要,因为增收的汉字印刷所的字库都没有,只能专门刻制。汉字的用法在大量例句中都得到了说明。《博勒汉英分析辞典》收录了大约4万个词语,而《马守真汉英辞典》收录的词语却超过了10.4万个,是从古汉语、普通文学作品、现代报纸杂志、广告和法律文书等资料中选录的。只要可能,这些词语中的汉字用法都通过例句加以说明。其中一些词语当时已经不常使用,但是考虑到在文学作品中仍时有出现,因此还是将其收入。

词语使用频率研究学者对《冯氏辞典》(*Fenn Dictionary*)收录的5000个汉字进行了考察,发现这些汉字覆盖了文言文和白话阅读材料中的大部分,这也从另一个角度证明了收录范围更广的《马守真汉英辞典》汉字覆盖充足率。还有4万个罕用汉字完全可以保存在诸如《莫罗哈什辞典》(*Morohashi Dictionary*)之类的工具书中。

《马守真汉英辞典》问世后的发行情况表明其质量甚佳,使用者反应良好。于是中国内地会又要求马守真把博勒辞典修订成现代版的汉语工具书。1937年7月7日卢沟桥事变后,马守真的工作和生活环境恶化,但是他依然坚持不懈地研究汉语。1938年,他对于汉学研究的第二大贡献是完成《国语进阶》(*Guoyü Primer——Progressive Studies in the Chinese National Language*)的编写,送交中国内地会出版。该书篇幅长达790页。1938年5月,马守真在该书"序言"中谈到了自己的编纂思路:

  《国语进阶》系列是博勒(F. W. Baller)绝版的《官话初阶》(*Mandarin Primer*)的续编。两者总体编排相同,所不同的是《国语进阶》从古书中选用了部分章节作为阅读课文。根据多年批阅汉语初学者考卷的体验,在辞典中增加对一些成语用法的说明是可取的,为此他专门从现代作家作品和圣经中文译本等书刊中选用了大量例句。

早先的《官话初阶》共有30课,每课课文前列出了新汉字和新的固定词组,每5课之后有一个词表,在阅读课文中对有关语言点做出脚注。"课"(lessons)的说法不准确,因为每一课的内容都超出了"一课"或者"几课"才能学完的知识。而《国语进阶》在各部分仅讲解一个成语或者语法点,这才是真正的"一课"。这些部分分别用"1"至"262"数字标出,在各部分之间分别介绍要学习的新汉字和固定词组,总数为40部分。汉字表共列出1354个新汉字,每表平均33个,外加一个词表,共收录固定词组2030个。

词表按照话题分类,词汇和例句都设英语索引,语音索引只用于汉语词汇。从教学角度看颇为得心应手。使用者一旦发现问题,第262部分可根据发音或者情感分类帮助查阅。关于汉字的标准读音问题,马守真选择与自己辞典的标音保持一致。他说:

> 有些词语的读音为求统一做了微调,但是对于外国留学生来说并不重要,因为辞典中标注的所谓标准读音毕竟只是几年前的事情,在所有的中国方言中,它更接近当代口语而不是纯正的北京话。

1931年,中国内地会在上海搬了一次家,1942年又迁往重庆。1943年,日本侵略军占领了中国内地会总部,马守真的辞典清样和活字版都被焚毁。剩下的原版没有复印件,受太平洋战争影响的英语国家迫切需要该辞典。几个月后哈佛大学出版社对原版辞典进行了重印。新版《马守真汉英辞典·前言》中写道:

> 鉴于目前远东对外发售图书有困难,我国对于汉语辞典的需求又万分急迫,为满足美国学生的眼下需求,哈佛燕京学社承担起修订并重印两本辞典的责任:一为1942年11月问世的《冯氏袖珍辞典》(*C H Fenn's Pocket Dictionary*);二为《马守真汉英辞典》,两者皆为平板影印。

重印过程由王先生(Mr. M. Y. Wang)负责技术细节,由语言学家赵元任博士对该原来错误和疏漏之处进行了修订,增收了1300多个汉字和1.5万条词目,逐条校改发音,根据音节开头字母顺序编写了一个快速查阅表,并撰写"引言"。赵元任在哈佛大学给汉语培训班学院讲课时,还把《马守真汉英辞典》作为工具书向学员们推荐。1996年前,该辞典共印行了18次。

第二次世界大战期间,马守真命途多舛,生活每况愈下。1943年4

月,他和夫人维奥莉特都被日军关押在由江苏中学校园改建的龙华集中营。该集中营在上海市西南11千米处,距离黄浦江大约1.6千米远。跟他们一起被囚禁的还有其他新教和天主教传教士,商人及其家属等数百人。集中营占地约17公顷,是中国最大最凄凉的死亡之地,房屋多半是水泥建的,其中三间已经破败不堪,除了仅有的一棵树外都是一片荒芜。1943年8月11日,台风肆虐,掀翻了西饭厅的房顶,刮倒了数间住房,无人前来过问。那年9月有几位美国人被遣返了,其他人则住了下来等待熬过战乱。

总的说来那里的条件很凑合,约4公顷土地用作菜园,还有一些私人菜园。虽然有热水淋浴,但是机井水泵转速太慢,只能快速冲洗了事。那儿养了两头奶牛,几只母鸡,一群山羊,60头猪。《上海日报》社还捐赠了1头小牛,营内的孩子每人每天只给半品脱(1品脱≈0.6升)牛奶。两年之内曾经发生4起成功越狱事件,也有数起越狱未遂事件。关在牢里没有高兴的事。据一囚犯回忆,住在会议厅的单身男人夜间胡闹一气,有人狂笑,有人说笑话,以至有一天晚上卫兵为了阻止我们吵闹,竟拿手枪对着我们窗户射击。在其他一些集中营,卫兵不是由日本陆军士兵充任,而是从领事馆警察中抽调来的,他们用的都是真子弹。

1945年8月,日本人投降了,龙华集中营由瑞士人临时接管,被囚禁的人当月重获自由。马守真那年已经68岁,第三次也是最后一次回到墨尔本,迎来了来之不易的退休生活。1946年,维奥莉特出版了一本45页带插图的集中营生活小册子,书名为《龙华的生活与方式》(*Lunghwa Days and Ways*)。1948年,她出版了关于中国内地会长者兼扬州传教士学校校监艾莉丝·马克法雷的长篇传记。

澳大利亚人通过对当时中国内战形势的密切观察,在他们的心目中中国变得越来越厚重和高大。澳大利亚国防部了解到马守真的杰出语言才能,1948年,聘任他兼职翻译档案资料并编写词条。1951年,他转为正式雇员,维奥莉特也从中协助他工作。

20世纪50年代以来,由于中西冷战对峙以及政治和文化价值观的差异,欧美高校和研究部门一般都不引介或采购中国出版的辞书。许多西方汉学家和学习汉语的学生都把《马守真汉英词典》作为阅读和翻译汉语文献的重要案头工具书。由于时代的变迁和语言环境的不同,汉语中原有的一些词语意义、词性和功能都发生了变化,词汇新陈代谢的速度加快。

1954年,维奥莉特去世。1957年,80岁的马守真从国防部退休。1962年,墨尔本大学授予他名誉博士称号,表彰他以自己的才能,所掌握的知识和执着追求所取得的丰硕成果。1970年2月16日,马守真病逝,按照他的意愿遗体火化。

马守真毕生从事的辞典编纂仍在继续。1972年,威斯康星大学的周策纵(Chow Tse-tsung)为《马守真汉英辞典》编写了一个与众不同的汉字索引。同一年,隆德大学的奥拉夫·柏特尔·安德森(Olof Bertil Anderson)为马守真的辞典编写了一卷210页的助读。柏克莱东语系的爱德华·舍甫(Edward Schafer)在1966年发表了专论《关于编纂学生文言文辞典的思考》之后,于1978年出版了78页的《马守真汉英辞典》补编。1988年,安德森对自己的《助读》做了第三次修订,篇幅长达335页。西方汉学家从这位早期创业者的研究和编著中受益匪浅,已是众所周知的事实。

马守真的主要著作有《马守真汉英词典》(*A Chinese-English Dictionary, Compiler for the China Inland Mission*. Shanghai, China Inland Mission and Presbyterian Mission Press, 1931)、《国语进阶》(*Guoyü Primer: Progressive Studies in the Chinese National Language*, Shanghai, China Inland Mission, 1938)、《马守真汉英词典(美国版)》(*Mathews' Chinese-English Dictionary. Revised American Edition. Harvard, 1943*)。

二、向世界揭露侵华日军杀害30万南京平民的记者田伯烈

田伯烈(Harold John Timperley,1898—1954),出生于澳大利亚,后定居于英国。1918年来华,先后担任过路透社、美联社和《曼彻斯特卫报》常驻北京记者。他在社交圈中非常活跃,曾结识了许多中国社会名流和西方传教士。他担任过北平协和教会教友会(The Men's Brotherhood of the Peking Union Church)主席,该会在他的倡导下成立了一家社区服务中心,从事慈善公益服务,在当地教众中有较高知名度。

1936年,西班牙内战爆发,田伯烈以《曼彻斯特卫报》记者身份赴马德里采访,对该国反对佛朗哥的斗争做了及时报道,显示出他的新闻采访才能和素养。同年5月,《曼彻斯特卫报》派他前往驻上海记者站观察中国战局并从事慈善救济事业。知名的救济团体中国华洋义赈救灾总会曾经全票通过接纳田伯烈为会员,并推选他担任中央委员会委员以及上海长江流

域赈灾顾问委员会委员。这为他后来从事新闻采访和救济工作增加了人脉并提供了多个平台。

卢沟桥事变后,北平、天津先后沦陷,战火随时可能蔓延至淞沪。上海一旦遭到日寇铁蹄蹂躏,苏州、无锡、南京、杭州等地无辜百姓必将大难临头。为此,华洋义赈救灾总会特邀中国红十字总会、慈善团体联合救灾会和世界红十字会等慈善组织代表商议对策,与会者一致同意成立"上海国际救济会",田伯烈被推选为该会委员。

淞沪抗战爆发后,数万难民扶老携幼,流落街头,衣衫褴褛,饥不择食。田伯烈利用自己的社会关系和记者身份,争取到了日本外交官日高信六郎和半官方的同盟通讯社社长松本重治的协助,与法国神甫饶家驹(Father R. P. Jacquinot)等人成立了上海南市安全区,收容并保护难民。

1937年8月,他与伊丽莎白·钱伯斯(Elizaberth Chambers)小姐结婚成家。同年12月13日,侵华日军攻陷南京,发生了震惊中外的大屠杀,远在上海的田伯烈获悉此事后严加谴责,打算立即赴南京采访,但未获批准。从报刊中他发现,惨剧发生后日军当局一方面在国外进行欺骗宣传,用粉饰太平的语汇来描述战后的古都;另一方面又在占领区内千方百计阻止不利于他们的新闻报道。至于南京的社会和政治现状,日本媒体根本没有正面真实报道。

1938年1月16日,田伯烈经过调查研究草拟了一篇电讯新闻准备发送给《曼彻斯特卫报》,向外部世界公开日军在金陵古都的所作所为。日军检查员于16日晚审查了田伯烈的新闻专稿,认为内容"过于夸张",要求修改"不当"之处后才可以发送。田伯烈拒绝了他们的无理要求,并就新闻专稿遭到日本军方查扣一事通过英国驻沪总领事馆向对方提出抗议,要求做出解释。在第二天下午日方举行的新闻发布会上,田伯烈就他本人曾被勒令前往日本军部约谈一事提出了质问。日方新闻发布官自知理亏,除了做出否定表态外还表示愿意随时与当事人沟通,遭到了田伯烈的抵制。事后日方散布谣言,谎称田君意欲制造事端,近期他的友人端纳曾资助他前往汉口,为的是让他去接受蒋介石宣传工作的任命。

虽经多次交涉,田伯烈仍无法从上海向曼彻斯特发送新闻专稿,便开始关注其他渠道的同类文件资料,以证明他的新闻专稿内容的真实性。搜集到的材料显示事态惨烈程度大大超出了人们意料,确有将南京大屠杀惨案公诸世界的必要。这就是田伯烈决定撰写《外人目睹中之日军暴行》

(*What war means, the Japanese terror in China*)的前因后果。

田伯烈收集了大量第一手资料写成了《外人目睹中之日军暴行》一书,于1938年6月在英国出版,引起了轰动。除中文版外,该书还发行了英文、法文和日文等语种版本,引起了越来越多读者的关注。

1938年7月,中文版的《外人目睹中之日军暴行》由杨明翻译,汉口国民出版社出版。开篇部分包括郭沫若序、作者序和译者前言。全书共分九章,正文292页,附录七则。第一章,南京的活地狱;第二章,劫掠、屠杀、奸淫;第三章,甜蜜的欺骗和血腥的行动;第四章,恶魔重重;第五章,华北之恐怖;第六章,黑暗笼罩下之城市;第七章,空袭与死亡;第八章,恶魔的阴谋;第九章,结论。附录之一至之三,收录了129件外侨记录的有关南京暴行的报告;附录之四,收录了南京安全区国际委员会函件;附录之五,收录了攻占各城市之日军部队;附录之六,收录了南京暴行中的"杀人竞赛";附录之七,收录了有关南京惨案之日本媒体报道。1986年,马庆平和万高潮等译家根据最新研究成果重译该书,书名为《侵华日军暴行录》,进一步丰富了有关日军南京大屠杀研究史料藏书。

田伯烈是世界上首位向外界全面揭露侵华日军在沪宁杀害30万平民的外国记者。他撰写此书完全是出于对日军屠杀无辜中国平民的愤慨,出于一名职业记者的道德和良知,出于一位关心亚洲人民命运和福祉的学者的真知灼见。该根据南京安全区国际委员会的日军罪行报告、第三国事件目击者贝德士(Miner Searle Bates, 1897—)、费吴生(Geogea A. Fitch)和马吉(John Gillespie Magee)等人的书信、日记,以及《密勒氏评论报》(*The China Weekly Review*)与《字林西报》(*North China Daily News*)等有关报道撰写而成。白纸黑字,不容罪人和谎言家的抵赖。

该书的问世激发了中国抗日战争军民对侵略者的同仇敌忾,进一步坚定了他们的抗日决心和信心,也为中国人民赢得了宝贵的国际声援和道义支持。直至今日,该书仍然具有极高史料价值和文献价值,为研究日军侵华史的各国专家学者所推崇。南京惨案发生后70多年的时间过去了,世界各国出版的相关史料和著述也增至100多部,但是田伯烈的专著,无论是出版时间、内容充实程度还是史学价值方面,都堪称第一。

《外人目睹中之日军暴行》一书与读者见面后,田伯烈先后在重庆扶轮社和中国国民外交协会作"欧美局势发展"的专题报告,受到党国要员高规格的接见。1938年7月,田伯烈被聘任为中国国民党中央宣传部国际宣传处顾问,派驻上海办事处,任驻欧办事处主任,专职联络西方各界人士,促进英美等国民众团体援华抗日活动。1941年,田伯烈奉调国际宣传处驻澳大利亚墨尔本办事处担任主任。

1943—1950年,田伯烈任职于联合国新闻署和教科文组织(UNESCO),1964年,受聘于联合国善后救济总署(United Nations Relief and Rehabilitation Administration)上海办事处。1945—1946年,印度尼西亚码头工人为抵制荷兰殖民主义者向爪哇运送军队和武器举行罢工,1947年7月20日,荷兰以印尼拒绝修改《临牙耶蒂协定》为借口,发动了"第一次警察行动"(The First Police Action),出动了陆海空军向爪哇和苏门答腊发动全面进攻。为对印尼进行经济封锁,荷兰殖民者准备控制印尼的耕地和交通线。当年联合国安理会建立了印度尼西亚斡旋委员会(Good Offices Committee for Indonesia),田伯烈被任命为副委员长(后晋升为代理委员长)。任职期满后他又以技术专家身份供职于印度尼西亚外交部,负责青年外交官员的培养以及该国战后重建工作。

1951年,田伯烈因染上热带病(tropical disease)离开了雅加达返回伦敦就医,其间与公谊会(Society of Friends)建立了联系,1952年,成为该会会员。他还出任了"为消除贫困而战运动"(War on Want Campaign)的秘书兼司库,该运动旨在为发展中国家在争取技术和资金援助中提供道义支持。1954年,他组织了第一届为消除贫困而战运动代表大会。

长期以来,田伯烈与国民党和蒋介石夫妇关系密切,但是他们在多大程度上支持过他,他是否为他们做过宣传,专家们对这些问题有不同看法。毫无疑问,田伯烈采取的是一条强硬反战路线,他本人与包括上海同盟通讯社社长松本重治(Matsumoto Shigeharu)在内的一些日本人的私交甚笃,也是事实。1939年,他放弃了新闻采写,接受国民政府新闻部顾问的聘任,但是在太平洋战争结束前仍然坚持撰写包括与自民党思想家吉田松阴(Yoshida Shoin)等人有关的日本题材。

田伯烈在中国工作和生活了20年,把自己一生中最宝贵的时光献给了新闻、赈灾和中国人民抗日战争事业。他思想开明,维护正义,热心公益事业,对中国人民充满深厚感情。1954年11月29日,他病逝于英国埃塞克斯医院,终年56岁。

作为一名国际记者,田伯烈曾经撰写过大量报道、述评和专著。其中与日军侵华有关的著述有《外人目睹中之日军暴行》(*What War Means: The*

Japanese Terror in China, London, Victor Gollancz Ltd., 1938)、《晋安府之真相》(*The Truth About Tsinanfu*, pp. 130—131, *The Nation*, August 8, 1928)、《中国之高压手段》(*China's Steam Roller*, pp. 596—597, *The Nation*, May 15, 1929)、《满洲国之日本》(*Japan in Manchukuo*, pp. 295—305, *Foreign Affairs*, January, 1934)、《日本：一个世界性问题》(*Japan: A World Problem*, 1942)、《我们所见之日本》(*We Saw Japan* by Leane Zugsmith, Carl Randau and H. J. Timperley, p. 7, *The New Masses*, March 3, 1942)、《挖掘大王》(*Digger Chief*, pp. 31—65)。

三、被中国人的胸怀、宽厚和文化的客观性所感动的费子智

费子智（Charles Patrick Fitzgerald, 1902—1992），出生于英国伦敦。他的父亲索额（Dr. H. Sauer）原籍南非开普敦。费子智毕业于英国克利夫顿学院（Clifton College, Bristol）。1923年，他21岁，来华任职于京沈铁路局，主要负责联系当地供货商向往美国出口制作热狗的肠衣，业余时间学习汉语。1927年，他见证了国民革命军攻陷武汉的壮举。回英国学习几年后他又于1930年再度来华。1936—1939年，他获利弗休姆奖学金（Leverhulme Fellowship）资助在云南大理从事中国社会调研，曾先后从昆明出发前往重庆，又从太原出发前往西安，了解沿途中国社会的风俗人情。1940—1946年，他服务于英国外交部。1946—1950年，他担任英国文化协会驻南京官员，与当时驻国民党政权的澳大利亚大使格拉斯·科普兰（Douglas Copland）过从甚密。1949年，科普兰担任澳大利亚国立大学副校长后，曾邀请费子智讲学。1950年，费子智访问了澳大利亚国立大学，第二年他移居澳大利亚并出任澳大利亚国立大学东亚历史系副教授。1954年，该校设立了远东历史系（即今日的太平洋研究院历史部东亚处）由他担任教授兼系主任。

费子智的广泛兴趣充分反映在他任职的部门工作中。他的专著《武则天》、有关东南亚华人的《第三中国——东南亚之中国社会》以及绝品专论《胡人之床——中国椅溯源》等都是很少人涉足的研究选题。他还把研究范围进一步扩展到日本。他的研究团队中有从考古到当代事务的专家，研究领域从中亚到南亚历史的学者，以及学术界的男女领军人物与关于亚洲事务的辩手。

1941年，费子智在伦敦出版的《五华楼——云南大理民宅研究》，是根据他个人 1936—1938 年在云南大理对民家（白族）文化考察研究撰写而成。全书正文 11 章，分别为：第一章，苍山和洱海；第二章，稻米标准；第三章，大理城；第四章，白王之子民；第五章，三种宗教（一）祖先崇拜；第六章，三种宗教（二）众神；第七章，三种宗教（三）巫术和神话；第八章，家庭和家园；第九章，做客；第十章，马帮路上；第十一章，与国外的联系和交流。①

作者深入中国社会基层，通过观察、考查、访谈和体验，对大理的地理山川、历史典故、社会结构、宗教信仰、内外交往、民族关系和风俗习惯进行了详细的描述和令人信服的分析。他怀着浓厚的兴趣记录了大理民家的岁时节庆和礼仪。如：东岳会、山神会、叫花子会、除夕祭祖、三月街、渔潭会、绕三灵、火把节、元宵节等。其中一些已经失传了，另外一些至今仍然保存，从人类文化学角度搜集、整理并进行学术分析，具有重要的历史价值和文化价值。

费子智通过讲座和著述，向澳大利亚学子讲授了自己在华的见闻，表达了对于中国人民的深厚感情，对于往事的现实主义回忆以及对于共产党执政的期待。1952 年，他在伦敦出版了《中国革命》（1964 年修订版书名改为《共产主义中国的诞生》），很有分寸地描述了国民党政权失败以及共产党获胜的过程，在国际上受到了普遍关注。当时澳大利亚对于华北的新形势孤陋寡闻，费子智在公开辩论中独排众议，以真知灼见打消了许多人心中的疑团。他是澳大利亚人文科学院的创始人，也是社会科学院的一位知名院士。

《中国革命》是费子智著作中影响较大的一部。全书共 10 章，包括：中国革命的起源、中国革命与西方列强、建国三时期、基督教与中国革命、革命与传统、中国革命与远东各国、新民主主义论和中国革命的前景等。作者认为，西方学者研究中国历史应该将中国革命与西方的影响结合起来分析才能得出科学的结论。虽然西方的革命运动（包括基督教革新和马克思主义理论指导下的政治运动）都从不同角度对中国近现代历史产生过影响，但是，中国革命的领导人和参与者都是中国人。西方人与中国革命的关系在中国史研究中只能是第二位的，不应从西方人的角度来考察中国革

---

① 章节标题翻译根据 2006 年 4 月 1 日民族出版社出版的《五华楼》，译者刘晓峰和汪晖。

命的历史。认为中国革命发生的原因在外部的观点,不但不能反映中国历史的真实面目,还可能导致方向性的错误。

一位名为罗伯特·吉尔(Robert L. Gill)的摩根州立学院读者在评论费子智的《中国革命》时写道:

> 在充满歇斯底里和国际紧张关系的时代,费子智的《中国革命》是一部引人入胜的专著。这位知识渊博的远东问题学者,怀着个人情感对于中国的社会政治体制以及具有凝聚力的佛教影响进行了简洁而生动的追溯。西方砸开了中华王国大门导致了不平等条约的签订,强制实施治外法权、划分租借地、租界与势力范围以及国际安置区,甚至禁止华人入内,都说得井井有条,明白无误。同样地,天主教传教团的建立,新教各帮派之间无休止的争执,中国关税的征收,邮政系统的管理,白银的外流,对于其他所谓"权利"的声索,都被揭露无遗。难怪孙逸仙博士把中国称为"亚殖民地"。西方国家竭尽全力使中国每况愈下。中国的血汗几乎都被榨尽,而西方列强各国却拿不出任何具有建设性的东西回赠中国。①

费子智掌握了有关中国历史和文化的知识,无论其深度或广度一般人都难以匹敌。1985年,他在墨尔本大学出版社出版的《为什么是中国?——1923—1950年中国往事》一书,充满了他对中国往事的美好回忆,他谈到了如何被中国人的胸怀、宽厚及其文化的客观性所感动。他的经验、幽默和通情达理无不表现出对中华文化的景仰和热爱。他对中国及中华历史的研究,对于他的任何同事而言都是宝贵的财富。他不仅对中国有深刻了解,而且还热爱中国文化。中华人民共和国成立后,他一直主张承认中华人民共和国政权。

1968年,费子智退休后还担任太平洋研究院客座教授,继续从事中国与东南亚关系的研究。1968年,获澳洲国立大学荣誉文学博士学位。他曾被聘任为墨尔本大学访问教授多年,后来一度侨居意大利,最后回到了悉尼游动海湾南岸的住所,享尽充满美酒与烧烤的人生乐趣。几年前他的

---

① Robert L. Gill: Morgan State college Book Reviews *Revolution in China* by Charles Patrick Fitzgerald, New York: Frederick A. Praeger Inc, 1952.

夫人萨拉（Sarah）和长女尼科拉（Nicola）先后去世，身边只有次女米拉贝尔（Mirabel）和三女安丝亚（Anthea）以及外孙陪同安度晚年。1992年4月13日，费子智在新南威尔士悉尼去世。

费子智是一位历史学家，也是教育家、记者和社会活动家。他先后出版了28种专著，发表的论文、短文和小册子约380多篇。他的第一本专著《天子：唐朝开国天子李世民传》1935年被译成法文出版，前后修订过四次。他的《共产主义中国的诞生》和《中国大潮》亦于1968年译成法文出版。《东亚简史》于1969年译成意大利文出版。他的作品不仅在学术界有广泛影响，在政界也常常被引用。

他的主要著述有《天子：唐朝开国天子李世民传》（Son of Heaven：A Biography of Li Shih-min, Founder of the Tang Dynasty, Cambridge：University Press, 1933）、《中国文化简史》（China：A Short Cultural History, London：Cresset Press, 1935）、《五华楼——云南大理民宅研究》（The Tower of Five Glories：A Study of the Min Chai of Ta Li, Yunnan, London：Cresset Press, 1941）、《中国介绍》（Introducing China, with George Yeh, London：Pitman, 1948）、《中国革命传统》（The Revolutionary Tradition in China, Canberra：Australian National University, 1951）、《中国革命》（Revolution in China, London：Cresset Press, 1952）、《远东历史的特点》（The Character of Far Eastern history, Canberra：Australian National University, 1955）、《武则天》（The Empress Wu, London：Cresset Press, 1956）、《中国大潮》（Flood Tide in China, London：Cresset Press, 1958）、《中华帝国探秘》（Finding Out About Imperial China, London：Muller, 1961）、《中国文化简史》（俞仁寰译，台北：中华文化出版事业社，1961年）、《共产主义中国的诞生》（The Birth of Communist China, Baltimore：Penguin Books, 1964）、《胡人之床——中国椅溯源》（Barbarian Beds, London：Cresset Press, 1965）、《东亚简史》（A concise History of East Asia, Hong Kong：Heinemann, 1966）、《中华巨人——共产主义中国展望》（The China giant：Perspective on Communist China, Cleaview, Ⅲ]：Scott, Foresman, 1967）、《中国人如何认识自己在世界中的地位》（The Chinese View of Their Place in the World, London：Oxford U.P., 1969）、《第三中国——东南亚之中国社会》（The Third China：the Chinese Communities in South-East Asia, Singapore：D. More, 1969）、《中国史》（The Horizon History of China, New York：American Heritage Pub. Co., 1969）、《中国外交政策的方

向性变化》(Changing Directions of Chinese Foreign Policy, Canberra: Australian Institute of International Affairs, 1971)、《共产主义化之中国——红色革命之演变》(Communisam Takes China: How the Revolution Went Red, London: B.P.C., 1971)、《向南扩张之华人》(The Southern Expansion of the Chinese People, London: Barrie and Jenkins, 1972)、《中国——如此变化的世界》[China: A World So Changed, with Myra Roper, Melbourne, Thomas Nelson (Australia), 1972]、《1945年以来的中国与东南亚关系》(China and Southeast Asia since 1945, Camberwell, Vic: Longman, 1973)、《中国史论集》(Essays on the Sources for Chinese History. Edited by Donald D. Lieslie, Colin Mackerras & Wang Gungwu. Dedicated to Charles Patrick Fitzg erald by the Department of Far Eastern history, Australian National University. Canberra: Australian National University Press, 1973)、《中国》(China, translation of: Cina, il passato e il presente, with Keith Buchanan and Colin A. Ronan, New York: Crown Publishers, 1981)、《为什么是中国？——1923—1950年中国往事》(Why China?: Recollections of China, 1923—1950, Carlton, Vic: Melbourne University Press, 1985)、《毛泽东与中国》(Mao Tsetung and China, London: Hodder and Stonghton, 1976)。

四、致力于中国古文字学和考古学研究的诺埃尔·巴纳

诺埃尔·巴纳（Neol Barnard, 1918—2016），出生于匈牙利布达佩斯，17岁上大学时住在巴黎一个表亲家，但是为了躲避德国法西斯对欧洲犹太人的迫害，第二年他便离开了巴黎，在热那亚登上一条前往孟买的船去找他的哥哥。对于一个男孩子来说穿越亚洲次大陆是一件很艰难的事情。在加尔各答那些年他学习了建筑、考古、地理、地质和亚洲艺术等方面的基础知识。1947年，他携妻女移居澳大利亚，定居于悉尼，后来又添了两个儿子，靠采矿谋生。生活好起来了，就有闲情逸致做些自己喜欢的事情。他最喜欢收藏中国古代青铜器，直至1988年他去世为止。

诺埃尔·巴纳在维多利亚研修历史和地理课程，毕业后升入澳大利亚国立大学攻读中文专业，获博士学位，然后在该校继续学习中国历史，2014年12月，获维多利亚大学荣誉博士学衔。他任职于澳大利亚国立大学50年。1970年，入选澳大利亚人文科学院院士。

诺埃尔·巴纳的研究领域为中国古文字学和文物考古研究,在青铜器铭文(inscriptions on the bronze vessels)和楚帛书研究方面都取得非常出色的成绩。在研究方法和史料批判问题上他在同时代中外学者中有较大影响。对于青铜器铭文辨伪,特别是对毛公鼎辨伪贡献尤为突出。

1986年夏,四川广汉三星堆遗址发掘出两个被称为"祭祀坑"的重要遗迹,出土了大量与中原文化风格迥异的青铜器,引起了历史学界和考古学界的极大关注。两篇发掘简报发表后,又出版了题名为《三星堆祭祀坑》的发掘报告,促进了三星堆文化研究的蓬勃开展,出版了数以百计的学术论文和多部学术著作。此后三星堆文化研究不仅被国内学术界所密切关注,也引起了国外学者的广泛重视。不少国外学者将三星堆文化当作一个重要的古代青铜文明中心来研究。国外学者的研究视角和研究方法,对国内学术界有极大的启发。

关于三星堆祭祀坑的发掘情况巴纳曾做过详细的描述。他在《对广汉埋葬坑青铜器及其他器物之意义的初步认识》一文中,对三星堆两个祭祀坑发掘过程做过生动描述,甚至连当时的气候状况也做了陈述。

关于祭祀坑的历史年代问题,巴纳对国内研究者的一些观点提出了商榷意见。他认为:从三星堆遗址剖面图报告中对该遗址文化层的描述来看,以其周围的地层叠压关系来确定的"埋葬坑"的年代不一定准确。从发掘简报对地形的描述可以推测遗址区内蜿蜒曲折的河流溪水分布状况,但要解决上述异常的地层叠压关系,还需对历史上河水泛滥、河床频繁改道以及早期文化遗存再堆积的范围等做专题调查。

巴纳对国内学者用C-14来测算年代也持怀疑态度。他写道:"多数情况下,中国C-14年代的测定远未达到国际上通常所要求的水平,因此就标本类别以及标本与遗址之间的关系而言,一些C-14年代的可靠性还值得怀疑。"鉴于资料的不全面和不可靠,他没有对祭祀坑的整体年代做出判定,但就祭祀坑出土的青铜容器的年代,他判定其大多为西周,个别可能早到商代晚期。

巴纳还对祭祀坑的一些说法表示异议。他说,尽管"埋葬坑"器物从表面上看是分类分层堆积的,但其中一个奇怪的事实是,像青铜、玉、金、象牙这类贵重器物好像是随意投入坑内的。"埋葬坑"内出土的大量(3立方米)骨渣和灰烬,发掘者认为反映了一种祭扫形式,并引证了商代甲骨文中的有关记载,但也可理解为一次较大火灾后的残余。

巴纳在《对广汉埋葬坑青铜器及其他器物之意义的初步认识》中写道,显然三星堆出土器物中那些造型独特的青铜器具有的所谓"地方因素"应该来自中原以外的另一种文化,这种文化的特征自50年代以来在彭县(现彭州市)竹瓦街(1980年)、成都南一环路(1978年)等地考古发掘中已显露出端倪。这些地方出土的青铜器形状普遍较大,给人印象极深。从器物本身观察,它们明显受到中原文化直接或间接(可能更大)的影响,……成都平原出土的具有强烈地方特色并采用中原造型及纹饰风格的青铜容器,提醒人们所面对的应是另一种状况下的独立文化,这一文化具有独特的、与其他文化截然不同的特征,当然这并不排除它在青铜铸造方面也可能受到其他外来文化的影响。……青铜铸造作为社会文化一部分,三星堆文化在中原文化及众多外来因素的强烈影响下,自始至终地表现为一种具有地方特色的复合文化,由此而表明了一个基本事实,即:还存在着尚未确定的文化源头。当然,蜀文化的有些内容是在本地起源和发展起来的。但就文明发展的全部过程及其发源地来看,是否应不限于中国的北部、西部和南部?具体的地域方向迄今仍模糊不清。

巴纳还注意到境外文化在三星堆的出现。他在同一篇文章中明确认为:"三星堆出土的青铜器已明显地显示了一种或多种土著文化的特征,同时也反映出土著文化受到中原文化,尤其是楚文化以及中国境外其他文化的影响。说到境外文化的影响,三星堆青铜'车轮'显然就是一种外来文化的产物,或许可以在公元前第1千年纪中期中东某种文化中找到其文化源头。"①

巴纳先后出版专著13部,发表论文70余篇。他的主要著述还有《古代中国青铜器的铸造与青铜合金》、《楚帛书翻译及其诠释:楚帛书研究二》(澳大利亚国立大学出版,1973年)、《楚艺术的起源与性质》、《对广汉埋葬坑青铜器及其他器物之意义的初步认识》。

五、长期潜心研究文言文和中国哲学与两汉历史的毕汉斯

毕汉斯(Hans Henrik August Bielenstein,1920—),出生于斯德哥尔摩,1945年,获斯德哥尔摩大学硕士学位,1954年,获汉学博士学位。他是最

---

① 赖悦:《国外学者对三星堆文化的研究》,载《中华文化论坛》2011年第3期。

早受业于汉学家高本汉(Klas Bernhard Johannes Karlgren, 1889—1978)的瑞典学者之一。1952—1961年,他被聘任为澳大利亚堪培拉大学古汉语和现代汉语教授兼东方研究院院长,1961年起,任美国纽约哥伦比亚大学东亚语言文化系主任兼中国史教授。他是瑞典皇家科学文学史和古代史通信院士,美国东方学会会员、亚洲研究协会会员。1979年,他曾随美国汉代研究考察团访问中国。

毕汉斯的研究领域为古汉语、中国哲学和历史,对东汉史有特别深入研究,有关经济发展、历代人口统计和封建制度的更替等历史问题他提出了别开生面的解读。1954—1979年的26年时间,他撰写了专著《东汉的中兴》,对于西汉的消亡、王莽新政的兴起以及东汉王朝的确立进行了综合分析,指出朝代更替中民族经济和文化所发挥的关键作用。他认为王莽是一个不折不扣的阴谋家,虽然他执行的新政压制了贵族势力,但是并未保护人民的利益,因而没有强大的生命力。刘秀进一步强化了中央集权制制度,使封建王朝的统治免于灭顶之灾。

1988年,毕汉斯从汉学研究丁龙讲座教授岗位退休,仍保留瑞典国籍。他的主要著述有《公元2至742年时期的中国人口统计》(载《远东古文物博物馆通报》第19期,第125—163页,1947年)、《汉代的中兴,含〈后汉书序〉》[*The Restoration of the Han Dynasty, with Prolegomena on the Historiography of the Hou Han Shu. Bulletin of the Museum of Far Eastern Antiquities (Stockholm). 4 Vols.* BMFEA 26:1—209, 1954年; 31:1—287, 1959年; 39:1—198, 1967年; 51:1—300, 1979]、《再论汉代预兆数据的应用》[*Further comments on the use of statistics in the study of Han Dynasty portents. Journal of the American Oriental Society*, 97(2):185—187. April-June, 1977. Co-authored with Nathan Sivin]、《汉朝的官僚体制》(*The Bureaucracy of Han Times*. Cambridge: Cambridge University Press, 1980)、《589—1276年中国的外交和外贸》(*Diplomacy and Trade in the Chinese World*, 589—1276. Leiden: Brill, 2005)。

六、亚洲佛教古典文献的翻译和研究者狄雍

狄雍(J.W. de Jong, 1921—2000),出生于荷兰莱顿,在该市接受启蒙教育后上了大学预科。1939—1945年,他就读于莱顿大学,主修中文,同时

也修日文和梵文。1940年，德军入侵荷兰后大学停课，私下授课都转入密室。作为一个普通学生，他只能凭自己对文献学的兴趣在莱顿闭门自学。他通过中文、梵文、巴利文学习亚洲佛教古典文献。多数学者只满足于掌握一两种语言，而他却对研究佛典的语言有一种与众不同的求知欲。

1945年第二次世界大战结束后，莱顿大学开始复课，他顺利地通过了毕业考试。1946年，他以访问学者身份乘船到哈佛大学学习一年。他在那儿见到了两位他十分景仰的学者：第一位是美国著名的梵文佛经专家富兰克林·艾志顿（Franklin Edgerton，1885—1963），第二位是丹尼尔·英戈尔斯（Daniel Ingalls）。

1947—1950年，狄雍前往索邦大学和法兰西学院学习藏文，成为汉学家戴密微（Paul Henri Demieville，1849—1979）的弟子，还见到了巴瑟尔·拉露（Marcelle Lalou）。后来他用法文写了不少论文，还在巴黎结识了吉赛尔·巴克斯（Gisèle Bacquès）小姐，1949年，两人结婚成家。同年他以博士论文《明句论五章》获得了莱顿大学博士学位，并开始学习蒙古文。

他于1950年返回荷兰。1950—1954年，担任莱顿大学高级研究助理，1954—1956年，在莱顿大学的汉学研究院（Sinologisch Instituut）任研究员。1956年，莱顿大学创建印度学（Indology）研究所，他被聘为首任藏语和佛教研究教授。1956年，他以联合国教科文参加佛祖诞辰2500周年的代表团成员身份访问了印度，第一次会见了达赖喇嘛，纪念会后还参访了尼泊尔。1965年，狄雍移居澳大利亚，被聘任为澳洲国立大学南亚与佛教研究系教授，1967年出任该系主任并兼任东方学院（今亚洲研究学院）院长。此时著名的印度历史教授巴山（A. L. Bashan）也从伦敦被邀请到堪培拉，两位知名学者正好同在一个系任教。

狄雍最感兴趣的学科是哲学，其次为文学。他密切关注德国、法国和荷兰的出版动态。他对现代史中的修正主义倾向，特别是否定大屠杀的企图非常愤慨。尽管他终生从事学术研究，但是从未想过给自己立传，倒是鼓励过德国出生的佛教学者爱德华·康兹（Edward Conze，1904—1979）写回忆录。1979年，康兹两卷本的回忆录《现代灵知学家回忆录》（*Memoirs of A Modern Gnostic*）问世了。狄雍不无遗憾地说他再也无缘读到康兹声称因为遭受诽谤而拒绝付梓的第三卷，也决不冒险通过邮局给他寄书了。

狄雍的最大强项是文献学知识，但是他所掌握的荷兰语、德语、英语和法语还不够应对他的业务所需。1949年，他撰写的论文《明句论五章》研究的是最难懂的马哈亚纳(Mahayana)经文,他专门学习丹麦文就是为了读懂其中最重要的一部经书。后来他又在自己的阅读目录中添加了意大利文和俄文书籍。冷战时期,他前往圣彼得堡就是为了查阅那儿的大量中亚藏书。除了荷兰语、汉语、法语、英语、德语、日语、俄语、丹麦语外,他还能用蒙古文、梵文、巴利文和藏文阅读和翻译。

他的学者声誉建立在大量连续发表的专业论著基础之上,对重要理论进行评析是他最喜欢做的事。正如在澳大利亚国立大学听过他1992年在巴山讲座上演说的人所知道的那样,他并不是一位口若悬河的演说家,然而他写出来的文章却是无与伦比的。尽管多少有点惜墨如金,但是简洁明了,信息量丰富。对于持异议的意见他总是给予严厉批评。他不是一位咬文嚼字的人,却喜欢摆明自己的学术理据,有时他在评论中使用的尖酸刻薄笔调往往使对手成为论敌,在美国更是如此。他似乎扮演了一位自封的标准佛学研究守护神,在一段时间内该领域比今天的范围狭窄多了。他对于不学无术者的批评总是笔锋犀利,每当他认为写文章的人对于自己的选题力不从心时他总要一吐为快,不留情面。即便他对别人的著述表示夸奖时也要列出种种修正的意见。有人说他太喜欢品头论足,攻击别人的时候多,告诉别人怎么做的时候少。但是他撰写的《藏文本米拉日巴的一生》却并非如此。他的持久贡献之一是耗时多年写出并于1997年在日本印行的专题论文《欧美佛学研究简史》。没有哪位学者敢于涉足如此宽泛的领域。

《欧美佛学研究简史》是1973年狄雍应日本学术振兴会邀请到日本各大学做短期演讲的讲稿汇编,发表在大谷大学英语学报《东方佛学者》(*The Eastern Buddhist*)1974年第7卷第1、2期,1978年11月至1979年12月,又在香港《内明》月刊连载。该书除序言、前言和四个附录外,正文主要根据西方学术界对东方佛学的接触和了解的历史脉络,分四章进行讲解,内容分别为:第一章,前期(公元前300—1877);第二章,中期(1877—1942);第三章,近期(1943—1973);第四章,将来的展望。

狄雍在第一章中就欧美对于古代佛教的了解所做的回顾。他写道:

> 远在亚历山大大帝之前希腊人就知道印度的存在。公元前300年,麦加士迭尼斯(Megasthenes)出使波陀离勃多罗(Pataliputra)时写了一本见闻录,帮助西方了解当时印度的社会和宗教。亚历山大港神

学家克莱门特（Clement）在他的《杂录》中首次讲到印度人皈依"佛陀"（Boutta）的故事。在以后的几个世纪中，亚历山大港、罗马、南印度和锡兰之间一直保持着交往。西方与亚洲佛教的首次接触始于13世纪罗马教皇因诺森四世（Innocent IV）派遣方济各会和多明我会修道士出使元，但是对于佛教的全面记述则始于马可波罗（Marco Polo）的《游记》（*Divisament dou Monde*）。早期许多西方学者只是通过梵文、巴利文、加尔穆克文、藏文和蒙古文原典来研究佛教。

狄雍在第二章中提出了应该把1877年视为西方佛教研究新阶段的观点，因为1881年列斯·戴维斯（T. W. Rhys Davids, 1843—1922）创立了巴利圣典协会（Pali Text Society），1882年《巴利圣典学刊》（*Journal of the Pali Society*）创刊，此后欧美学者争相翻译、校订或者释读佛典，研究佛教与婆罗门教、数论、瑜伽的关系，以及佛教纪念碑与碑铭的关系。这一阶段欧美梵文文献出版数量增加，印度佛教界也推出了不少优秀著述，学术气氛空前热烈。

第三章的内容主要涉及1953年富兰克林·艾志顿出版的《佛教混用梵文文法及辞典》（*Buddhist Hybrid Sanskrit Grammar and Dictionary*）所引出的话题，包括：中亚佛经与尼泊尔抄本比较、与汉传文本的比较、典籍校订的方针、佛典中的各种方言混合形式、对经文中的文体、词汇、语法和韵律的考察。此外，对于吐鲁番断简与伯希和收集之断简的比较、大乘佛教、大乘哲学、知识论学派、密宗教和西藏佛学的研究，也是重要的选题。

狄雍在第四章中就几个佛学研究和编撰领域发表了个人的看法：日本佛学文献目录及评论报道、汉译佛典的批判校订、汉译佛典的用词、语汇与文体在中印佛教史上的重要性、巴利文与梵文原典的翻译问题、汉文佛典的批判翻译问题等。

1986年退休后，狄雍仍笔耕不辍，把大部分时间用于阅读欧洲出版的新作，与世界各地的同人保持通信联系。《印度—伊朗学刊》是他事业成功的一个关键。1955年，他与同事奎日波（F. B. J. Kuiper）合作创办该杂志，一直到1998年（自卷1至卷41）。他是两位主编之一。该刊主要在荷兰出版，是佛学研究的主流刊物之一。虽然并不畅销，在澳大利亚只有3位订户，但是通过这份杂志发表自己的观点，可使该项研究扩大到世界各地。

他从各种渠道购买研究用书。第二次世界大战结束后欧洲书市充斥着各类二手图书,作为一位年轻人他常去莱顿的图书拍卖市场。在一张旧报纸上可以看到他坐在一群银发皓首老人中间的图书拍卖会照片。他双眼注视着既有学术价值又便宜实惠的拍品,总是有所收获。他一辈子都在买书。他的一些最有价值的书就是在堪培拉书市掏来的。他常四处寻找降价图书和处理图书,与妻子在一起,关键时刻充当参谋,帮助选择和定价外语图书。

狄雍平时不愿给朋友添麻烦。他从不忘给自己留出工作时间,觉得与学者们面对面交往不如书信往来痛快。他回复友人的信件很及时,但总是言简意赅,有的放矢。他的博士研究生,除了格雷戈里·斯科鹏(Gregory Schopen)和保罗·哈里森(Paul Harrison)等一些人外,大部分都是来自日本,他那佛教学者的名声广为人知,只因他是欧洲仅有的佛教研究专家之一,早就知道日本人在研究汉传和藏传佛教方面已经走在别国学者之前。他定期受邀到日本给大批有专业修养的人讲课。他还被邀请参加意大利都灵国际梵文大会,但是因为健康原因未能成行。

他在佛教文献学领域是当之无愧的知名学者,但是在外界知道他的人并不多。1949—1997年,他先后用英文和法文出版的著述820种,其中700种是评论。有些被译成了其他语言,特别是译为日文的居多。他对藏学研究有重大贡献,其中包括对米拉日巴生平的研究。他编辑并翻译了敦煌存稿中的藏文罗摩衍那故事。20世纪40年代,他就开始中观哲学研究,是最早涉足此领域的学者之一。

狄雍曾经是欧洲的佛学研究卫士,他去世后佛学研究领域发生了很大变化。这一学派在美国或者澳大利亚都不看好,但是在欧洲实力仍然很强。从他的早期著述中就可以看到他赞同佛学观点,但是这从未体现在同辈多数学者的私生活中。他毕生沉浸在知识的海洋,也从中获益匪浅。

2000年1月22日,狄庸在堪培拉去世。他的2个女儿留在了澳大利亚,1个儿子住在荷兰,有7个孙子和1个孙女。

他共收藏图书1万多册。2000年4月,新西兰基督城坎特伯雷大学从他的家人手中购得1.2万多册藏书。

他的主要著述有《明句论五章》(*Cinq chapitres de la Prasannapadā*,1949)、《藏文本米拉日巴的一生》(*Mi la ras pa'i rnam thar: texte tibétain de la vie de Milarépa*. S-Gravenhage: Mouton, 1959)、《佛言在中国》(*Buddha's*

Word in China, George Ernest Morrison lecture in ethnology, 1968)、《欧美佛学研究简史》(A Brief History of Buddhist Studies in Europe and America. Supplements published in 1981)、《拉冒特与无我教义》(Lamotte and the Doctrine of Non-self, 1987)、《西藏罗摩衍那故事》(The Story of Rāma in Tibet. Stuttgart：F. Steiner, 1989)、《佛教要义：佛教哲学和修行基本术语与概念》(Essentials of Buddhism：Basic Terminology and Concepts of Buddhist Philosophy and Practice by Kogen Mizuno, Gaynor Sekimori, J. W. de Jong, published 1997)、《再说一遍"阿育耶迪"》(Once more, ajyate, Journal of the American Oriental Society, Vol. 118, No. 1, pp. 69-70, Jan-Mar, 1998)。

七、中国宗教史和开封犹太人研究权威李渡南

李渡南(Donald Daniel Leslie, 1922—)，曾执教于澳大利亚国立高等教育学院，通晓汉语、英语、法语、俄语、日语、阿拉伯语、波斯语和希伯来语，是研究中国宗教史和中西交通史的权威。

他长期从事有关开封犹太人的研究。1962年，他在《美国东方学会会刊》发表了《开封犹太人碑文笔记》①。据记载，开封的犹太人从北方移民来华，共有七姓八家，即：赵、艾、李、张、章、石、金和高。"李"源于"列维"(Levi)，"石"是"示巴"(Sheba)，"艾"为"亚当"(Adam)。他们的后裔不吃猪肉，不吃动物的蹄筋，过安息日。据1992年的一项统计，中国犹太人后裔的人数约为618人，散居在全国各地。

1972年，李渡南在《通报》第10卷专刊号发表了《中国犹太人的遗存——开封犹太人社区(The Survival of the Chinese Jews. The Jewish Community of Kaifeng)从历史学和社会学角度通过对碑铭与文本的研究，系统地论证了开封犹太人的历史。

1981年，澳大利亚堪培拉高等教育学院出版社出版的《明末清初穆斯林汉籍、作者及其相关人物》(Islamic Literature In Chinese, Late Ming And Early Ch'ing：Books, Authors And Associates)，是李渡南的一部具有重要目录学和文献学价值的代表作。该书收录了中文伊斯兰教文献59种74部著述的书名、作者、序言、版本和年代，提供文献中有关的人物与传记资料和

---

① 载《美国东方学会会刊》1962年第82期，第346—361页。

分析。该书附录部分对刘智《天方至圣实录》中的地名、人名、碑文和敕令进行了考证和研究,对于世界各国图书馆有关伊斯兰教文献的收藏分别进行了介绍,对于阿拉伯文和波斯文有关中国穆斯林的资料引述、分析和考订尤为详尽。李渡南谙熟中国文化,长期专注世界有关中国穆斯林汉籍的整理和研究情况,遍访各国图书馆,在广泛搜集中国伊斯兰教的地方文献和民族文献基础上进行研究和开发,吸收了19世纪以来东西方研究中国伊斯兰教的成果。他擅长文献考据,资料掌握全面,分析有理有据,书目提要精当,结论令人信服。

1984年,李渡南与法国耶稣会士荣振华(Joseph Dehergne, 1903—1990)合著《通过18世纪入华耶稣会士的未刊书简看中国的犹太人》一书。书中收录了意大利耶稣会士骆保禄(Giampaolo Gozani, 1659—1732)有关开封犹太人的7封书信,法国耶稣会士孟正气(Jean Domenge, 1666—1735)有关该社团的11封书信,以及华耶稣会士宋君荣(Antoine Ganbil, 1689—1759)的8封书简。该书还摘引了利玛窦《中国札记》(1582—1610)中有关他与开封犹太举子艾田会晤的资料,葡萄牙耶稣会士——中国副省区会长和巡按使何大化(Antonio de Gouvea, 1592—1677)1644年向罗马教廷所做的有关中国开封犹太人的报告。

2005年,德国华裔学志研究所出版了《耶稣基督的中国面孔》系列丛书,其中第三卷有一篇是由李渡南和中国学者杨大业合著的《中国伊斯兰教的耶稣先知》。文中节译了《天方至圣实录》《天方正学》和《天方大化历史》中有关耶稣的记录,谈到了穆斯林对耶稣基督的态度和观点,承认他是伟大的先知。

除了上面介绍的著作外,李渡南的重要著述还有《中国史论集》(*Essays on the Sources for Chinese History*, co-authored with Colin Mackerras & Wang Gungwu. Canberra: Australian National University Press, 1973)、《开封犹太人汉文—希伯来文谱牒》(*The Chinese-Hebrew Memorial Book*, Canberra College of Advanced Education, 1984)、《传统中国的犹太人与犹太教:文献综目》(*Jews and Judaism in Traditional China: a Comprehensive Bibliography*, Sankt Augustia: Monumenta Serica institute, 1998)、《中国宗教少数民族的结合》(*The Integration of Religious Minorities in China: the Case of Chinese Muslims*, the Fifty-Ninth George Emest Morrison Lecture in Ethnology, 1998)、《中国地名目录》(*Catalogues of Chinese local gazetteers*, Co-authored with

Jeremy Davidson)。

八、建构巴布亚新几内亚与西南太平洋语言研究项目的沃姆

沃姆(Stephen Adolphe Wurm,1922—2001),出生于布达佩斯,童年在维也纳和布达佩斯度过。他是遗腹子,父亲阿道夫·沃姆(Adolphe Wurm)生前熟悉德语,母亲安娜·诺夫罗次基(Anna Novroczky)熟悉匈牙利语,但是他们都通晓多种语言。这一遗传基因让沃姆从小就对各种语言感兴趣,他在维也纳接受了启蒙教育,曾到欧洲各国旅行,到成人时已能说9种语言。

沃姆在侨居国奥地利无法确定是随父亲还是母亲的国籍,这一特殊情况使他在上大学前免服兵役。他在东方学院学习突厥语,1944年,以《论乌兹别克语》(On the Uzbek Language)的学位论文获得了语言和社会人类学博士学位。

1946年,他与非洲人种史博士海伦·玛丽亚·格罗伊戈(Helene Maria Groeger)相识相恋,结婚成家。1945—1951年,他在维也纳大学讲授阿尔泰语言学课程。这一时期他读到了瑞伊(S. H. Ray)的著作,开始对巴布亚新几内亚语言感兴趣,这竟成了他学术生涯的一个转折点。他与悉尼大学名贯遐迩的澳大利亚人类语言学家亚瑟·卡贝尔(Arthur Capell)开始通信交流。卡贝尔把有关他所研究的巴布亚西部省份流行的吉维语(Kiwai)笔记寄给了沃姆,帮助他在还没有到新几内亚实地考察前就出版了吉维语研究的专著。1951年,沃姆申请莫雷斯比港(Port Moresby)的一个与语言有关的职务,但是因为当地行政手续繁复,当批准通知寄到时沃姆已经接受了牛津圣安东尼学院的聘书,任命他参加与伦敦大学亚非学院合办的中亚研究所的组建工作。1954年,沃姆一家移居澳大利亚,卡贝尔安排他在悉尼大学人类学系任教。1957年,沃姆与妻子又移居堪培拉,在澳大利亚国立大学亚太研究院任高级研究员,同年他全家加入了澳大利亚籍。

此后,虽然沃姆仍然继续研究澳大利亚各种土著语言,但是却把研究重点转向了新几内亚语。他经常开着新买的带拖斗摩托车由他妻子海伦或者卡贝尔陪同到各地采集方言。他录下了新南威尔士、昆士兰和约克角(Cape York)大约40种语言和方言资料,数量十分可观,其中许多语言现在已经消亡,沃姆的录音是至今仅存的音频档案。

在澳大利亚国立大学亚太研究所的语言学系任职期间沃姆取得了巨大成绩。1957年,他被聘任为人类学系研究员,1968年,该系拆分为人类学系、语言学系和史前学系,他被聘任为语言学系教授。

沃姆在澳大利亚国立大学任职期间的一个重要成果,是建构并领导一项对巴布亚新几内亚和西南太平洋语言研究的开拓性项目。他和自己的研究团队首先解开了这一语言学通天塔(linguistic Babel)——世界上四分之一的语言使用之地——的谜团。他最先发现夸新几内亚语门(the Trans New Guinea Phylum,亲缘关系疏于语族的一组语言)的存在——大约有400—500种具有亲缘关系的非亚澳语言(non-Austronesian languages)散布在新几内亚高地。近年来沃姆的弟子及其追随者掌握了这一组语言的关系细节和奥秘。

沃姆另外两项成就在语言学领域也产生了较大的影响。一是由他主持的亚太地区各种语言的语法和辞典出版系列。亚太语言学创建于1962年,计划出版500本著述。许多人认为仅这一项就是沃姆最了不起的成绩。然而,他的目光和精力还聚焦于语言学地图册的编印。他计划在1981至1982年首先推出两卷本的太平洋地区语言地图册(Language Atlas),由澳大利亚人文科学院和日本科学院提供资助。然后,在1988至1991年由澳大利亚人文科学院和中国社会科学院资助出版中国语言地图册(Language Atlas of China)。1995年,他与彼得·缪豪斯勒(Peter Mühlhäusler)和达列尔·特里恩(Darrell Tryon)合作编撰了规模更大的亚太和美洲跨文化语言地图册。这三部地图册和一些小型的地图册为沃姆和他领导的语言系带来为时40年之久的业绩辉煌。

1967年,沃姆被推举为澳大利亚社会科学院院士,1977年,又被选为澳大利亚人文科学院院士。1986—1989年,他担任人文科学院院长,并兼任布鲁塞尔国际科学院联合会会长,1988—1997年,他担任巴黎教科文组织国际哲学协会主席,1997年后,他还担任荷兰国际语言学会会长。

沃姆是第二次世界大战后对太平洋语言研究方向进行论证和定位的少数精英之一。他先后发表了300多部著述,但是最重要的是,作为一位杰出的学术领军人物,他为太平洋语言地图册的筹划和实施做了三件大事:第一件事,他在1968—1987年担任澳大利亚国立大学太平洋研究所所长任期内开展了一项前景广阔的研究项目,以名不见经传的美拉尼西亚语言(languages of Melanesia),特别是非亚澳语言(又称巴布亚语)为研究选题。他选拔的人员都具备了两个重要条件：具有该地区或部分地区的语言专家资格，并且是不辞辛劳的老资格研究员。第二件事，20世纪60年代初期，为了给澳大利亚、太平洋群岛和东南亚的土著语言的专著和专题研讨会寻找文件和著作出版渠道，他专门设立了一个出版机构（1966年后称为"太平洋语言学社"），自任总编，出版了大约500卷书刊。第三件事，晚年时他变身为一位了不起的语言制图员，为配合文本或论文而设计的多色语言地图极富创造性，技术含量很高。他与Shirô Hattori合编的第一本地图册是有关太平洋地区两卷本的语言地图册（1981—1983）。后来，他又继续主编了另外4本语言地图册，包括两卷本的中国地图册、3卷本（1600页）的太平洋、亚洲和美洲跨文化交流地图册。

沃姆是一位名副其实的出类拔萃的人物，他是世界历史上通晓语言最多的人，在主要的语族中他掌握了大约50种工作语言，精通至少20种语言。他的能力已达到神话境界。然而对于他的学术界朋友和同事来说，最难忘怀的不仅是沃姆的非凡语言才能、超常的魄力和干劲，更是他的热情、目光以及在他的研究团队中表现出来的执着和奉献精神。从他任职于澳大利亚国立大学亚太研究所之初，一位亚太语言学之父的形象就在众人心目之中闪耀着。

2001年10月24日，沃姆病逝于堪培拉。

九、陶渊明诗文翻译和研究专家戴维斯

戴维斯（Albert Richard Davis，1924—1983），毕业于剑桥大学，专攻中国古典文学。1955年下半年，悉尼大学恢复东方研究系建制后，他被聘任为教授兼系主任，邀请刘渭平讲师加盟课程策划和教材编写，极力推动中华文化和中国国情的研究，1956年春，东方研究系正式招生开课。

除日常教学工作之外，戴维思还组建了澳大利亚东方学会并自任会长，邀请专业学者定期举行学术研讨会，出版会刊，刊发欧美汉学家的论文和书评。他和其他志同道合学者的理论研究和实践活动被认为是当代澳洲汉学研究之发端。

戴维斯长期从事东方文化研究。他耗时数十年，深入研究了陶渊明及其诗文。2009年，他的专著《陶渊明（卷一）》和《陶渊明（卷二）》在剑桥大学出版社出版。卷一内容包括：前言、陶渊明的四言诗、五言诗、闲情赋、读

史、述怀和祭文的翻译以及索引;卷二包括:陶诗校勘,评论、注释和诗人小传。文集内容丰富,见解独到,是许多研究陶渊明学者的案头必备参考书。

《杜甫》是戴维斯的代表作。全书分为七章,前三章论述了杜甫的生平,后四章对杜甫诗歌的形式、主题、内容、手法及其在中国文学史上的影响进行了深入的分析和点评。戴维斯认为,杜甫年轻时生活在大都市,他的诗歌有应酬成分,但是更多是出于个人感情的抒发,表现出对社会和人民的关怀,对于民生艰难、吏治的腐败、社会动荡和兵役的祸害的谴责。他晚年诗歌中的批判现实主义倾向十分突出,堪称唐诗的典范,对世诗歌的发展有深刻的影响。

戴维斯的主要著述有《中国古诗企鹅丛书》(*The Penguin Book of Chinese Verse*, co-authored with Robert Kotewall and Norman L. Smith, 1962)、《杜甫》(*Tu Fu*, 1971)、《如此夜晚:论苏轼作品中关于月光描写的先行思考》(*On Such a Night:A Consideration of the Antecedent of the Moon in Su Shi's Writings*, Journal of the Oriental Society of Australia 12, pp. 68—87, 1977)、《陶渊明(卷一)》(*T'ao Yüan-ming A. D. 365—427, Volume 1:His works And Their meaning.* Cambridge University Press, 1983)、《陶渊明(卷二)》(*T'ao Yüan-ming A. D. 365—427, Volume 2, Additional Commentary, Notes And Biography*, Cambridge University Press, 1984)。

十、在欧洲和澳洲从事汉学教学和研究四十余年的马悦然

马悦然(Nils Göran David Malmqvist, 1924—),出生于瑞典南部的延雪平(Jönköping)。童年时他从妈妈讲的故事中知道了东方有一个国家叫"中国"。

在乌普萨拉大学就读期间,他对东方哲学开始感兴趣,先后读了《老子》的英语、法语和德语译本,发现不同版本译文的意思相差很大。1946年,他师从瑞典汉学家高本汉学习古代汉语和先秦文学。教授把自己尚未发表的瑞典文《老子》译本供他阅读参考,使他茅塞顿开。1948年8月,他得到美国洛克菲勒基金会奖学金的资助,到四川进行方言调查。他从上海乘船到重庆,然后乘车进入成都,用了大约两个月的时间掌握了西南官话的一些常用语后,便在峨眉山下的报国寺内开始了8个月的方言调研。报国寺一位方丈每天上午都给他上两小时的课,下午他便步行去周边的乡村

调查方言。这期间他还去西藏做了一次短期旅行。通过在川北两年的实地调查,他收集了重庆、成都、峨眉和乐山等地的大量方言素材。

1949年秋天,他在成都结识了18岁的陈宁祖小姐。陈小姐的父亲陈行可早年留学美国,回国后曾经在成都师范学院、河南中山大学和沈阳东北大学任化学教授。陈小姐的母亲刘克庄是巴县女中的第一任校长。1950年9月24日,马悦然与陈宁祖在九龙沙田道风山教堂举行了婚礼。1951年,马悦然利用自己积累的语料完成了硕士学位论文,获得了汉学博士学位。第二年,他到乌普萨拉大学语言学系教了一年汉语和中国文学。1953—1955年,他执教于伦敦大学亚非学院,后到瑞典外交部工作。1956—1958年,他被任命为驻华使馆文化参赞。在中国的几年中他结识了不少朋友,与画家吴一峰、文化名人车辐、华西大学中文系主任闻宥以及美术系教授杨秀谷交往密切,后来又与老舍、冯至、艾青、沈从文、流沙河等中国著名作家和诗人私交甚笃。

1958年,马悦然被聘任为澳大利亚国立大学高级中文讲师。在此后7年中,他先后发表和出版了有关汉代音韵学、中国西部官话语音、四川方言和中国文学研究的论文和专著,学术生涯如日中天,很快就晋升为汉学教授和东方语言系主任。

在学术研究和教学的60多年中,他深入研究了中国历史、语言、文学、哲学、历史、宗教和社会问题,广泛涉及考古学、语言学和社会文化领域,发表了200多部论著。他曾参与《中国文学手册(1900—1949年)》四卷本的编写工作,翻译了中国上古、中古、近代和当代文学著作50余部。

1965年,高本汉从汉学系教席上退休,马悦然接替了他的教席。他运用自己在英国和澳洲的教学、研究和管理经验,组建了斯德哥尔摩大学汉学系。他向主管当局建议,将瑞典皇家图书馆、斯德哥尔摩大学图书馆和远东考古博物馆收藏的汉学图书汇总在新建的东亚图书馆,供汉学系师生和汉学研究人员借阅。1986年,他的愿望终于实现了,汉学系的规模和生员也得到了发展,形成了培养汉学专业本科生、硕士和博士研究生的完整体系。1966—1969年,他先后被聘任为斯德哥尔摩大学语言系主任、瑞典文学、历史和文物研究院副院长。1967—1977年,他被推举为亚洲学院院长。1980—1982年和1986—1988年,先后担任两期欧洲汉学协会会长。1984年,他获伦敦大学亚非学院荣誉院士。1985年,被推举为瑞典文学院(Swedish Academy)院士兼诺贝尔文学奖评委。

马悦然翻译过唐宋诗词和辛弃疾的作品,也翻译过闻一多、卞之琳、郭沫若和艾青的现代诗歌,还出版了《毛泽东诗词全集》。1986年,他编译了《中国八十年代诗选》,其中包括"朦胧"诗人北岛、顾城、江河、杨炼、严力等人的作品。他曾经写过一篇研究《荀子》著作中有关民歌的文章,对其中的56首民歌进行了详尽的注释,还出版过一本研究20世纪70年代新疆吐鲁番地区出土的唐代民歌小册子《唐三台令漫笔》。此外,马悦然还写了不少赏析中国古典诗词的文章,总是把文学鉴赏与历史背景的分析结合起来,以此加深读者对作品的理解,显示了他非凡的艺术鉴赏力。在译注辛弃疾的《沁园春》中,他认为辛用词浅近,韵律铿锵,善于用象征手法并借助意象魅力来烘托主题,堪称中国古典之佳作。

马悦然是一位多产的作者,长期致力于提升中国文学的国际地位,编辑或出版了200多部有关中国文学、哲学、语言学方面的论著。《中国西部官话语音研究》是他的一部代表作,获得了广泛声誉。1948年,他翻译了陶渊明的《桃花源记》,后又翻译了董仲舒《春秋繁露》。他最先将中国古典名著《水浒传》和《西游记》译为瑞典文,并向西方介绍了中国的《诗经》《论语》《孟子》《庄子》《荀子》《史记》《礼记》《尚书》等先秦著作。1958年后,他翻译了老舍的短篇小说《普通病房》、沈从文的《边城》和《从文自传》、张贤亮的《绿化树》、李锐的短篇小说集《厚土》和长篇小说《旧址》、诗人商禽的《冰冻的火炬》、高行健的长篇小说《灵山》以及曹乃谦的《到黑夜想你没办法》。1977年,他主编了《现代中国文学及其社会背景》(英文)一书。他还参与并主持《中国文学选读指南(1900—1949)》的编写工作。该手册共四卷,第一卷为中长篇小说,第二卷为短篇小说,第三卷为诗歌,第四卷是戏剧,共收作品约400篇,并附作家简介、作品内容梗概、赏析评论和参考书目。到1992年为止,他的全部文学译作已多达700种。他翻译的瑞典语版《西游记》和沈从文的《边城》,已成为瑞典学校的指定课外读物。

他发表了的研究论著涉及广泛领域,从音韵学分析、方言调查到古汉语语法,从中国古典小说的翻译到当代朦胧诗的译介,既继承了西方传统的严谨治学方法,又改变了西欧洲汉学研究重古非今的学术倾向。他主张将汉学研究重点拓展到中国现代文学和社会文化领域,把学术研究与促进中瑞两国学术文化交流结合起来。由于他的努力,不少瑞典诗人的作品也陆续被译为中文。

马悦然先后执教于伦敦大学、澳大利亚国立大学和斯德哥尔摩大学40多年,桃李满天下。他的学术范围广及中国语言、文学、哲学、历史、宗教、思想史、社会问题等各个方面,翻译和研究硕果累累。1978年和1984年,他两度获得瑞典国王奖,以表彰他在汉学方面的成就和贡献。

马悦然夫妇共生育三个孩子。1996年11月5日,陈宁祖不幸于病故。他的第二位妻子是中国台湾《中国时报》文化记者陈文芬,2005年,他们组成了新家。

1990年6月,马悦然从瑞典斯德哥尔摩大学汉学系主任与教席上荣休,但仍笔耕不辍,积极从事中国文学的译介和中瑞文化交流工作。他的重要著作有《关于成都方言标调的一些思考》(Some Observations On the Tone Manifestations of a Chengdu Dialect, Studia Serica, Chengdu, 1950)、《四川峨眉方言中一些不规则声调现象的音位学描写》(A Phonological Description of Some Irregular Tone Phenomena in the Dialect of Omei, Szechwan, Studia Serica, Chengdu, 1950)、《关于四川的两种方言》(A Note On Two Szech'uanese Dialects, Studia Serica, Bernhard Karlgren Dedicata. Utg. Av Else Glahn & Sören Egerod, Köpenhamn, 1959)、《后文言语法的一些思考》(Some Observations on a Grammar of Late Archaic Chinese, T'oung Pao, 1960)、《四川话中连接形式之句法》(The Syntax of Bound Forms in Sich'uanese, BMFEA, 1961)、《汉代音韵学的最新研究》(On a Recent Study of Han Phonology, T'oung Pao, 1961)、《西南官话语音研究》(Studies in Western Mandarin Phonology, BMFEA, 1962)、《中国语言学问题研究与方法》(Problems And Methods in Chinese Linguistics, George Ernest Morrison Lecture in Ethnology, The Australian National University: Canberra, 1962)、《汉代音韵学与校勘》(Han Phonology and Textual Criticism. The Australian National University Centre of Oriental Studies, Occasional Papers, Vol. 1, Canberra 1963)、《汉代书面语》(On Literary Dialects during the Han Period, Proceedings. Australian Universities Language and Literature Association, Canberra, 1964)、《声调和重音的关联性》(Correlated Features of Tone And Stress, Proceedings. Australian Universities Language and Literature Association, Canberra, 1964)、《周祖谟谈切韵》(Chou Tsu-mo On the Ch'ieh-yün, BMFEA, 1968)、《论前汉及汉代文本中语素"嫌"的语义》[On the Meaning of the Morpheme Shyan 嫌 in Pre-Han and Han texts, Bulletin of the Institute of History and Philology, Academia

Sinica (Taiwan), 1969]、《〈公羊〉和〈谷梁〉注释研究》(*Studies on the Gongyang And Guliang Commentaries*, BMFEA, 1971)、《〈公羊传〉与〈谷梁传〉研究》(*Studies On the Gongyang and Guliang Commentaries*, *Bulletin of the Museum of Far Eastern Antiquities*, 1971—1977)、《〈荀子·成相篇〉注释一则》(*A Note on the Cherng Shianq Balad in the Shyun Tzyy*, *Bulletin of the School of Oriental and African Studies*, 1973)、《毛泽东:长征》(Mao Zedong, *Den långa marschen. 38 poem tolkade och annoterade av G. M.* Stockholm: Wahlström och Widstrand, 1973)、《切韵问题再探讨》(*The Ch'ieh-yün Problem Re-examined*, i Joseph K. Yamagiwa, Memorial Issue. Paper of the C.I.C Far Eastern Language Institute, Ann Arbor, 1973)、《唐三台令漫笔》(*Random Notes on a Santair Poem of the Tarng period*, BMFEA, 1975)、《当代中国文学及其社会语境》[*Modern Chinese Literature and Its Social Context* (utg. av G.M.), Nobel Symposium nr 32, Stockholm: Tre Ringar, 1977]、《论"其"在〈左传〉中的作用和意义》(*On the Functions and Meanings of the Graph 其 chyi in the Tzuoo Juann*, 1980)、《关于古代汉语表达情态的几种方式》(载《中国语文》,第 109—118 页,1981 年)、《中国现代派诗歌的诞生》(*On the Emergence of Modernistic Poetry in China*, BMFEA, 1983)、《中国文学选读指南(1900—1949)》(*A Selective Guide to Chinese Literature*, 1900—1949. 4 Vols. Leiden, 1988—1990)、《〈西游记〉中的责任形式和认知必然》(*On the Modalities of Obligation And Epistemic Necessity in the Xiyouji*, Proceedings of the Second International Conference on Sinology, Taipei, 1989)、《李清照宋词注释》(*A Note on a lyrical Poem by Li Qingzhao*, *Archiv Orientalni*, 1991)、《商禽:冷藏的火把》(*Shang Qin: Den djupfrysta facklan.* Stockholm: Bonniers, 1991)、《北岛全集》(*Bei Dao Samlade dikter.* Stockholm: Norstedts, 1995)、《现代台湾诗歌的发展》(*On the Development of Modern Taiwanese Poetry*, *Archiv Orientalni*, 1999)、《翻译的艺术》(载《明报月刊》,2000 年)、《哥本汉教授与钱穆教授对于具体问题校勘的不同方法》(*Different Approaches of Professor Bernhard Karlgren and Professor Qian Mu to a Particular Problem of Textual Criticism*, Hongkong: Global Publishing Co., 2001)、《当代台湾诗选》(*An Anthology of Modern Chinese Poetry*. New York: Columbia University Press, 2001)、《另一种乡愁》(*Ett annat slags nostalgi*, Taipei: Lianhe Wenxue, 2002)、《俳句一百首》(*Ett hundra haikupoem*, Taipei:

Lianhe Wenxue,2002)、《二十世纪台湾诗选》(马悦然、奚密、向阳主编,台北:麦田出版社,2001 年)、《水浒传的瑞典文译本》(载《联合报·副刊》,2002 年)、《二十世纪欧洲汉学》(载《书城杂志》,2002 年第 2 期)、《瑞典与中国的知识交流》(Intellectual Encounters between Sweden and China, Journal of Sun Yat-Sen University, Social Science Edition, Vol. 48:3,2008)、《〈许慎:说文解字〉跋》(Postface to the Shuo Wen Jie Zi by Xu Shen, Skrifter utgivna av föreningen för Orientaliska Studier)。

十一、当代著名的蒙古学及元史学专家罗依果

罗依果(Igor de Rachewilts, 1929—),出生于意大利罗马,父亲布鲁诺·基多(Bruno Guido)具有波兰贵族血统。母亲安托尼娅·珀洛斯奥(Antonina Perosio)出身于东俄罗斯喀山的鞑靼族,家族历史可上溯到成吉思汗之孙——金帐汗国创建者拔都汗。罗依果的姓源于腓特烈二世(Friedrich Ⅱ)的封地称号,第二次世界大战结束后,意大利君主统治终结,该封号所赋予家族的全部特权被取消,"罗"(de Rachewiltz)成为一个普通人的姓氏。罗依果少年时代经常听老人讲到他们先祖如何东征西战的传奇故事。血缘的亲近感使他从小就对东方文化怀有一种无法割舍的追求欲。

1947 年,罗依果读到了米歇尔·普洛丁(Michael Prawdin)的《成吉思汗及其遗产》(Tschingis-Chan und seine Erben)一书,决心学习蒙古语,进一步了解家族的历史。因为手边没有工具书,他就到罗马的不列颠与外国圣经办事处,找到了一本 1846 年出版的蒙古文新教圣经。他的案头一边摆着苏列(Soulié)1903 年编著的《蒙古文语法基础》(Éléments de Grammaire Mongole),另一边是蒙古文圣经,开始自学蒙古文。

1949 年,罗依果在罗马大学研修法律、亚洲史、汉语和蒙古语,1951 年毕业。1952 年,他在那不勒斯东方语言大学学习汉语和日语,1955 年毕业。在此期间他还在意大利外交部档案处兼职。1956 年,他与伊内斯·阿德莱德·布拉持(Ines Adelaide Brasch)结为夫妻,养育了一个女儿,事业和家庭生活充满乐趣和成就感。

但是罗依果清醒地认识到,第二次世界大战后他的家族在意大利的特殊地位已经不复存在,他的专业前途越来越渺茫。于是他在 20 世纪 50 年

代到澳洲寻求学术发展。1960年,他在澳大利亚国立大学提交了自己的博士学位论文《13世纪中国学者耶律楚材》(*13th Century Chinese Scholar Yelü Chucai*),获得了中国历史博士学位后留校任教。从1965年8月起,他被聘任为该校远东历史系(后改名为亚太历史学部)研究员。

从20世纪70年代起,罗依果以连载形式发表了《蒙古秘史》(*Secret History of the Mongols*)的英译全文。该书是元朝蒙古族统治者重返草原后遗留在中原的类似历史演义的佚名文献,不用八思巴文而是用畏兀儿体蒙古文写成的约30万言叙事诗体史料。书中记载了蒙古氏族和部落的起源,成吉思汗在战乱中建立蒙古汗国的过程,以及蒙古国南征金与夏,收复畏兀儿,进兵中亚和欧洲,变革社会制度的历史。全书主要突出成吉思汗先祖的谱系、成吉思汗的一生,以及窝阔台汗的征战经历,是一幅12至13世纪蒙古族社会的生动画卷,对语言学和民族学研究有重要参考价值。

罗依果翻译的《蒙古秘史》,除了比1982年哈佛大学出版社出版的法兰西斯·克莱夫斯(Francis W. Cleaves)译本中使用的詹姆斯国王英语显得更古朴外,该书还提供了有关翻译理论与蒙古文化的详尽脚注。虽然迄今为止该书已有多种译文版本,但是在注释和翻译质量方面,没有任何一本可与罗依果的译本媲美。1972年,他又出版了以转写的拉丁文字母排序的《〈元朝秘史〉词汇索引》。此后他又着手整理研究并组织四国学者共同完成了《蒙古源流》的英文翻译。他还用数年时间完成了相关汉文史料的整理和编辑,与一些学者合作出版了《金元人文集传记资料索引》和《元朝人名录》。

由于学术界的密切关注,初版的《蒙古秘史》英译本在14年中连载了11期,使读者在引述时经常发生年代和章节的错误。于是罗依果在1987年启动了新版工程,对原来译文进行了加工润色,并通过对段落的梳理使其更加清晰易读。

罗依果的新版《蒙古秘史》是有关蒙古帝国的学术研究的一份重要资料,不仅在于它以一种书本格式出版,更主要的是他对译文的校订,是不可复制的里程碑式工程。

仅新版《蒙古秘史》的"前言"一项,对于蒙古帝国历史的编写就显得特别重要。罗依果回顾了该书的历史脉络,又探讨了随之出现的许多学术问题,包括:翻译与研究文献及其相关的民俗学、历史学与文学研究等方面的问题,简直就是一篇极具学术价值的专题论文。

《蒙古秘史》原始版本不分章节，为了便于读者阅读，罗依果根据新译文版本的行文进行了章节划分，并在每章之前都做了简要说明。除了概述本章重大事件外，还简介了各段落的内容，以便于读者快速查阅与自己研究有关的部分。应该说明的是，罗依果采用的是明代为汉人练习蒙古文翻译而编辑的汉语文本，蒙古文都附有汉字读音标注。坊间流行的版本有些把原文分为 12 章，也有一些分为 15 章，罗依果采用的是 12 章 177 段的划分版本。

新版译文共 220 页，但是对译文的讲评却占了另外 823 页篇幅。虽然与他的早期版本略有出入，但是讲解部分却全面充实。他在讨论中常常吸纳其他学者的论点和思路。尽管他对自己的译文充满自信，却也表现出实用和大度，不惜笔墨对意义含糊或有问题的段落提出不同的解读。他的讲评并非完全针对《蒙古秘史》的褒贬，实际上是一份文献研究纲要。

新版书后有 7 个附录。其中一个重点是对 1204—1219 年成吉思汗在西伯利亚和中亚征战的概括，因为《蒙古秘史》原著所提供的这方面资料语焉不详，而且日期常常前后矛盾。另外两个附录谈到 17 世纪一部蒙古编年史中出现了与《蒙古秘史》中所收录的相关段落，但是多处与汉文版本略有出入。其他附录是占据整个页面的有关安通·莫斯太雅特（Antoon Mostaert）评价《蒙古秘史》的参考书目，以及对法兰西斯·克莱夫斯译本和罗依果本人编排的索引的增补和订正。最后的附录是韦德-贾尔斯系统与汉语拼音对译转换表。参考书目冗长乏味，但是对于蒙古帝国的研究也颇具价值。

1982 年，罗依果的《孝经蒙古文译本》作为德国《中亚研究》第 16 辑增刊出版，全书共 109 页，包括导言、原版古蒙古文读音的拉丁字转写、原文文本的英译、译注以及文献目录，书后附 13 页原文影印件。

罗依果长期活跃在国际学术交流领域，曾于 1996 年、1999 年和 2001 年先后三次以客座教授身份到罗马大学从事研究工作。他还应邀到日本东洋文库、京都大学人文科学研究所、东京外国语大学蒙古语学部、德国波恩大学中亚语言文化研究所、俄罗斯科学院东方研究所、中国社会科学院民族研究所、世界宗教研究所、内蒙古大学蒙古史研究所进行了学术访问或者短期学术研究。1967 年，他得到了远东历史终身研究员的称号。在 1992 年召开的第五届国际蒙古学学者大会上，他被推选为国际蒙古学会副主席，同时入选当代世界十大蒙古学者之列。

罗依果的学术研究还得益于同事和先辈的专著,从安通·莫斯太雅特和亨利·塞瑞斯(Henri Serrruys)的著述中,罗依果学到了如何对文献进行严格把关,同时也接过并完成了逝者生前未能完成的项目。几年前,舒特档案(the C.I.C.M. Scheut archives)从罗马重返天主教鲁汶大学[Katholieke Universiteit (Leuven)],由莫斯太雅特等人从中国和欧洲购得的文稿,也先后进入了 KADOC 和大学图书馆(University Library)书库。最近罗依果将个人近 6000 册藏书捐赠给沃比叶斯特基金会(the Verbiest Foundation)。东方研究学者将有望由专门图书馆为他们提供所需的资源文档。

罗依果的研究领域为 13—14 世纪汉蒙政治文化史、东西方政治文化交流以及汉蒙文学。他学识渊博,兴趣广泛,学风规范,在研究中非常注重基本史料的整理和考证。他能用意大利语、英语、法语和俄语与人进行流利交流,还能阅读拉丁文、古希腊文以及现代欧洲一些主要文种。为研究蒙古学他还先后学习了汉语、日语和蒙古语。

罗依果的主要著作有《教皇派往大汗处的使节》(伦敦,1971 年)、《〈元朝秘史〉索引》("乌拉尔—阿尔泰丛书",第 121 卷,布鲁明顿,1972 年)、《金元人文集传记资料索引》第一辑(与中野美代子合作,堪培拉,1970 年)、《金元人文集传记资料索引》第二辑(与楼占梅合作,堪培拉,1972 年)、《金元人文集传记资料索引》第三辑(与楼占梅合作,堪培拉,1979 年)、《元朝人名录》三卷(与楼占梅合作,台北,1988 年)、《萨冈彻辰:宝贝史纲——1662 年蒙古编年史》第 1 卷(原文拉丁转写,与江实、J.R.克鲁格、B.乌兰合作,堪培拉,1990 年)、《萨冈彻辰:宝贝史纲——1662 年蒙古编年史》第 2 卷(乌日嘎本词汇索引,与 J.R.克鲁格合作,堪培拉,1991 年)、《在大汗处服役——蒙元早期(1200—1300)的名人》(与陈学霖等人合作,《亚洲研究》第 121 卷,威斯巴登,1993 年)、《洪武(1389)版〈华夷译语〉中的蒙古语资料》第 2 卷(评注,田清波、罗依果,《汉学与佛学论集》第 27 期,布鲁塞尔,1995 年)。

罗依果的主要论文有《耶律楚材(1189—1243):佛教思想家与入学政治家》(《儒学人物》,斯坦福,1962 年)、《耶律楚材的〈西游记〉》(《华裔学志》第 21 卷,1962 年)、《关于〈元朝秘史〉的成书年代》(《华裔学志》第 24 卷,1965 年)、《蒙古早期华北人与名人》(《东方经济史与社会史杂志》第 9 期,1966 年)、《论中国元朝的语言问题》(《澳大利亚东方社会杂志》第 5 期,1—2,1967 年)、《成吉思汗与澳大利亚国立大学的电脑》(《半球杂志》

第12期,4,1968年)、《穆罕默德·阿勒-撒马尔罕迪的蒙古文诗作》(《中亚杂志》第12期,1968年)、《〈元朝秘史〉第1卷译注》(《蒙古学会会刊》第9期,1,1970年)、《〈元朝秘史〉第1、2卷译注》(《远东历史论集》第4期,1971年)、《〈元朝秘史〉第3卷译注》(《远东历史论集》第5期,1972年)、《成吉思汗帝国的思想基础》(《远东历史论集》第7期,1973年)、《论契丹氏族名称耶律—移剌》(《远东历史论集》第9期,1974年)、《〈元朝秘史〉第4卷译注》(《远东历史论集》第10期,1974年)。

十二、研究中国共产党和毛泽东的生平与思想的泰维斯

泰维斯(Frederick Carle Teiwes,1939—)出生于纽约,1961年,获阿莫斯特学院(Amherst College)欧洲史学士学位,一度担任《罗维登斯学刊》(*Providence Journal*)驻西罗德岛记者。1969—1971年,泰维斯任康奈尔大学助理教授,后转学哥伦比亚大学研究生院,研修共产主义问题。一年后他到香港大学中国研究服务中心(Universities Service Centre for China Studies)为撰写他的博士论文《1950—1961年中共整风和清党》进行资料收集和研究。1971年,他获得哥伦比亚大学政治学博士学位。1972年,他应聘担任堪培拉澳大利亚国立大学教席,1976年起,他任职于悉尼大学直至退休。

泰维斯的学术研究领域广及亚洲历史、比较政府与政治学、国际关系、中共领导、中国政治和精英政治文化等方面,以研究中共党史和精英政治享誉学术界。2013年,他开始深入研究邓小平的生平事迹以及中国的政治、经济和文化,取得了丰硕的成果。

1984年出版的《中国领导人、合法性和冲突:从超凡魅力的毛泽东到继承政治》一书是泰维斯研究毛泽东的代表作。该书由"毛泽东的思想及行为变化的轨迹""领袖的合法性""毛泽东时代及其身后的正统原则和谨慎原则"三部分组成,围绕中国精英政治的核心人物毛泽东的思想和他投身的革命事业,从多层面多角度深入研究。许多西方学者对该书给予了充分肯定。泰维斯对中国国家领导人的研究,对国内外学界同行都具有重要的启迪和借鉴意义。1985年以后,他曾三次来华进行学术访问,在中国人民大学等高校做过学术报告。

乔治·华盛顿大学政治学与国际事务教授沈大伟(David L.

Shambaugh)在为他退休举办的晚宴上说:"泰维斯是他的研究领域中的学问大家,他出版的著述可视为其胚胎和人格的存在,我不认为我所知道领域中的任何一位可以证明自己的水平超过了他。这一职业品质把泰维斯研究保持在珍贵的权威级别之中。"

泰维斯在《从毛泽东到邓小平》一文中谈到中国革命和社会主义建设的伟大领袖毛泽东时说:"他具有洞察事物本质的非凡能力,毛泽东作为一个伟大的领导者具有巨大的意志力。作为一个伟大的战略思想家,他的超然态度给中国共产党的高层领导人以深刻的印象。"①但是毛泽东在社会主义时期也犯了一些重要错误,"大跃进"和"文化大革命"的发生,与他过分强调"人治"的思想分不开。

泰维斯研究毛泽东思想长达50多年的时间。他的学术著作主要有《中国精英纪律:1950—1953年整风的强制与说服手段》(Elite Discipline in China: Coercive and Persuasive Approaches to Rectification, 1950—1953, 1978)、《中国的政治与清党》(Politics and Purges in China, 1979)、《中国领导人、合法性和冲突:从超凡魅力的毛泽东到继承政治》(Leadership, Legitimacy, and Conflict in China: From a Charismatic Mao to the Politics of Succession, 1984)、《毛泽东和他的副手》(Mao and His Lieutenants. The Australian Journal of Chinese Affairs. No. 19/20, Jan.-Jul., 1988)、《毛泽东法庭之政治:20世纪50年代初的高岗和党内宗派》(Politics at Mao's Court: Gao Gang and Party Factionalism in the Early 1950s, Studies on Contemporary China, Nov. 2, 1990)、《中国的政治与清党:1950—1965年整风与党的标准的降低》(Politics and Purges in China: Rectification and the Decline of Party Norms, 1950—1965, Studies in Contemporary China. Jul. 2, 1993)、《毛泽东领导地位的确立:从王明归来到七大的召开》(The Formation of the Maoist Leadership: From the Return of Wang Ming to the Seventh Party Congress, Sep., 1994)、《毛泽东去世后自相矛盾的过渡:从服从领导到"正常政治"》(The Paradoxical Post-Mao Transition: From Obeying the Leader to "Normal Politics". The China Journal. No. 34, Jul., 1995)、《林彪的悲剧:"文化大革命"中的骑虎难下之势》(The Tragedy of Lin Biao, Riding the Tiger During the Cultural Revolution, Co-authored with Sun Warren, Honolulu: University of

---

① 泰维斯著,王红续等译:《从毛泽东到邓小平》,中共中央党校出版社,1990年。

Hawaii Press, 1996）、《中国的灾难之路：1955—1959 年毛泽东、中央政治家和省级领导层与大跃进的出现》(China's Road to Disaster: Mao, Central Politicians, and Provincial Leaders in the Unfolding of the Great Leap Forward, Co-authored with Warren Sun, Nov. 1998）、《毛泽东时代的中国》(The Chinese State during the Maoist Era. In David Shambaugh Eds., The Modern Chinese State, pp. 105—160. 1: Cambridge University Press, 2000）、《中国特色的标准政治》(Normal Politics with Chinese Characteristics. The China Journal, 45, 69—82. 2001）、《政治"核心"：毛泽东、邓小平和江泽民时期的政治环境》(Politics at the "Core": the Political Circumstances of Mao Zedong, Deng Xiaoping and Jiang Zemin. China Information: a Journal on Contemporary China Studies, XV, 1—66. 2001）、《延续政治学：先前模式和新的程序》(The Politics of Succession: Previous Patterns and a New Process. In Zheng Yongnian; John Wong, Eds., Chinas Post-Jiang Leadership Succession: Problems and Perspectives, pp. 21—58. Singapore: Singapore University Press, 2002）、《毛泽东时代的终结：1972—1976 年"文化大革命"曙光中的中国政治》(The End of the Maoist Era: Chinese Politics During the Twilight of the Cultural Revolution, 1972—1976, Co-authored with Warren Sun, Aug. 21, 2008）、《对现代化的观点逐步达成一致：1976—1978 年从清除四人帮到三中全会的中华人民共和国的经济政策》(An Evolving Consensus on Modernization: PRC Economic Policy from the Purge of the "Gang of Four" to the Third Plenum, 1976—1978. Chinese Elites and their Rivals: Past, Present and Future, Co-authored with Warren Sun. Melbourne: China Studies, University of Melbourne, 2009）、《毛泽东执政的 1949—1976 年》[Mao Zedong in Power (1949—1976). In William A Joseph, Eds., Politics in China: An Introduction, pp. 63—102. New York: Oxford University Press, 2010]、《毛泽东及其接班人》(Mao and His Followers. In Timothy Cheek, Eds., A Critical Introduction to Mao, pp. 129—157. New York, USA: Cambridge University Press, 2011）、《华国锋时期的中国新经济政策：党内一致与神话》(China's New Economic Policy under Hua Guofeng: Party Consensus and Party Myths. Co-authored with Warren Sun, The China Journal, 66, July, 1—23, 2011）、《三中全会之后中国经济的重新定位：围绕陈云再调整计划的意见分歧》(China's Economic Reorientation After the Third Plenum: Conflict Surrounding "Chen Yun's

Readjustment Program, *1979—1980*. Co-authored with Warren Sun *The China Journal*,70,July,163—187,2013)。

此外,泰维斯还参与《剑桥中国史》(*The Cambridge History of China*)第14卷的编撰工作,在《中国季刊》(*The China Quarterly*)、《亚洲观察》(*Asian Survey*)、《共产主义问题》(*Problems of Communism*)和《中国研究》(*The China Journal*)等刊物上发表过不少有关中国研究的文章。

十三、中国文学和书画艺术研究者李克曼

李克曼(Pierre Ryckmans,1935—2014),在比利时布鲁塞尔出生和成长,传统的家庭教育和幸福的童年使他顺利地进入了人生的搏击大舞台。他在天主教鲁汶大学学习了法律和历史专业,前者是他的家庭教育传统选项,后者则是出于他个人的兴趣。他觉得大学校园的生活丰富多彩,师生之间的往来、朋友和同学(其中许多来自亚洲和拉美)之间的学术争辩与交流,比课堂学习的内容还丰富,令人难忘。

1955年,中国教育部邀请10名比利时学生访华,李克曼当年才20岁,是代表团成员中最年轻的一位。他们到中国各地观光,周恩来总理接见了他们,进行了大约一个小时的谈话,给他留下了深刻的印象。他觉得生活在当今世界不懂汉语,不直接接触中国文化,将是最大的遗憾,于是他开始学习汉语。但是当时不知向何处申请奖学金,好不容易才找到一个到中国学习汉语和中国文化的机会。因为他喜欢绘画,很快就对中国画和书法入了迷。他对中国画上的题词很感兴趣,知道中国画家多半都是学者、诗人和文学家,这就是题词内容丰富,用典巧妙,极富哲理和技巧的原因。

李克曼时代的许多年轻人喜欢研究一些边沿性的学科或者人们知之甚少的课题,因为比较容易出成果。但是他的一位中国老师告诉他:"应该钻研名著,特别是研究有助于个人基础知识积累和基本功训练的作品。"这一番话对他有很大启发,在写博士论文时他就选择了译评名著——《石涛画论》。石涛是18世纪初的中国天才画家,对于一些基本问题,如"为什么画""怎样画",都提出了自己的独立见解。在李克曼的所有著作中,唯独这部专著在出版市场上的需求量历久不衰。更使他觉得欣慰的是,在他这部书的读者中画家人数比汉学家还多。

1970年,柳存仁邀请李克曼到澳大利亚国立大学中文系任教。于是

他带着妻子和四个孩子打算去那儿教3年书,但是最后却在那儿长期住了下来。那时的澳大利亚国立大学中文系正处在黄金时代,教学环境和条件都相当不错。1971年,李克曼以维克多·谢阁兰(Victor Segalen)小说《勒内·莱斯》(René Leys)的主人公的名字为笔名发表了《毛主席的新衣》(Les habits neufs du président Mao),1976年,又发表了《中国皮影》(Chinese Shadows),在欧洲和澳大利亚学术界引发了激烈的争论,给他的学术生活带来了负面的影响。

1987—1993年,他应聘担任了悉尼大学中国文学教授的职位。因为政治和经济原因,他在澳大利亚的工作环境发生了变化,高等教育面临着危机,他决定提前退休。

李克曼是澳大利亚人文学院研究员,也是法语文学皇家学院(比利时)成员,对于中国文学有深入研究。有一次,《澳大利亚汉学家协会通讯》编辑丹尼尔·桑德森(Daniel Sanderson)对李克曼进行书面采访时请他谈自己研究中国诗词的感受,他回答说:

> 汉语书面语的内在美和魅力在中国古典诗词中有其巅峰的表现。……中国古典诗词形式最纯洁,最完美,比任何诗歌都出众,在人们记忆中永生难忘。而且就像绘画一样,它以其书法化身完美地留在人们的视域中,与记忆并存,以生命同寿,持久地再现一个人每日的经历。①

关于文学的社会功能,李克曼在2002年澳大利亚新南威尔士文学大奖颁发仪式上的演讲中曾经有一番精彩的表述,认为"文学为我们屏蔽人生的暴风雨"。他引用心理学家卡尔·荣格(Carl-Gustav Jung)的专业定义告诫读者:

> 人一旦与神话王国疏远,随之而来的,就是人的生存状况被贬低到纯粹的事实层面——这就是心智疾病的主要成因。……不读诗歌,不读小说的人随时都面临着一头撞上事实,被现实压得粉身碎骨的危

---

① Daniel Sanderson: *An Interview with Pierre Ryckmans in the Chinese Studies Association of Australia Newsletter*, No. 41, February 2011.

险。……任何一个秩序稳定的国家都有义务提供公共教育、公共医疗、公共交通与安全、司法机构、垃圾收集等服务。但在这些主要服务与职责之上,一个真正的文明国家还该保证,为对付日常生活的血雨腥风,公民们手里始终有一把保护伞——因此,国家应当鼓励艺术,扶持艺术。①

当丹尼尔·桑德森问李克曼:"在您看来,为什么澳大利亚需要开展汉学研究?汉学研究对于澳大利亚到底需要不需要?"李克曼反问道:"那请说说为什么澳大利亚需要研究学问,需要文化?"

谈到对汉学家的希望和建议时,李克曼说:"尽最大努力学好汉语,尽可能在汉语环境中多待一些时间,流利的语言是从实践和精神上打开所有大门的钥匙。"②

李克曼英译的《论语》(1997年)出版后受到了广泛的好评,他的读者遍布于英语世界。除了他的翻译水平高以及技巧娴熟外,最主要的是他对孔子和儒家学说的长期深入研究,把握了其要领,才能高瞻远瞩,语出惊人。他认为中国文化既是东方文明的一朵奇葩,更是一种世界观,是建构人与宇宙关系的方式,维持世界运转的良方。孔子把人视为中国人文主义的基石,中华文化对西方人想当然地认为具有放之四海皆准的种种观念是一个无尽无休的挑战,从这一意义上说,儒家学说是值得人们思考、观察和反省的永恒话题。

李克曼是国际著名汉学家,在澳大利亚国立大学任职17年,在悉尼大学教授汉语6年,桃李满天下,其中包括现任澳大利亚总理的陆克文。他还在中国台湾、中国香港、新加坡和日本生活和工作过。1993年退休后,他仍笔耕不辍,经常在《纽约书评》(*The New York Review of Books*)、《费加罗文学》(*Le Figaro Littéraire*)和《月刊》(*The Monthly*)上发表文章。

他的主要著述和翻译有《石涛画论》(*The Treatise on Painting by Shi Tao*)、《中国皮影》(*Chinese Shadows*,1977)《拿破仑之死》(*The Death of Napoleon*,1991)、《论语》(*Analects of Confucius*,translation,1997)。

---

① Pierre Ryckmans,*Speech at NSW Premier's Literary Awards*,2002.译文转引自《文学为我们屏蔽人生的暴风雨》。

② Daniel Sanderson,*An Interview with Pierre Ryckmans in the Chinese Studies Association of Australia Newsletter*,No. 41,February 2011.

十四、汉末和三国历史学研究和文献翻译开拓者张磊夫

张磊夫(Rafe de Crespigny,1936—),出生于澳大利亚阿德莱德。1957年,他毕业于英国剑桥大学历史系,当时主要对亚瑟王的传说和圆桌骑士感兴趣。1961年,他获该校欧洲史硕士学位。1962年,张磊夫在澳大利亚国立大学修完中文专业课程后,受业于汉学家毕汉斯研究汉朝中兴历史。他开始阅读布列为特·泰勒(Brewitt-Taylor)翻译的罗贯中的《三国演义》,对东汉历史越来越感兴趣,想通过吴史的研究弄清史实与小说之间的不同之处。1964年,他撰写了《华南的发展:试论三国之一吴的雏形》(The Development of the Chinese Empire in the South; a discussion of the origins of the state of Wu of the Three Kingdoms)。此外,他还翻译了《孙坚传》,希望通过对吴的研究了解罗贯中在《三国演义》中如何把贬吴变为褒蜀。

张磊夫在澳大利亚国立大学深造期间,除了毕汉斯(Hans Bielenstein)外,他还先后受业于费子智(Patrick Fitzgerald)、许倬云(Hsü Cho-yün)和宫崎市定(Miyazaki Ichisada)等汉学家,1968年,他又获远东史博士学位。

1984年,他发表的论文《北疆:东汉的政策与战略》,从历史小说《三国演义》中大量借用叙事手法,描述了三国时期的人物以及当时采用的外交策略。1990年,他在专论《江南将领:吴的建国和早期历史》中描述了孙氏家族的发迹、三国称雄的形成、人口增加以及长江一带的防务情况,借鉴了《三国演义》中赤壁之战(the Battle of Red Cliffs)的精彩描写和英语文献中可以找到关于中国早期的河岸之战(riverine warfare)思想。该书为进一步研究早在5世纪就出现了的中国南北分治提供了历史线索,丰富了个人的翻译经验,也是他专业研究新阶段的标志。

2010年8月29日,张磊夫在回答《中世纪史学家》(Medievalists)书面访谈时有这样两段问答:

问:曹操肯定是中国历史上比较著名的人物,但是千百年来他被塑造成马基雅维里式反派角色(Machiavellian-type villain)。有一句常被引用的据说出自他的话是"宁我负人,毋人负我"。大作对这一人物的处理是否部分采用了均衡观点(balanced view)?

答:是的。长期以来我一直觉得名著《三国演义》扭曲了公众对于三

国历史的态度。作者对于刘备褒奖过多,把蜀说成汉代江山的合法继承者。这一"虚构的"传统得到了许多话剧、戏曲和文学作品的承袭,至今仍是公众的一种态度。我认为这种偏袒影响了我们对历史的解读。尽管我承认小说的魅力,但是我认为应该把史料放到历史环境中来研究。

三国时期可供研究的中文信息,特别是有关曹操的材料,多得惊人。我从中获得了可用于重构前后关联令人信服的曹操生平和性格的表述。我尽量用它还原合情合理的历史,但是曹操在极其艰难的环境中所取得的成就及其行为给我留下的印象也越来越深刻,这正是我要肯定的一点。

在我的《帝国军阀:曹操传(155—220AD)》的最后一章,我专门对他去世后的千百年中所流传的声誉进行了归纳,就为何他在所处时代是一位反派人物而不是英雄的问题提出了我的看法。其实有充分理由相信答案就在后来各朝的政治环境中,也是受文学资料(戏剧和小说)的性质——形式和情节的要求所制约。在很多情况下,反派人物比普通英雄更有意思和吸引力。

问:您为什么对中国这一时期的历史感兴趣?

答:我得到的第一个学位是欧洲史学位,此后,我在汉代中兴历史学家毕汉斯的指导下开始研究汉学。第一年我读了布列维特·泰勒(Brewitt-Taylor)翻译的《三国演义》,简直令人爱不释手。西方亚瑟王的传说有其现实生活的根基,人人都可从中找到自己需要的东西。因此我也想从小说之中寻找史实,看看当时中国到底发生了什么事情。

我从来就不喜欢刘备——此事我实在羞于启齿。他自视清高,花言巧语为失信和两面派行为开脱。因此我首先集中精力研究吴,然后思考汉朝天下到底怎么了,为什么又是怎样崩溃的?它的组织结构如何,有哪些致命伤?这就慢慢地引导我研究边界战争与地理,管理与税务,当然也包括太学和骚乱的学人,太监和后宫。

对于这一切,我以一个历史学家而不是哲学家或者文学家的方法研究问题。我从人民所处时代的环境中来了解他们的行为。我编写《东汉三国历史大辞典》时必定要列出有关人物的生卒年月,最重要的是重大事件发生的时代、日期和顺序。①

---

① Medievalists.net. *Interview with Rafe de Crespigny*. August 29, 2010.

张磊夫通过撰写《从桓帝、灵帝到媾和》并查阅了方志彤（Achilles Chih-tung Fang, 1910—1995）的《三国年表》（The Chronicle of the Three Kingdoms），把握了从汉朝到三国的历史。

张磊夫是澳大利亚人文科学院院士，也是澳大利亚东方学会研究员，澳大利亚国际事务研究所、澳大利亚亚洲研究协会、历史学会（英国）[the Historical Association (UK)]、澳大利亚皇家地理学会以及亚洲和北美国际会议会员。他是澳大利亚国立大学中国和韩国中心退休教授。他的研究领域主要为汉代历史、地理与文学，是汉末和三国时期历史学和文献翻译的开拓者。他的《帝国军阀：曹操传（155—220A.D.）》和《东汉三国历史大辞典》是不可多得的代表作。

张磊夫与夫人张宝慈曾多次到中国访问。1973年，他们从北京出发，经洛阳、三门峡，再到成都、重庆。1981年他们取道中国香港，先后游览过杭州、苏州等地。

张磊夫是人们熟悉的中国通，能讲一口流利的中国话。他撰写的主要著作有《中国的土地和人民》（China: The Land and its People, Melbourne, 1971）、《本世纪的中国》（China This Century, Melbourne 1975, 2nd Edition Hong Kong, 1992）、《后汉历史》（The Last of the Han, Canberra, 1969）、《三国文档：〈三国志〉研究》（The Records of the Three Kingdoms: A study in the historiography of San-kuo chih, 1970）、《桓帝（159—168A.D.）时代的政治与哲学》（Politics and Philosophy under the Government of Emperor Huan 159—168 A.D., 1980）、《北疆：东汉的政策与战略》（Northern Frontier: The Policies and Strategy of the Later Han Empire, 1984）、《汉朝的江南》（South China during Han, 1988）、《桓帝与灵帝》（Emperor Huan and Emperor Ling, 1989）、《东汉的江南》（South China under the Later Han Dynasty, 1990）、《边沿人物：曹操与三国》（Man from the Margin: Cao Cao and the Three Kingdoms, 1990）、《江南将领：吴的建国和早期历史》（Generals of the South: the Foundation and Early History of the Three Kingdoms State of Wu, 1990）、《三国与西晋：公元3世纪中国史》（The Three Kingdoms and Western Jin: a history of China in the Third Century A.D., 1991）、《媾和》（To Establish Peace-a partial translation of Sima Guang's Zizhi Tongjian, Canberra, 1996）、《东汉三国历史大辞典》（A Biographical Dictionary of Later Han to the Three Kingdoms, 23—220 A.D., 2007）、《帝国军阀：曹操传（155—220A.D.）》

(*Imperial Warlord:A Biography of Cao Cao*,155—220 A.D.,2010)。

他还在《东汉历史文献》(*Papers on Far Eastern History*)和《澳大利亚东方学会会刊》(*Journal of the Oriental Society of Australia*)上发表多篇论文。

十五、特里尔的《毛泽东传》是西方同类著作中最畅销的版本

罗斯·特里尔(Ross Terrilll,1938—),出生于澳大利亚墨尔本郊区吉普斯兰德,父亲是小学老师。如何赤脚抓兔子以及用兔毛换零花钱,都是他童年难忘的记忆。20世纪50年代,他父母为了让子女进更好的学校读书全家从丛林搬到了市区。特里尔无奈地穿上了皮鞋,戴上了帽子,打着学校的紫黄相间的领带上了卫斯理学院(Wesley College)。他的老师多半都是有识之士,主张更多关注中国和亚洲其他邻国,为学子们打开了知识新视窗。

1957年,特里尔进入墨尔本大学,放弃了学习自然科学,选择了历史和政治专业,一度成为十分活跃的工党党员。他老师中的左翼人士很向往中国,认为社会应该不断进行变革,不断进步。他的中国现代史老师格雷戈里受过英国教育,曾写《大不列颠与太平天国》一书。按照他的作业安排特里尔认真地写了一篇关于1843年《南京条约》的小论文,感情投入之深仿佛感受到了当年鸦片战争在广州市民中燃起的激情。教授中国政治的老师阿瑟·哈克曾在皇家墨尔本理工大学军方创办的语言中心学过汉语,对中华人民共和国怀着一种谨慎和同情的态度,强调应该读毛泽东的著作和语录。特里尔和同学们在他的影响下开始翻阅《毛泽东选集》第一卷和第二卷,在墨尔本商业区的左翼书店里争购北京外语出版社的图书。

1962年,特里尔毕业于墨尔本大学,获得历史政治学学位后到澳大利亚陆军服兵役。1963年,他怀揣着父亲给的旅费,从当时的苏联进入中国,访问了北京和广州两个城市。后来,他获得奖学金去哈佛大学深造,恩师为亨利·基辛格和费正清,博士论文为《作为伙伴关系的社会主义:R.H.托尼及其时代》。1970年,他获博士学位后留校教授中国政治和国际关系等课程。在此期间,他曾作为澳大利亚工党领袖随员访华,参与了1971年美国总统尼克松访华以及1972年澳大利亚总理惠特拉姆为中澳建交所做的前期准备工作,受到周恩来总理和郭沫若委员长的接见。后来他根据自己的亲身经历用了三四个月的时间赶写出《八亿人：真正的中国》，生动地再现了20世纪70年代初中国重新融入国际社会的激动时刻。该书很快被陆续翻译成日文、德文和挪威文出版。1974年，他被晋升为副教授。

1978年，特里尔与哈佛大学教学合同期满未能入选终身教职。投反对票者或称他风头出尽，或称他亲华亲共。他开始思考是否做一个教授还是做一个四处旅行演讲的撰稿人。他知道教授头衔开始时确实是令人兴奋的，但在学校里教书30年，天天重复陈陈相因的讲稿，并不是他的天性。他果断地做出了自己的选择。

特里尔又撰写了两本书，一本是《后毛泽东时代的中国未来》，分别在新加坡、日本、印度、法国和瑞典等多个国家出版；另一本是《铁树开花：中国的五座城市》，描述了"文化大革命"结束后中国人的城市生活。1980年，他的《毛泽东传》与读者见面，随即被翻译成德文、意大利文、西班牙文、葡萄牙文、保加利亚文和希伯来文。该书主要从思想和政治角度回顾了毛泽东的一生，对历史事件的描述细致入微，对毛泽东的个人生活、性格和心理分析跌宕起伏，把人物融入了情景并与中国人民的命运相衬托，讲述伟人故事的同时不掩饰时代的困惑和社会的苦难，是西方多种毛泽东传记版本中最畅销的一本。

1999年，特里尔根据最新资料，在斯坦福大学出版社出版了《毛泽东传》的增订版。新版增加了很多有关中国改革开放以来最新研究成果，对毛泽东在中华人民共和国成立后的活动进行了补充和提炼，全书增删章节达三分之一以上。在史料甄别和观点评价方面都经过再三斟酌，既表现出作者对于历史事件准确把握，也体现了政治理论提升的高度，极大地丰富了人物和事件的内涵，增加了历史真实感和可信度。

2010年8月，中国人民大学出版社推出了《毛泽东传》的珍藏版，采用双色印刷，并增加了20多幅珍贵照片，极大地推动了国内外毛泽东研究热潮，使读者以开阔视野重新理解和评价毛泽东。

从1996年开始，特里尔几乎每年都来华访问，逗留时间最长超过一年，最短也有几天，足迹遍布中国城乡。他广交社会各阶层人士，与国家领导人、学者名流、普通工人农民和市民见面谈话是访问的最大收获。他觉得自己看到的中国与西方媒体宣传的版本差别很大。他熟知中国传统文化，对中国哲学思想有深入研究，相信中国人所说的"气"是一个整体概念，既适用于中医理论，也是内涵丰富的哲学观念，与中国人对宇宙和生活的考察和体验联系在一起,是大智慧大思维的方式。

特里尔历任美国哈佛大学政治学与国际事务教授,东亚研究中心研究员,美国政治学协会会员,纽约作家协会和国际笔会美国中心委员,1970年起,任哈佛大学费正清东亚研究中心研究员。特里尔还先后担任了澳大利亚莫纳什大学和美国得克萨斯大学奥斯汀分校客座教授,2008年,他被任命为华盛顿伍德罗·威尔逊中心公共政策学者。2011年,他应邀在山东大学讲了两周的课。

他担任《大西洋月刊》杂志特约编辑10余年,发表了大约20篇文章,获得了美国国家杂志优秀报道奖和乔治·伯克纪念奖的最佳杂志报道奖。他还常常为《纽约时报》《华尔街日报》《新闻日报》《芝加哥论坛报》《洛杉矶时报》《迈阿密先驱报》《波士顿环球报》和《华盛顿邮报》撰稿。他还在《外交》《新共和》《国家地理》《标准周刊》《世界箴言》以及其他杂志上发表了多篇文章。1987年,出版了《澳大利亚人》,是每月一书俱乐部的推荐书目,其日文版也受到普遍欢迎。他已出版10部著作,其中大部分有关中国的内容。他曾多次出席美国国会中国问题听证会。

1979年,特里尔加入了美国国籍,个人爱好音乐和壁球。他在哈佛时就开始学中文,平时能阅读中文书刊,但口语表达还不如书面能力。他撰写和编辑的主要著述有《中国与我们:新一代的探索与修正》(Bruce Douglass Ross Terrill, ed., *China and Ourselves: Explorations and Revisions by a New Generation*, Boston: Beacon Press, 1970)、《八亿人:真正的中国》(800000000: *The Real China*, Boston: Little, Brown, 1972)、《托尼及其时代》(*R. H. Tawney and His Times: Socialism as Fellowship*, Cambridge, Mass.: Harvard University Press, 1973)、《铁树开花:中国的五座城市》(*Flowers on an Iron Tree: Five Cities of China*, Boston: Little, Brown, 1975)、《后毛泽东时代的中国未来》(*The Future of China: After Mao*, New York: Dell Pub. Co., 1978)、《与众不同的中国》(Ross Terrilll, ed., *The China Difference*, New York: Harper & Row, 1979)、《白骨精:江青传》(*The White-Boned Demon: A Biography of Madame Mao Zedong*, New York: Morrow, 1984)、《澳大利亚人》(*The Australians*, New York: Simon and Schuster, 1987)、《我们时代的中国:从共产主义的胜利到天安门以远之处——中华人民共和国的时代英雄传》(*China in Our Time: The Epic Saga of the People's Republic from the Communist Victory to Tiananmen Square and Beyond*, New York: Simon & Schuster, 1992)、

《毛泽东传》(*Mao: A Biography*, New York: Harper & Row, 1980; rev. Stanford, C.A.: Stanford University Press, 1999)、《新大中华：对美国来说意味着什么？》(*The New Chinese Empire: And What It Means for the United States*, New York: Basic Books, 2003)、《我与中国》(*Myself and China*, 2011)。

十六、专攻中国经济史、文化史和环境史的历史学家伊懋可

伊懋可(Mark Elvin, 1938—)，出生并成长于英国剑桥，是郝伯特·莱昂内尔·艾尔文(Herbert Lionel Elvin)和莫娜·贝陀莎·达顿(Mona Bedortha Dutton)夫妇之独生子，曾就读于龙校(The Dragon School)。1968年，他获剑桥大学国王学院博士学位后，先后任教于哈佛大学、格拉斯哥大学和剑桥大学。1972—1989年，在牛津大学教授中国史并担任亚洲研究中心主任。1990年起，他在澳大利亚国立大学亚太研究院任中国史和亚太区域史荣誉教授，兼任牛津圣安东尼学院荣誉研究员。

伊懋可少年时期就对环境问题感兴趣，他的邻居家庭主妇是一位土壤学会会员，10岁时他从她那儿学会了怎样为自己的菜园积肥——实现氮循环过程。根据马克斯·韦伯(Max Weber)和李约瑟(N. J. T. Montgomery Needham, 1900—1995)的思路他开始探索如何考察并分析社会发展与环境之间的关系。

伊懋可早期致力于经济史和文化史研究，对现代经济、现代科学、现代国家和民主的起源等问题都感兴趣，后来他转向了环境史研究。20世纪50年代末，他主要研究中国，因为宋朝的经济领先于世界各国，丰富的科技成就可与欧洲16世纪相媲美，对中国和欧洲一千年的历史进行比较具有重大的学术价值。[①]

1968—1973年，伊懋可在格拉斯哥大学经济史系执教期间到美国哈佛大学做了一年研究访问，在自己的博士论文中他研究了被称为"中国第一个切实运转的民主机构"——1905—1914年上海华界委员会。

1973年，他出版的第一本专著是研究前现代中国经济和技术历史的

[①] 包茂宏：《中国环境史研究：伊懋可教授访谈》，载《中国历史地理论丛》2004年第1辑，第133—136页，2004年。

《中国过去的模式》,探讨了在帝制时代中国没有发生工业革命的原因。书中的"高级均衡伐理论"(High Level Equilibrium Trap Theory)是他和同事拉得哈·辛哈共同提出的,用于解释为什么在中国、印度和阿拉伯文明中没有发生像欧洲那样的现代资本主义和工业革命,主要因为在这些国家人口的增长导致剩余产品减少,工业和科技的投入无法到位。伊懋可据此分析:如果按年均亩产量来衡量,这一阶段中国大部分地区的粮食和棉花种植已达到前现代技术的顶峰,但是人口过快的增长不但无法提高人均收入,甚至还出现了下降的迹象。在这种情况下中国经济不可能发生质的变化,除非从工业化的西方世界引进旨在改变生产潜能的科学和工业革命。这将是一种科技和文化飞跃,但清朝依靠自己的力量改变现状的希望渺茫,原因之一是中国经济规模太大。有鉴于此,中国不会发生建立在内部资源基础上的工业革命。

此后伊懋可的学术兴趣转向了对历史时期商业化农业的考察:什么时候农民不再把"树"看成建材或者木柴资源而是可以在市场上出售的商品?在中国较先进的地区这种观点也许在帝制时代之前就可能存在,但是在偏僻地区(如,云南洱海盆地),这种观念很晚才出现。如果农民认识到钱能存到银行并可获得利息,他们砍树的动力就会更大。如果把树留在森林不砍不卖、把赚来的钱存到银行生息,就会被看成是影响收入的愚蠢行为。

1983年,伊懋可与艺术史家卡若琳·布伦登(Caroline Brendon)合作编写了《中国文化地图》一书,1998年,该书修订时增加了"环境史"部分。为绘制50多幅地图所做的努力以及以历史地理学家姿态投身课题研究,使他很快进入了环境史领域。他对中国水利及其机构史的浓厚兴趣,通过高级均衡伐理论解释帝制晚期为什么中国经济没有出现大幅度变化,使他体会到自然资源在历史上所起到的关键作用,人与自然环境的相互作用足以解释当今世界所出现的各种问题。

1993年,伊懋可在《东亚史》杂志上发表了第一篇重要的环境史文章《三千年的不可持续增长:中国从古到今的环境变化》,文章的标题之所以有些令人费解,是因为他想突出环境主义者和传统经济学家的观点中有真理。

1996年,伊懋可在《另类历史:从欧洲视角看中国》(论文集)中探讨了中国传统社会中的个体"人"的问题,表明了他的学术思想得到了进一步深化。他读了《地球目录》(*The Whole Earth Catalog*)和其他环境主义者的著作。返回英国后他曾建议与同事合作开设一门分析农业和工业革命思想史课程,但是没有得到响应。

2004 年,伊懋可出版的《大象退隐:中国环境史》是一部学术力作,书中的文学、政治、美学、科学和宗教的丰富资料有助于读者直接了解中国人对待环境和景观的感受。他讲述了中国大面积的农耕如何使与其他野生动物杂居于郊野的大象面临灭顶之灾,森林如何遭砍伐,战争如何破坏了环境,水利系统如何改变了农村。他回顾了中国三个差距悬殊区域生态动力如何对栖居动物产生决定性的影响。中国在前现代的 18 世纪所遭受到的环境退化的灾难远远大于同期西北欧。该书为考察漫长中国历史提供新视角,并对今日中国环境危机的根源做出解释。

除了历史学资料外,该书还大量引用了神话、传说、诗歌、人口学、动物学、土壤学、水利学、园艺学、地图学、流行病学和传教士回忆录,甚至包括一些动植物专有名词和数学公式。与其说这是他撰写环境史的一种独特模式,不如说他的观点是基于这样的一种不同寻常的理论:"把技术的'生态分析'看成是历史学家考察它怎么扩展或扩展失败、利用或没有利用它的影响的一个基本部分,但是由于包含的这些关系非常复杂,如果不与其他分析联系起来,这种分析好像又太简单。""技术处在人类社会与自然的其余部分相互作用的交叉点上。正由于此,以环境为一方,以经济、政府政策、社会风俗、宗教、哲学、科学和艺术中反映的对自然的意识形态和理论表述以及人口学(主要通过营养和疾病)为另一方,这两者之间存在着复杂的、双向的相互作用关系。"①

伊懋可是当代著名的历史学家,专攻中国经济史、文化史和环境史,成绩斐然。他治学严谨,极富创建,热爱自然,乐观幽默。他的著作有《中国过去的模式》(*The Pattern of the Chinese Past*,*Eyre Methuen*,co-authored with C. Blunden, Stanford University Press, 1973)、《野玫瑰别史》(*Another History*,*Wild Peony*,*Sydney*,1996)、《另类历史:从欧洲视角看中国》(论文集,1996 年)、《华人世界变动着的历史》(*Changing Stories in the Chinese World*,SUP, ed. with Liu Ts'ui-jung, Stanford, 1997)、《中国文化地图》

---

① 包茂宏:《中国环境史研究:伊懋可教授访谈》,载《中国历史地理论丛》2004 年第 1 辑,第 133—136 页,2004 年。

(*Cultural Atlas of China*,Phaidon,Oxford,1983,rev. ed. 1998)、《积渐所止：中国历史上的环境与社会》(*Sediments of Time*:*Environment and Society in Chinese History*,CUP,NY,1998)、《大象退隐：中国环境史》(*The Retreat of the Elephants. An Environmental History of China*,Yale University Press,2004)、《帝制后期中国的城市》(*Cities in Late Imperial China*)。

第三节　在多元共生语境中的发展时期(1972年至今)

20世纪70年代,澳大利亚政界和学术界根据国内外形势发展的需要,重新审视了有碍于政治、经济和文化发展的历史问题。政府公开承认土著文化存在的价值,肯定了华人华侨的历史贡献,澳大利亚研究中国问题和华人华侨历史热潮的序幕由此拉开。

随着现代历史进入亚洲世纪,中国发展所产生的影响已经逐渐深入到政治、经济、文化、科技、工业、农业、军事和教育等领域,中国与世界各国是否共同享有话语权的问题谁也无法回避。和平与发展成为时代主题,亚太国家普遍转入对经济与战略发展的关切,澳大利亚霍克政府不失时机地加大了对亚太地区关系发展的投入,中国也果断地把国内的政策重心转向了经济发展。对和平崛起和经济发展的重视促使中澳两国关系进一步升温。1971年1月,澳大利亚汉学界举办了第28届国际汉学会议。

1972年,中华人民共和国与澳大利亚联邦正式建交。澳大利亚学者认识到博大精深的中华传统文化是了解中国人思想和行为的钥匙。亚洲是当今世界经济发展最快速的地区之一,而中国又位居前茅,汉学研究的开展显然对于两国关系的加强具有重要意义。随着中国国情和文化为越来越多的澳大利亚人民所了解,过去他们中的一部分人对于中华文化和华工移民的歧见逐渐被化解,进一步激发了澳大利亚政界、学界、教育和媒体对中国研究的力度。

20世纪70年代以后,澳大利亚大学打破了以中国语言、文学、历史或者经济专业为分系界线,增加了通过函授或者空中课堂讲授相关中国课程的专业。1969年,澳大利亚国立大学将汉语教学拆分为古代汉语和现代汉语两大类,规定专修现代汉语的学生必须选修一学年的古代汉语,而专修古代汉语的学生亦须选修现代汉语。早先汉语与中国历史分科的建制逐渐被突破,选题扩展到政治、经济、文化和外交诸多方面。

20世纪80年代,澳大利亚的政策逐渐偏向亚洲国家,政界、经济界和学术界的许多有识之士提出了将澳大利亚纳入亚洲社会的新观点;时任总理的保罗·基廷(Paul Keating)虽然与反对党之间存在意见分歧,然而对于亚洲的观点却基本趋于一致。基廷认为如果澳大利亚想要在亚洲获得成功,就必须创造条件让更多人掌握亚洲的语言,熟悉亚洲的文化、社会以及认知与亚洲人做生意的方式。由于亚洲问题研究得到了较多资助,一大批有才华的学者先后进入了这一领域。

1989年7月7日,第一届澳大利亚中国研究协会全国大会(National Conference of the Chinese Studies Association of Australia)在墨尔本大学召开,会议宣告澳大利亚中国研究协会(Chinese Studies Association of Australia)正式成立,宗旨为在所有学术领域加强中国问题的研究,并提供各种信息交流的渠道和方便。当时共有会员150名,每两年召开一次会议。

20世纪80—90年代,全澳开设汉语专业的大学从1988年的13所增加到1996年的30所。政府先后发表了"费思棻报告"(*Fitzgerald Report*, 1980)、"英格尔森报告"(*Ingleson Report*, 1989)、亚洲研究理事会(Asian Studies Council)的"国家战略报告"(*National Strategy*)以及"陆克文报告"(*Rudd Report*, 1994),有关部门采取了一系列有力措施支持汉学研究。

汉学系的部分课程原来根据教师的研究专长安排,随着学科建设的深入各年级课程设置逐渐制度化。到21世纪初,澳大利亚各大学汉学系的中国研究课程广泛与其他科系合作,如历史系开设中国历史课程,法律系开设中国法律课程,建筑学院开设中国建筑课程。攻读中国研究专业的学生不仅仅在汉学系深造,也分散在该校其他科系。与此同时,各校还与中国的北京大学、清华大学、复旦大学、香港大学和台湾大学建立了学术交流项目,学生可以在中国有关大学长期或短期进修,并可申请资助。

2008年以前,许多澳大利亚大学汉学系的课程的安排多半根据教师的研究专长来安排。2008年以后各大学将年级课程制度化,以确保专业课程设置因人而异,无法与国外进修专业接轨。

当代澳大利亚研究中国的机构可分为具有政府背景的机构和大学创办的机构两种类型。1975年,澳大利亚国立大学创办了亚洲研究协会(Asian Studies Association of Australia, ASAA),由费思棻(Stephen

Fitzgerald,1938—)担任主席,旨在开展对亚洲语言、文化和政治方面的研究,为政府的对外交往提供权威咨询和服务。时任总理的鲍伯·霍克(Bob Hawke)在一次大会开幕式上曾发表讲话明确表示政府鼓励并扩大学术界和教育界开展对亚洲问题的研究。1978年,澳大利亚政府组建澳中协会(The Australia-China Council),为的是促进澳中两国人民的相互了解,进一步发展两国之间的关系,主任由澳大利亚外交部部长提名组建的执委会任命。

1989年,澳大利亚汉学研究协会(Chinese Studies Association of Australia)成立,为开展多学科领域的汉学研究创造了良好条件。悉尼大学教师陈顺妍(Mabel Lee)被推选为首任主席。该会会员人数最多时超过了250名,每年出版两期通信,介绍中国研究的发展状况与特点、相关研究计划及学术活动。

1994年5月25日,澳大利亚联邦总理、各州总理和首席部长共同签署了由马克林主持的澳大利亚州政府理事会(Council of Australian Governments)亚洲语言与文化工作组提交的《亚洲语言与澳大利亚经济未来的报告》(Asian Languages and Australia's Economic Future)。在此基础上形成了文件《亚洲语言10年计划——澳大利亚学校亚洲语言与学习国家战略》(National Asian Languages and Studies in Australian Schools Strategy, NALSAS,汉译简称为《亚洲语言计划》),旨在鼓励和支持澳大利亚中小学开设亚洲语言(包括中文、印尼文、日文和韩文)与文化的课程,并确定学校学习四种亚洲语言的学生比例。近年来澳大利亚已有500多所中小学校开设了汉语课,学生人数达8万名之多,这一切都有利于汉学研究良好生态的营造。

为适应亚洲世纪(Asian Century)的潮流,以前被称为"东方研究中心"或者"东方系"的澳大利亚高校科系,在20世纪70年代后期和80年代初都先后改名为"东亚研究中心"或者"亚洲研究系"。欧美和华人学者纷纷加盟澳大利亚的汉学研究,大批中国留学生和访问学者参与了澳大利亚中文报刊的编辑工作,充实了中国文化研究者的队伍,其中一些人还直接参加了教学和研究工作。

澳洲国立大学亚太研究院当代中国研究中心(Contemporary China Center)1970年创办的《远东历史论丛》和1979年创办的《澳大利亚中国事务杂志》[*The Australia Journal of Chinese Affair*,1995年改名为《中国研究》

(*The China Journal*)]都是国际汉学领域的核心刊物。《中国研究》所刊登的文章涉及中国的政治、经济、文化、教育、军事和外交,反映了澳大利亚学者对当代中国和中共党史研究的最新成果。

1998年,新南威尔士大学与悉尼理工大学合办的中国省份研究中心(UNSW-UTS Center for Research on Provincial China)开展了以省为单位的研究,以便全面地了解中国文化与社会,并定期发表相关研究成果。该中心主要活动包括年度学术研讨会(每年选择一个省为主题)、出版《中国省份学刊》(*Provincial China Journal*),并就各省的问题为政府和企业提供信息咨询,同时支持个人相关研究。该学刊体现了澳大利亚汉学研究为国家政经利益服务的特色,也是澳大利亚汉学研究转型的一种表现。

创建于19世纪50年代的悉尼大学于2011年成立了中国研究中心,会集了从事中国研究的专家学者150余名,长期致力于打造世界级的现代中国研究机构,积极开展多种学术活动。

1977年7月,莫纳什大学亚洲学院创办《亚洲研究评论——澳大利亚亚洲研究协会杂志》(*Asian Studies Review: Journal of the Asian Studies Association of Australia*),内容除涵盖中国历史、经济、文学等传统学科外,也涉及大众文化、卫生保健和环境保护等问题。

澳大利亚主要通过大学的历史、经济、政治、社会、文学和哲学系科培养汉学人才。中澳建交加速了澳大利亚汉学的发展,也改变了澳大利亚学者过去根据有限的文献资料进行研究的局面。从20世纪70年代中期开始,澳大利亚政府就开始通过中澳文化交流计划和国家亚洲语言奖学金计划等渠道为优秀学生提供来华进修机会。一些研究生在中国和新加坡从事一年的实习考察,有机会直接利用图书馆和数据库资料对选题项目进行考察和分析,或者深入实际进行田野调查,与当事人和见证人访谈。1995年,古德曼(David S. G. Goodman, 1948—)撰写《邓小平与中国革命:政治评传》一书时,就得到山西省太原市政府和中共山西省委党校党史研究室的协助。2006年,澳大利亚国立大学亚太学院高级研究员杰华(Tamara Jacka)为完成专著《城市化中的农村妇女:性别、流动和社会变迁》,在北京海淀区农民女工中调查访问多年,该书出版后作者曾荣获"2007年度最佳东亚人类学著作"称号以及美国人类学协会的弗兰茨奖。

20世纪90年代,随着澳大利亚政治、经济、文化和科技的迅速发展,澳洲本土文化意识日渐增强。以费子智、泰维斯、尼克·奈特为代表的汉学家十分活跃,为澳大利亚汉学研究的专业化、团队化和规模化发展做出了贡献。虽然他们所从事的中共党史和毛泽东思想研究人数不多,但一直保持着强劲的发展势头。

2003年,共有13项与中国关系密切的研究课题获准澳大利亚研究理事会的资助,其中包括:中国不抛头露面的经济活动领导人:家族企业中的妇女;国际学生流动与教育创新:中国学生与澳大利亚和美国大学的国际化;流行时代:探索中国现代史;转型经济中正在形成的劳动管理形式对家庭生活战略的影响;中国与越南;中国前100家公司指南:中国100家最大公司的管理、责任与公司法;新加坡、中国香港地区和中国的大学对全球化的响应;等等。2004年,研究理事会又批准了对11项新课题的经济支持,其中包括:中国购买者的行为方式和居住方式;手工艺生产和中国早期国家的出现;想象全球化:中国共产党思想体系中的世界与国家;现代中国刑罚的社会史;当代中国的青春期:社会变化;未来方向和对澳大利亚的影响;中国农村孤儿由宗亲收养照料的范围和花费;中国企业的社会保障行为;等等。

列文森奖,全称"列文森中国研究书籍奖",是美国亚洲研究协会对每年在美国出版的优秀汉学著作的奖励,获奖者主要是美国人,但是21世纪初却有多位澳大利亚汉学家的著作获奖:白杰明的《艺术放逐:丰子恺的一生(1898—1975)》[*An Artistic Exile*:*A Life of Feng Zikai*(1898—1975),2004]、梅约翰的《传递与创新:〈论语〉注释家与注释》(*Transmitters and Creators*:*Chinese Commentators and Commentaries on the Analects*,2005)、安东篱(Antonia Mary Finnane)的《说扬州:一座中国城市,1550—1850》(*Speaking of Yangzhou*:*A Chinese City*,1550—1850,2006)、杜顿(Michael Dutton)的《中国政治治安史》(*Policing Chinese Politics*:*A History*,2007)。

2007年,陆克文(Kevin Rudd)就任澳大利亚联邦总理期间,澳大利亚政府通过"澳大利亚科学研究理事会"(Australia Research Council)投入巨额资金,推出了澳大利亚"全国科研竞争项目"(NCGP),支持高水平基础研究和应用研究。大卫·沃克教授的"澳大利亚与亚洲"系列专著获得了该项目的支持。他的《澳大利亚与亚洲》(1850—1939)出版之后,2009年又出版了《澳大利亚与亚洲》(1945—1972),第三部著作《澳大利亚与亚洲》(1972—)也按计划付梓。

2012年10月28日,澳大利亚政府发表了一份名为《亚洲世纪中的澳大利亚》(Australian in Asian Century)的政策白皮书,提出了澳大利亚教育、外交、经贸等领域在2025年前必须实现的重大目标,鼓励澳大利亚学生学习亚洲语言和文化,了解亚洲。白皮书还要求澳大利亚商界和政界的决策人士掌握有关亚洲专业知识,希望未来澳大利亚200强企业董事会三分之一的成员拥有和亚洲打交道的丰富经验;澳大利亚应通过建立互信、双边和多边合作手段,支持亚洲国家在全球事务中扮演更重要角色,加强与亚洲发展社会的文化交往。

2012年4月,陆克文在澳大利亚国立大学莫理循讲座上发表题为《世界中的澳大利亚与中国》演讲后宣布澳大利亚中华全球研究中心(Australian Center on China in the World, CIW)成立。该中心以人文科学为基础,密切联系社会科学和公共政策。澳大利亚政治家和学者认识到需要更多、更好的渠道来讨论并解决中澳双边关系中存在的问题,探索政府、学界、商界和公众如何参与并讨论解决双方所关心的问题。

关于近年澳大利亚汉学研究的发展情况,2014年8月汉学家马克林在接受悉尼《城市周刊》记者李紫君的一次采访时说:

> 20世纪90年代,澳洲尝试推广"精通中国",包括对中国国民、文化、语言、历史的了解。21世纪,澳洲汉学研究开始变得越来越全球化,更多的中国人来到澳洲,参与一些研究,或在大学任职。21世纪的研究主题也开始围绕"中国的发展",包括中国经济的成就,以及中国崛起可能带来的经济、战略上的问题。
>
> ……
>
> 我们的兴趣通常"紧紧"跟随中国的一些变化,或明显跟随西方国家,尤其是美国。除了中国发展的问题,澳洲汉学家还关注性别、环境和伦理道德。①

目前澳大利亚高校从事汉学研究的专家学者知名度较高的有:费子智、泰维斯、马克林、冯兆基、尼克·奈特、古德曼、安戈、费约翰、比尔·布鲁格(Bill Brugger)、里克曼斯(Belgian Pierre Ryckmans)、安德鲁·沃森

---

① 李紫君:《汉学关乎未来——独家对话澳洲汉学家马克林》,载悉尼《城市周刊》(City Weekly)2014年第131期。

(Andrew Watson)和杭智科(Hans Hendrischke)等。据英国汉学家韦立德(Tim Wright)统计,1997—2001年澳大利亚汉学研究协会同人在专业刊物上发表的论文数为274篇,1998—2002年欧洲研究协会同人发表论文454篇,同期英国汉学研究协会同人发表论文91篇。① 从以上数字比较可以看出20世纪末和21世纪初澳大利亚汉学家的成果和贡献。

澳洲汉学家团队中有许多是移民和移民家庭出身的学者或者短期访问学者,研究课题结项后就可能离澳返国。他们的优势是熟悉国际汉学界的信息和主流动向,澳洲开放和自由的研究环境有利于他们施展才能,多元文化特色由此得到发挥。他们不为签约部门的银子折腰,也不甘受墨守成规的主管部门和各类清规戒律的限制。在重大学术课题的理论指导和分析方法上,以前他们常常倾向于接受、认同或者参照母国学术界和西方汉学大国的影响。在这样的学术环境中,个人的专业素养、使命感和责任心至为关键。他们的学术目标定位是否前沿或超前,资料和案例的选择是否典型,分析手段是否科学,能否帮助破解社会现实中亟待解决的难题,凡此种种都存在这样或那样的变数。在相当长的时间内,读者们对于澳大利亚汉学研究选题的专业性、考察和分析的学科性、应用手段的针对性等问题时有议论。在兼顾多元共生语境中他们容易信马由缰,民族和地理因素一般不可能对澳大利亚学者造成学术干扰,也不担心意识形态可能形成的障碍。跟以往不同的是,越来越多的澳大利亚学者对于汉学研究不愿意人云亦云地追随欧美同行,更不愿说违心的话,也不想隐瞒汉学家之间的价值观差异。

澳大利亚汉学研究的特点从其研究选题范围可以清楚看出。因为中国的和平崛起,经济发展在亚洲的重要性日趋明显,国际事务中的话语权没有任何国家可以替代,澳大利亚改变了对于中国这个似远实近的近邻的态度。在汉学研究领域也逐渐在原有的中国文学、历史、政治、宗教和语言基础上增加了中国社会学、毛泽东思想、少数民族、妇女地位、中外合资等领域,并培育出了一批批后起之秀。

目前澳大利亚汉学研究领域普遍存在着危机感。虽然费思棻(Stephen Fitzgerald)等学者大声直呼增强有关中国和汉语的教育对于澳大利亚社会在下一世纪长久的独立与生存是必要的,但是迟迟没有得到有关

---

① 韦立德:《澳大利亚和英国中国学比较》,刘霓摘译,载《国外社会科学》2004年第6期。

部门的积极回应。1995年,澳大利亚政府宣布亚洲研究不再作为国家重点,亚洲研究奖(Australian Awards for Research in Asia)和国家亚洲语言奖学金计划(National Asian Language Scholarship Scheme)先后被取消,与此同时高等教育部门还逐年被裁减,这一切导致了对澳大利亚亚洲和中国研究的负面影响。

澳大利亚中国研究领域需要面对各种不同背景的学生,其中既有母语为英语的学生,也有母语为汉语(包括操普通话、广东话、闽南话或客家话)的学生。在背景知识水平和类型、语言技能和学费支付存在差别的情况下如何合理平衡并调配他们的课程设置,是生源保证中的一个重要的问题。来自中国大学的留学生是强化澳大利亚汉学研究领域的资源之一,但是对于澳大利亚本国的汉学专业学生攻读学位和就业是否造成影响,也值得有关部门深入研究。

由于澳大利亚国家政策的导向以及贸易、移民与就业等原因,该国的汉学研究主流是对当代中国的经济、政治和汉语研究,较少关注中国哲学、古代历史、新风尚以及社会科学以外的课题的立项和研究,也较少对社会潮流和学术倾向的追踪、解释和预测。其原因涉及澳大利亚国内学术界的发展,也与当前西方学术界的研究热门影响有关。

一、长期潜心研究中国历史、古典戏剧和少数民族的权威马克林

马克林(Colin Patrick Mackerras,1939—),出生于澳大利亚悉尼的一个显赫世家。他的父亲艾伦(Alan Mackerras)是一位电气工程师,母亲凯瑟琳(Catherine Mackerras)是"澳洲音乐之父"伊萨克·内森(Isaac Nathan)和悉尼大学原荣誉校长亨利·诺曼德·麦克劳林(Henry Normand MacLaurin)的后裔。

马克林少年时代语言天赋极好,根据母亲的建议,他在悉尼大学就开始学习法语和德语。有一天,母亲看到报纸上有关时任澳大利亚总理孟席斯(Robert Menzies,任期为1949—1966年)的那届政府推出"亚洲语言奖学金计划"的报道,就鼓励儿子学习中文,认为中国将是对澳洲有重要影响的国家。

1958年,马克林获得了一份政府奖学金,开始在墨尔本大学堪培拉分校(澳大利亚国立大学前身)学习中文。他的中国历史教师是两位瑞典汉

学家,中文教师是俄国人里姆斯基·柯萨科夫(Vieta Rimsky-Korsakov),中国音乐和文化课教师是华裔汉学家王铃。在他们的悉心教导下他的学业不断有所进步。

1962年,马克林获得了澳大利亚国立大学文学士学位。1964年,获英国剑桥大学文学硕士学位后,他和妻子爱丽丝得到了来华执教的机会。在此后的两年中他们曾利用假期到延安、西安和长江三角洲等地参观访问,亲身体验了中国文化的博大精深,中国革命创建的辉煌业绩,以及中国人的好客和热情。1966年,中国爆发了"文化大革命",学校停课搞运动,马克林便和妻子带着襁褓中的儿子斯蒂芬(Stephen Mackerras)返回了澳洲。

后来,马克林在澳大利亚国立大学攻读博士学位课程,获得博士学位后留在该校远东历史系任教。中澳两国建立外交关系后,他以澳洲国立大学代表团成员身份再次访问了中国,发现快速发展的中国既传统又现代。他为中国人民所取得的成就感到高兴,认为中国的发展和强大对世界各国都有积极意义。

在中国生活和工作期间,马克林多次参访过中国少数民族聚居的西藏和新疆等地区。在2003年出版的《中国少数民族与全球化》一书中他回忆说,曾先后访问过西藏4次,新疆5次,四川2次,延边2次,云南2次、内蒙古、宁夏和贵州各1次。每到一处都对当地的学校、家庭、工厂、农场、修道院和清真寺进行过考察,为自己的研究收集了大量第一手资料。除了田野调查之外,他还查阅了大量中文、英文、德文和法文的有关文献。在著述中他除了详细介绍维吾尔族的历史外,对于其他民族的宗教、教育、家庭、文学、艺术,以及现代化对少数民族社会结构带来的冲击,均有所涉及。通过对中国民族政策的分析,他揭示了少数民族的文化、语言和风俗如何得到了妥善保护。例如中华人民共和国推广普通话对少数民族语言都没有影响,藏语、维吾尔语和蒙古语目前仍被广泛使用,回族使用的就是普通话。至于原来有自己语言的满族,进入多民族聚居的城市后都选择了普通话。

马克林在考察中发现中国妇女大都比西方女性朴素,行为举止深受儒家传统约束。因为经济原因,许多已婚妇女坚持工作,但是在家庭中长辈和母亲的地位都受到尊敬。学校鼓励学生批判老师,强调政治思想教育。学生说努力学习不只是为了自己,更是为了国家的未来。他还发现中国学生很少有隐私权观念,他们常向老师请教如何处理个人私事,这对西方人来说是不可思议的。

由于母亲和担任音乐指挥家的哥哥查尔斯的潜移默化熏陶,马克林少年时代就对交响乐和歌剧感兴趣。他在大学时曾买过一张收录了中国古筝演奏的唱片,空闲时经常欣赏。1964年,他先后在北京人民剧场观看了《白蛇传》和《水浒传》的演出,印象非常深刻。他还经常到北京王府井的唱片商店购买戏曲唱片。他最喜欢的是梅兰芳的唱段,在个人收藏的300多张中国戏曲唱片中,其中就有6张梅兰芳的演出录音。听中国戏曲是他业余时间的一种爱好。2014年5月,他曾专程前往福建泉州看了一场梨园戏。每当谈起中国戏曲他总是眉飞色舞,话匣子一打开就关不上。

马克林除了通晓中文外,还能阅读德文和法文书刊,主要研究领域为中国语言、文化、政治、戏剧、音乐、少数民族和国际关系。他以实干精神进行田野调查,不为成见所左右。

1994年,澳洲政府委员会为推行亚洲语言和文化学习计划,任命马克林为澳洲学校亚洲语言研究机构(NALSAS)主席,指导全澳学校的亚洲语言文化教学工作。作为外交事务和澳洲汉学研究权威,马克林经常向议会和有影响的协会提出各种建议。他曾出任澳大利亚中国研究协会会长(1991—1993)、澳大利亚亚洲研究协会会长(1992—1995)、澳大利亚学校亚洲语言工作组主席(1994—1999)、昆士兰学校课程委员会主席(2001—2002)。1999年,他被推举为澳大利亚人文科学院院士,2001至2003年,当选为该院亚洲研究主席,还担任过2000年创办的《亚洲的少数民族》(Asian Ethnicity)主编。

从1966年至1973年,马克林被聘任为澳洲国立大学远东历史系研究员,深入研究中国历史、文化和戏剧。1974年,澳大利亚昆士兰州筹建州内第二所大学,他被推荐为该大学现代亚洲研究基金会教授。

1974年,马克林还参与了澳洲格里菲斯大学现代亚洲研究院的创建工作,担任研究院首席教授(1974—2004)、主席兼院长(1979—1985、1988—1989、1996—2000)。在他的领导下,该院在各方面都获得了可喜的成绩。他还曾兼任格里菲斯大学和昆士兰大学共同主办的亚洲语言和研究中心的联席主任(1988—1996)。2004年11月,他从格里菲斯大学国际商业与亚洲研究院退休后任荣誉教授。

马克林被公认为推动澳大利亚转向亚洲决策具有远见卓识的学者。他长期致力于在澳大利亚各类学校推行亚洲研究和亚洲语言教学。他在汉学研究和推动中澳两国文化交流领域中贡献突出,在格里菲斯大学培养的大批学生中不少人已在政界和商界从事与中国相关的工作。20世纪80年代,他和格里菲斯大学现代亚洲研究学院的教职员为昆士兰州部分中小学教师开办了中国语言和文化课程,有力地推动了该州的中小学汉语教育。格里菲斯大学和北京外国语大学之间的交流合作已有33年的历史,2014年6月21日,两校代表续签了师生校际交流协议,该项目的立项和实施得益于马克林早年在北京外国语大学任教时建立起来的联系纽带。

马克林是中澳两国的友好使者。从1977年到2014年的近37年中,他跟随教育考察团或旅游团,为教学、研究、观光或参加学术会议,先后来华60多次,足迹几乎遍布全中国。2007年4月,他受聘为北京外国语大学名誉教授,2011—2013年,曾多次参加中国人民大学澳大利亚研究中心举办的澳大利亚文化周活动,并为该校学生开办过系列讲座。

他在学术和社会活动方面的杰出贡献享誉澳洲,曾先后荣获美国和澳大利亚联合授予的媒体和平奖(1981)、英国剑桥国际传记中心20世纪成就奖(1993)、阿尔伯特·爱因斯坦国际学术基金会十字勋章(1993)、澳中理事会澳中关系文化领域杰出贡献和成就奖(1999)、美国传记学会的千禧年奖(2000)、澳大利亚总督世纪奖(2003)、澳大利亚一等功勋奖(2007)。

马克林的大儿子斯蒂芬(Stephen Mackerras)追随父亲的事业,从2004年起就开始在中国执教,曾先后在内蒙古呼和浩特和湖北省武汉两所高校教授英语。

马克林先后出版专著20余部,为所编著之书撰写评介和期刊论文50余篇,还为参加各类研讨会撰写论文100余篇,内容涉及中国少数民族、中国历史、政治和戏剧和中澳关系。《现代中国:从1842年至今》是他的代表作,奠定了他的汉学家国际声誉。他的中国研究专著有见地,资料翔实,在汉学界独树一帜。

马克林的主要著述有《清朝京剧的兴起:1770—1870年的中国戏剧的社会生态》(*The Rise of the Peking Opera*, 1770—1870, *Social Aspects of the Theatre in Manchu China*, Clarendon Press, Oxford, 1972)、《中国现代戏剧:1840年至今》(*The Chinese Theatre in Modern Times from* 1840 *to the Present Day*, Thames and Hudson, London, 1975)、《当代中国表演艺术》(*The Performing Arts in Contemporary China*, Routledge and Kegan Paul, London, 1981)、《1842年至今现代中国编年史》(*Modern China, A Chronology from*

1842 to the Present Day, Thames and Hudson, London, 1982)、《从不安到友好:澳大利亚对中华人民共和国的政策:1966—1982 年》(From Fear to Friendship, Australia's Policies Towards the People's Republic of China, 1966—1982, Co-authored with Edmund S. K. Fung, University of Queensland Press, Brisbane, 1985)、《中国戏剧》(Chinese Theater, Hawaii, 1988)、《西方人心目中的中国形象》(Western Images of China, Revised Edition, Oxford University Press, Hong Kong, 1999, first edition, 1989)、《中国戏剧史沿革》(Chinese Drama, A Historical Survey, New World Press, Beijing, 1990)、《剑桥现代中国手册》(The Cambridge Handbook of Contemporary China, Co-authored with Amanda Yorke, Cambridge University Press, 1991)、《东亚史引论》(Eastern Asia: An Introductory History, Longman Cheshier, 1992)、《亚洲的少数民族》(Ethnicity in Asia, edited by Colion Mackerras, New York: Routledge Curzon, 2003)、《中国少数民族:20 世纪的融合与现代化》(China's Minorities: Integration and Modernization in the Twentieth Century, Oxford University Press, Hong Kong, 1994)、《中国少数民族文化:1912 年以来的身份认同与一体化》(China's Minority Cultures: Identities and Integration Since 1912, Longman Australia, Melbourne, St Martin's Press, New York, 1995)、《京剧》(Peking Opera, Oxford University Press, 1997)、《中国少数民族与全球化》(China's Ethnic Minorities and Globalization, Routledge Curzon, London and New York, 2003)、《变化中的中国:1900—1949 年》(China in Transformation, 1900—1949, Longman, London and New York, 1998, second revised edition, Pearson Education, London, New York, 2008)、《音乐与表演艺术:传统、改革、政治与社会关系》(Music and Performing Arts: Tradition, Reform and Political and Social Relevance, in K. Louie, ed., The Cambridge Companion to Modern Chinese Culture, 2008)、《中国、新疆与中亚:21 世纪的历史、过渡与互动》(China, Xinjiang and Central Asia, History, Transition and Crossborder Interaction into 21st Century, 2009)、《中西戏剧传统观比较》(Chinese and Western Drama Traditions: A comparative Perspective, in P. Gladston, ed., China and Other Spaces, 2009)、《清代后期的扬州地方戏剧》(Yangzhou Local Theatre in the Second Half of the Qing, in L. B. Olivova, V. Bordahi, eds., Lifestyle and Entertainment in Yangzhou, 2009)、《我看中国:1949 年以来中国在西方的形象》(马克林、张勇先、吴迪,中国人民大学出

版社,2013年)。

二、研究中国人口管理从父权本位转变到人民本位的达顿

迈克尔·罗伯特·达顿(1957—),出生于英格兰森德兰(Sunderland)的一个高加索族家庭,父亲罗伯特·芒罗·达顿(Robert Munro Dutton),母亲让(Jean),年幼时全家移居澳大利亚。达顿毕业于澳大利亚格里菲斯大学,在取得学士和博士学位期间曾在北京语言学院(现北京语言大学前身)进修,后执教于墨尔本大学政治系。

1988年,他受聘为阿德莱德大学亚洲研究中心中国政治语言系讲师,1990年,升任为中国政治和社会学理论副教授,兼任伦敦大学歌德史密斯学院(Goldsmiths College)的政治学教授。

1992年,剑桥大学出版社出版的《中国的规制与惩罚——从父权本位到人民本位》是他的一部力作,内容充实,观点新颖。全书包括五编十章:第一章,中国的社会调控与惩罚;第二章,家庭规制:孝道的意义所在;第三章,中国登记史;第四章,中国刑罚的早期模式:从德性规制到肉刑规制;第五章,中国刑罚的现代模式:从肉刑规制到规训经济学;第六章,户口的出现;第七章,构筑防线;第八章,古拉格与乌托邦;第九章,监狱的扩展;第十章,结论。[①]

作者以户籍和狱制为线索,借用福柯的谱系手段和萨义德的东方主义理论,通过中西方社会制度的比较,透视中国数千年的发展史,论证从父权本位到人民本位政权的历史逻辑和存在的必然性。该书时限从古代直达清末改良维新之后40年的中华人民共和国,其间有乌托邦的蒙昧,也有中国梦的联想,作者不惜笔墨描绘了中国人民欢欣期待的人民本位的到来。中国是首先使用统计记录对人口进行规划和管理的国家,当代管理机构在很大程度上保留区域互动的传统观念。但是,当代中国政权并非传统朝代的新版本,转型已经出现:由父权本位转向了人民本位。

达顿的主要论著有:《中国马克思主义危机》(*The Crisis of Marxism in China*, School of Modern Asian Studies, Nathan, Queensland, Australia, 1983)、

---

① 迈克尔·罗伯特·达顿著,郝方昉,崔洁译:《中国的规制与惩罚——从父权本位到人民本位》,清华大学出版社,2009年。

《中国的规制与惩罚：从父权本位到人民本位》(*Policing and Punishment in China: From Patriarchy to "the People"*, Cambridge University Press, New York, 1992)、《中国街道生活》(*Street Life China*, Cambridge University Press, 1998)、《中国政治规制史》(*Policing Chinese Politics: A History*, Asia-Pacific: Culture, Politics, and Society, Jul. 18, 2005)、《北京时代》(*Beijing Time*, co-authored with Hsiu-ju Stacy Lo and Dong Dong Wu, May 31, 2010)。

三、对西方中国文学研究和译介有积极影响的杜博妮

杜博妮(1941—)出生于澳大利亚悉尼，父亲是当时的澳共领导人之一。1958年，她以共青团员的身份第一次来华进入北京大学中文系学习了大约半年时间。1965—1970年，她先后获得悉尼大学的学士、硕士和博士学位，攻读硕士课程期间曾荣获大学勋章。

1972—1974年，杜博妮在悉尼大学任教；1975—1976年，在伦敦大学亚非学院任教；1976年，任哈佛大学费正清东亚中心研究员；1977—1978年，应聘担任哈佛大学教席；1980—1983年，她任职于北京外文出版社，工作合约期满后继续以自由投稿者身份为该社撰稿；1984—1986年，她应聘于北京外交学院；1986—1990年，被挪威奥斯陆大学聘任为高级讲师；1990—2005年，她被聘任为爱丁堡大学的首位中文教授；2006年，从该校教授席位上荣休；2010—2013年，她在悉尼大学担任讲座教授。

杜博妮长期生活在中国，涉猎过大量当代中文作家之作品，并与许多中国作家、诗人和导演保持着密切的工作关系。1971年，她把自己的博士论文扩展成专著《1919—1925年现代中国对西方文学理论的引介》，赢得了广泛赞誉。她的论文《突破：1976—1986年的中国文学与艺术》是对20世纪后10年中国文学动向和发展趋势的综述。她曾翻译毛泽东、陈凯歌、何其芳、朱光潜、阿城和北岛的作品，她翻译的现代和当代中文诗及小说先后在《译丛》(*Renditions*)各期发表。

1980年，她翻译的《毛泽东在延安文艺工作会议上的讲话》由密歇根大学出版社出版。1997年，还和昆士兰大学的雷金庆合著《20世纪的中国文学》。2003年，又出版了《虚构的作者与想象的受众：二十世纪的现代中国文学》，表明她的翻译实践和研究具有坚实的理论基础。在北京外交学院她讲授的课程之一是汉英文学翻译，后来在爱丁堡大学也开设了中国文

学和汉英翻译课程。2006—2008年,她担任香港中文大学翻译研究教席,兼任该校翻译研究中心的代理主任。2009—2010年,她在香港城市大学讲授文学翻译和跨文化研究等课程。她在《现代中国的翻译区域:权威掌控与礼品回馈》中,比较系统地提出了自己的翻译思想。她翻译的鲁迅与许广平的《两地书》为她的2002年出版的专著《现代中国的情书与隐私:鲁迅与许广平的私生活》,以及与韩安德(Anders Hansson)合编的《中国人的隐私观念》,成为相互关联的系列之作。她的翻译主张还散见于不同时期发表在《澳大利亚中国事务杂志》(The Australian Journal of Chinese Affairs)、《中国翻译》和《易言之》(In Other Words: The Journal for Literary Translators)等期刊的个人专题文论之中。

杜博妮的专著《现代中国翻译区域:权威掌控与礼品回馈》,是20世纪80年代初她在北京生活和工作的学术感受的记录,包含研究心得和与文学翻译有关的社会文化问题的思考。这期间她翻译的中国文学作品除了名家名著外,也有名不见经传的年轻作家的习作。因为她想表现对一个较大群体的真实体验,但是当时"文化大革命"已经结束,中国社会生活中有一些敏感和不稳定因素,以及令人眼花缭乱的现象,反对精神污染和经济改革正进入高潮。从当时中国翻译界的策略来看面临着欧美理论、聚焦于文化或者着眼于文本的几个选择。鉴于"以我为主"的思想占上风,在文化取向上遵从权威主管部门的规定,不考虑读者对象的兴趣和知识水平,以及翻译理论中的普通社会学原则时有发生,于是杜博妮提出了对理论指导思想进行调整的建议。在她的专著书名中,她把"翻译区域"与"现代中国"并列,把"权威管控"与"礼品回馈"相联系,突出了美国纽约大学西班牙和葡萄牙语言文学教授玛丽·路易斯·普拉特(Mary Louise Pratt)在自己的处女作《关于文学话语的语言行为理论》(Towards A Speech Act Theory of Lietrary Discourse)中所提出的"接触区"(Contact Zones)理论。该书三个部分分别为:权威管控;西方女性翻译与中国名不见经传的男作家一对一的非正式配合;力量的差异(后殖民主义理论)。

关于文学作品的翻译技巧运用和读者的定位问题,杜博妮在《文学翻译的乐趣原则》一文中写道:中国文学的中文读者可以从阅读中得到多种乐趣,诸如美学的、怀旧或忏悔的、精神发泄或其他情感释放类型的、引发或者满足好奇心的,以及个人信仰受到挑战或者肯定之类的乐趣。但是英译中国文学作品的读者不一定都能获得上述乐趣,特别是源于熟悉的环境、文字或表达手段的乐趣。汉译英的作品给许多人带来无限的乐趣。这些读者不一定都从事与中国有关的职业或者研究中国文学,而可能是没有什么兴趣的读者。今日的出版社,诸如北京外文出版社,可以超越那些可控的读者接触更广泛的受众,大幅度提升他们的出版数量。可以用一句话来概括实现这一目标的准则:相信读者。阅读翻译文学的人已经属于少数有限的人群,他们是探险者,是一些对于其他文化感兴趣的有见地的人群,也是善于运用自己语言的群体。①

杜博妮先后出版了 13 部专著和译著,发表 50 余篇论文、48 篇文学评论、50 余篇各类译文,还有 30 余篇研究笔记、报告或百科全书条目,曾经对西方汉学界当代中国文学研究和译介产生了积极的影响。

杜博妮的主要的著述有《1919—1925 年现代中国对西方文学理论的引介》(The Introduction of Western Literary Theories into Modern China, 1919—1925. Tokyo: Centre for East Asian Cultural Studies, 1971)、《梦中幽径:何其芳诗歌散文选》(Paths in Dreams: Selected Prose and Poetry of Ho Chi-fang. St. Lucia, Q.: University of Queensland Press, 1976)、《遗腹子及其他》(A Posthumous Son and Other Stories. Hong Kong: Commercial Press, 1979)、《毛泽东在延安文艺工作会议上的讲话》(Mao Zedong's "Talks at the Yan'an Conference on Literature and Art": a Translation of the 1943 Text with Commentary. Ann Arbor: University of Michigan, 1980)、《1949—1979 年中华人民共和国的大众文学与表演艺术》(Popular Chinese Literature And Performing Arts In The People's Republic Of China, 1949—1979. Berkeley: University of California Press, 1984)、《浪潮:小说》(Waves: Stories. Hong Kong: Chinese University Press, 1985; New York: New Directions, 1990)、《孩子王》(King of the Children. London: Faber and Faber, 1989)、《王者:今日中国的三个故事》(Three Kings: Three Stories from Today's China. London: Collins Harvill, 1990)、《黄土地》(The Yellow Earth. Hong Kong: Chinese University of Hong Kong, 1991)、《锦绣谷之恋》(Brocade Valley. New York: New Directions, 1992)、《20 世纪中国文学》(The Literature of China in the Twentieth Century. Hong Kong: Hong Kong University Press, 1997)、《现代中国的情书与隐私:鲁迅与许广平的私生活》(Love-letters and Privacy in

---

① Literary Translation: The Pleasure Principle, The Chinese University of Hong Kong, 2007.

Modern China: The Intimate Lives of Lu Xun and Xu Guangping. Oxford University Press, Oxford, 2002)、《虚构的作者与想象的受众：二十世纪的现代中国文学》(*Fictional Authors, Imaginary Audiences: Modern Chinese Literature in the Twentieth Century*. Chinese University Press, Hong Kong, 2003)、《文学翻译的乐趣原则》(*Literary Translation: The Pleasure Principle*, The Chinese University of Hong Kong, 2007)、《现代中国翻译区域：权威掌控与礼品回馈》(*Translation Zones in Modern China: Authoritarian Command Versus Gift Exchange*, MC LC Resource Center Publication, 2012)。

四、研究聚焦于意识形态、马列主义和中国政治的比尔·布鲁格

20世纪60年代，比尔·布鲁格(Bill Brugger, 1941—1999)在伦敦大学亚非学院学习本科和研究生课程。1964年他获得硕士学位后，来华执教于北京第二外国语学院两年。1972年，他回到伦敦大学亚非学院攻读博士学位课程，同年获得博士学位，被南澳大利亚弗林德斯大学(The Flinders University)聘任为政治学讲师。1980年，晋升为教授。

早在大学时代比尔·布鲁格就对中国政治情有独钟。在华的工作阅历和生活给他留下了深刻印象，他有机会亲身体验并观察各次政治运动，特别是"文化大革命"发动阶段的活动。他想把自己的所见所闻写下来，对当代中国政治做出自己的解读，这成了他后来学术生涯中的重要部分。

20世纪60年代末至70年代初，比尔·布鲁格身边经常接触的是一群受到中国文化革命影响并在中国见过世面的年轻学者。但是他所关心的不仅仅是研究当时的中国事态，而是打算在了解当代中国的过程中学会应对更重要更长远的问题，通过社会和政治分析把这些问题放到更广阔的领域中来考察。1976年，他对自己博士论文做了充实和扩展后出版了专著《1948—1953年中国产业中的民主与组织》。他在该书中谈到"必须以更长远的眼光来考量某时某地的状况"，这里他强调的是对长远过程的了解。1977年，他出版的第二本专著《当代中国》是为学生而写的，为研究中共数十年历史制定了理论框架，其核心观点显然是从"文化大革命"中受到的启发。由于西方的汉学研究受到后毛泽东时代变化的挑战，比尔·布鲁格又回到了核心研究项目，在1981年写成了两部专著：一部为《中国：1942—1962年从解放到改造》，另一部为《中国：1962—1979年从激进主义到修正

主义》。

比尔·布鲁格在一群研究中国问题的学者(有时被称为"阿德莱德学派")中是一位核心人物。他们中的大多数是弗林德斯大学的教职人员，以分析毛泽东时代的中国和"文化大革命"以及意识形态名闻遐迩。比尔·布鲁格督导的博士生都从中国政治范围中选题，现在差不多都在澳大利亚或亚洲各大学担任要职，也是他1978年主编的文集《"文化大革命"对中国的影响》、1980年编撰的文集《"四人帮"以来的中国》以及1985年编修的文集《变化中的中国马克思主义》的主要撰稿人。

比尔·布鲁格的研究领域聚焦于意识形态、马列主义、中国政治和中共党史。他和同事合编的当代中国的教材，一直被广泛使用于弗林德斯大学和澳大利亚各个大学。

比尔·布鲁格的主要著述有《中国"文化大革命"》(The Chinese Cultural Revolution. Afrasian Spring:7—14,1967)、《中国共产党第九次代表大会》(The Ninth Congress of the Chinese Communist Party. The World Today, pp. 297—305,1969)、《当代中国》(Contemporary China, Co-authored with Barnes & Noble,1977)、《"文化大革命"对中国的影响》(China: The Impact of the Cultural Revolution, co-ed. with Croom Helm & Barnes & Noble,1978)、《"四人帮"以来的中国》(China since the "Gang of Four", Co-authored with Palgrave Macmillan,1980)、《中国》(China, Rowman & Littlefield Publishers, Inc.,1981)、《中国:1942—1962年从解放和改造》(China: Liberation and Transformation 1942—1962,1981)、《中国:1962—1979年从激进主义到修正主义》(China: Radicalism to Revisionism:1962—1979)、《现代化与革命》(Modernization and Revolution, Co-authored with Kate Hannan & Routledge, Flinders Politics Monographs, 1984)、《后毛泽东时代的中国马克思主义》(Chinese Marxism in the Post-Mao Era, Co-authored with David Kelly, Stanford University Press,1990)、《当代中国的政治经济与社会》(Politics Economy and Society in Contemporary China, Co-authored with Stephen Reglar, Stanford University Press, 1994)、《政治思想中有效的或者真实的共和理论》(Republican Theory in Political Thought: Virtuous or Virtual, 1999)、《1948—1953年中国产业中的民主与组织》(Democracy and Organisation in the Chinese Industrial Enterprise, 1948—1953, Contemporary China Institute Publications,2010)。

五、长期从事中国文学研究与翻译的闵福德

闵福德（John Minford，1946—），出生于英国伯明翰，父亲是外交官。他曾在温彻斯特公学（Winchester College）学习古希腊语、拉丁语和古典文学。

18岁时，他在牛津大学读本科，学了一段时间的哲学、经济学和林业学等课程，后来从学校的课程目录里选了中文课，就把全部精力转入其中，竟被汉字的优美和中国文化的丰富内含所深深吸引。他每天花十来个小时查字典阅读文章，经过不断努力，最终以全优的成绩脱颖而出。后来他又在澳大利亚国立大学取得了汉语博士学位，1968年返回英国。

1980—1982年，他在天津外国语学院任教。虽然"文化大革命"结束后的中国环境还有许多不尽如人意之处，但是他有机会直接接触中国文化，涉猎文学作品，到各地旅行，对于他后来从事的研究和翻译工作都很有帮助。

他曾先后担任奥克兰大学中文系系主任、香港理工大学（Hong Kong Polytechnic University）翻译系系主任、澳大利亚国立大学亚洲研究院中国和韩国研究中心主任。后来又出任香港中文大学翻译研究教授。

闵福德是知名的汉学家和文学翻译家，他的研究领域为古典和现代中国小说、诗词和哲学。1999年，他开始翻译《孙子兵法》，因为一丝不苟，到2002年才付梓。后来与出版社签约翻译《易经》，也经过反复斟酌推敲，数易其稿，整整花了12年的时间才定稿。虽然这部汉籍早在17世纪就被介绍到西方，但闵福德推出的却是最完整的版本，收录了过去数百年间中国学者对《易经》所做的不同解读，还对每一个卦象都做了详尽的分析。他英译《聊斋志异》更是经过长达15年的呕心沥血才完成的力作。

闵福德长期从事翻译，文字功底坚实，用词有讲究，学术态度严谨，还有一套理论见解支撑自己的翻译实践。他认为严复的"信""雅""达"扼要切实，永远不会过时。他认为《红楼梦》和《聊斋志异》都是了不起的文学作品，不但文字精练，而且充分表现出作者对人性、生命、世间万事万物的细致观察，充满哲理，只有认真研究才能译出其中的精彩含义。

闵福德曾翻译《红楼梦》（后四十回）、《孙子兵法》、《聊斋志异》、《易

经》和金庸的多部武侠小说。他的妻子是英国汉学家大卫·霍克斯(David Hawkes)的女儿雷切尔·梅(Rachel May),翁婿间曾在翻译《红楼梦》等中国古典文学时有过多次愉快合作。

闵福德翻译和编撰的主要书籍有《石头记》(The Story of the Stone, or The Dream of the Red Chamber, Vol. 4: The Debt of Tears by Cao Xuequin and Gao E, Dec. 16, 1982)、《山林——译丛文集》(Trees on the Mountain: An Anthology of New Chinese Writing——A Renditions book, by Stephen C. Soong and John Minford, Mar, 1984)、《中国古典和现代文论——大卫·霍克斯文选》(Chinese: Classical, Modern and Humane-Collected Essays of David Hawkes, with Siu-kit Wong Hong Kong, Chinese University Press, 327 pp., 1987)、《中国现代诗一百首》(One Hundred Modern Chinese Poems, with Pang Bingjun & Séan Golden, Commercial Press, Hong Kong, 348 pp., 1987)、《石头记翻译往事》(Pieces of Eight: Reflections on Translating The Story of the Stone, in Eoyang and Lin eds., Translating Chinese Literature, Indiana University Press, 178—203. 1995)、《鹿鼎记(一)》(The Deer and the Cauldron: A Martial Arts Novel, The First Book. Oxford University Press, Hong Kong, xxxiii & 475 pp., 1997)、《鹿鼎记(二)》(The Deer and the Cauldron: A Martial Arts Novel, The Second Book. Oxford University Press, Hong Kong, xxxi & 564 pp., 1999)、《中国古典文学译文集(一)》(Chinese Classical Literature: An Anthology of Translations. 1st vol, with Joseph S. M. Lau, New York & Hong Kong, Columbia UP & Chinese UP, lix & 1176 pp., 2nd Vol, forthcoming. 2000)、《孙子兵法》(Sunzi, The Art of War. New York, Viking Books. Lvi & 325 pp., 2002)、《鹿鼎记(三)》(The Deer and the Cauldron: A Martial Arts Novel, The Third Book. Oxford University Press, Hong Kong, xlix & 535 pp., With Rachel, 2002)、《中国古典文学》(Classical Chinese Literature, by John Minford and Joseph S. M. Lau, Apr. 15, 2002)、《石兄生日献书》(A Birthday Book for Brother Stone: For David Hawkes at Eighty, with Rachel May. Chinese University Press, pp. xi & 365, 2003)、《宋训伦馨庵词稿》(Soong Hsun-leng, The Fragrant Hermitage. Twenty-nine Lyric Poems, translated from the Chinese, Taiwan, SKS. 5—86. 2005)、《书剑恩仇录——金庸武侠小说集》(The Book and the Sword, The Martial Arts Novels by Louis Cha, Graham Earn shaw, Rachel May and John Minford, Jan. 20, 2005)、《聊斋志异》(Strange Tales from a Chinese Studio,

London: Penguin Classics, pp. xxxviii + 562, including lengthy introduction, glossary and bibliography, 2006)、《岛与大陆——梁秉钧小说集》(*Leung Ping-kwan*, *Islands and Continents*. with Brian Holton and Agnes Hung-chong Chan, Hong Kong University Press, pp. xviii & 128, 2007)、《中国古代寓言》(*Thirty Classical Chinese Fables*, Monte James, Beijing, 2008)、《周易新译》(*The Book of Changes*, *A New Translation*, commissioned by Viking/Penguin Classics, New York, due end of 2008)、《道德经新译》(*Laozi*, *Daodejing*: *A New Translation*, commissioned by Viking/Penguin Classics, New York, due end of 2010)。

六、潜心专研中国农村基层社会和城镇化的安戈

安戈(Jonathan Unger, 1946—)的童年是在纽约度过的,在奥立冈读大学时中文并非他的主修科目。当时美国新左派运动兴起,安戈和许多同学参加了反对越战的左派运动团体。他注意到当时美国的媒体很少报道中国的消息,后来他转入加利福尼亚大学柏克莱分校,对中国的历史和文化越来越感兴趣。

20世纪70年代一次亚洲之行后,安戈在中国香港一家新闻社担任亚洲事务记者。两年后,他进入伦敦大学主修政治学,后来又转入萨塞克斯大学攻读社会学博士学位课程,1978年,他获得了社会学博士学位。

安戈先后任职于堪萨斯大学(University of Kansas)英国发展研究所、华盛顿大学和荷兰莱顿大学。1986年,他接受澳大利亚国立大学远东历史系主任王赓武的邀请,担任了该校当代中国研究中心研究员,几年后晋升为主任,曾以澳大利亚国际开发局(Australian Agency for International Development)和亚洲开发银行(The Asia Development Bank)研究员的身份在华南农村进行了7个月的脱贫调研。1987—2005年,他担任澳大利亚国立大学《中国研究》的主编,经他和学界同人的多年努力,把该刊办成了一份有影响的核心期刊。

安戈撰写学术论文时不满足通过理论或数据来阐述分析问题,而喜欢通过与工作对象直接接触和访谈收集素材。他第一次在中国香港新闻社工作时结识了记者陈佩华(Anita Chan),后来结为伴侣。夫妻之间志同道合,在业务上有共同语言,相互切磋使他们看问题更加透彻。他们长期生

活在中国社会,与中国人零距离的交流,观察和思考问题都有许多独到之处。安格在澳大利亚国立大学任教时,要求撰写有关中国论文的学生都必须进行实地考察,掌握第一手资料。

安戈的学术研究领域为中国社会阶层、农业发展和经济变化、工厂和工人的生活以及中国城镇化。作为一位澳大利亚社会学者,他研究中国已长达40多年。

1984年,美国加利福尼亚大学出版社出版的《陈村:一部当代中国农村史》(Chen Village: The Recent History of A Peasant Community),是由安戈和他的妻子陈佩华以及社会学家赵文词(Richard Madsen)合作撰写的一部专著,内容关于地处华南的陈村在各个时期政治、经济和社会运动洗礼中的发展和变化的历史。1992年,该书经过作者增订在加利福尼亚大学出版社再版,书名为《毛泽东和邓小平时代的陈村》(Chen Village under Mao and Deng)。2009年,加利福尼亚大学出版社又推出了该书的第三次修订版,书名为《陈村:从革命到全球化》(Chen Village: Revolution to Globalization)。

该书第三版共416页,分两个部分,主要记述在邓小平主持中央工作的大背景下陈村社会的变化。素材源于作者与村民访谈的口述材料,是对社会基层的一种微观研究,也是讲述普通人的一部村史。该书围绕两位村干部的性格、命运、彼此的矛盾和权利斗争的错综复杂关系展开。党支部书记陈庆发和大队管理委员会主任陈龙永,两人年龄相当,文化水平不高,但是都出身好,有口才,精明强干,处理问题果断,作风雷厉风行。陈庆发对待乡亲随和,但是在村干部中却说一不二。陈龙永尽管也有个性,凡事都有自己看法,不过涵养好,因此得人心。

中华人民共和国成立之初,陈村人口数不足1000,一年收获的稻谷还不够全村的口粮,以红薯掺大米饭是常事。男人们很少外出打工,许多妇女连广州都没有去过。改革开放后陈村的变化今非昔比,已经成了经济特区的一部分,有中国香港企业家来开发乡镇企业,大批素不相识的外地人前来打工。不少村民建起了别墅,公路四通八达。作者在书中第二部分主要介绍了陈村城镇化建设的发展,村民们打破了过去的宗族观念,以崭新的姿态迎接新时代的到来。

安戈夫妇和合作者赵文词的研态度是严谨和认真的。陈村在过去几十年发生的翻天覆地变化是华南农村艰苦创业的写照,也是中国人民战天斗地英雄伟业的缩影。

2002年,安戈出版的论文集《中国农村的改革》是他的重要的学术研究成果。全书250页中的前90余页涵盖了他对毛泽东时代的农村政权、阶级结构、意识形态、奖酬金和"文化大革命"的认识。据他了解过去华南农民并不反对农业集体化,他们不满的只是集体经济缺乏灵活性。上级有时硬性规定农村集体种什么、怎么种、收入如何分配、农产品如何销售等问题。农产品的低价销售使农民对那种发展模式大失所望。

该书其他部分主要涉及改革开放时期的农村情况。在一篇有关20世纪80年代初解散人民公社的文章中,安戈的访谈否定了许多西方观察家从未质疑的所谓"根据实情抉择"(voting with feet)的官方解释。对于这个问题他的解释是:解散人民公社基本上是自上而下的决定,并非农民自发自愿。当然不是说他们不欢迎,只不过无能为力罢了。根据他的观察许多中国农民都喜欢分散家庭互助管理新模式,但是也有少数农村愿意保留濒于崩溃的集体耕种。

安戈在另外几篇文章中还谈到了中国农村新出现的个体经营方式,如外来劳力。还有一篇重要文章谈到了中国内陆的贫困现象不如充满活力的华南沿海地区那样引起重视。他说20世纪80—90年代所谓的脱贫的许多情况是根据不准确数字统计出来的。政府在这些地区所做的扶贫工作是真心实意的,只不过效果不尽如人意。这些地区的卫生和学龄儿童的教育问题特别突出,但是在改革前和改革初期并不那么严重。

使许多西方观察家感到震惊的一个问题是,政府根据中国和西方经济学家的意见,几年来一直在农民中强行推广土地私有化。20世纪80—90年代,面对户籍规模的变化,农村定期对土地实行再分配,以保持人均土地数的合理。这种做法非常普遍,为的是保证农民在户籍人口增加时自己的土地不会减少,口粮供应充足,然而政府却坚持执行私有化政策。毫无疑问,西方政客都为此事叫好,声称支持中国实施"民主制度"的也正是这帮人。

安戈曾先后撰写、合写和编辑专著14部,发表论文50余篇,其中主要著述有《毛泽东时代的中国教育:广东学校的阶级和竞争》(*Education Under Mao: Class and Competition in Canton Schools*, University of Columbia Press,1982)、《论中国内部的变化》(*Internal Change in China*: Commentary, 1991)、《毛泽东和邓小平时代的陈村》(*Chen Village Under Mao and Deng*, co-authored, University of California Press, 1992)、《中国的民族主义》(*Chinese Nationalism*. Ed. Armonk, M. E. Sharpe, 1996)、《后社会主义之中国：步东欧还是东亚后尘？》(*China after Socialism: In the Footsteps of Eastern Europe or East Asia*, 1996)、《中国农村的改革》(*The Transformation of Rural China*. Armonk, M. E. Sharpe, 2002)、《从毛泽东到江泽民时代的中国政治性质》(*The Nature of Chinese Politics: From Mao to Jiang*, ed. Armonk, N.Y.: M.E. Sharpe, 2002)、《挖穷根：中国政府政策和计划的收缩》(*Entrenching Poverty: The Drawbacks of the Chinese Government's Policies and Programs*, 2003)、《中国社团与国家：竞争的空间》(*Associations and the Chinese State: Contested Spaces*, 2008)、《古为今用：社会主义时代中国社会的再发现》(*Rediscovering Chinese Society in the Socialist Era: Using the Past to Serve the Present*, 2008)、《陈村：从革命到全球化》(*Chen Village: Revolution to Globalization*, by Anita Chan, Richard Madsen and Jonathan Unger, Third Edition, Berkeley: University of California Press, April 1, 2009)。

七、从事中国政治精英和省份中国研究的古德曼

古德曼（David S. G. Goodman, 1948—），1970 年毕业于英国曼彻斯特大学政治与现代史专业，1979 年在北京大学进修经济学，1981 年在伦敦大学亚非学院获中国政治学博士学位。1988—1994 年，他受聘为墨尔多克大学亚洲研究教授；1988—1992 年，兼职于香港中国与东方投资公司；1989—1991 年，任西澳大利亚中学和大学入学考试主考，悉尼科技大学国际研究院（Institute for International Studies at the University of Technology, Sydney）院长，澳大利亚社会科学院院士；2012 年，他获选成为中华人民共和国教育部聘请的海外名师，四年中与南京大学、山西大学和西北师范大学进行教学、科研和学科建设等方面的合作。

虽然古德曼的研究领域广及当代中国社会和政治变迁、中国省份研究、中共党史研究、1900—1949 年中国社会史和地区发展研究，但是他在中国政治精英研究和中国省份研究方面有更多建树，凸显现代澳大利亚汉学不同于同期欧美汉学之处。他的学风严谨，资料把握全面，洞察问题细致入微，分析解读手段多样，这些超群品格赋予他的专著专论不同凡响的品质。

从20世纪80年代后期起,古德曼就开始关注中国革命时期的社会变革,并以太行抗日根据地作为研究选题。1987年后,古德曼多次访问了太行山区,对原太行根据地周边的三个县——辽县、武乡和黎城进行了深入了解和研究,获得了大量的第一手资料。2000年,他出版了专著《中国革命中的社会与政治变革:1937—1945年抗日战争中的太行根据地》。基于多次深入访谈所辑素材之上,作者首先在前言部分提出了几个导向性问题,然后在相关章节中对于太行根据地社会和政治的变化进行了极其深入的考察分析,最后在结论部分做出了完满的回应,充分展示了抗日战争时期中共领导人民反抗侵略的历史。他的后续研究是考察革命者如何在当地基层成功地建立了政府,帮助读者了解在中国各地开展抗日战争的情况。古德曼对于所提出问题的把握力度,对于辨析史实导向的权威水平,堪称一流。

政治精英研究是20世纪下半叶西方汉学研究中的重要选题。学者们越来越清楚地看到,无论国际政治局势、经济全球一体化还是科技文化的相互影响渗透,都无法动摇中国文化传统的根基,只有中国政治精英能在各个时期的政治舞台上发挥作用。美国中国通何汉理(Harry Harding,1946—)认为,早期欧美中国问题专家受冷战思维的影响,往往倾向于从意识形态角度来看问题,后来在极权主义(totalitarianism)和派系政治(factional politics)理论的影响下,一些人通过对不同精英之间的矛盾冲突以及中国治变化的考察,发现改变并纠正中国政治的走向的正是中国的精英力量。古德曼就这一问题写过不少专文和专论,《邓小平与中国革命:政治评传》(1994)和《后邓小平时代的中国》(1995)就是从中国精英角度分析解读邓小平历史贡献的两部专著。至于改革开放后中国出现的一批财富新贵,他认为他们不是真正意义上的中产阶级。① 2008年,古德曼出版了《中国的新贵:未来的统治者,今日的生活》一书。

省份中国研究是20世纪下半叶西方汉学研究的另一类重要选题,打

---

① 古德曼把"中产阶级"定义为"从历史成因来说,中产阶级可以归为两个普遍定义:资产阶级和现代国家的管理者。具体而言,前者在地位上处于普通市民与拥有土地的贵族之间,他们在经济上推动工业化,而在政治上于体制之外扩大了公民权并推动了自由民主进程;后者在地位上处于控制资本与管理国家之间,他们在经济上为生产方式服务,在政治上同样于体制之外发展大众社会、大众政治以及福利国家。"参阅:吴海云:《中国为何没有新的"中产阶级"——专访悉尼大学戴维·古德曼教授》,载《凤凰周刊》2010年33期。

破了原来的区域研究路数,也是与汉学研究中的西方中心论相对的中国中心观的组成部分。古德曼反对把中国视为"极权国家"的单一架构,并致力于中华人民共和国成立之后的社会、政治、经济变化的探讨,特别是对改革开放后成就的探讨,认为中国国土和民众的多样性是客观存在的事实。1996年以后,他担任《省份中国》(Provincial China)主编期间曾反复强调省份研究在汉学选题中的重要意义,从省级甚至更基层来研究中国可以更真实地揭示中国的面貌。他指导建立了多个省级中国研究团队,策划了各类学术研讨会,主编过许多省份中国研究的书籍,亲自为其他学者的著作撰写序言和书评。《中国海南省:经济发展与投资环境》(1995)、《改革中的山西:中国北方省份的日常生活》(2000)、《中国西部大开发:全国、省和地区的前程》(2004)和《中华人民共和国中心和省份》(2009),就是他在这些方面的力作。

1980年以来古德曼先后撰写或主编的专著专论有《中华人民共和国的团体与政治》(Groups and Politics in the People's Republic of China,1984)、《中华人民共和国中心和省份》(Centre and Province in the People's Republic of China-Sichuan and Guizhou, 1955—1965, Cambridge University Press, 1986)、《中国的挑战:调整与改革》(The China Challenge: Adjustment and Reform, Co-authored with Martin Lockett and Gerald Segal, Royal Institute of International Affairs, Routledge & Kegan Paul, 1986)、《中国的省级领导》(China's Provincial Leaders, 1949—1985, University College Press, Cardiff, 1986)、《过渡中的华南:中国的新地方主义与澳大利亚全球辅助卫星定位系统的前景》(Southern China in Transition: China's New Regionalism and the Prospects for Australia AGPS, Canberra, 1992)、《邓小平与中国革命:政治评传》(Deng Xiaoping and the Chinese Revolution: a Political Biography Routledge, London, 1994)、《后邓小平时代的中国》(China without Deng, Co-authored with Gerald Segal] Harper Collins, Sydney & New York, 1995)、《中国海南省:经济发展与投资环境》(China's Hainan Province: Economic development and investment environment, Co-authored with Feng Chongyi, University of Western Australia Press,1995)、《中国革命中的社会与政治变革:1937—1945年抗日战争中的太行根据地》(Social and Political Change in Revolutionary China: The Taihang Base Area in the War of Resistance to Japan, 1937—1945, Rowman & Littlefield, 2000)、《改革中的山西:中国北方

省份的日常生活》(*Shanxi in Reform*: *Everyday Life in a North China Province*, Dangdai Zhongguo Chubanshe, 2000)、《中国革命中的太行抗日根据地社会变迁》(*Social Change in the Taihang Base Area during the War of Resistance to Japan*, Zhongyang Wenxian Chubanshe, Beijing, 2004)、《中国西部大开发：全国、省和地区的前程》(*China's Campaign to "Open Up the West"*: *National, Provincial and Local Perspectives*, The China Quarterly Special Issues, 2004)、《中国的新贵：未来的统治者，今日的生活》(*The New Rich in China*: *Future Rulers, Present Lives*, 2008)、《中国的农民和工人》(*China's Peasants and Workers*, 2012)、《中产阶级的中国》(*Middle Class China*, 2013)、《中国的阶级和社会阶层》(*Class and Social Stratification*, in China Polity Press, 2013)。

此外，古德曼还在《当代中国研究》(*Journal of Contemporary China*)、《中国季刊》(*The China Quarterly*)和《当代中国学刊》(*Journal of Current Chinese Affairs*)发表了数十篇论文。

八、澳大利亚女真和契丹语文研究权威康丹

康丹(Daniel Kane, 1948—)，生于墨尔本。因为年幼丧父家庭生活拮据而辍学，15岁时开始打工，中学毕业后到一家银行当出纳员。他发觉自己在人际交往方面的一个强项是容易跟客户沟通，于是就有意识地利用各种机会提升自己的表达和应对能力。业余时间他设法补课，几年后竟然以掌握多种语言的优势被墨尔本大学录取。

1971年，他攻读汉语专业课程获优异成绩。1975年，在澳大利亚国立大学获博士学位。1976年，他又获澳大利亚国立大学的亚洲研究硕士学位，同年他受聘于澳大利亚外交部，第二年被派往澳大利亚驻华使馆工作。1981年，他回国后担任墨尔本大学汉语讲师。1988—1993年，以访问学者身份到北京大学进修。1996年，他再次来华，任澳大利亚驻华使馆文化参赞。1997年，他被聘任为悉尼麦考瑞大学中文系主任兼教授。

康丹学术研究兴趣广泛，包括语言学、政治史、思想史和时事政策，对于女真语文和契丹语文研究造诣很深。1989年，他在美国印第安纳大学亚洲研究所出版的《四夷馆汉语——女真语词汇》一书，是他在1975年向澳大利亚国立大学提交的博士论文基础上扩展而成的专著。

女真人(汉籍中另一译写形式为"女直")原来生活在东北三江平原及兴安岭地区,1115年,完颜阿骨打在按出虎水称帝建国。女真语属于阿尔泰语系满—通古斯语族,与突厥语、契丹语和蒙古语有渊源关系。女真语是满语的祖语,原来没有文字。金肃宗主政时内外公文交往都用契丹文,通晓契丹文和汉字的臣僚完颜希尹(?—1140)与叶鲁奉命按照契丹大字和汉字创制女真文,天辅三年(1119)诏令颁行的是女真大字。天眷元年(1138),熙宗完颜亶(1119—1150)参照契丹字创制女真小字。女真字的制定对当时社会和文化发展产生了积极影响,至1234年金朝覆亡后才停止使用,历时长达120多年。15世纪中叶,女真人因政治地位失落改学蒙古文,女真文渐废。流传至今的女真文多为大字。据陕西碑林孝经台内发现的《女真字文书》手写残片统计,不计重复的可识别字形共1196个。1985年,中国社科院出版社出版了由清格尔泰和刘凤翥等学者编撰的《契丹小字研究》,对文献解读很有帮助。

《四夷馆汉语——女真语词汇》全书461页,共分九章和一个附录,内容分别为:第一章,历史背景:女真文的创制以及与契丹文的关系;第二章,契丹文:契丹大字与契丹小字;第三章,女真文:从汉字和契丹文演化而来,单音节、双音节、三音节和表意字、部分表意字、音节表音符号、《女真进士题名碑刻》;第四章,《金史》和《大金国志》中的女真词汇;第五章,女真文碑刻《大金得胜陀颂碑刻》《女真进士题名碑刻》《奥屯良弼饯饮碑刻》《奥屯良弼诗碑刻》《海龙女真大字摩崖》《庆源女真大字碑刻》《北青大字石刻》《永宁寺记碑刻》和《昭勇大将军同知雄州节度使墓碑》;第六章,其他史料;第七章,华夷译语《四夷馆女真译语》和《会同馆女真译语》;第八章,四夷馆汉语与女真语词汇;第九章,分类词典;附录,非女真字的汉语女真语辞典摹写本。①

通观该书,康丹在研究汉语、契丹语和女真语的过程中涉猎了大量汉籍、文献、史书和专著。因为契丹语和女真语现都已被历史尘封,许多资料和佐证只能通过历史比较语言学、翻译学、社会学、人类文化学的考察和分析获取,论证和推测往往存在不确定性,观点和方法差异不可避免地会给

---

① Daniel Kane, 1989. The Sino-Jurchen Vocabulary of the Bureau of Interpreters. Uralic and Altaic Series, Vol. 153. Indiana University, Research Institute for Inner Asian Studies. Bloomington, Indiana.

结论带来很多变数,难度大是客观存在的。例如该书第 85 页对所碑刻照片中的文字解释为契丹大字,被认为沿袭了以前研究者的误判。虽然他作为资料的收集者所做的大量工作仅仅局限于编辑、辨伪和考订,但是他的学术目标始终明确,十几年如一日的执着追求,毅力令人敬佩。更难能可贵的是他的深厚学养、科学探索精神以及一丝不苟的研究态度,保证了他的成果总体上经得起推敲。从撰写博士论文时起,他就利用一切机会向接触到的专家学者请教,蒙古史学家罗依国(Igor de Rachewiltz)、满语和女真语专家金启孮(Jin Qicong,1918—2004)教授都对他的论证进行过指导。他视野开阔,在平凡的议题中总能发现许多不为他人所关注的新意,要领就在这里。

2009 年,康丹在荷兰莱顿布里尔出版社作为"东方丛书"之一推出的《契丹语与契丹文》,被认为是一部具有代表作水平的专著。契丹语是蒙古和通古斯语族的一个分支,属于辽朝和西辽(907—1218)的官方语言。契丹文是契丹大字和契丹小字的统称,是书写契丹语的两种文字系统。据《辽史》记载,大字于神册五年(920)制成,小字于天赞四年(925)由耶律迭剌创制。两者都有表意和表音的字素,但是小字的表音字素多于大字。金取代辽初年契丹文仍然流通,金章宗明昌二年十二月十一日(1191 年 12 月 28 日)下诏废除契丹字后才正式退出历史舞台。现代语言学家尚未完全破解契丹大字和小字的意义,但已能够根据资料重建契丹语的概貌。

《契丹语与契丹文》全书共七章。第一章,简介契丹语言文字的历史、特征和研究概况;第二章至第六章,综述了契丹小字的形音义、契丹大字的功能以及契丹语语法,通过对《郎君行记》《耶律敌烈墓志》和《宣懿皇后哀册》三件契丹石刻的分析做出语言学、历史学和社会学的解读;第七章,介绍了可用于对比分析契丹语文的辽代原始汉语及其分支。

康丹以契丹语研究爱好者为对象,对中外契丹语研究领域和背景进行了全方位的展示,并尝试通过原文例句拉丁文转写的方式,用英文句号表示契丹文字与字之间的间隔,用冒号表示契丹文的词缀,赋予了被历史尘封的契丹语样本学术生命。

作者本人可能没有专门对契丹小字的拟音进行过研究,书中的拉丁转写样例都是源于其他学者的研究,但是他运用自己的汉语语言学知识对已有的构拟进行了必要的调整。这样的尝试无疑是对现有论证的一种补充。鉴于学术界对于契丹语和契丹文的研究仍然处于深度探索阶段,任何学者都可能对他人甚至自己的前期观点提出修正或者补充,因此作者不急于提出新的理论和新的思路,但是他尽力按照严格学术规范,采信多数学者公认的理论,显得十分大度和远见。

19世纪兴起的历史比较语言学曾在欧洲掀起了对各种语言历史研究的热潮,丹麦语言学家拉斯克(Rasmus Christian Rask,1787—1832)、德国语言学家葆朴(Fanz Bopp,1791—1867)和格里木(Jacob Ludwig Karl Grimm,1785—1863)都是奠基人。他们按照语言的历史来源和亲属关系,明确了各种语言的语系、语族和语支归属。19世纪70年代,学者们更进一步揭示了语音的历史演变规律并建立了类推原则。历史比较语言学的理论和规则为契丹语、女真语和满语的研究提供了新的手段和途径。中国少数民族语言的历史比较多半起步于描写研究,多年来在比较描写及内部系属分类方面研究取得一些成果。康丹作为一位外国学者,能参与这一艰巨项目的研究并为之做出令人瞩目的贡献,足见其知识的丰富和学养的深厚。

康丹的妻子叶晓青(Ye Xiaoqing,1952—2010)原是一位上海学者,专研清史和中国现代化专家,两人育有一子名伊恩(Ian)。2010年,她患癌症去世。

康丹的主要著述有《四夷馆汉语——女真语词汇》(*The Sino-Jurchen Vocabulary of the Bureau of Interpreters*. Uralic and Altaic Series, Vol. 153. Indiana University, Research Institute for Inner Asian Studies. Bloomington, Indiana. 1989)、《汉语的历史与现状》(*The Chinese Language:Its History and Current Usage*. Tuttle Publishing, 2006)、《契丹语与契丹文》(*The Kitan Language and Script*, Handbook of Oriental Studies series, Section 8:Uralic & Central Asian Studies,2009)、《联系东西方的明智之言》(*An intellectual voice that connected East and West*, Co-authored with Hamish McDonald, Sydney Morning Herald, July 10, 2010)。

九、中国文学作品的研究者和翻译家周思

尼古拉斯·周思(Nicholas Jose,1952—),生于伦敦,通晓汉语,平时喜欢摄影,在华生活近10年。他的曾祖父周守恩(George Herbert Jose,1868—1956),1891年携妻子从悉尼到绍兴、宁波和台州等地传教。周思

的祖父伊万·比德·周思（Ivan Bede Jose）1893年生于中国，在江南水乡度过了童年，通晓汉语。

周思在澳大利亚珀斯和阿德莱德长大，毕业于英国牛津大学和澳大利亚国立大学，先后任职于堪培拉、悉尼、英格兰和意大利。1984年，他来华短期研修。1986—1987年，在北京外国语大学和华东师范大学工作了18个月。1987—1990年，任澳大利亚驻华大使馆文化参赞。他熟读中国历史，喜欢唐诗、宋词、元曲等中国古典文学，还读过鲁迅、沈从文、老舍和郁达夫的小说和散文，跟丁玲、吴祖光、王蒙、杨宪益、戴乃迭、冯宗璞、谌容和叶辛交往密切，曾把一些优秀的中国文学作品翻译成英文出版。2009—2010年，他受聘为哈佛大学教授，后任澳大利亚阿德莱德大学教授和西悉尼大学文学创作系教授，是《麦考瑞·国际笔会澳大利亚文学选集》总主编兼国际笔会澳大利亚分会主席。

周思了解中国文化和历史，曾先后创作7部长篇小说，其中《长安大街》(*Avenue of Eternal Peace*, 1989)、《黑玫瑰》(*The Rose Crossing*, 1994)、《红线》(*The Red Thread*, 2000)和《本来面目》(*Original Face*, 2007)等4部作品反映了中国社会现实。他的《长安大街》部分内容取材于他曾祖父的日记和书信。另外两部《监管人》(1997)和《本来的面孔》(2005)虽然讲的是澳大利亚的故事，但是有华人背景的故事占了很大篇幅。

《红线》是借中国古典文学名著《浮生六记》的题材创作的一部爱情小说。"浮生"典出李白《春夜宴从弟桃花园序》："浮生若梦，为欢几何。"《浮生六记》是一部有影响的名著，以叙事方式展开情节，置闲情于逸趣之间，通过山水景色写人状物。作者为苏州人沈复，字三白。1935年，林语堂把它译成英文，书名为 *Six Chapters of a Floating Life*，在西方读者中广为传阅。

周思早在上大学的时候就读了林语堂翻译的《浮生六记》，后来构思并创作出《红线》。2007年，李尧和郁忠将该小说译成中文，由人民文学出版社出版。

《红线》内容包括：第一卷，婚礼记乐；第二卷，生活记趣；第三卷，坎坷记愁；第四卷，轮回记悲；第五卷，镯断记悟；第六卷，梦碎记散。该小说以佛教转世轮回的观念，借助遗失残卷的虚拟空间，把原来《浮生六记》的主人公沈复和芸脱胎换骨为《红线》中的现代文物鉴赏家沈复灵和澳大利亚女画家鲁丝。沈复灵深深地爱着鲁丝，鲁丝和韩（《浮生六记》中歌妓憨园的影子)之间的关系又如影随形。他们彼此错综复杂的感情纠葛演绎出一段凄厉感人的故事,在现代大都市纸醉金迷笙歌达旦的氛围中一次次换场再现,不由读者不感动。周思在《红线·序》中写道:

> 《红线》这部作品就是200多年前沈复撰写的《浮生六记》。还是上大学的时候,我就读了这本书的英文译本。那时候,沈复的著作对我产生了很大的影响,吸引我阅读了更多的翻译成英文的中国文学作品,最终又使我学会足够的中文,阅读了一些中文原著。现在,许多年过去了,由于曾经在中国生活、工作,由于在相当长一段时间里,和许多中国朋友与同事密切交往,我的中文有了很大的提高,但我依然要说,通过文学作品了解中国和中国文化对于我来说是非常重要的途径。而这一切都始于《浮生六记》。这本书以其不完整、不确定的形式流传于世,被世界各地的读者喜爱、欣赏。①

由他主编的《麦考瑞澳大利亚文学》(2009)受到读者的好评。他撰写的文艺评论常见于澳大利亚报纸杂志,主题多半与中国有关,为中澳文化文学交流做出了突出贡献。

十、从事近现代中国文学研究和翻译的学者白杰明

白杰明(Geremie Randall Barmé,1954—),出生于澳大利亚悉尼,父亲是德国犹太人,母亲是苏格兰裔澳大利亚人。在澳洲国立大学学习中文和梵语。1974年,以交换学生身份到复旦大学,主攻鲁迅著作和《水浒传》等文学作品,结识了杨宪益夫妇、吴祖光夫妇、钱锺书夫妇和黄苗子夫妇等文化界名人。20世纪70年代,在中国香港担任《九十年代》杂志的英文编辑,为《大公报》撰写文章,翻译中国当代文学作品。1980—1983年,在日本从事自由职业。

白杰明把当代的汉学研究定义为"后汉学"(New Sinology)。他认为这种研究与出于经济利益或战略考虑的中国研究有所不同,它是基于人类文明关怀的立场,从多角度学习中华文化。这是对澳洲过去的中国研究进

---

① 周思著,李尧和郇忠合译:《红线·序》,人民文学出版社,2007年。

行反思的结果,在澳洲学界已经形成学术社群。

白杰明不赞成后现代理论及其方法,但是对后现代评论中的反叛精神特别关注。他经常阅读鲁迅和王朔的作品,他的得意之作都收入了《激进主义政治》的作品集中。他的《知识分子得到复兴》中概括了自己对中国知识分子状况的理解。

白杰明在北京、上海和沈阳等地学习生活20余年,他的研究领域为当代中华文化和中国历史,影片拍摄也是他的兴趣之一。2005年,他与澳大利亚国立大学的同事一起创办了《中华遗产在线季刊》(China Heritage Quarterly),现为澳大利亚国立大学太平洋和亚洲历史系教授。他先后撰写和编辑多部关于中国社会和文化的著作,向西方读者介绍中国知识界、文化界的新潮人物和现象。

白杰明是澳大利亚历史学家和文艺批评家,曾以《艺术放逐:丰子恺的一生(1898—1975)》获列文森中国研究书籍奖。他的主要著述有:《自行车文集》、《西洋镜下》(香港,1981年)、《毛泽东的影子:对已故伟大领袖的崇拜》(Shades of Mao: The Posthumous Cult of the Great Leader, N.Y.: M.E. Sharpe,1996)、《赤字:当代中国文化论》(In the Red: On Contemporary Chinese Culture, New York: Columbia University Press,1999)、《紫禁城》(The Forbidden City, London: Profile Books/Cambridge, Ma.: Harvard University Press,2008)、《艺术的逃难:丰子恺传》(贺宏亮译,浙江人民出版社,2015年)。

十一、研究中国思想史与现代学术学科发展史的梅·约翰

梅·约翰(John Makeham,1955—),1983年毕业于澳大利亚国立大学亚洲研究系,1986年获该校硕士学位,1992年以论文《徐干名实关系概念及其哲学社会背景》获中国思想史博士学位。

1984年梅·约翰任澳大利亚国立大学中国中心的兼职中文辅导,1989—1992年任新西兰威灵顿维多利亚大学亚洲语言系中文讲师,1998年任澳大利亚阿德莱德亚洲研究中心助理教授。2001年至今,任阿德莱德大学亚洲研究中心主任兼中文系教授。

他的研究领域为:中国哲学和思想史;中国思想史的形成与中国现代学术学科的发展历史;儒学和中国文化特征的关系;正统思想史和社会角

色;多数民族和少数民族之间的文化和社会关系;历史学家和哲学家研究中国传统学术的不同方式;注释传统和文化记忆的关系。目前他教授中文和中国思想课程,研究中国20世纪90年代儒学及其普及情况。

西方哲学界长期漠视中国哲学,儒家经典在他们眼中只不过是文物式的收藏,从事中国哲学思想史研究的一些日本学者,也批评中国传统学术缺乏系统。20世纪50年代,冯友兰出版了自己的《中国哲学史》,为中国学术界争得了一席之地。此后海外学者相继组建起亚洲与比较哲学会(Society for Asian and Comparative Philosophy)和中国哲学会(Society for Chinese Philosophy),以多彩和谦恭的论证与献词吸引了媒体和专业的目光。澳大利亚汉学家梅·约翰对于中国思想史,特别是中国哲学思想史有独到研究。至于儒家哲学,近年来他的学术兴趣更具体深入到中国佛教哲学对儒家哲学影响的层面。他主编的《现代新儒学评析》,无论在观点新颖或者资料翔实方面均具特色,实属难能可贵。在当代多元文化共存的时代,讲传统讲交流都是学者们共同奋斗的目标,值得称道。

梅·约翰在《诸子学与论理学:中国哲学建构的基石与尺度》中说:

> 1903年以后,当章太炎、梁启超等人引用日本的学术作品时,他们已经开始脱离无批判地吸收外来知识资源的被动状态。虽然他们继续通过日本学术媒介来引进西方哲学的典籍,但是同时他们也开始自己做出决定,如何应用新的知识典范来定下中国哲学的内涵和外延。章太炎的"名家"说和梁启超的利他主义,都说明了这点。章太炎提出,中国固有的论理学尤其可以代表中国本土知识资源的主动活力,来抵抗与调整维西方模式独尊的哲学。①

梅·约翰出版的主要著述有《新儒家哲学的道家指南》(*Dao Companion to Neo-Confucian Philosophy*)、《中国:揭秘世界上最古老的文明》(*China: The World's Oldest Civilization Revealed*)、《台湾文化、种族和政治民族主义》(*Cultural, Ethnic, and Political Nationalism in Contemporary Taiwan*)、《早期中国思想的名实论》(*Name and Actuality in Early Chinese*

---

① 梅约翰:《诸子学与论理学:中国哲学建构的基石与尺度》,载《学术月刊》2007年第4期,2014年2月25日。"论理学"就是"逻辑学"。

Thought, State University of New York Press, 1994)、《徐干著"中论"的英文翻译及注释》(*Balanced Discourses: Translation and Notation*, Yale University Press, 2002)、《论语的注释家与注释史》(*Transmitters and Creators: Chinese Commentators and Commentaries on the Analects*, Harvard University Press, 2003)、《现代新儒学评析》(*New Confucianism: A Critical Examination*, ed., Palgrave, 2003)、《迷失的灵魂:"儒学在当代中国"学术话语》(*Lost Soul: "Confucianism" in Contemporary Chinese Academic Discourse*, London, Harvard University Asia Center, 2008)。

十二、小说家和电影字幕翻译贾佩琳

贾佩琳(Linda Javin, 1955—),出生于美国东北部的康涅狄格州,毕业于澳大利亚国立大学亚太学院历史系,曾在美国布朗大学研修亚洲历史专业,然后去中国台湾学习中文。她是编剧、散文家、电影字幕翻译、国际畅销书作者和文化评论家。她撰写了8部著作,其中6部为小说。

20世纪70—80年代,贾佩琳初到中国。1985年的一天,担任《亚洲周刊》记者兼中国香港电影节评委的贾佩琳在香港地铁遇到了参加电影节的张艺谋和陈凯歌,彼此谈得很投机,不久陈凯歌便与张艺谋商议邀请贾佩琳为他们的电影翻译字幕,从此贾佩琳的日程表上便增加了许多影视界的人名,其中包括:徐克、杨德昌、侯孝贤、罗大佑、侯德健等电影人。多年来,经她翻译字幕的电影有陈凯歌的《搜索》《风月》《梅兰芳》《赵氏孤儿》《霸王别姬》,张艺谋的《活着》和《英雄》,田壮壮的《蓝风筝》和《小城之春》,姜文的《鬼子来了》和《阳光灿烂的日子》,王家卫的《一代宗师》,侯孝贤的《悲情城市》,以及《关云长》《天地英雄》《危险关系》和《天之恩赐》等。近几年她还把中国作家谌容和王朔的部分文学作品译成了英文。

贾佩琳的小说《吃我》是她1995年出版的一部成名作,说的是悉尼四位白领丽人的故事。茱莉亚是摄影师,香桃是一家时尚杂志的编辑,海伦是从事妇女研究的大学教授,费利帕是一位作家。这些成熟自信的女性常在一起喝咖啡或聚餐,交换色情冒险之类的信息。在作者生动活泼的笔触下映现出一幅享乐迷茫的西方都市风俗画,给人一种世纪之交另类文化的感受。

贾佩琳的第二部小说是她1996年创作的《来自外星的摇滚宝贝》,她

的第三部小说是1999年发表的《迈尔斯·沃克》，第四部小说是2000年推出的《绝对性感》。

1989年，贾佩琳从中国移居澳大利亚。2001年，她出版的一部非虚构作品是广受赞誉的《猴与龙》，详细地描写了20世纪80年代的中国，通过歌手、叛逆者、不同政见人士兼风水先生侯德健的故事讲述了中国文化和社会变迁。当年的台湾歌手，用自己的歌声和表演赢得了同胞的理解和信任，在新世纪来临前却在遥远的新西兰成为一位风水先生。作者通过书名暗示：不是理想主义就是不安分思想改变了他的后半生。

贾佩琳的《情怨》，是在国家京剧院吴江院长和悉尼歌剧院导演约翰·雷格（John Wregg）共同指导下创作的一部双语歌剧，将西方的歌剧元素融入了京剧，是为澳大利亚2010文化年在中国首演的剧目之一。该剧从新的角度解读了《水浒传》中的反派人物潘金莲，通过跨文化手段为古老而又独特的传统戏曲表演输入新的元素，从内容到形式都跟京剧《潘金莲》有很大的不同。

2013年3月2日，中国传媒大学讲师金海娜采访了参加澳大利亚文学周的贾佩琳，探讨了电影字幕翻译的风格以及与电影翻译的实践和理论相关的一些问题。贾佩琳认为，电影字幕翻译必须将口语转化为书面语，将碎片化的语言转化为连贯的句子，此外还必须考虑视频和画面的配合问题。电影字幕的出现时间一般是2—7秒，因此一行字幕不能超过33—42个字符。她还说曾读过巴兹尔·哈特姆（Basil Hatim）和伊恩·梅森（Ian Mason）写的《字幕翻译礼貌》（Politeness in Screen Translating）中谈到的4个限制：从口语到书面语的转换，字幕翻译的长度、行数与停留时间的限制，语言的压缩，以及与画面的协调。另外中英文两种语言文化的异同以及导演的特殊要求也必须充分注意。① 这是高度浓缩的经验之谈，充满灵感、激情和责任感。

贾佩琳的主要作品有《吃我》（Eat Me, 1995）、《来自外星的摇滚宝贝》（Rock'n Roll Babes from Outer pace, 1996）、《迈尔斯·沃克》（Miles Walker, 1999）、《绝对性感》（Dead Sexy, 2000）、《猴与龙》（The Monkey and the Dragon, 2001）。

---

① 金海娜：《从〈霸王别姬〉到〈一代宗师〉》，载《中国翻译》2013年第4期。

十三、研究中国历代法制与法规的专家达顿

达顿(Michael Robert Dutton,1957—),出生于英国森德兰,后入籍澳大利亚,格里菲斯大学硕士和博士,北京语言大学研究生。1988—1990年,他受聘为澳大利亚阿德莱德大学亚洲研究中心讲师。1990年后,担任澳大利亚墨尔本大学政治和社会学理论讲师和研究员,并兼任伦敦大学戈德史密斯学院政治学教授,清华大学人类和社会科学高级研究院教授。

他的著作主要根据个人的学术兴趣(社会学理论)和中国地理档案来确定的。1992年,他在剑桥大学出版社出版的《中国的治安与惩罚》探讨了历届中国政府处理这一科目的不同方式。1998年,他在剑桥出版社出版的另一部专著《中国街景》考察了市民对这一措施的反应。2005年,他付梓的第三部专著《亚太文化、政治和社会史》赢得了2007年当代中国美亚研究最佳著作列文森奖。最近他与门生合著的《北京时间》展示了在中国首都有时被淡化了的生活的场景。在即将投入书市的另一部著作中,达顿通过聚焦中国人的性格再次对政治观念进行了解读。他的著述,与其说是艺术作品倒不如说更像政治科学专著,展现在读者面前的是对其流畅和温情的一种理解。

达顿的《中国政治史》是一部考查从1927年至1976年中共的政治和规则如何发挥作用的专著。作者认为,1927年蒋介石的军人制造白色恐怖之后,共产党意识到党内存在被破毁的威胁而确立了一套政治行为准则,在大革命胜利之后在党内可能产生新的问题。党领导根据区分敌我的简单二元论原则,使广大群众发挥革命热情,可以指导革命成功。但是如果夸大威胁的百分比,甚至制造一个超范围的环境就可能造成巨大的危害。

作者谈完理论框架之后又进一步介绍了具体的做法问题。在采取群众路线和政治监督之间可能出现忽左忽右的情况。前者旨在调动群众的政治热情,后者可以保持经济和社会稳定,既实用又专业。革命激情和"文化大革命"是书中常援引判例的出处所在。在作者看来,社会主义法制远非一些刑侦故事所能概括。

达顿运用后殖民和后现代理论,有时根据需要也插入福柯的谱系论和萨义德的东方主义,对中国历史中的审视和惩罚进行剥离、分析和评析。

据说他当年来华时正是血气方刚,有意探索中国继续革命的深刻内涵,或许可以找到破解西方社会弊端的良方。他的许多专书专论就是在那个背景下撰写出来的。

忙里偷闲,他还兼任《中国街景》期刊编辑,主要著述有《中国街景》(Streetlife China, Cambridge University Press, 1998)、《中国政治史》(Policing Chinese Politics: A History, Asia-Pacific: Culture, Politics, and Society, 2005)、《北京时间》(Beijing Time, by Michael Dutton, Hsiu-ju Stacy Lo and Dong Dong Wu, May 1, 2010)、《中国的马克思主义危机》(The crisis of Marxism in China, Griffith Asian papers, 1983)、《中国的规制与惩罚:从父权本位到人民本位》(达顿著,郝方昉、崔洁译,清华大学出版社,2009 年)、《从父本位到人民本位》(From Patriarchy to the People, Cambridge University Press, Sep. 25, 1992)、《非翻译导向:亚洲研究理论基础诠释》[Lead Us Not Into Translation: Notes Toward a Theoretical Foundation for Asian Studies. Nepantla: Views from South, 3(3), pp. 495—537, 2002]、《政治天分培养》[Building a Gift of Politics. Communication, Politics & Culture, 41(1), pp. 78—98, 2008]、《亲情管理:毛泽东主义与革命管理结构强度》(Passionately Governmental: Maoism and the structured intensities of revolutionary governmentality. Postcolonial Studies, 11(1), pp. 99—112, 2008]、《似是而非的后殖民管理》[The paradoxical after-life of colonial governmentality. Social Identities, 16(5), pp. 635—649, 2010]、《环境建构政治人类学方阵》(The Square: A Political Anthropology of the Built Environment. Time+Architecture, 4, pp. 88—101, 2010)、《政治碎片》[Fragments of the Political or How we Deal With Wonder. Social Text, 30(1), pp. 109—141, 2012]。

十四、聚焦于 16—20 世纪中国社会和文化发展史的安东篱

安东篱(Antonia Finnane),毕业于澳大利亚悉尼大学,曾经在南京大学留学,1985 年,在澳大利亚国立大学跟随王赓武研习东亚史并获得博士学位,现为澳大利亚墨尔本大学历史系教授。她的研究领域为 16—20 世纪中国社会和文化史,重点关注城市、消费、时尚、文化、族群和性别关系等问题。

近年来她发表过一系列论著,在汉学界有较高的知名度。扬州是她长

期的研究选项之一。这座历史名城地处长江与京杭大运河交汇处,从西汉、隋唐到明清文化璀璨,商业鼎盛。早年大运河的开挖,徽州晋商的贡献,18世纪旅游业的发展,都给该市的经济文化发展提供了机遇。

安东篱曾获得2006年美国亚洲研究学会"列文森奖"的专著《说扬州:一座中国城市,1550—1850》,是为近代扬州的历史发展所做的一部传记。作者以明清时期扬州工农商之兴衰故事,描述了当地社会、经济和文化生活的方方面面,并深入考察了徽商与西北商人在扬州城市建构过程中所发挥的关键作用,展示了古城的休闲娱乐、文化艺术和忠肝义胆人物。此外,书中也囊括了许多有关这座城市的资料和细节,使人想起了当年文人墨客、富商巨贾、才子佳人在水道上轻歌曼舞的画面。明清政权更迭对于扬州社会发展有很大的影响,也是历史学家不尽的话题。作者引用了1645年王秀楚的《扬州十日记》的有关章节,对清军的屠城暴行做了可信的论述,并肯定了史可法作为抗清的民族英雄一面,他的义举获得了身后的殊荣足以表明作者的历史评价。《两淮盐法制》对于国家的经济、文化和伦理事业来说,其重要性与土地等同的断语也不失公允。作者还多处引用了李白、杜甫、鲍照、姜夔和郑板桥的诗文,既为沉重严肃的史实增添了文采,同时也表现了这座城市的精神生活和文学传统。

2008年9月18日,安东篱在清华大学理论经济学家讲堂所做的《徽商、晋商与扬州》的演讲,是她多次有关扬州专题讲座中的一个。通过对徽商与晋商人际关系、社会交往与物质生活的研究,展现当年扬州的文化生活和特性,以及对社会发展的影响。演讲人通过西方社会与史学理论对史实的解读,提出了可深入考察文化与经济交互作用的层面:文化产业的形成、文化—经济一体化的运作以及彼此互相影响的关系。利用明清文人的文档和书画(如,王秀楚《扬州十日记》中描绘的集市、商贩与妻妾服饰)来分析扬州人的文化活动及其对社会风气的改造。文人与商人之间的交往显然是对社会风尚和潮流潜移默化的一种方式。

安东篱是国际知名学者,主攻中国明清史和近代史。她的专著和与他人合作编辑的主要著述有《中国女性应着何服?国家层面的大问题》[*What Should Chinese Women Wear? A National Problem. Modrn China*, 22(2):99—131,1996]、《时尚之城:清朝扬州服饰文化一瞥》;《太平天国运动前夕扬州城的日常生活》《上海犹太难民变成澳大利亚移民的故事》(*Far From Where? Jewish Journeys from Shanghai to Australia*, Melbourne:

Melbourne University Press，1999）、《中华文化中的服饰、性别和文本》（Antonia Finnane and Anne McLaren, eds, *Dress, Sex and Text in Chinese Culture*, Monash Asia Institute, Melbourne, 1999）、《水道、爱情、劳动：性别化环境的各种方面》（载《江海学刊》2003年第4期）、《说扬州：1550—1850的一座中国城市》（*Speaking of Yangzhou: A Chinese City, 1550—1850*, Cambridge. Mass: Harvard University Asia Centre, 2004）、《说扬州：1550—1850的一座中国城市》（李霞译，中华书局，2007年）、《中国服装变迁录——时尚、国家和历史》（*Changing Clothes in China: Fashion, Nation, History*, London: Hurst, 2007; New York: Columbia University Press, 2008）、《在中铝交易中中国所冒风险大于澳大利亚》（*China has more to risk than Australia in Chinalco deal*, 2009）、《时尚与国族：从"中国女性应该穿什么服装"谈起》（2018年）。

十五、较早关注中国思想史和公共政策问题研究的戴凯利

戴凯利（David A. Kelly），20世纪70年代来华留学，1981年，毕业于悉尼大学，获博士学位。早在20世纪70年代，他就开始了中国问题研究，主要学术领域为当代中国政治，反贫困中的非政府组织、公民社会发展和海外意识形态检讨。他的夫人周平（Phillipa Kelly）是一位欧美贸易政策专家。1999年，他们全家从堪培拉移居北京，戴凯利现为澳大利亚悉尼科技大学的教授。

戴凯利与安托尼·瑞德（Anthony Reid，1939—）合编的《亚洲的自由：东亚和东南亚文化语境中的自由观念》，是1994年澳大利亚国立大学召开的一次科研讨论会的论文集，收纳了有关近现代中国、日本与东南亚关于自由观念的10篇论文。文中的研究范围并不只局限于中国，为那些对于外延与内涵各不相同的"自由"观念感兴趣的学者来说都是不可多得的资源。这些论文以及戴凯利撰写的导论，理论应用专业，案例选择丰富，久享盛名的学者不乏其人。这些对于中国的自由、改革和公民社会等热点问题做了严谨而又热烈的探讨，为今后中国思想史的研究展示了远大前程，令人欢欣鼓舞。

该论文集运用晓白通畅的中层理论（theories of middle range）对各类问题进行了分析评判。"中层理论"又译"中观理论"，是西方政治学者在20

世纪60年代提出的有关政治研究层次的理论,主张政治研究应该侧重发展处于宏观与微观之间的中间层次理论。美国社会学家默顿(Robert King Merton,1910—2003)在1949年出版的《社会理论与社会结构》(*Social Theory and Social Structure*)中首先提出来的。

这部文集在增进读者对中国与东亚和东南亚学术界了解的过程中,又可以亚洲社会经验来对相关理论进行验证,从而对其做出必要的修正和提升。这是西方汉学研究所取得的重要进步,展示出一种新型的区域与社会理论研究之间、理论与实践之间的辩证因果关系。

2008年12月14日,戴凯利偕夫人访问了浙江大学劳动保障与公共政策研究中心。在座谈会上他说,海外早期对中国的关注不够,当时的研究主要关注意识形态以及是否存在发展可能等问题。最近10年来,西方对中国问题的研究开始从思想史逐步走向了公共政策等领域,学术研究的领域不断扩大,研究选项也更丰富多元化,这些构成了当前海外中国研究的主要趋势。他认为,一些西方国家对中国的认识具有片面性,较多关注中国经济快速发展的一面,认为中国已无须援助项目。其实中国问题复杂性而多样,在全球化进程中出现越来越多的超越民族国家的共同问题,如气候变暖,非常需要不同国家之间的交流与合作。不仅需要在学术研究领域推进国与国之间的合作与交流,更要促进政府间合作的强化。

戴凯利是《中国研究》(*The China Journal*)等多家著名国际期刊的编委,他的主要著述和与他人合作的编著有:《亚洲的自由:东亚和东南亚文化语境中的自由观念》(*Asian Freedoms: Journeys of an Idea in the Cultural Contexts of East and Southeast*, Cambridge University Press, 1998)、《太平洋事务胡锦涛—温家宝时代的公民迁徙与中国的公共知识分子》(*Citizen Movements and China's Public Intellectuals in the Hu-Wen Era Pacific Affairs*, Vol. 79, No. 2, 2006, *China Labour Challenges Asia-pacific Daily Brief*, Oxford Analytica, 2005)、《管理全球化:中国和印度的经验教训》(*Managing Globalization: Lessons from China and India*, World Scientific Publishing, 2006)、《公平的交换:与鲁迅门徒徐梵澄接触的日子》。

十六、著述涵盖中国政治社会和城镇化方方面面的邓利杰

邓利杰(Luigi Tomba),出生和上学都在意大利,1988年第一次来华。

2001年至2017年,在澳大利亚国立大学执教,课余时间研究中国政治和社会。此后受聘于悉尼大学。他的著述涵盖了中国政治和社会发展的方方面面,对于中国城镇化给社会和管理带来的影响尤为关注。为此,他得到了澳大利亚国立大学三项发现项目资助和两项德国研究资助。近几年他又深入珠江三角洲,对当地城镇化和土地使用在政府管理、农村集体化、生活居住和生产持续方面的影响进行了研究。

邓利杰现任澳大利亚国立大学中华全球研究中心主任,2005年至2015年,他兼任《中国期刊》(The China Journal)主编。他是一位长期关注中国城市政治和社会变迁的政治学家,在地方治理、移民、住房、层次化等领域的见解引起了国际学术界的广泛关注。

他的专著《政府就是近邻:中国城市的社区政治》通过对北京、沈阳和成都等城市的考察提出了一些新观点。过去学术界认为拥有房产的中产阶层的出现有助于公民社会的建构。但是作者的研究却得出了相反的结论:房产私有化加强了政府的控制能力。在对新开发的房地产项目的研究中,他的看法很另类:那是一个国家工程的一个组成部分,目的在于通过创建地位和道德"飞地"来达成共识。

该书中的核心观念是"社区共识"(community consensus),反映了在中国城市社区中,国家与社会行动者所追求的利益和运用的话语往往趋于一致,使双方在日常互动和冲突场景的既定框架下有可能达成某种共识。由于社区共管的存在,城市居民所表达的诉求,虽然以利己主义为出发点,但总是以国家倡导和认可的话语方式表达,在实践中再一次次强化官方话语,从而赋予国家施行政策的合法性。

中国居民社区管理严格,是国家与社会施行积极政治管理的舞台。在《政府就是近邻:中国城市的社区政治》一书中,邓利杰调查了方圆四周权威所确定的政府目标如何在每个公民日常生活中体现出来。中国社区体现了国家管理中政府行为性质变化的程度,在保持社会和政治稳定的前提下促使政府采取行动,但是这一优先考虑必须符合城市居民区逐渐减少的现实。

邓利杰揭示了居民区的不同群体接受管理的情况跟居民本身所处的社会地位有关。失业率高的怨声载道社区通过社会传统的田园策略仍可服从管辖;而高收入的社区,通过对社会秩序更大程度的关怀,也可实现更大程度的自治。为了防止跟政府闹事而设置门户森严的社区也可以减少矛盾冲突。中产阶级的生活方式已经成为公民新型责任形式的典范。就每日往来和冲突而言,有关社会稳定的深入交谈可以澄清所有恩怨。

邓利杰出版了8部专著,发表了近40篇论文。他个人编撰或者与他人合作编辑的主要书籍有《东亚资本主义:冲突、产生和危机》(Ed. *East Capitalism: Conflicts, Growth and Crisis*, Milan: Feltrinelli, XLI, 532 pages, 2002)、《工党改革奇谈》(*Paradoxes of Labour Reform: Chinese Labour Theory and Practice from Socialism to the Market*, Honolulu: University of Hawaii Press, and London Routledge Curzon, 256 pages, 2002)、《当代中国社会与政治》(Ed. with Andrew Kipnis and Jonathan Unger. *Contemporary Chinese Society and Politics*, 4 Volumes, London: Routledge, 2009)、《政府就是近邻:中国城市的社区政治》(*The Government Next Door-Neighbour Politics in Urban China*, Cornell University Press, 2014)。

十七、亚太地区人权、安全和国家关系的研究者范乃思

范乃思(Peter Van Ness),出生于新泽西州,因为童年时患严重的气喘病,父母把他寄养在亚利桑那州南部的一个农庄,当地干燥的气候使他的病情得到了缓解。他天天跟牛马羊群逗乐,无拘束的生活养成了他对强者霸道的排异性格,母亲和农庄女主人平等待人的品格告诉他为人处世的道理。

中学教育结束后范乃思进入马萨诸塞州的威廉斯学院政治学系,但是他只认真听了一堂有关亚洲的课,其他学业成绩很一般。毕业后他前往欧洲旅行,一度在马德里大学修了一段时间的功课。朝鲜战争爆发后他被征召入伍,在新泽西州接受了无线电操作培训。两年后,军方要派送他去韩国,因为文件错误他被送到了日本。

1957年,他到了中国香港,虽然不能进入中国内地,但是参观中国澳门给他留下了深刻印象。后来他的足迹踏遍了马来西亚和新加坡等一些与中国为邻的国家,开始翻阅有关史书,想知道中国是一个什么样的国家。他原打算就读哥伦比亚大学,后来被告知研究当代中国最好的选择是柏克莱大学,便改变了主意。修业期间,他结识了该校中国研究中心的图书管理员谢伟思。有一次范乃思正在撰写论文《中国外交政策革命》(*Revolution in Chinese Foreign Policy*),谢伟思递给了他一本毛泽东主席赠

阅的《论持久战》(Protracted Struggles),嘱咐他说:"要看就看原版的。"后来范乃思到台湾大学史丹佛跨校中文专业研修。发现华人同学平时在谈及"白色恐怖"话题时十分谨慎,深知中国台湾人都有一种无形的政治压力。在撰写博士论文时范乃思原本以"台湾政治发展"为选题,后来在香港的中国研究服务中心(University Service Centre)却把选题改为"中国的外交政策",经常与后来成为名人的米歇尔·奥克森伯格(Michel Oksenberg)、理查德·所罗门(Richard Solomon)、爱德华·弗里曼(Edward Friedman)和道格拉斯·巴尼特(Douglas Barnett)一起交换信息,发表见解,相互提醒。

范乃思毕业于美国威廉斯学院政治学系。1961年获柏克莱大学政治学硕士学位;1963年在中国台湾学习中文;1964—1965年担任香港中文大学客座讲师;1967年获柏克莱大学政治与中国研究博士学位。大约在他前往丹佛任教之时越南战争进入了白热化阶段。原来他对于那场战争的看法与一般学者无异,但是他身边的不少同事和学生都持批判的态度,1969年,他开始积极投入地区性的反越战活动。虽然他对于中华人民共和国和共产党有一种模糊复杂的感情,但是他在中国旅行所得到的印象、欧亚反越战的巨大浪潮,以及谢伟思因为参加美军派驻延安观察组的经历在麦卡锡主义清洗运动中受到的迫害,使他看清了媒体反华宣传的用心,他相信中国人民在中国共产党的领导下可以改变自己的命运。他在《毛泽东及其革命性的自力更生》(Mao Tse-tung and "Revolutionary Self-Reliance")一文中说,中国的"文化大革命"并不像一些西方分析家所说的是"一场权力斗争",其实是一场为了达到毛泽东思想中的好社会而开展的斗争。个别的领导者并不是"文化大革命"的主要目标,官僚主义、物质主义、自私自利和精英集团统治才是要消除的隐患。①

1972年,范乃思以中美国家关系和中国人权组织委员会成员身份第一次访问中国。由于得到了社会科学研究委员会(Social Science Research Council)、美国学术团体协会(American Council of Learned Societies)和两次富布赖特留日奖学金的资助,范乃思曾执教于日本四所大学(包括庆应义塾大学和东京大学)。他是澳大利亚国立大学、密歇根大学中国研究中心、

---

① Peter Van Ness: Mao Tse-tung and 'Revolutionary Self-Reliance', *Problems of Communism*, pp. 68—74;73,20,January,April 1971.

华盛顿伍德罗·威尔逊国际学者中心和台北中国语言研究校际交流计划的研究员。他还是联系东北亚历史和解与安全协调的和平合作项目协调员。1985年至1993年,范乃思担任澳洲国立大学国际关系系研究员。

他的主要著述有《革命与中国外交政策》(*Revolution and Chinese Foreign Policy: Peking's Support for Wars of National Liberation*, Berkeley: University of California Press, 1970)、《作为第三世界中国的外交政策与官方民族标识》(*China as a Third World State: Foreign Policy and Official National Identity*, in Lowell Dittmer and Samuel S. Kim, eds, *China's Quest for National Identity*, Ithaca: Cornell University Press, 1993)、《中美关系中人权问题的解决》[*Addressing the Human Rights Issue in Sino-American Relations*, Journal of International Affairs, 49(2), 1996]、《是霸权不是无序状态:为什么中国和日本不能摆平美国的单极大国姿态》[*Hegemony, Not Anarchy: Why China and Japan Are Not Balancing US Unipolar Power*, International Relations of the Asia-Pacific, 2(1), 2002; also published as Working Paper 2001/4, Canberra: Department of International Relations, RSPAS, ANU, 2001]、《朝鲜的核危机:四加二》(*The North Korean Nuclear Crisis: Four-Plus-Two - An Idea Whose Time Has Come*, Keynotes 04, Canberra: Department of International Relations, RSPAS, ANU, 2003)、《中国对布什说教的反应》(*China's Response to the Bush Doctrine*, World Policy Journal, 21(4) 2004/05: 38—47)、《美国、中国和日本——东亚的未来》(*The United States, China, and Japan-and the Future of East Asia* [in Japanese], in SPIRIT Institute, ed., Higashi Ajia ni 'Kyodotai' ha dekiru ka, Tokyo: Shakai Hyoron sha, 2006)、《布什寻找的绝对安全与中国崛起》(*Bush's Search for Absolute Security and the Rise of China*, in Mark Beeson, ed., *Bush and Asia: America's Evolving Relations with East Asia*, London: Routledge, 2006)、《澳大利亚与东北亚区域合作》(*Australia and Regional Cooperation in Northeast Asia: From Hegemony to a Multilateral Security Mechanism?* Austral Policy Forum 07—11A, 17, May, 2007)、《设计一种东北亚多边安全合作机制》[*Designing a Mechanism for Multilateral Security Cooperation in Northeast Asia*, Asian Perspective, 32(4), 2008: 107—26]、《有关中国前途的争辩》[*Debating China's Future*, China Security, 4(3), 2008: 24—6]、《乔治·布什的问题:胡乱中的美国霸权》[*The Problem with George Bush: US Hegemony in Disarray*, Global Asia, 4(1), 2009: 48—

51]、《该是制定禁止太空武器的时候了》[The Time Has Come for a Treaty to Ban Weapons in Space, Asian Perspective, 34(3), 2010:215—25]、《日本：东北亚不能没有的强国》[Japan, the Indispensable Power in Northeast Asia, Global Asia, 4(4), 2010]。

十八、专攻中国壮傣历史、语言和民间宗教与歌谣的贺大卫

贺大卫(David Holm)，生于美国，20岁就读于苏格兰格拉斯哥大学。他的本科是古希腊拉丁文，获得了当代中国研究硕士学位后他到牛津大学读博。该校有欧洲最古老的中文系，他在那里认真学习中文和中华文化，为进一步研究汉学，特别是壮族文化，打下了坚实的基础。14年后，他去澳大利亚麦考瑞大学教中文。1995年，他受聘于墨尔本大学，一直延续至今。

1976年，贺大卫随一个英国年轻汉学家代表团首次来华。他们从老挝转机中国香港，再沿着广州—北京—南京—扬州的路线，最后到达上海。第一位中国老师的帮助加深了他对中国和中华文化的了解。他的博士论文是《陕甘宁边区的民间文艺》，为了写好这篇论文，他多次深入陕北农村搞调查，参加当地的民间文艺活动，有一年除夕他和几位同学就在一个寺庙里守岁。

从20世纪80年代开始，贺大卫每年至少来华一次，每次两个月。在后来的研究中他考虑把焦点转到南方文化。为此他查阅了大量的中文典籍，并和中国专家交流，决定以广西为自己第二个研究基地。1991年，在广西艺术研究所所长顾建国帮助下，贺大卫前往广西考察学习。贺大卫对广西壮族的师公戏很感兴趣，决定着手研究壮族文化。他知道研究广西必须研究壮族，否则就没法全面了解汉学。

有一次他的一位学生将一本《壮族歌圩研究》从中国带到了墨尔本大学，作者是潘其旭。认真通读该书后他打算跟作者直接联系，潘其旭的热情和学术观点使他深受感动。1992年，贺大卫再次来到广西，和潘其旭首次见面。从此他开始了壮学研究，以戏曲为主开始壮语学习，然后学习壮族方块字。

1993年至1994年，贺大卫深入研究了壮族方块字和布洛陀经诗。1994年，他跟广西古籍办公室签了合同，把《布洛陀经诗译注》译成英文并

撰写"序言"和"后跋",以国际版的形式先后在美国和泰国出版,受到了广泛的欢迎。与此同时他还在中国台湾的《民俗曲艺》杂志和荷兰的《通报》等刊物上发表了多篇论文。

1997年以后,每一届壮学会议召开他都参加。和老朋友们交流研究情况,了解壮学研究的最新动态。之后他又着手两个大型项目:靖西神婆神歌研究和壮族方块字系统研究。

古壮字是一种借贷汉字或汉字偏旁不断改进的文字系统。在中国南方和西南方,在先秦少数民族中原有一些文字系统,壮字就是其中的一种。壮字单个发音和早期中古汉语之间存在者不少对应关系,有些甚至和汉字底层相对应。古壮字系统至少有1600年的历史,它为早期闽南语研究和原始闽南语的构拟提供了珍贵的佐证。对古壮字的研究非常不容易,需要一定的历史、语音、文字和地理知识,对于外国研究者来说,难度就可能更大。

贺大卫是英国牛津大学博士,长期从事中国壮族,壮、傣语言和中国民间宗教祭仪与歌谣研究,是著名的类汉文字文献(壮字、布依字、侬字等)专家,也是壮族传统文化研究著名学者,成果丰硕,贡献突出,得到了国际学术界的高度肯定。

贺大卫长期从事中国宗教(梅山道教)、教仪、经典以及僮族方块字研究。他的代表作《杀牛祭祖》和《招魂》用汉、壮、英和国际音标"四对照"方法撰写,参照在当地10余年采访收集的资料,结合《布洛陀经诗》的内容写成,成书过程十分曲折。2008年9月,他曾在中国台湾"清华大学"主讲"梅福与梅山教:僮族方块字系统研究"(Mei Fu and Meishanjiao: The Old Zhuang Script),反响很好。

贺大卫对于抗日战争时期中国共产党领导下陕甘宁边区的新秧歌运动的发展和地理分布情况有独特研究。据他了解,在20世纪三四十年代陕北地区许多民间剧团创作了不少优秀剧本,但是只有《白毛女》等少数剧目在文学史当中有所记载,由于各种原因,很多由工农兵的创作都已散佚。他认为在技术落后、交通闭塞的农村,农民了解党的新文艺政策的渠道主要是通过观看延安派出剧团的演出。鲁艺从1943年开始就组织大量的秧歌队到绥米地区进行宣传,对当地有较大影响。三边地区因交通条件和人民生活方式的限制,对新剧团的演出了解比较少,工农兵的创作也比较少。陕北地区的党报对民间剧团活动的报道也影响到后来的统计。共产党在周边的各个县区都办了党报并派驻记者,各地新剧团演出的报道也比较多。今天所能看到的剧团活动的记录是当时新剧团发展的真实状况。他认为新剧团活动的范围大都在县城周边4—5千米之内,农民获得这些新思想、新剧种的方式仅限于赶集或庙会。在一些受国民党或者土匪控制的地区,共产党的政策也传达不到,没有新剧团的活动。其实当时工农兵创作的剧本非常多,与20世纪西方新兴的思想潮流相通,与妇女运动的发展也有着密不可分的关系,不过中国学者在这一方面的研究还比较少。

贺大卫是澳大利亚墨尔本大学亚洲研究院和中国台湾政治大学民族学系教授,曾任澳大利亚翻译协会会长,澳大利亚中国学研究会会长,墨尔本大学孔子学院院长,美国《现代中国文学》(Modern Chinese Literature)杂志和德国《傣文化》(Tai Culture)杂志编委。

他的主要著作有《欧洲图书馆的中国报刊和期刊总目》(A Bibliography of Chinese Newspapers and Periodicals in European Libraries. Cambridge: Cambridge University Press, 1975)、《马可夫妻识字——独幕秧歌剧》[Ma Ke, Man and Wife Learn to Read/ one-act Yangge play (1945). In J. Berninghausen and T. Huters, eds., Revolutionary Literature in China: an Anthology, White Plains. N. Y.: M. E. Sharpe, Inc., pp. 71—80, 1976]、《1937—1945年中国延安时期的艺术与思想》(Art and ideology in the Yenan period, 1937—1945. Boston Spa, Wetherby, West Yorkshire, U.K.: The British Library Document Supply Centre, 1980)、《延安时期中国文学的民族形式与推广》(National Form and the Popularisation of Literature in Yenan. 1982)、《民间文艺与宣传:延安时期的秧歌运动》(Folk Art as Propaganda: the Yangge Movement in Yan'an. In Bonnie S. McDougall, ed. Popular Chinese Literature and Performing Arts in the People's Republic of China, 1949—1979. Berkeley and Los Angeles: University of California Press, pp. 3—35, 1984)、《战时的鲁迅:中国高尔基的诞生》(Lu Xun during the War Years: the Making of a Chinese Gorky. In Leo Ou-fan Lee, ed. Lu Xun and His Legacy. Berkeley and Los Angeles: University of California Press, pp. 153—179, 1985)、《革命中国的艺术与思想》(Art and Ideology in Revolutionary China. Oxford: Clarendon Press, 1991)、《中国的祭坛》(Ritual Theatre in China, in A.M. Gibbs. In ed. Masks of Time: Drama and its Contexts. Canberra: Australian Academy of the Humanities, pp. 197—216, 1994)、《杀牛祭祖》(Killing a

Buffalo for the Ancestors: Zhuang Ritual Texts from Northwestern Guangxi. DeKalb: Center for Southeast Asian Studies, Northern Illinois University, 2003)、《招魂》(*Recalling Lost Souls: The Baeu Rodo Scriptures, Tai Cosmogonic Texts from Guangxi in South China*. Bangkok: White Lotus Co., 2004)、《中国少数民族的道教》(*Taoism among China's Minority Nationalities*. In Edward L. Davis ed. *Routledge Encyclopedia of Contemporary Chinese Culture*. London: Routledge, pp. 136—7, 2005)、《古壮字》(*The Old Zhuang Script*. In Anthony Diller and Jerold Edmondson, eds. *The Tai-Kadai Languages*. London: Curzon, 2007)、《旧约启蒙故事》[贺大伟和盖尔·斯库恩马可(Gail Schoonmaker)合著,张海云译,中央广播电视大学出版社,2009年]。

十九、聚焦青年、性别、全球化和消费主义的历史学家胡珀

胡珀(Beverley Hooper),出生于澳大利亚塔斯马尼亚,16岁中学毕业后她参加了一个文秘短训班,然后离家外出见世面。在莫斯科澳大利亚驻俄大使馆工作了一段时间后,她回国就读于塔斯马尼亚大学,完成了本科和硕士课程。她在澳大利亚国立大学获得了历史博士学位,同时还选修了中文和俄语。她曾任历史学家曼宁·克拉克(Manning Clark,1915—1991)的研究助理。

1975—1977年,她获得迈尔奖学金的资助(Myer Foundation scholarship)来华留学,参与了英国和澳大利亚人文科学院与中国社会科学院联合组织的一些科研项目。后被聘任为1982—1983年澳大利亚—中国协会澳中研究项目研究员。她还担任西澳大利亚大学亚洲研究客座教授,1995—1996年,任澳大利亚亚洲研究协会主席。

2016年,胡珀出版的《住在毛泽东领导下中国的外国人:中国的西方式生活》是一篇率先研究生活在中华人民共和国的西方人的论文。作者广泛搜集了有关访谈、回忆录、信件和文档,让那些生活在毛泽东领导下中国的西方人开口说话。事实表明中国对于居住在这里的西方人来说并不像经常所描述的那样封闭。该书把这里的西方人划分为六类:"外国同志"(26位前朝鲜战争的战俘,被遣返前就决定来华)、与中华人民共和国建立了外交关系的西方国家外交人员、允许在中国居留的外国记者、外国专家

和留学生。他们的日子过得很舒适,在高度政治化的社会和中规中矩的节奏中一天又一天地分享其中快乐。

胡珀的学术领域主要是与青年、性别、全球化和消费主义有关的近当代中国社会问题,现任西澳大利亚大学历史系研究员。她是《中国研究》和《亚洲研究评论》(Asian Studies Review)编委,撰写或与他人合作编写有关中国现代史与社会问题的文章和书籍,主要有《中国青年》(Youth in China, London: Penguin Books, 1984)、《中国站起来了:西方势力不复存在》(China Stands Up: Ending the Western Presence, 1948—1950, 1986)、《中国境内语言研究》(Hooper, Beverley; et al. In-country Language Study in China, Asian Studies Review, Vol. 16, No. 2, November, 1992)、《中国区域研究报告》(Area Report: China, Asian Studies Review-Journal of the Asian Studies Association of Australia, Vol. 17, No. 1, July, 1993)、《中国静悄悄的革命:国家与社会的新互动》(Coeditor, China's Quiet Revolution: New Interactions Between State and Society, 1994)、《花瓶与家庭主妇:中国消费社会的妇女》(Flower Vase and Housewife: Women in China's Consumer Society, in Krishna Sen and Maila Stivens, ed., Gender and Power in Affluent Asia. London: Routledge, 1998)、《毛泽东去世后中国的全球化与对抗》(Globalisation and Resistance in post-Mao China: The Case of Foreign Consumer Products, Asian Studies Review, 24:4, 2000)、《住在毛泽东领导下中国的外国人:中国的西方式生活》(Foreigners Under Mao: Western Lives in China, 1949—1976, 2016)。

二十、研究中国企业行为全球性扩展的杭智科

杭智科(Hans Hendrischke),曾在德国、中国台湾和日本学校上过学,后在伦敦大学亚非学院攻读学位课程。1979年,曾以德国外交和金融人员身份来华。他是澳大利亚悉尼大学商学院中国工商管理学教授,悉尼大学孔子学院院长,并兼任麦克理大学中国政治经济中心和新南威尔士大学中国中心主任,中国省份研究中心副主任。

他目前的学术研究主要聚焦于中国企业行为的全球性扩展(包括在澳洲及其周边国家的投资)、地方企业和地方政府的管理。他的教学科目和博士论文指导项目为各类贸易研究。

在《中国各省的改革》一书中,他撰写了一篇有关1992年邓小平南行讲话和广西人民改革开放后生活变化的文章。他认为今日的中国链接着全球价值,中国是除美国和欧洲之外的世界三大经济区之一。

他认为,中国自2001年加入世界贸易组织以来,对外开放的领域层次不断丰富。近年来在全球"保护主义"思潮抬头的背景下中国坚持扩大开放,在贸易、投资、金融等领域已成为全球经济发展的主要动力之一。

2017年10月18日至24日,中国共产党第十九次全国代表大会在北京召开,澳大利亚专家学者对于中国特色社会主义发展和全面建成小康社会的规划十分关注。杭智科认为,中国共产党在艰难的历史时期重铸了民族凝聚力,现在正带领中国人民迈向建设世界强国的征程。中国是全球经济和社会变革中的重要组成部分,中国同时也承担着国际责任。全面建设小康社会的成功与否不仅要看收入,也要通过包容性和可持续性来衡量。中国正在加大环境、教育和医疗卫生方面的投入。

早在2014年11月习近平主席访澳期间,澳大利亚就开始对"一带一路"(One Belt One Road)倡议加深了理解并表示认可。2017年,李克强总理访澳期间,中国建筑股份有限公司与澳大利亚一家基础设施企业签署了合作谅解备忘录,内容包括在西澳大利亚州建设铁路,建立铁矿和港口之间的连接。"一带一路"的倡议与澳大利亚发展战略的对接必然会带来更多中国投资和中国企业进入澳洲市场。中国已经和新西兰签署了"一带一路"合作谅解备忘录,亚洲基础设施投资银行(简称:亚投行)就是中国牵头带动区域合作的最好例证。

杭智科认为,对于澳大利亚来说,"一带一路"倡议可被理解为中国通过澳大利亚和新西兰拓展在太平洋的供应链,沿着21世纪海上丝绸之路来加强同澳新以及南太平洋各岛国之间的联系。"一带一路"是中国对经济全球化的重要贡献。尽管"一带一路"是区域性合作机制,但不管合作伙伴来自何国,中国都对他们持开放和欢迎的态度。

2011年2月22日,杭智科在悉尼接受《人民日报》记者李景卫采访时说:

> 中国的发展,主要是经济发展,很明显是和平发展。首先,中国的发展在国内大大解放了生产力,促进了经济增长,使贫困人口大大减少,促进了社会稳定。其次,中国的经济发展对中国走向世界产生了

巨大的推动力,为世界经济发展注入了活力,对维护地区和全球稳定发挥了巨大的作用。中国的经济发展不仅保证了自身的经济增长和社会稳定,也给周边国家和世界带来了机遇。中国在经济发展过程中加强与世界各国交往,向世界各国提供了市场,带动其他国家生产力的发展和经济增长,实现了互利共赢。以澳大利亚为例,澳大利亚从中国的经济发展中得到很多好处,比如说抵御国际金融危机。在国际金融危机下,澳大利亚的经济状况比其他国家都好,没有受到大的影响,关键在于中国是澳大利亚巨大的能源、资源出口市场。①

杭智科的主要著述有:《中国各省的政治经济》(*The Political Economy of China's Provinces:Competitive and Comparative Advantage*,1999)、《中国私有企业的法人定位和换位》(*Corporate locality and translocality of private enterprises in China in Translocal China:Linkages,Identities and the Reimagining of Space*,T. Oakes and L. Schein,Routledge,ed.,London,United Kingdom,pp. 93—108,2007)、《21世纪中国经济贸易网》(*Networks as Business Networks in China's Economy in the 21st Century:Enterprise and Business Behaviour*,B. Krug and H. Hendrischke,ed.,Edward Elgar,London,United Kingdom,pp. 205—25,2007)、《21世纪中国经济:企业与企业行为》(2009年)、《北京重估西方路线后十年》(*Ten years hence:A Decade after Its Launch,Beijing Re-assesses the Go West Strategy,Business Forum China*,pp. 18—20,2010)、《改变立法和体制排列》(*Changing legislative and institutional arrangements facing China's workplace in China's Changing Workplace:Dynamism,diversity and disparity*,Peter Sheldon,Sunghoon Kim,Yiqiong Li,Malcolm Warner,ed.,Routledge,London,United Kingdom,pp. 51—67,2011)、《中国共产党90周年对其作用的重新定位》(*Redefining its Role:the Chinese Communist Party turns 90,Asian Currents,The Asian Studies Association of Australia's E-Bulletin*:80,pp. 1—4,2011)、《竞争的另一面:外国公司应更多聚焦于地方竞争的反面》(*The other side of competition:Foreign firms should focus more on the diversity of local competition,China Daily*,USA weekly edition-18—24 May,p. 7,2012)、《私人企业家政治觉悟

---

① 李景卫:《发展中的中国是和平力量》,《人民日报》2011年2月22日。

的体制确定因素》(*Institutional determinants of the political consciousness of private entrepreneurs in Middle Class China: Identity and Behaviour*, Minglu Chen & David S. G. Goodman, ed., Edward Elgar Publishing, Cheltenham, United Kingdom, pp. 135—48, 2013)。

二十一、研究现代中国国际关系与中国政治社会的凯瑞·布朗

凯瑞·布朗(Kerry Brown),曾在剑桥大学学习硕士课程,在伦敦进修汉语,在利兹大学获得博士学位。1994年他参加了中英之间的一个志愿者项目,被分配到内蒙古呼和浩特医学院给研究生上英语口语课。在此期间,他开始在英国利兹大学攻读博士学位,论文以中国"文化大革命"为选题。1996年他任职于伦敦联邦外交部(Foreign Commonwealth Office),1990年第一次来华,2000年他任职于英国驻华使馆。2000年至2003年,他在北京任中国科一秘。2003年至2005年,任联邦外交部印度尼西亚东帝汶科科长。

2004年,他在利兹大学完成了有关现代汉语和中国政治学的论文撰写并通过了答辩,获得博士学位。后来他对论文进行扩展和充实,以《1966—1969年中华人名共和国内蒙古自治区的"文化大革命":语言功能、动乱和政治》(*The Cultural Revolution in the Inner Mongolian Region of the People's Republic of China 1966—1969*)为书名正式出版。

他是澳大利亚悉尼大学政治学教授、中国研究中心执行主任,兼英国皇家国际事务所(Chatham House)亚洲项目主任,伦敦国王学院中国研究院院长。2011—2014年,他是欧盟欧中研究与咨询网络(Europe China Research and Advice Network)负责人。

凯瑞·布朗的学术领域是现代中国国际关系与中国政治社会。一些主流刊物,如《纽约时报》(*The New York Times*)、《卫报》(*The Guardian*)、《每日电讯报》(*The Daily Telegraph*)、《澳大利亚金融评论报》(*The Australian Financial Review*)、《澳大利亚人》(*The Australian*)、《南华早报》(*The South China Morning Post*)和《金融时报》(*The Financial Times*)经常发表他的一些有关中国和亚洲研究的评论。2006年以来,英国广播公司(BBC)、半岛电视台(Al Jazeera)、美国有线电视新闻网(CNN)、彭博(Bloomberg)、澳大利亚广播委员会(ABC)、日本瑞穗视野银行(Mizuho

Bank)、英国石油公司(BP)、牛津分析(Oxford Analytica)、英国特易购(Tesco)都经常向他咨询有关中国和亚洲问题。

关于当前的中国经济,凯瑞·布朗认为,总体而言中国经济表现良好,在全球发挥着举足轻重的作用,不但保持着本国经济的较快增长,同时也助推其他国家的发展。实现6.7%的GDP增长率是个不错的结果。因为很多方面都有赖于这样的速度,比如要创造1000万个新的就业岗位和提高服务业,没有这一前提就无从谈起。这一点从城市中产阶级的消费在稳步上升可以看得出来。但是某些领域出现增速放缓,这是多年两位数高增长后不可避免的。消费水平仍然偏低,急需建立更全面的社会保障网,减少吸烟和其他不健康生活方式引起的慢性病的增长趋势,改革财政和税收体制,建立以消费者为本的保健产业。和其他国家一样,中国也面临做好心理卫生工作的巨大挑战。①

凯瑞·布朗的主要著述有:《抗争巨人:21世纪的中国》(Struggling Giant:China in the 21 Century, London, June 2007)、《龙的起舞——改革时期中国投资的流动》(The Rise of the Dragon-Chinese Investment Flows in the Reform Period, Oxford, February, 2008)、《敌与友:中国共产党的过去、现在与将来》(Friends and Enemies:The Past, Present and Future of the Communist Party of China, London, 2009)、《2020年的中国》(China 2020, ediyed, Oxford, 2011);《中国的投票箱》(Ballot Box China, London, 2011)、《当代中国》(Contemporary China, London, 2013)、《2020年的上海:对于未来的畅想》(Shanghai 2020:The City's Vision for Its Future, Beijing and Shanghai, In Chinese and English, January 2014)。

二十二、近代中国妇女参政思潮和女权运动的研究者李木兰

李木兰,香港大学人文学院中国近代史教授和香港大学现代语言与文化学院教授,现任澳大利亚人文学院院士和澳大利亚社会科学院院士。2002—2006年,执教于澳大利亚国立大学。2006—2009年,任悉尼科技大学中国研究中心主任和中国研究教授。2004—2009年,担任澳大利亚亚洲研究委员会亚太未来研究网络召集人。

---

① 潘小桥译:《凯瑞·布朗谈中国经济》,《北京周报》,2017年3月9日。

2014年1月,李木兰在江苏人民出版社出版的《性别、政治与民主:近代中国的妇女参政》,是一部有关1898年至1948年之间中国妇女政治运动的重要著作。全书共8章,包括:第一章,序言;第二章,反清叛乱者:构想妇女的国民权(1898—1911);第三章,民国初年妇女对政治平等的追求(1922—1914);第四章,妇女参政与省立宪法:建设新文化(1919—1923);第五章,国民党、共产党及国民会议运动(1924—1926);第六章,南京国民政府时期的男女权主义者(1927—1936);第七章,性别差异的实现:名额、战争与选举(1936—1948);第八章,结语。① 作者对民国时期中国女权思潮和女权运动进行了深入探讨,填补了近代中国妇女权利政治史的空白。所谓"参政",是指有权竞选或者有资格从事女子学校校长、医生、记者和律师等职务或职业。该书增加了读者对20世纪上半叶中国妇女为政治理想所进行复杂曲折斗争的了解,也对此前根深蒂固的男权主义进行了挑战,堪称近代中国性别史的一部力作。

2014年11月,李木兰在北京大学出版社出版的《清代中国的男性与女性:〈红楼梦〉中的性别》,通过性识别视角和政治话语,对该名著进行了专业解读,在东西方学术界引起了关注。小说作者曹雪芹在读者眼前展示的是一个开始走向衰败没落的封建贵族家庭,那里荣华富贵的闺房和庭院中,出双入对的恋人充满辛酸和爱恨的命运,主子们的明争暗斗的生活,丫环们逆来顺受的性格,都由一条条无形的"男尊女卑""男左女右""三从四德""婆婆妈妈""倚娇作媚""幽闺弱质""花妖月姊""勇男蠢妇"和"严父妒妻"性别线条捆绑在一起。书中人物性别特权通过系列性别话语得以维持,贾府中男女有别的严酷现实上升到时代政治话语。

李木兰的学术研究领域为近代中国女性研究,其中包括中国政治中的妇女、中国性别化的战争文化、中国文学与思想史。她已经出版的专著有《清代中国的男性与女性:〈红楼梦〉中的性别》(Men and Women in Qing China: Gender in the Red Chamber Dream, Leiden: E. J. Brill, 1994)、《孔子为鉴》(Co-written with Kam Louie, Censored by Confucius, M. E. Sharpe, 1996)、《亚洲妇女:传统、现代性及全球化》(Women in Asia: Tradition, Modernity and Globalization, Allen & Unwin, Michigan U.P., 2000)、《亚洲妇女的参政》

---

① 李木兰著,方小平译:《性别、政治与民主:近代中国的妇女参政》,江苏人民出版社,2014年。

(*Women's Suffrage in Asia*, Routledge Curzon, 2004)、《反对妇女在中国参政》(Opposition to Women's Suffrage in China: Confrontting Modernity in Governance, in *Women in China: The Republican Period in Historical Perspective*, Munster: LIT Verlag, 2005)、《亚洲美洲服饰政治学》(*The Politics of Dress in Asia and the Americas*, Sussex Academic, 2007)、《亚洲妇女：亚洲研究的批评观念》(*Women in Asia: Critical Concepts in Asian Studies*, Routledge, 2009)、《亚洲妇女运动：女权主义与跨国行为主义》(Edited with Mina Roces et alii, *Women's Movement in Asia: Feminism and Transnational Activism*, Routledge, 2010)、《性别、政治与民主：近代中国的妇女参政》(*Gender, Politics and Democracy*, 李木兰著, 方小平译, 江苏人民出版社, 2014年)。

二十三、毛泽东思想、意识形态与哲学研究者尼克·奈特

尼克·奈特(Nick Knight, 1947—), 20世纪60年代末, 毕业于澳大利亚昆士兰大学, 后到英国伦敦大学攻读中文和中国政治专业, 获哲学博士学位。1981年起, 他担任格里菲斯大学亚洲和国际研究部高级讲师, 专门研究毛泽东思想与欧洲和苏联马克思主义之间的关系。

尼克·奈特是当代西方毛泽东研究领域中的活跃分子。1971年, 他开始对毛泽东思想产生兴趣时还是昆士兰大学的本科生, 受中国政治学教授邱博士(Dr. C. L. Chiou)的影响对马克思主义在中国的研究和应用, 尤其是"文化大革命"后期对毛泽东思想的研究和应用有较深刻的了解。他读博士学位时的指导教授是当时最知名的毛泽东研究学者斯图尔特·施拉姆(Stuart Schram)。与同辈的其他人不同的是, 尼克·奈特在研究毛泽东思想之前就对马克思主义在东亚和中国的情况非常关注, 对毛泽东思想已经有一个比较完整的认知, 对西方学者关于毛泽东思想的几次论战的情况不但熟悉, 而且还是参与者。

毛泽东研究是国外中国问题研究中的最重要内容之一。20世纪60年代初, 保守派人物魏特夫(Karl August Wittfogel)在《中国季刊》(*The China Quarterly*)上发表文章大胆提出"毛主义并不存在"的假说,《湖南农民运动考察报告》等毛泽东撰写的文章只不过是列宁和斯大林思想的中国版本, 挑起了后来被称为西方有关毛泽东的思想是否具有独创性的"第一

次论战"。1976年10月至1977年10月,美国《近代中国》(*Modern China*)期刊刊登了有关毛泽东的思想在马克思主义理论谱系中的地位,以及毛泽东思想与马克思主义、列宁主义之间的关系问题,形成了第二次论战。参与者有"左派"人物佩弗(Richard M. Pfeffer)和沃尔特(Andrew G. Walder),自由派人物史华慈(Benjamin Isadore Schwartz)、施拉姆和迈斯纳(Maurice Meisner),学术界有头有脸的参战人物大约有11名,发表文章共14篇。第三次论战发生在20世纪80年代,论战双方包括以白鲁恂(Lucian Pye)、罗伯特·利夫顿(Robert Lifton),以及以理查德·所罗门(Richard H. Solomon)为代表的美国心理历史学派,与耶基莫娃为代表的苏联学者为另一派,中心论题为关于可否运用弗洛伊德精神分析理论研究毛泽东思想。第四次论战是由1986年《澳大利亚中国事务杂志》(*The Australian Journal of Chinese Affairs*)刊发了以约翰·斯塔尔(John Bryan Starr)、布兰克利·沃马克(Brantly Womack)等学者关于毛泽东总体评价的文章引起来的,国内党刊发表的《关于建国以来党的若干历史问题的决议》也是构成论战的背景因素。

20世纪80年代,由尼克·奈特、保罗·哈里(Paul Healy)发动针对以斯图尔特·施拉姆和布兰克利·沃马克为代表的经验主义(empiricism)批判,形成了国外毛泽东研究领域中的第五次论战。如何看待毛泽东文本理论以及读者的解读,是论战的两大看点。这是一次专业性很强的论战,尽管参与者人数有限,但却在某种程度上代表了高层次的研究水平,为学术研究的学理化和规范化提供了新契机。囿于争辩各方处于现代主义解释学(hermeneutics)的起步阶段,本质主义(essntialism)与简约主义(reductionism)的弊端在所难免。

1985年,尼克·奈特在《澳大利亚中国事务杂志》发表了《毛泽东与历史:谁评价和如何评价》,从认识论角度对经验主义模式进行了批判,认为历史可以自动呈现关于毛泽东评价的观点不可取,因为如何理解政治环境是个关键问题,沃马克的"有机解读法"与他强调的理解毛泽东的政治环境存在矛盾,他的研究方法在认识论上明显存在缺陷。把毛泽东在《实践论》中对实践重要性的解释作为经验主义来对待在道理上说不通。对于文本的误读势必引起理论界对于如何对待毛泽东的文本,以及如何正确引导读者的阅读过程的关注。

2014年,中国人民大学出版社出版了尼克·奈特撰著的《再思毛泽东:毛泽东思想的探索》,作者通过一些新发现的毛泽东著述,重新审视了毛泽东思想中的一些重要论证,对这位中华人民共和国革命领袖进行再思考。该书系统地分析了毛泽东关于农民阶级和工人阶级在革命中所起作用的观点,阐述了毛泽东关于马克思主义与中国国情相结合的论证,以及他对社会主义道路的解释。在解读毛泽东思想的过程中,作者对所涉及的理论问题进行了有价值的探究。

尼克·奈特的主要著述有《毛泽东的"马克思主义中国化"的形式》(载《澳大利亚中国事务杂志》1983年1月第9期)、《马克思主义在亚洲》(与他人合编,伦敦和悉尼克鲁姆·赫尔姆公司出版,1985年)、《如何评价毛泽东的历史地位》(载《澳大利亚中国事务杂志》1985年第13期)、《毛泽东与历史:谁评价和如何评价》(Mao and History: Who Judges and How? *The Australian Journal of Chinese Affairs* 13, 1985)、《毛泽东的马克思主义:毛泽东研究领域中的经验主义与话语》(The Marxism of Mao Zedong: Empiricism and Discourse in the Field of Mao Studies. *The Australian Journal of Chinese Affairs* 16, 1986)、《毛延安时期著作中的哲学与政治》(载《中国哲学研究》1987—1988年第19卷第2期)、《毛泽东论辩证唯物主义:1937年的哲学著作》(美国夏普公司出版,1990年)、《论毛泽东的社会变革因果观》(载《关心亚洲学者学报》1990年第22卷第2期)、《毛泽东的哲学思想:中国研究论文(1981—1989)》(载《中国哲学研究》1992年第23卷第3—4期)、《再思毛泽东:毛泽东思想的探索》(*Rethinking Mao: Explorations in Mao Zedding's Thought*,中国人民大学出版社,闫方洁译,2014年)。

二十四、中国经济和世界中国研究比较专家韦立德

韦立德(Tim Wright),在英国剑桥大学读完本科后,继续在母校攻读学位课程,并先后获得硕士和博士学位。

他的研究方向主要聚焦于1949年前的中国革命和当代的政治与经济发展领域。他研究中国商业史,20世纪30年代世界经济萧条对中国的影响,以及在当时经济背景下政府对商业的管理。他对东北同时使用中国银币和日本金币对当时市场影响的考察,打开了同辈人的学术心扉。根据当代中国煤炭工业改革的分析数据,他对煤矿的安全生产和国有化的发展进

行了深入研究。

韦立德曾任英国谢菲尔德大学东亚研究院院长,现任该校中国研究荣誉教授,还在西澳大利亚默多克大学教授中国历史、政治和经济学的教学工作。1997—1999年,他曾担任澳大利亚中国研究协会会长,2008—2011年,任英国中国研究协会主席,2006—2008年,任欧洲中国研究协会副主席,现定居于西澳大利亚。

2004年8月19日,韦立德向上海第一届中国研究论坛提交的论文是《澳大利亚与英国汉学研究的比较》,展示了他在学术研究中的宽广领域。

他认为,澳大利亚和英国的中国研究有许多共同之处:无论是英国政府还是澳大利亚政府都曾认识到开展中国研究对于本国经济和政治的重要性,并对有关研究项目提供了资助,可惜认识和资助并不到位,只是把本国的中国研究纳入泛亚研究或者东亚研究的一个部分来对待。虽然一些大学增加了汉学教学内容和选修学生人数,但是也有一些大学的汉学专业在某一历史阶段面临选修学生人数少和资金不足的困难。2003年英国的杜伦大学关闭了该校规模大历史长的东亚研究系就是一个突出例子。中华人民共和国成立后的30年中,英国和澳大利亚与中国的交往虽然逐年扩大,但是与中国的学术联系却仍然保持一定距离。中英和中澳教育交流协议规定,英澳两国的汉语专业学生都可以在中国留学一年,中国档案馆和图书馆为他们查阅资料和借阅文档提供方便,为语言背景不同(母语为汉语或者英语)的学生提供了良好的环境。在高层次的学生中,英国和澳大利亚大学都必须为平衡母语为汉语或者英语混合编班的学生在教学内容和授课方式方面允许有不同的侧重。那些在大学才开始学习汉语的学生与在中国学习过英语和汉语的学生在就业方面面临竞争压力,但是对母语为非汉语的学生来说,前者对本国中国研究领域的强化都起到了促进作用。

关于澳大利亚和英国的中国研究的不同之处,韦立德在论文中写道,英国的中国研究规模比澳大利亚的规模小得多。英国开设汉语课程的学校安排比较集中,而澳大利亚开设汉语课程的学校却分散在全国各地;英国的中国研究学术活动比较边缘化,而澳大利亚的中国研究发展则汇集于学术中心;英国的中国研究偏重于人文和传统学科,而澳大利亚的中国研究则往往偏重于当代社会学科。英澳两国都有不少学者研究中国经济问题,但是他们的专业不一定与中国研究挂钩。①

牛津在线参考书目数据库是牛津大学出版社2014年根据西欧传统汉学研究和美国汉学的区域研究思路,为帮助研究人员和中国研究专业学生开拓各自学科领域,编排了一种跨专业的多科文献书目(A Multi-and Inter-Disciplinary Oxford Bibliographies in Chinese Studies),聘请韦立德担任主编。

牛津在线书目数据库共收纳:古代中国宗教研究、遗产管理研究、前现代中国人口研究、书法研究、新闻与出版、"中华民国"研究(1911—1949)、陶瓷研究、山水画研究、名家研究、儿童文化与社会研究、帝国晚清的经济研究(960—1865)、1945年后的中日关系研究、中国与世界研究(1900—1949)、明清中国地方精英研究、1949年前的中国共产党研究、中国农村研究、大区域(Macroregions)研究、中国式资本主义管理模式及经济研究(1949—1978)、中国建筑研究、毛泽东研究、晚清研究(1840—1912)、华语电影研究、后毛泽东时代的中国文学研究、中世纪经济革命研究、古典儒学研究、中国中古史研究、金融业研究、消费社会研究、经济改革中的移民研究、前现代中国的市场体系研究、两岸关系研究、明代研究、李约瑟问题研究、道教研究、明清小说研究、朝贡体制研究、邓小平研究、现代中国戏剧研究、传统中国法律研究、经济改革研究(1978—至今)、现代中国小说和散文研究、中医研究、经济研究(1895—1949)、音乐研究、传统中文诗词研究、当代中国的环境问题、中国新石器时代文化研究、传统中国散文研究、1949年后的民族问题研究、新社会阶级研究(1895—1949)、城市变革与现代性研究、元代研究等54个学科分支领域。2013年秋,该书目资料库增加"中国与联合国研究"和"新儒家研究"等19个分支学科。

韦立德的主要著述有《抓革命促生产:"文化大革命"时期的中国煤矿》(Grasping Revolution and Promoting Production: The Cultural Revolution in Chinese Coal Mines, Papers on Far Eastern History 22, September, 1980)、《1895—1937年:企业家、政治家与中国煤矿工业》(Entrepreneurs, Politicians and the Chinese Coal Industry, 1895—1937, Modern Asian Studies 11.4, October, 1980)、《1896—1936年现代中国煤炭工业的发展:供求分析》(The Growth of the Modern Chinese Coal Industry, 1896—1936: An Analysis

---

① 刘霓译,载《国外社会科学》2004年第6期,第66—70页。

of Supply and Demand, *Modern China* 7.3, July, 1981)、《逃避管理法——1937年前的中国煤矿合同工》(*A Method of Evading Management: Contract Labor in Chinese Coal Mines Before 1937*, *Comparative Studies in Society and History* 23.4, October, 1981)、《民国初期中国社会的采矿企业》(*A Mining Enterprise in Early Republican Chinese Society: The Chung-hsing Coal Mining Company*, in *Chung-hua min-kuo ch'u-ch'i li-shih yen-t'ao-hui lun-wen chi*, Proceedings of the Conference on the Early History of the Republic of China, 1912—1927, Taipei, 1984)、《1895—1937年采煤与中国经济和社会》(*Coal Mining in China's Economy and Society*, 1895—1937, Cambridge: Cambridge University Press, 1984)、《中国工业的国家政策与法规:煤矿开采的竞争与监控》(*Nationalist Policies and the Regulation of Chinese Industry: Competition and Control in Coal Mining*, in David Pong and Edmund Fung eds., *Ideal and Reality: Social and Political Change in Modern China*, 1860—1944, Lanham: University Press of America, 1985)、《帝国主义与中国经济:辩论法则批判》(*Imperialism and the Chinese Economy: A Methodological Critique of the Debate*, *Bulletin of Concerned Asian Scholars* 18.1, January-March, 1986)、《上海帝国主义者对人力车诈骗者》(*Shanghai Imperialists vs Rickshaw Racketeers: The Defeat of the 1934 Rickshaw Reforms*, *Modern China* 17.1, January, 1991)、《1937年前的中国电力生产》(*Electric Power Production in Pre-1937 China: A Research Note*, *China Quarterly* 126, June, 1991)、《如何应对世界性萧条:1932—1936年国民政府与中国工商业的关系》(*Coping with the World Depression: The Nationalist Government's Relations with Chinese Industry and Commerce*, 1932—1936, *Modern Asian Studies*, 25.4, October, 1991)、《二十世纪初的中国经济》(*The Chinese Economy in the Early Twentieth Century: Recent Chinese Studies Macmillan*, 1992)、《应对危急:南京10年的中国煤矿公司》(*Overcoming Risk: A Chinese Mining Company During the Nanjing Decade*, *East Asian History* 17/18, June/December, 1999)、《远处雷声:中国西南方的区域经济与国家萧条的影响》(*Distant Thunder: The Regional Economies of Southwest China and the Impact of the Great Depression*, *Modern Asian Studies* 34.3, July, 2000)、《竞争与互补:中国煤矿工业的乡镇煤矿与国家部门》(*Competition and Complementarity: Township and Village Mines and the State Sector in China's Coal Industry*, *China Information* 14.1,

2000)、《中国计划与市场经济中的价格政治经济》(*The Political Economy of Prices in China's Planned and Market Economies*:*Competition and Control in the Coal Industry*,*Asian Studies Review* 24.3,September,2000)、《中国煤矿业的政治经济：黑金与血迹斑斑的煤炭》(*The Political Economy of the Chinese Coal Industry*:*Black Gold and Blood-stained Coal*,Routledge,2012)。

二十五、专心研究中国政治和经济历史与现状的安德鲁·沃森

安德鲁·沃森（Andrew Watsen），澳大利亚阿德莱德大学经济学院教授、中国问题专家。1991—1999年，担任福特基金会驻中国首席代表，并兼任该校中国经济研究中心联合会主任；1993—1996年，他是澳大利亚研究理事会亚洲研究和社会科学分会的成员；1994—1999年，担任外交外贸部下属的澳中理事会理事；1995—1997年，任澳大利亚中国研究会主席。

1965年起，沃森在西安工作了两年，与中国社会科学院和几个省的学者交往频繁。1978年以来，中国的经济改革和发展引起了他的极大兴趣，近年来他主要关注农村的发展问题。他的研究领域为当代中国的政治经济发展，特别是1978年以后的社会经济改革的发展，农村发展是他重点研究的问题。

沃森能讲一口流利的普通话，出版了有关中华人民共和国成立前后的政治经济发展的专著多部，曾教授中国社会经济史和汉语，并指导研究生的学位论文撰写。他的主要著述、译文和编审论文有《过渡时期的运输：中国传统运输方式的演变》(*Transport in Transition*:*The Evolution of Traditional Shipping in China*,Translate by Andrew Watson,1972)、《生活在中国》(*Living In China by Andrew Watson*,Batsford,1975)、《毛泽东与政治经济学》(*Mao Zedong and the Political Economy*,by Andrew Watson,Mao Tse-tung,1980)、《中国的经济变革与社会变化》(*Economic Reform and Social Change in China*,Ed. by Andrew Watson,1992)、《政策改革、经济发展与中国农业》(*Policy Reform*,*Economic Growth*,*And China's Agriculture*,by Christopher Findlay,Andrew Watson,Will Martin. Paris:Development Centre,Organization for Economic Cooperation and Development,1993)、《中国农村的企业》(*Rural Enterprises In China*,Ed. by Christopher Findlay,Andrew Watson,Harry X. Wu,1994)、《食品安全与经济改革：面对中国谷物市场体制的挑战》

(*Food Security and Economic Reform*: *The Challenges Facing China's Grain Marketing System*, Ed. by Christopher Findlay, Andrew Watson, 1999)、《中华人民共和国政治学辞典》(*Dictionary of the Politics of the People's Republic of China*, Ed. by Colin MacKerras, Donald H McMillen, Andrew Watson, 2000)、《中国农村金融市场》(*Rural Financial Markets in China*, Ed. by Christopher Findlay, Andrew Watson, Cheng Enjiang, Zhu Gang, 2003)、《中国由经济发展所引起政治与社会的改变》(Economic growth in China has transformed both politics and society by Andrew Watson, *Journal of Current Chinese Affairs*, Vol. 38, No. 4, 2009)、《即将开始的变化》(*A Change Is Gonna Come*, by Andrew Watson, 2010)、《荒原之路》(*The Way of the Desert*, by Andrew Watson, 2011)、《地球的演变》(*Revolutions That Made the Earth*, by Tim Lenton, Andrew Watson, 2011)。

二十六、推广汉语教学促进中澳文化交流贡献突出的席格伦

席格伦（Gory Sigley），澳大利亚昆士兰人。上中学时和朋友参加过一个武术班，一位马来西亚的华侨教他螳螂拳，从此迷上中国功夫，看了很多李小龙和成龙的武打片，希望能够更多了解中国文化，上大学一定要学中文。

1987—1996年，他在格里菲斯大学学习汉语和中国文化学位课程。这期间，1989年至1990年，就读于中山大学。1992年至1993年，就读于中国人民大学。1996年，他以《中国人口政策》的论文获得博士学位。1997—2015年，他应聘任教于西澳大利亚大学亚洲研究系。2009年7月至2009年10月，任北京孔子学院总部外国专家。2010年1月至2010年7月，任浙江大学和北京教育学院高级访问学者。2012年9月至2013年2月，在云南大学研究茶马古道。

席格伦是世界汉语教学协会理事会理事，2005年至2009年期间，担任西澳大学孔子学院院长。该学院是澳大利亚三所孔子学院中的第一所，除了开设汉语课程外，还提供讲座、论坛、培训和咨询服务，介绍中国的风俗文化和投资环境。在他的带领下，该校孔子学院与政界和商界等社会阶层建立了广泛的合作关系，并利用媒体宣传扩大自身的知名度和影响力。为了让孔子学院的学生更好地了解中国，他们在云南贡山独龙族怒族自治县

帮村民修建了一条1.3千米长的水泥路,发现慈善项目也是了解中国的一种载体。

席格伦重视与其他孔子学院建立合作关系,并将其丰富的管理和办学经验与其他孔子学院分享。鉴于他在推广汉语教学、促进文化交流方面的突出贡献,他本人多次受邀在高层社交活动中发表演讲或接受媒体采访,并荣获澳大利亚联邦政府颁发的"澳大利亚行政管理奋进奖"。2008年,他被评为"孔子学院先进个人"。

他是西澳大学资深中国问题专家,他的学术领域为当代中国社会、文化与政治的发展、政策改革、文化遗产与社区发展等方面。他的研究极具开创性,成果突出。他的最新研究选项是对中国西南茶马古道的考察。文化遗产的开发和地区旅游项目的吸引力赋予了该研究精彩纷呈。

席格伦撰写或与他人合作的重要著述有《中国团体管理:计划生育管理分析的研究意义》(Governing Chinese bodies: The significance of studies in governmentality for the analysis of birth control in China, Economy and Society, 24:5, 1996)、《性、国家与家庭》(Sex, State and the Family: Guest Editor's Introduction, Chinese Sociology and Anthropology, 31:1, pp. 3-13, 1998)、《百姓中的农民:当代中国的人口、生育和优生学》(Peasants into Chinamen: Population, reproduction and eugenics in contemporary China, Asian Studies Review, 22:3, pp. 309-338, 1998)、《论中国的"性"与"性别"》(with Elaine Jeffreys, On "Sex" and "Sexuality" in China: A Conversation with Pan Suiming, Bulletin of Concerned Asian Scholars, 31:1, pp. 50—58, 1999)、《中国精神:20世纪90年代中国人视野中的民族性格》(with Song Xianlin, Middle kingdom mentalities: Chinese Visions of National Characteristics in the 1990s, Communal/Plural, 8:1, pp. 47-64, 2000)、《当代中国的政府、婚姻与性》(Keeping it in the family: Government, marriage and sex in contemporary China, in Margaret Jolly and Kalpana Ram eds., Borders of Being: Citizenship, Fertility, and Sexuality in Asia and the Pacific, Ann Arbor: University of Michigan Press, pp. 118-153, 2002)、《自由专制:当代中国的计划生育、政府与主观性》(Liberal despotism: Population planning, government and subjectivity in contemporary China, Alternative: Global, Local, Political, 29:5, pp. 557-575, 2004)、《市场理论:中国性、主观性和政府》(Marketing Theory: Sexuality,

Subjectivity and Government in China, *Asian Studies Review*, 28:1, pp. 75-82, 2004)、《中国的性与性别》(*Sex and Sexuality in China*, London & New York: Routledge Curzon, pp. 43-61, 2005)、《从"计划"到"规划":中国语境"管理"理解初探》(*From "Jihua" to "Guihua": A Preliminary Critique of Approaches to Understanding "Governance" in the Chinese Context'*, in Vickers, Adrian, and Margaret Hanlon eds., *Asia Reconstructed: Proceedings of the 16th Biennial Conference of the ASAA*, Wollongong, Australia. 2006)、《中华人民共和国的性别、政治学和道德管理》(*Sex, politics and the policing of virtue in the People's Republic of China*, in Elaine Jeffreys ed., 2006)、《中国管理:政府、管理与社会主义市场经济》(*Chinese Governmentalities: Government, Governance and the Socialist Market Economy*, *Economy and Society*, 35:4, pp. 487-508, 2006)、《中国圣诞故事》(*A Chinese Christmas story*, in Shi-xu ed., *Discourse as Cultural Struggle*, Hong Kong: Hong Kong University Press, pp. 99-104, 2007)、《中国的政府管理与国家》(with Elaine Jeffreys, *Governmentality and China*, in Elaine Jeffreys ed., *Chinese*, 2009)、《开展海外汉语教学和文化交流的挑战与机遇:以西澳大学孔子学院为个案》[*Challenges and opportunities in developing Chinese language teaching and cultural exchange in foreign contexts: The Confucius Institute at The University of Western Australia as a case study*, Yunnan Daxue Xuebao (*Academic Journal of Yunnan University*), 7:1, pp. 32-36, 2009]。

第四章
华人学者在澳大利亚汉学发展史中的贡献

华人移民大洋洲的历史可以追溯到19世纪初。澳大利亚现有人口大约2300万人,2011年澳大利亚人口普查数据显示,出生于中国的华人移民为318969人,其余华人移民来自新加坡或马来西亚等国家。目前澳大利亚的华人人口仅次于英国和新西兰移民,多数居住在悉尼和墨尔本等东岸大都市。

早期华人披荆斩棘,胼手胝足,为澳大利亚的资源开发和经济与社会繁荣做出了卓越的贡献,在中澳关系史上写下了重要的篇章,形成了中澳关系发展的纽带。

1901年,澳大利亚政界声称亚洲移民可能降低白人的生活水平,亚洲文化可能给澳洲带来负面影响,为此开始实施"白澳政策"(White Australia Policy),包括华人在内的亚洲有色人种移民在澳大利亚联邦受到排斥,1901年,正式确立为基本国策,大部分华人忍受不了欺压,被迫离开澳大利亚。从1945年起,澳大利亚官方文件中不再使用"白澳政策"一词。20世纪70年代,在爱德华·高夫·惠特兰和马尔科姆·弗雷泽两届政府对移民法进行多次修订后才最终废除了原来备受谴责的移民法。

"白澳政策"的终结改变了华人在澳大利亚学术领域的地位,华人知识分子在医学、经济学、物理学和生命科学等学科中做出的贡献无与伦比。以参议员黄英贤和第一位华裔市长苏震西为代表的华人政治家,以叶立培和郭志清为代表的商业精英,以杨小凯和黄有光为代表的著名经济学家,以张任谦和余森美为代表的医学专家的光辉形象为侨界和澳人阶层所熟知。

亚洲的地理位置及其与澳大利亚的关系,决定了亚洲语言在澳大利亚生活中的重要性。在当地优先发展的10个语种中华文名列榜首,是仅次于英文的第二大语言。

虽然澳大利亚华文教育在20世纪初才开始出现,但是第二次世界大战结束后,随着民族政策的放宽而得到了快速发展。1962年,墨尔本中华公会创办中华义校,1965年,改为墨尔本中华学校,在校学生共有数十人。其他地方也出现了一些华文学校。1974年,墨尔本也创办了华文学校,在其五所分校中每校各招生数百人。

1978年,澳大利亚政府实行多元文化政策,华文教育有了较大发展。1987年,澳大利亚先后建起了悉尼华文学校、悉尼中文学校、斯普林维尔华裔公立中华学校、悉尼中华语言学校等多所华文学校。

20世纪90年代后,澳大利亚与亚洲贸易往来的增加,使政府认识到亚洲的独特战略地位以及发展华文教育有助于强化澳大利亚与亚洲的合作。为发展与中国的双边关系,政府要求在各级部门中要有一批了解中国并能够说流利华语的澳大利亚人,以便在更高层次上推进两国的交流与合作。为此澳大利亚把发展华文和中华文化教育视为国家发展的优先战略,从而为该国汉学的大发展奠定了坚实的基础。

旅澳华人学者在自己的背景与当地学术生态之间进行协调并无太多困难,他们对澳大利亚汉学研究的参与,极大地丰富了澳洲汉学的内涵,为澳大利亚的汉学发展做出了持久的贡献。有些华人学者一生致力于中国研究,发表了许多作品,帮助澳大利亚人了解中国历史和文化。

作为西方发达国家俱乐部重要成员的澳大利亚开始实行"面向亚洲"的地缘政治,中澳经济文化交流日趋频繁。2010—2011年,中国移民澳大利亚人数高达29547人,其中18.6%具有大学本科及以上学历,4.5%具有技术类学历。据2011年澳洲人口普查数字统计,华人受过高等教育的人数约为本土受过高等教育人数的2倍。由于澳大利亚实行多元文化政策以及一批来自中国学者的加入,澳大利亚汉学发展在20世纪80年代进入了新阶段。①

一、长期从事中国历史与文学研究的刘渭平

刘渭平(Liu Weiping,1915—2003),生于北京书香门第,祖籍江苏省南

---

① Australian Bureau of Statistics. http://www.censusdata.abs.gov.au/census_services.

通县川港镇(现江苏省南通市通州区川港镇)。他的父亲刘光谦于京师大学堂毕业后留校任教,后由清廷官费派往俄国和法国留学,获巴黎大学法学博士学位。旅欧期间,由孙中山亲自介绍加入同盟会,回国后服务于外交界。1922年,他随父移居厦门。1936年,毕业于厦门大学文学院法律系。

1941年,刘渭平通过国家高等文员考试,进入政府外交部。1945年6月,被派往澳大利亚悉尼领事馆工作。同年8月,日本战败投降,他被派往悉尼,后去新几内亚亚巴港(Rabaul)办理中国台湾籍战俘的遣返事务。此后历任悉尼总领事馆副领事、驻珀斯领事。1949年,他离职后留澳经商,期间在悉尼大学研究中澳关系史和大洋洲华人史,先后获文学硕士和哲学博士学位。1955年,与戴维斯共同创建悉尼大学东方系(后改为东亚系),历任讲师、高级讲师和副教授等职。

1980年,他退休后受聘为该校荣誉研究教授,兼任牛津大学、夏威夷大学、香港大学、台湾中国文化大学及上海华东师范大学等校客座教授。此外他还应聘担任新州美术馆东方部顾问,曾多次举办中国文化艺术讲座和展览,兼任《星岛日报》澳洲版的主笔。

《清代诗学之发展》原为刘渭平的博士学位论文,曾连载于中国台湾的英文期刊《中国文化》,1985—1987年后编辑成册。该书主要介绍清代四大诗说——王士祯之神韵说(简练的笔触、含蓄的意境、平淡清远的风格、书法主观内心的性情)、沈德潜之格调说("格"为诗意,"调"为风格,兼指诗的内容与形式)、翁方纲之肌理说("义理"属诗的内容,"文理"属诗的表现形式,与"性灵说"分庭抗礼)和袁牧之的性灵说(反拟古、重才情、秉灵气、求创新——真诚、个性和直率)。他对以上诸说的渊源、清初和清季的诗论均进行过深入研究探讨,自认为对清诗偏好。1986年在苏州大学讲学时,他曾拜访《清诗纪事》主编钱仲联,对于"中国诗学极盛于清"观点一致,进而认为学术发展不能断代,清代诗学应该追溯到明代以远,引起了学术界的高度重视。

《澳洲华侨史》是刘渭平的一部爱国主义佳作,1989年3月,同时在中国香港和中国台北印行。全书13章,包括:第一章,澳洲的发现与建国;第二章,中国人是否最先发现澳洲;第三章,最早到达澳洲之中国人;第四章,一位早期华侨的自述;第五章,早期侨社中之名人;第六章,十九世纪时期之澳洲华侨;第七章,澳洲之华文报纸与中文学校;第八章,排华运动;第九章,白澳政策之起因与发展;第十章,澳洲华侨之事业与生活;第十一章,梁启超的澳洲之行;第十二章,澳洲华侨与祖国政治;第十三章,太平洋战争后之澳洲华侨。许多珍贵素材选自《广益华报》《东华新报》和《爱国报》等中英文报纸,老华侨中的重要人物如刘光福,作者曾多次登门采访。经过作者多方考证,该书所记述的近代澳洲侨胞与祖国休戚与共的精彩篇章,生动地展示在读者面前,侨界先贤爱国爱家的情怀无不感召后世。

刘渭平在澳大利亚生活了40余年,长期从事中国文学和历史的研究与教学工作。他初访澳洲不久就发现华人对澳洲人文历史所知甚少,因此教学之余致力于澳洲华侨史之研究,退休后又将其研究范围从澳洲而扩大及大洋洲其他各地。从1982年至1987年,他每年都回国一次,先后游览了哈尔滨、上海、杭州、西安、北京、曲阜、南京、苏州、镇江、成都等地,作为一位历史学家他深知天下大势,对于中国的和平统一与民族复兴,怀抱坚强信念。

他的主要著述有《南太平洋岛上的三百冤魂》(澳大利亚《海外风》,1955年)、《清代诗学之发展》(A Study of the Development of Chinese Poetic Theories in the Ching Dynasty, Chinese Culture, 1985-1987)、《澳洲华侨史》(香港:星岛出版社,1989年)、《小藜光阁随笔》(1991年)、《汉学研究在澳洲》(林徐典编《汉学研究之回顾与前瞻·历史哲学卷》,中华书局,1995年,第224—250页)、《大洋洲华人史事丛稿》(香港:天地图书,2000年)、《小藜光阁诗集》(2001年)、《浮云》(Drifting Clouds-Between China And Australia,2002)。

二、与李约瑟合作编写《中国科学技术史》的王铃

王铃(Wang Ling,1917—1994),江苏南通人,初中毕业后考入南通中学,1936年,考入南京中央大学历史系。他的祖父虽不富裕,却有许多藏书。丰厚的家学渊源为他后来从事历史研究打下了坚实的专业基础。他学业优秀,关心国家前途和命运,和陶大镛等志同道合的学人曾在重庆组织过"中苏问题研究会",请中共领导人周恩来做报告。王铃相信并支持共产党的主张,积极参加爱国人士和民主党派的各项活动。王铃毕业后进入了傅斯年主持的历史语言研究所。

1943年6月,李约瑟(Joseph Terence Montgomery Needham,1900—1995)在由南京暂迁重庆李庄的中央历史语言研究所介绍他的中国科学史编写计划时,所长傅斯年向他介绍了所里的助理研究员王铃。李约瑟很赏识才华横溢、博闻强记的王铃;王铃对学识渊博的李约瑟也非常敬佩。1946年,在李约瑟推荐下他获得了英国文化委员会奖学金赴剑桥大学圣三一学院留学。1948年,李约瑟辞去了联合国的任职,返回剑桥大学,开始与王铃合作撰写《中国科学技术史》。

李约瑟在给剑桥大学出版社编辑的信中说,他的中国经验告诉自己,不少中国学者和科学家都感到困惑,为什么历史悠久的中华文明消逝在时代的巨轮中,却无法创出近代先进的科学技术。这就是他和许多中国学者、科学家所思考的问题,也是他们的精神沟通和契合之处。

从1954年始,李约瑟和王铃等学者合作撰写的《中国科学技术史》(Science and Civilisation in China)部分卷册陆续在剑桥大学出版社出版,第一卷《导论》(1954年),第二卷《科学思想史》(1956年),第三卷《数学、天学和地学》(1959年),第四卷《物理学及相关技术·第一分册·物理学》(1962年)、《物理学及相关技术·第二分册·机械工程》(1965年)、《物理学和相关技术·第三分册·土木工程与航海技术》(1971年),第五卷《化学及相关技术·第七分册·军事技术:火药的史诗》(1986年)。直到王铃去世的1994年,还出版了第五卷《化学及相关技术·第六分册·军事技术:投射器和攻守城技术》。另外还发表了《天钟:中世纪中国的大天钟》《中国与西方的学者和工匠》《中古时期中国的植物地理研究》《中国数学中霍纳法:它在汉代开方程序中的起源》等著作和论文。浩瀚的史料和确凿的证据向世界表明:在现代科学技术登场前的十多个世纪,中国在科技和知识方面的积累远胜于西方。

王铃参加《中国科学技术史》的编写和审改的工作做得很认真、很投入、很专业。李约瑟说,王铃在中国史研究方面的优越功底是他们日常审阅文稿时不可或缺的,由该书第一次译成英文的中国文献,初稿十之七八是他翻译的,然后他们一起详细讨论校核,一般都要经过多次推敲才能定稿。别人翻译的初稿也一样,他们必须核对中文原文后才决定取舍。他还花费许多时间去查找原先认为有用的材料,从中往往又发掘出一些新资料,然后再从科学史的角度仔细审查,确定是否有价值。至于图书资料的管理，索引和编目，都由他负责。①《中国科学技术史》的出版在世界上引起震动，但是很少人知道当时他们的工作条件有多困难：李约瑟还在基兹学院讲授生物化学，业余时间才能进行研究。王铃也在澳大利亚国立大学兼任历史教授，但在1957年他离开剑桥前，他们的合作从未中断过。

从1948年至1958年，王铃在剑桥大学与李约瑟合作编写《中国科学技术史》，他本人同时也在三一学院撰写博士学位论文《中国汉代数学史》。1958年，他离开了剑桥，应聘担任堪培拉大学学院（即后来的澳大利亚国立大学亚洲研究系）中文讲师。1963—1983年，他是澳大利亚国立大学亚太研究院教授研究员。

1962年中印边境自卫反击战爆发时，身在澳洲的王铃记得曾在英国图书馆看到前英国驻印度总督监测的印度地图，其中的中印边界线和中国出版的地图划分基本相符，为此他专程赴英。在伦敦图书馆的书库里翻检寻索之后，他终于查找出封存多年的英国殖民政府绘制的印度地图，将其复制后送交中国驻英机构。

王铃有两个儿子分别在美国和日本。1992年，他携妻子回到南通，买了房子和家具在家乡定居。

李约瑟和王铃与研究所同事鲁桂珍（Lu Gwei-Djen, 1904—1991）、何丙郁（Ho Peng-Yoke, 1926—2014）、钱存训（Tsuen-hsuin Tsien, 1909—2015）等学者多年合作撰写《中国科学技术史》，是中西学者学术交流史上的佳话，饮誉世界。1988年8月，第五届国际中国科学史会议上，美国华人协会为表彰王铃、鲁桂珍协助李约瑟撰写《中国科学技术史》的贡献，分别授予他们三人奖金。

他们的著述有《中国科学技术史·第一卷》(Science and Civilisation in China. Vol. 1. Introductory Orientations. Joseph Needham, with W. L. Cambridge University Press, 1954)、《中国科学技术史·第二卷》(Science and Civilisation in China. Vol. 2. History of Scientific Thought. Joseph Needham, with W. L., 1956)、《中国科学技术史·第三卷》(Science and Civilisation in China. Vol. 3. Mathematics and the Sciences of the Heavens and Earth. Joseph Needham, with W.L., 1959)、《天钟：中世纪中国的大天文钟》(Heavenly Clockwork: The Great Astronomical Clocks of Medieval China. Joseph

---

① 《中国科学技术史·第一卷·第一章前言》。

Needham, W. L. and Derek J. de Solla Price, 1960)、《中国科学技术史·第四卷·第一分册》(Science and Civilisation in China. Vol. 4, Part 1. Physics. Joseph Needham, with W. L. and Kenneth Robinson. 1962)、《中国科学技术史·第四卷·第二分册》(Science and Civilisation in China. Vol. 4, Part 2. Mechanical Engineering. Joseph Needham, with W. L. 1965)、《中国和西方的职员与工匠》(Clerks and Craftsmen in China and the West: Lectures and Addresses on the History of Science and Technology. Joseph Needham, W. L., Lu Gwei-Djen, and Ho Ping-Yü, 1970)、《中国科学技术史·第四卷·第三分册》(Science and Civilisation in China. Vol. 4, Part 3. Civil Engineering and Nautics. Joseph Needham, with W. L. and Lu Gwei-Djen. 1971)、《中国科学技术史·第五卷·第七分册》(Science and Civilisation in China. Vol. 5, Part 7. Military Technology: The Gunpowder Epic. Joseph Needham, with Ho Ping-Yü [Ho Peng-Yoke], Lu Gwei-djen and W. L., 1986)、《中国科学技术史·第五卷·第六分册》(Science and Civilisation in China. Vol. 5, Part 6. Military Technology: Missiles and Sieges. Joseph Needham, Robin D. S. Yates, with Krzysztof Gawlikowski, Edward McEwen and W. L., 1994)。

三、在中国文学、道教研究和版本学方面贡献突出的柳存仁

柳存仁(Liu Tsun-yan, 1917—2009),祖籍山东临清,康熙年间祖上举家移居广州。他的父亲是光绪二十四年(1898)广东秀才,1914年于北京海关学校毕业后留在税务处任职,定居北京。柳存仁生于北京,幼年时在京城受到良好的文化教育,7岁进入外交部部属小学,12岁到上海先后就读于东吴二中和光华中学。他喜欢新文学,几年后学习创作,经常向林语堂主编的《论语》和《人间世》投稿。1935年,柳存仁从上海考入北京大学国文系,受业于钱穆、罗常培、郑天挺和孙楷第,同年出版《中国文学史发凡》。

1937年抗日战争爆发,柳存仁转学上海光华大学。1939年,他毕业于北京大学,获文学学士学位。1946年,抗日战争胜利后他赴中国香港,任教于皇仁书院和罗富国师范学院。1957年,他以《佛道教影响中国小说考》的论文获英国伦敦大学哲学博士学位。1962年,他赴澳大利亚国立大学中文系任教,继毕汉斯和马悦然之后出任澳大利亚国立大学第三任中文

教授,也是第一位华人学者中文系学术领军人物。1966年至1982年,柳存仁担任澳大利亚国立大学中文讲座教授和亚洲研究院院长。

柳存仁通晓多国语言,国学造诣高,熟悉西方学术思路,在许多方面取得成果卓著。他在《西游记》研究方面的突破就是其中之一。1985年,他在香港《明报》月刊上发表《全真教和小说西游记》一文中指出,《西游记》第八回、第五十回、第七十八回和第九十一回的开篇词,与《道藏》中收入的冯尊师及丹阳子马钰(即全真七子之首)等人的词作仅有个别词句之差。这一考证的发现启发他进一步思考《西游记》和道教,特别是与全真教之间是否存在着某种联系。由此他进一步推论,在现存明刊百回本《西游记》之前可能有一个受到全真教影响的稿本流行,作者可能就是丘处机本人。

据考证,抗日战争期间柳存仁曾用"柳雨生"的名字出现在上海文坛。1942年11月至1953年8月,他先后两次以"上海代表"的身份参加在日本召开的"大东亚文学者大会",积极响应"大东亚文学"的鼓噪。1943年,柳雨生创办《风雨谈》,是上海沦陷时期朱朴(朱省斋,1902—1970)创办、周黎庵(周劭,1916—2003)主编的《古今》之后的汉奸文学刊物之一,公开鼓吹"反共"和"大东亚亲善"。1944年,柳雨生以敌伪资金接收"太平书局",出版了许多汉奸文学作品。他个人也写了不少赞扬"大东亚共荣"的散文和小说。

1946年,柳雨生到中国香港工作,先后在皇仁书院和罗富国师范学校任教,抗日战争胜利后他以"柳存仁"之名转入学术研究领域。1957年,他以《佛道教影响中国小说考》的论文获得了伦敦大学博士学位。

柳存仁到中国香港后过着低调的生活,除了参加专业学术活动外极少在公众场合露面。但是他在汉学界的地位与知名度仍然极高,许多知名学者在发表论文或讲话时常常对他有所提及。柳存仁长期从事中国文学和宗教研究,120万字的论著《和风堂文集》及其续编《道家与道术》,是他主要的学术成就的代表作。1991年,上海古籍出版社还出版过他的文化随笔《外国的月亮》,1996年,百花文艺出版社出版了他的长篇小说《大都》。晚年,他积极参加汉学交流活动。

柳存仁是澳大利亚人文科学院首届院士、英国及北爱尔兰皇家亚洲学会会员。1966年至1989年间,他应聘担任哈佛燕京学社、哥伦比亚大学、夏威夷大学、巴黎大学、香港中文大学中国文化研究所、马来亚大学、早稻田大学、新加坡大学、新西兰奥克兰大学的访问教授。1974年和1977年，他以澳大利亚科学院访问团成员身份两次访问中国。1984年，应中国社会科学院世界宗教研究所的邀请在北京作了有关道教史的系列讲座。1984—1985年，他应邀担任新加坡国立大学中文系访问教授。

柳存仁退休后被推选为澳大利亚名誉教授及大学研究员。1992年，澳大利亚政府颁给他澳大利亚勋章（Order of Australia）和勋衔，以表彰他对中澳文化交流所做出的贡献。2009年8月13日，他在堪培拉卡瓦里医院病逝，享年92岁。

柳存仁的研究主要聚焦于道教史、明清小说和中国古籍，在许多领域中的突破性考证享誉国际汉学界。他是澳大利亚人文科学院的首届院士，英国及北爱尔兰皇家亚洲学会会员。他在文艺创作、小说和道教研究、版本学、翻译方面的成就得到了学术界和英语世界的认同。他的著述《道藏的性质》和《老子想尔注》现存大英博物馆。他去世后留下未刊著作稿本约50册。

柳存仁的主要著述有《中国文学史发凡》（苏州文怡书局，1935年）、《西星集》（上海宇宙风社，1940年）、《怀乡记》（上海太平书局，1944年）、《佛道教影响中国小说考》（Buddhist and Taoist Influene on Chinese Novels，1957）、《中国文学史》（大公书局，1957年；东方书店，1958年）、《和风堂文集》（Selected Papers from the Hall of Harmonious Wind，上海古籍出版社，1991年）、《外国的月亮》（上海古籍出版社，1991年）、《大都》（百花文艺出版社，1996年）、《道家与道术》（上海古籍出版社，1999年）、《和风堂文集续编》（New Excursions from the Hall of Harmonious Wind，上海古籍出版社，1999年）、《道教史探源》（北京大学出版社，2000年）、《外国的月亮》（上海古籍出版社，2002年）、《伦敦所见中国小说书录》（Chinese Popular Fiction in Two London Libraries，龙门书店，2018年）。

四、对中国天文学史、数学史和化学史研究有重要贡献的何丙郁

何丙郁（Ho Peng-Yoke，1926—2014），出生于马来西亚，是何其汉与吴贤贵的长子，原名何燕恬，开蒙时改名何丙郁。他自幼接受英文教育，1933—1940年，就读于马来亚圣米高学校；1946—1949年，升入新加坡莱佛士学院；1949年，转入新加坡马来大学主攻数学和物理学；1951年，获得

理学硕士学位；1959年,获哲学博士学位。20世纪60年代,他成为吉隆坡马来亚大学中文系讲座教授兼系主任；70年代,出任澳大利亚格里菲斯大学当代亚洲研究院首任讲座教授兼院长；80年代,受聘于香港大学中文系并担任讲座教授。

何丙郁曾协助李约瑟翻译《中国科学技术史》中有关中国史的天文资料工作。他还撰写了《中国现代科学的诞生》《中国医药简史》,以及《中国科学技术史》第五卷中的第三、第四与第七分册的内容。他是东西方文化界知名的华裔学者。他与李约瑟长达半个世纪的合作关系,以及后来由李约瑟博士亲自提名他担任剑桥李约瑟研究所所长之事,足以表明他一生的为人、为学、为友的高风亮节。

他研究中国科学史50年,以卓越的贡献赢得了国际学术界的赞誉。他用中文、英文、日文发表论文110余篇,出版专著20余种,在中国天文学史、数学史、化学史及传统科技与术数研究等方面都有重要贡献。曾先后获得的学术荣誉包括美国领先专家项目奖(Leaders and Specialists Program Award,1967)、美国耶鲁大学爱德华·休谟讲座(Edward Hume,1969)、英国物理学会会士(1971)、澳洲人文科学院院士(1976)、台北"中央研究院"院士(1988)、中国科学院名誉教授(1989)、澳洲格理斐大学荣休教授(1989)、国际欧亚科学院院士(1997),以及马来大学中文系荣誉教授(2010)等荣誉奖项。

他的主要著述以及与人合作的文稿有《晋书·天文篇》(*The Astronomical Chapters of the Chin Shu*, Mouton, Paris 1966)、《中国现代科学的诞生——就职演说》(*The Birth of Modern Science in China*, Inaugural Lecture, University of Malaya, Kuala Lumpur, 1967)、《中国与西方的学者与工匠》(*Clerks and Craftsmen in China and the West*, in collaboration with Joseph Needham, Cambridge University Press, 1970)、《炼丹诗人陆游》(*Lu Yu, the Poet-Alchemist*, with Goh Thean Chye and Beda Lim, *Australian National University Asian Studies Occasional Paper*, No. 13, Canberra, 1972)、《东西方的魔方》(*Magic Squares in East and West*. Papers on *Far Eastern History*, Australian National University, Dept. of Eastern History, 8, 1973)、《中国科学技术史·第五卷》(*Science and Civilisation in China vol. 5, pt. 3*, in collaboration with Joseph Needham, Cambridge University Press, 1976)、《现代学术观中的中国天文学史》(*Modern Scholarship on the History of Chinese*

Astronomy, *Australian National University Asian Studies Occasional* Paper No. 16, Canberra, 1977)、《论道教炼丹文稿的断代》(*On the Dating of Taoist Alchemical Texts*, *Griffith Occasional Paper Monograph* No. 1 Brisbane, 1979)、《道藏丹方鉴原》(*Tao's Tan-fang chien-yuan: a 10th-Century Alchemy Source-Book*, in Chinese, with an Introduction in English, *Centre of Asian Studies*, University of Hong Kong, 1980)、《钟摆似的东西方科学发展》(*The Swinging Pendulum: Science in East and West with special reference to China*, *Centre of Asian Studies*, University of Hong Kong, 1982)、《中国科技概论》(*Outline of History of Science in China*, in Chinese, with Ho Koon Piu, Zhonghua Book Co.; Hong Kong, 1983)、《宁王朱权及其庚辛玉册》(*Prince Zhu Quan and his Gengxin yuce*, in Chinese, with L. Y. Chiu, Griffith Asian Papers Monograph No. 8, Hong Kong, 1983)、《我与李约瑟》(*I and Joseph Needham*, 三联书店香港分店, 1985 年)、《敦煌残卷占云气书研究》(与何冠彪合著, 艺文印书馆, 1985 年)、《理、气、数: 中国科学和文明概要》(*Li, Qi and Shu: An Introduction to Science and Civilization in China*, Hong Kong, 1985)、《理气数〈中国科学技术史·引言〉》(*Li, Qi and Shu: An Introduction to Science and Civilisation in China*, Hong Kong University Press, 1985, re-published in India under another title An Introduction of Chinese Science, Oxford University Press in India, 1985)、《明实录中之天文资料》(*Astronomical Records in the Ming Veritable Histories*, in Chinese, with L. Y. Chiu, 2 vols. Department of Chinese, University of Hong Kong, Vol. 1, Hong Kong, 1985, Vol. 2, Hong Kong, 1986)、《敦煌残卷占云气书》(*The fragmentary Dunhuang MS Zhan yunqi shu*, in Chinese, with Ho Koon Piu, I-wen Press, Taipei, 1986)、《从理气数观点论子平推命法》(*Looking at the Ziping Method of fate-calculation from the stand-point of the principles of li, qi and shu*, in Chinese, Hong Kong University Press, Hong Kong 1988)、《中国科学: 中国传统观念》(*Chinese Science: The Traditional Chinese View*, *Bulletin of the School of Orient and African Studies*, Univ. of London, Vol. LIV, Part 3: 506—19, 1991)、《科学观念与中国传统的治疗术》(*Concepts of Science and Traditional Chinese Healing Arts: A Historical Overview*, with P. Lisowski, Singapore, 1993)、《海纳百川: 中西科技交流史》(*The Sea Admits the Hundred Streams: History of transmission of science and technology between*

China and the West, in Chinese, Taipei, 1994)、《海纳百川:科技发源与交流史》(联经出版事业公司,1994 年)、《何丙郁科学技术史选集》(*Collected Papers on the History of Chinese Science and Technology*, in Chinese, Liaoning, 2002)、《中国数理占星术》(*Chinese Mathematical Astrology: Reaching out to the Stars*, in Needham Research Institute Monograph Series, Routledge Curzon, London & New York, 2003)、《居无定所的学者的往事回忆:科学、人文与李约瑟》(*Reminiscence of a Roving Scholar: Science, Humanities and Joseph Needham*, World Scientific, Singapore and London, 2005)、《学思历程的回忆:科学、人文、李约瑟》(新加坡:八方文化创作室,2006 年)、《道教探索:文学中的医药和炼丹术》(*Explorations in Daoism: Medicine and Alchemy in Literature in Needham Research Institute Monograph Series*, Routledge Curzon, Oxford & New York, 2007)。

五、中国史、东南亚史和海外华人史的权威学者王赓武

王赓武(Wang Gengwu,1930—),生于印度尼西亚泗水,后随父母迁居马来西亚,家族原籍河北正定,因祖父为官举家南迁至江苏泰州。父亲王宓文是南洋知名的华文教育家,在文学和历史等领域有很高造诣。书香门第出身给王赓武的成长提供了良好的家庭条件,身处南洋多元语言文化环境,使他从小就能学习华语、英语、马来语和印度尼西亚语,为他后来的学术研究奠定了良好的语言基础。

他曾入南京的国立中央大学读书,后因内战再度回到南洋,进入马来亚大学继续攻读专业,相继获得历史学学士和硕士学位,1957 年,在伦敦大学获历史学博士学位。后到马来亚大学任教,担任历史系主任和文学院院长等职务。1968 年,他获聘为澳大利亚国立大学教授,开始了长达 18 年的教授生涯,其间历任远东历史系主任和太平洋研究院院长等职。1986 年至 1995 年,他受聘为香港中文大学校长。1992 年,世界海外华人研究学会创立,王赓武被推选为首任会长。1997 年至 2007 年间,他出任新加坡国立大学东亚研究所所长;2007 年,被任命为新加坡国立大学教授。

1994 年,王赓武荣获日本福冈亚洲文化奖。他还先后被推选为中国台湾"中央研究院"院士、澳大利亚人文科学研究院院士、美国人文与科学研究院名誉院士、伦敦亚非研究学院名誉院士、新加坡东南亚研究所主席、

澳大利亚人文科学院院长、亚洲历史学家国际协会主席、澳中理事会主席、中国香港演艺发展局主席以及《南洋学报》主编等职务。

王赓武是海外华人研究的主要奠基人，丰富的学术经历和教育背景赋予了他研究权威的学术地位。1957年，马来西亚独立，王赓武选择留下入籍并积极拓展自己在东南亚地区的研究业务，使自己的研究拓展到东南亚、美国、澳大利亚和非洲华人历史领域。他不遗余力地推动海外华人的研究事业，2010年9月，以他的名字命名的图书馆在南洋理工大学华裔馆正式开馆。

在国际关系理论方面，王赓武认为中国的天下观念是对国际关系理论的重要贡献，更具包容性，对于解决主权与民族问题，化解全球治理秩序的矛盾都不同于西方国际关系理论。

王赓武是中国史、东南亚史及海外华人史的权威学者，撰写、合著、编辑和翻译的中英文著作等身，其中主要的有《南海贸易：南中国海华人早期贸易史研究》(1958年)、《南洋华人简史》(1959年)、《五代时期北方中国的权力结构》(1963年)、《1949年以来的中国和世界：独立、现代性和革命的影响》(1977年)、《东南亚与华人：王赓武教授论文选集》(1987年)、《南洋贸易与南洋华人》(1988年)、《历史的功能》(1990年)；《中国文化的特点》(1991年)、《社团与国家：中国，东南亚与澳大利亚》(1992年)、《中国与海外华人》(1994年)、《中国之路：中国在国际关系中的地位》(1995年)、《中国与东南亚：神话、威胁和文化》(1999年)、《海外华人：从土地束缚到争取自治》(2000年)、《坦荡人生，学者情怀：王赓武访谈与言论集》(2000年)、《不远游：移民与华人》(2001年)、《海外华人研究的大视野与新方向：王赓武教授论文集》(2002年)、《王赓武自选集》(2002年)、《1800年以来中国人与英国人的交错：战争，贸易，科学与政务》(*Anglo-Chinese Encounters since 1800*: *war, trade, science and governance*. Cambridge: Cambridge University Press, 2003)、《中国与亚洲——为柳存仁教授85寿诞而作》(*Sino-Asiatica*: *Papers dedicated to Professor Liu Ts'un-yan on the occasion of his eighty-fifth birthday*. Editor, with Rafe de Crespigny and Igor de Rachewiltz. Canberra: Faculty of Asian Studies, ANU. 2003)、《终于把我们联系在一起：亚洲的民族与文明》(*Bind Us in Time*: *Nation and Civilisation in Asia*. Singapore: Eastern Universities Press, 2003)、《别抛家舍业：华人移民》(*Don't Leave Home*: *Migration and the Chinese*. Singapore:

Eastern Universities Press,2003)、《华人异乡勇进:王赓武的著作》(2004年)、《过渡时期的海洋中国》(*Maritime China in Transition*,1750-1850. Editor,with Ng Chin-keong. Wiesbaden:Harrassowitz Verlag,2004)、《华人学者王赓武的生平与事业》(*Diasporic Chinese Ventures:The Life and Work of Wang Gengwu*. ed. by Gregor Benton and Liu Hong. London:Routledge, 2004)、《移民及兴起的中国》(2005年)、《民族的构建:东南亚五国史》(*Nation-building:Five Southeast Asian Histories*. Editor. Singapore:Institute of Southeast Asian Studies,2005)、《移民及兴起的中国》(*Essays on Migrants and China's Rise*. Singapore:World Scientific,2005)、《历史与知识:中西分类的差异》(*History and Knowledge:different library classifications in China and the West*.Beijing:National Library,2006)、《从留学到移民》(*From Study to Migranthood*. In Mette Thuno ed., Beyond Chinatown:New Chinese Migration and the Global Expansion of China. Copenhagen:NIAS Press,2007)、《走向新的现代性:香港回归的历史视角》(*Towards New Modernity:The Return of Hong Kong from a Historical Perspective*,Twenty-First Century,No. 101,June 2007)、《离乡别土:境外看中华》(*China and Its Cultures:From the Periphery, The Fu Ssu-nien Memorial Lectures* 2005. Taipei:Institute of History and Philology,Academia Sinica,2007)、《中华文明与中国的地位》(*Chinese Civilization and China's Position. The Ishizaka Lectures* 2005. Translated into Japanese by Kato Mikio. Tokyo:Iwanami Shoten,2007)、《分裂的中国亟待统一》(*Divided China:Preparing for Reunification*,883-947. Singapore:World Scientific,2007)、《内与外的解析——论海外华人作家》(*Overseas Chinese Studies*,2008)、《越洋寻求空间:中国的移民》(*International Journal of Diasporic*,*Chinese Studies*,Vol. 1,No. 1,2009)。

六、治学严谨的海外华人史权威颜清湟

颜清湟(Yen Ch'ing-hwang,1937—),生于福建永春县石彭乡,1943年进入家乡的永春小学读书,1956年毕业于吉隆坡尊孔中学。他对中国文学和历史有浓厚的兴趣,早在小学五年级时,就读了《三国演义》《水浒传》《说唐》和《说岳全传》等古典名著。

1957年,颜清湟以优异的成绩考入了新加坡南洋大学历史系;1960,

年获文学士学位；1963年8月，受聘为母校历史系助教；1965年，进入澳大利亚国立大学历史系攻读博士学位，论文为《新马华人与辛亥革命》，1969年获博士学位；1970年，受聘为南澳大利亚阿德莱德大学讲师，后晋升为教授；1989—1990年，出任香港大学历史系讲座教授兼系主任；1991年，再次出任阿德莱德大学历史系教授；2000年8月，受聘为首任新加坡南洋理工大学陈六使讲座教授，现执教于阿德莱德大学，主讲"亚洲政治"和"亚洲华人商业"。

颜清湟关心澳大利亚华人的福利和权益，积极参加华人社团的活动，热心与当地政府沟通联系。1971年，他和杨日文（Edmond Young）先生及何国光（Joyce Ho）夫人共同创办南澳大利亚中华会馆—南澳第一个华人社团，出任中华会馆会长和副会长多年。

颜清湟热心参与学术研究活动，先后受聘为多个国际学术团体的主席、顾问或理事：1993—1998年，任国际海外华人研究学会（ISSCO）理事；1989—1990年，任亚洲历史学家国际协会第十二届国际大会组委会主席、中国广东省海外华侨华人历史学会顾问、中国暨南大学东南亚研究所和华侨华人研究所顾问、新加坡华裔馆的《海外华人学报》国际顾问团顾问；1994—2003年，任北京大学《海外华侨华人百科全书》国际顾问团顾问等职务。

《马来西亚的华人革命运动》原是颜清湟的博士学位论文，经过修改和充实后于1976年5月由牛津大学出版社出版。作者根据自己收集到的翔实资料，对辛亥革命在新加坡和马来西亚华侨中的引起反响进行了分析和解读。革命派和维新派的对垒，华人社会内部不同利益集团对革命运动的不同态度，以及新加坡和马来西亚华侨在人力、物力与财力上对辛亥革命的支援，都做了透彻的点评。这部著作的问世，填补了学术界关于南洋华侨在辛亥革命中扮演重要角色研究的空白，受到了国际学术界的好评，也奠定了作者本人在国际华人史学界中的地位。

《新马华人社会史》是颜清湟1986年出版的另一部力作，全书共447页，牛津大学出版社出版。过去读者所能看到有关19世纪海外华人社会的文献和书刊，大都是取材于西方的媒体报道或殖民政府的报告，片面性和倾向性对学术界的误导显而易见。作者从华人的角度探讨了1800—1911年新马华人社会的结构和职能，对于当地的宗教习俗、宗亲世故、秘密会社、文化冲突，都一一进行了介绍和评析。华人身处异国他乡，但并非举目无亲。应该如何遵守祖训,互助互爱,扬长弃短,光大中华。该书论证有力,是一部高水准的史学专著。

颜清湟长期钻研华侨史,是一位治学严谨的华人史专家,有多部权威性的海外华人史研究著作,先后出版中文和英文著作各 7 部,还有 60 余篇中英文学术论文,刊登于英国剑桥大学出版的《近代亚洲研究》(*Modern Asian Studies*)、新加坡国立大学出版的《东南亚研究》(*Journal of Southeast Asian Studies*)和新加坡南洋学会出版的《南洋学报》等刊物。

其中主要的中英文著述有《森美兰史》(新加坡:世界书局,1962 年)、《雪兰莪史》(新加坡:国家语文局,1963 年)、《马来西亚的华人革命运动》(*Chinese Revolutionary Movement in Malaya*, 1900-1911, PhD., ANU, 1969)、《新马华人与辛亥革命》(*The Oversea Chinese and the 1911 revolution with special reference to Singapore and Malaya*, Oxford University Press, 1976)、《辛亥革命中的海外华人作用》(*The Role of the Overseas Chinese in the 1911 Revolution*, Chopmen Enterprises, 1978)、《新马华人社区的阶级结构和社会流动》(*Class Structure and Social Mobility in the Chinese Community in Singapore and Malaya*, 1800-1911, University of Adelaide, 1983)、《苦力与官员:晚清政府对海外华人的保护》[*Coolies and Mandarins: China's Protection of Overseas Chinese During the Late Ching Period* (1851-1911), Singapore University Press, 1985]、《出国华工与清朝官员》(Singapore University Press, 1985)、《新马华人社会史》(*A Social History of the Chinese in Singapore and Malaya*, Oxford University Press, 1986)、《新马华人社会史》(*A Social History of the Chinese in Sinapore and Malaya*, 1800-1911, Oxford University Press, 1986)、《国外华人少数的具体问题》(*Special Issues on Ethnic Chinese Aboard*, ed., *Singapore Society of Asian Studies*, 1990)、《海外华人史研究》(新加坡:新加坡亚洲研究学会,1992 年)、《近代海外华人史研究》(*Studies in Modern Overseas Chinese History*, 1995)、《社群与政治:殖民地时代新马的华人》(*Community and Politics: The Chinese in Colonial Singapore and Malaysia*, 1995)、《政治社区:新马殖民时期的华人》(*Community and Politics: the Chinese in Colonial Singapore and Malaysia*, Times Academic Press, 1995)、《现代海外华人史研究》(*Studies in Modern Overseas Chinese History*, Time Academic Press, 1995)、《东方与东南亚的华人少数》(*The Ethnic Chinese in East and Southeast Asia: business, culture and politics*,

Singapore：Times Academic Press，2002）、《海外华人的社会变革与商业成长》（厦门大学出版社，2005 年）、《从历史角度看海外华人社会变革》（新加坡：新加坡青年书局，2007 年）、《海外华人与工商企业》（厦门大学出版社，2008 年）、《东亚和东南亚的华人：商业，文化与政治》（Yen Ching-hwang，*The Ethnic Chinese in East and Southeast Asia*，2002）、《东南亚及其境外的华人》（Ching-Hwang Yen，*The Chinese in Southeast Asia and Beyond：Socioeconomic and Political Dimensions*，World Scientific Publishing Company，2008，457）、《穿行在东西文化之间：一位海外华人学者兼社会活动家的回忆录》（北京大学华侨华人研究中心，2008 年）、《东南亚华人之研究》（北京大学华侨华人研究中心，2008 年）。

七、近现代中国文学与历史研究专家陈顺妍

陈顺妍（Mabel Lee，1939—），她父亲陈欣出生于澳大利亚，在乡村中长大，婚后生有两个儿子和两个女儿，因为生活艰难无法按时寄钱回家，第一次世界大战结束后在新南威尔士开了一个小杂货店维持生计。1939 年，全家才在悉尼团聚。

陈顺妍上中学时学校没有开设中文课，她所掌握的中文都靠自学。大学第一年她选修经济学、心理学和法文，第二年才选修中文，读了许多中国古典文学作品，包括《论语》《孟子》《庄子》《韩非子》《史记》《资治通鉴》《古诗十九首》《古文观止》《三国演义》《水浒传》和《红楼梦》等。除此之外，她还读了许多唐诗、宋词、陶渊明和苏轼的诗词散文。攻读研究生课程时阅读了许多五四作家的作品。1966 年，她获得了博士学位。

悉尼大学历史学教授罗伯特·奥姆斯比·马丁（Robert Ormsby Martin）曾翻译过一本《山水：中国山水诗翻译》（*Shan Shui：Translation of Chinese Landscape Poems*），由米安津出版社（Meanjin Press）出版，对悉尼大学中文系师生产生过一定影响。当时在中文系任教的老师还有刘渭平，也是她的恩师。

陈顺妍获得博士学位后留校当中文老师，为悉尼大学筹备汉语课程的教学工作。中国"文化大革命"期间，悉尼大学生反对开设古典文学和五四文学课程，要求上中国报刊课。因为学校图书馆没有订购，她就自己到报刊门市部购买，然后选择可供教学的内容自己编写教材，但是只实行了

一个学期就放弃了。

陈顺妍是通过阅读鲁迅的作品才对中国现代文学产生兴趣的,1982年后,开始陆续发表有关鲁迅的论文,与许多中国作家接触,认识杨炼(1955—)后开始翻译他的作品。1999年,通过杨炼在巴黎认识了高行健(1940—),把他的《灵山》《一个人的圣经》《绝对信号》《车站》和《没有主义》译成英语,使之得以在英语世界传播,获得众多的读者。

陈顺妍的中英文学造诣都好,后来晋升为悉尼大学亚洲研究中心主任,在悉尼大学教授亚洲研究课程。她还是悉尼大学和香港开放大学名誉教授,澳大利亚人文学院院士,是澳大利亚中国文化研究的权威之一。

《晚清的重商主义》①是陈顺妍1973年4月22日在中国台湾近代史研究所召开的一次学术研讨会上提交的论文,探讨的是清朝传统经济政策在西方思潮的冲击下发生的变化。全文包括四个部分:一、中国传统经济思想及其演变;二、同治时代及光绪前期的经济政策;三、清季重商主义运动实况;四、结论。

作者在论文中写道,中国传统的经济思想是重农轻商,秦始皇以此政策开创大一统王朝。《吕氏春秋·务大》中说:"古先圣王之所以导其民者,先务于农……民农则朴,朴则易用,易用则边境安,主位尊;民农则重,重则少私义,少私义则公法立,力专一;民农则其产复,其产复则重徙,重徙则死其处而无二虑。"汉代虽然推崇儒术,但是统治者已了解到"重农抑商"对安定社会巩固政权的作用。隋唐之后声威远播,商务繁盛,但商人地位仍受制于门阀世族。宋代商业发达,士绅为保持已得社会地位积极支持抑商经济政策。康雍乾三朝并非实行重商政策,但是吏治清明,严惩贪官,有利于贸易流通,间接助长了商业发达。

第二部分是论文的主干,穿透力很强。作者视同治和光绪前期为清帝国社会秩序重建经济复兴年代,为自强讲求坚船利炮,洋务运动兴起。关于洋务派农业改革的主张,作者批评道:"领导阶层深知社会安定农民勤俭与农业复兴的相关性。……显然他们相信农业复兴是支持军费的唯一方式。当然这种观念的形成,仍是受传统牢不可破的重农抑商经济思想的影响。我们不可否认复兴农业是当时的机务,也不应忽视他们在此方面的成就。但是他们完全未能考虑到企业发展对富国的重要性,实是一莫大的

---

① 载《近代史研究所季刊》1973年第3期,第207—221页。

憾事。"

晚清经济思想的演变,经历了对农业、商业和对外贸易的重新认识;然后转入重商、重工和发展民族工业阶段;最后实现国家政治和经济体制的全面改革。郑观应、王韬、薛福成和马建忠都是重商主义的先锋人物。这一转型是西潮的冲击、经济发展、社会开放和知识分子探求强国之路的结果,也是晚清中国近代化运动的一个部分,重商主义本质上属于富国强民之路。

陈顺妍长期从事近现代中国思想与文学的研究,先后出版的著述和译著有《鲁迅:抗拒思想典范》(1981年)、《面具与鳄鱼》(*Mask and Crocodie*, 1990)、《中国过去的现代化》(*Modernization of the Chinese Past*, Editors Mabel Lee, A. D. Syrokomla-Stefanowska, 1993)、《灵山》(Translation, *Soul Mountain*, 2000)、《一个人的圣经》[*One Man's Bible*, by Gao Xingjian (translation). Australia: Harper Collins, 2002]、《给我姥爷买鱼竿》(*Buying a Fishing Rod for My Grandfather*, 2004)、《没有主义》(Translation, *The Case for Liteature*, 2006)、《论创作》(Lee's translation of Gao Xingjian, *Aesthetics and Creation*, published by Cambria Press, 2012)。

八、提倡综合微观、宏观与全面均衡分析的黄有光

黄有光(Yew-Kwang Ng, 1942—),祖籍广东省惠来县葵潭镇兵营村,生于马来西亚,在兄弟姐妹中排行第七。因为语言学习能力和对环境不适应的关系,小学二年级和三年级时都留了级。1961年,他毕业于槟城韩江中学。1966年,就读于新加坡南洋大学经济学系。他曾积极参加"左派"学生运动,认识到只有知识才能提高国家和人民福利,于是开始认真学习功课。23岁时开始在《政治经济杂志》(*Journal of Political Economy*)上发表论文,声名鹊起。1971年,获悉尼大学经济学博士学位。1974年至2012年,他受聘为澳大利亚莫纳什大学教授。1980年,被推选为澳大利亚社会科学院院士。2013年荣休后,任新加坡南洋理工大学经济系温泽米涅斯(Winsemius)讲座教授。

童年"拮据的快乐"激发了黄有光后来创立福利经济学。他体会到金银财宝不可能给人带来真正的快乐。1986年,他成为澳大利亚与全球十大华裔学者之一入选《1700年至1986年主要经济学家辞典》(*Who's Who in Economics：A Biographical Dictionary of Major Economists* 1700—1986），并于 2007 年获得澳大利亚经济学会最高荣誉——"杰出学者"称号。

黄有光是综观经济学的创始人，提倡综合微观、宏观与全面均衡分析，其思想引起了经济学界的广泛关注。他的兴趣与贡献包括中国经济问题、福利经济学与公共政策。他的三优理论为经济政策提供了导向。在信息贫乏的情况下，虽有次优因素，第一优法则依然是最佳的选择。如果把这第三优理论应用到所得分配问题，不论任何人，一元就是一元的结论。这样可以增进效益，分配目标由税收调节。在个人偏好不同的世界里，此项法则能使第一等级的所得群体都得利，并实现巴来多式社会进步（Quasi-Pareto Social Improvements）。

黄有光与肯普（Kemp）合作的论文证明亚罗的不可能定理（Arrow's Impossibility Theorem）在个人偏好不变的情形下依然成立，使不可能定理不受利特尔（Little）与保罗·萨缪尔森（Paul Samuelson）的论点影响，并显示人际效用比较之必要性。

近年来，黄有光提出一种综合微观、宏观与全面的均衡经济分析方法。综观经济学集中分析一个代表性企业的微观经济行为，并涵盖总需求、总产量与平均价格对这企业的影响，用于分析整个经济或整个行业的变化对平均价格与总产量的影响，与不加剧物价上涨率问题的关系。

黄有光文理兼修，知识渊博，曾与杨小凯共同创立新兴古典经济学，合著《专业化与经济组织》。在数学、哲学、经济学、社会学、生物学、动物学、心理学、宇宙学等刊物发表 200 多篇论文，还写了一部武侠小说《千古奇情录》，自称读书著文是他的人生乐事。

他的主要理论著述有《福利经济学》（*Welfare Economics*, London：Macmillan, 1979）、《综观经济学分析》[*A Micro-Macroeconomic Analysis Based on a Representative Firm*, Economica, N. S., 49 (194), pp. 121-139. 1982]、《巴来多式社会进步》[*Quasi-Pareto Social Improvements*, American Economic Review, 74 (5), pp. 1033-1050, 1984]、《综观经济学》（*Mesoeconomics：A Micro-Macro Analysis*. London：Harvester, 1986）、《社会福利经济政策》（*Social Welfare and Economic Policy*, London：Wheatsheaf, 1990）、《生意胆识与萧条防范——综观经济眼光》[*Business Confidence and Depression Prevention：A Mesoeconomic Perspective*, American Economic Review, 82(2), pp. 365-371, 1992]、《专业化与经济组织》（With Xiaokai Yang,

Specialization and Economic Organization, Amsterdam: North Holland, 1993)、《常见经济学错误》(*Common Mistakes in Economics*, 作家出版社, 1993 年)、《无法破解的秘密》(*The Unparalleled Mystery*, Beijing: Writers Press, 1994)、《福利生物学》[*Towards Welfare Biology*: Evolutionary Economics of Animal Consciousness and Suffering, *Journal Biology and Philosophy*, 10(3), pp. 255-285. 1995]、《快乐必须的人际比较实例》[*A Case for Happiness, Cardinalism, and Interpersonal Comparability*, *Economic Journal*, 107(445), pp. 1848—1858, 1997]、《增值与经济分析》(*Increasing Returns and Economic Analysis*, ed. with Kenneth Arrow and X. Yang, London: Macmillan, 1998)、《经济与快乐》(*Economics and Happiness*, Collected papers in Chinese, Taipei: Maw Chang, 1999)、《效率、平等与经济政策》(*Efficiency, Equality, and the Foundation of Public Policy*, London: Macmillan and New York: St. Martin's Press, 2000)、《你觉得公共开支合理吗?》[*Is Public Spending Good for You? World Economics*, 2(2), pp. 1-17, with Harold Bierman, 2001]、《个人和政府都乐观但是福利减少增长》[*Welfare-reducing Growth Despite Individual and Government Optimization*, *Social Choice and Welfare*, 18(3), pp. 497-506 with Siang Ng, 2001]、《金钱能买快乐吗?》(四川人民出版社, 2002 年)、《从优先到高兴》[*From Preference to Happiness*: *Towards a More Complete Welfare Economics*, *Social Choice and Welfare*, 20(2), pp. 307-350, 2003]、《福利经济学》(*Welfare Economics*, London: Palgrave/Macmillan 2004)、《社会福祉与经济政策》(北京大学出版社, 2005 年)、《黄有光看世界》(经济科学出版社, 2005 年)、《人口动力与动物福利》[*Population Dynamics and Animal Welfare*: Issues Raised by the Culling of Kangaroos in Puckapunyal, *Social Choice and Welfare*, 27(2), pp. 407-422, 2006, with Matthew Clarke];《高级微观经济学》(与张定胜, 2008 年)、《黄有光自选集》(2008 年)、《从诺奖得主到凡夫俗子的经济学谬误》(复旦大学出版社, 2010 年)、《宇宙是怎样来的?》(复旦大学出版社, 2011 年)。

九、以孙中山、鸦片战争和太平天国为研究领域的黄宇和

黄宇和(John Y. Wong, 1946—), 生于广东省番禺县石楼镇菱塘乡。父亲黄鉴波常年在外地谋生, 母亲陈慕贞, 对子女管教严格。黄宇和幼年

时随家人移居中国香港,先后就读于九龙牛头角庇护十二小学、九龙华仁书院和香港中文大学。

1968年,他申请到一笔奖学金,赴英国牛津大学深造,导师是杰弗里·弗朗西斯·赫德森(Geoffrey Francis Hudson)。当年香港大学的授课方式主要是讲座,老师在课堂上讲,学生根据导师开出的书单去图书馆借阅图书。而牛津大学实行的是导师制,师生一对一相互切磋,在导师指导下完成单元专题,相比之下,学术水平更高一等。1971年,黄宇和完成博士学位论文后被遴选为牛津大学圣·安东尼研究院(St. Antony's College)的研究生(research fellow),利用三年留校教学时间修改自己的博士学位论文,1976年,由剑桥大学出版社出版。

1974年起,黄宇和受聘到澳大利亚悉尼大学任教,从讲师逐步递升为近代史讲座教授;1978年,被推选为英国皇家历史学院院士;2001年,被推选为澳大利亚国家社会科学院院士;2012年,获选为澳大利亚国家人文科学院院士。此外,他还应聘担任英国剑桥大学、美国斯坦福大学胡佛研究所、东京大学社会科学研究所和香港中文大学亚洲研究所的客座研究员,以及台湾政治大学客座教授等教职。

《两广总督叶名琛》是黄宇和用两年半完成的博士学位论文。选题前他曾涉猎过一本批判清廷钦差大臣叶名琛(1807—1859)由"不刚不柔,不竟不绣"的总督,到被贬斥为"不战、不和、不守、不死、不降、不走"的昏官,与"封疆大使"声名不符的骂名使黄宇和心中生疑。后来他在英国国家档案馆发现了一批用汉字草书撰写的古文献,可能因为其中的草书行文和粤语词汇的用法对于一般读者来说有一定难度,长期被尘封在文献库中。他通过认真阅读,利用赫德生每周一次对他的辅导时间向导师请教。在研究中碰到问题时黄宇和还到外地进行调查,使他顺利完成撰写工作。

叶名琛是近代中国史上的悲剧人物,在第二次鸦片战争中因战败被俘死于异邦他乡。全书共十一章:第一章,早年经历;第二章,任职广州;第三章,政绩(一):驾驭士绅;第四章,政绩(二):宣德布威;第五章,1850—1853年的起义;第六章,1854—1858年的洪兵大起义;第七章,传统的理财方法;第八章,叶名琛的理财应急措施;第九章,任外交事务钦差大臣;第十章,重新评价叶名琛在"雅罗"战争中的"无为"政策;第十一章,被囚印度。该书广泛运用了当时英国人的官私记述和遭英军劫掠的广东省清代衙门档案。叶名琛作为第二次鸦片战争外交和军事方面的要员,因为战败受到举国上下的责难,颟顸误国是他在近现代史中留下的形象。但是黄宇和通过大量第一手资料(唯缺清末至民国广东地方文献),以审慎严谨的治学态度和对比说理方式,全面肯定了叶名琛在外交运筹和战争部署的非凡才能,认为在中兴重臣中甚至超前李鸿章和曾国藩。该书为叶名琛正名的观点得到了史学界的普遍认可,堪称翻案史中的一部力作。

黄宇和的研究领域包括孙中山、鸦片战争、太平天国和近现代中国国际关系,先后发表学术论文 60 余篇,其中主要有《两广总督叶名琛》(*Yeh Ming-ch'en*, *Viceroy of Liang-Kuang*, 1852-1858, Cambridge University Press, 1976)、《中英关系》(*Anglo-Chinese Relations*, 1839-1860, Oxford University Press, 1983)、《孙中山伦敦蒙难》(Oxford University Press, 1986)、《英雄形象本色:孙逸仙在伦敦,1896—1897》(*The Origins of an Heroic Image: Sun Yatsen in London*, 1896-1897, Oxford University Press, 1986)、《孙逸仙在伦敦:三民主义思想探源》(*Sun Yatsen: His International Ideas and International Connections*, 1987)、《鸩梦:第二次鸦片战争探索》[*Deadly Dreams: Opium, Imperialism and the Arrow War* (1856-1860) *in China*, 1998]、《两次鸦片战争与香港的割让》(国史馆,1999 年)、《英国对华"炮舰政策"剖析》(载《近代史研究》1999 年第 4 期)、《〈点石斋画报〉:上海城市生活(1884—1898)》(*The Dianshizhai Pictorial: Shanghai Urban Life* 1884-1898, 2003)、《孙逸仙伦敦蒙难真相:从未披露的史实》(上海书店出版社,2004 年)、《孙逸仙在伦敦 1896—1897》(北京理工大学出版社,2007 年)、《三十岁前的孙中山:翠亨、檀岛、香港(1866—1895)》(生活·读书·新知三联书店,2011 年)、《孙文革命:〈圣经〉和〈易经〉》(香港:中华书局,2015 年)、《历史侦探:从鸦片战争到辛亥革命》(广州:广东人民出版社,2018 年)。

十、研究中国社会史、医学史和清史的叶晓青

叶晓青(Ye Xiaoqing,1952—2010),小时候希望将来成为物理学家,居里夫人是她的偶像。17 岁时在上山下乡的运动中她被送往偏僻的农村,当时的政治现实使她常常思考中国的过去和未来,她开始阅读历史书籍,农闲时去南京看望亲友和长辈,从他们那里借些外面看不到的书。"文化大革命"结束后她回到上海,在建设银行当了一名职员,业余时间陪伴她的仍然是各类史书,兴趣所至也试着舞文弄墨,后来竟然把文章寄给《历史研

究》编辑部。当时学术刊物对于有特别见解的来稿通常都要请几位专家把关,而像叶晓青这样名不见经传的无名之辈的文章,往往要把稿件油印出来给多位专家审查,最后得到多数人认同后才予以发表。

1954 年创刊的《历史研究》在毛主席"百花齐放,百家争鸣"的方针指引下先后发表了胡绳、侯外庐和翦伯赞等专家的论文,其中胡绳的《中国近代历史分期问题》受到东北师范大学孙守仁的关注,提出了商榷意见。接着一位名叫金冲及的读者又发表了一篇"以社会经济与阶级斗争相结合的标准来考量历史分期"为题的论文。《历史研究》编辑部本着扶掖后辈的立场为不同学术观点的读者提供争辩平台。1980 年,该刊第 6 期发表了姜铎《要恰当地评价洋务运动的积极作用》的论文。不久编辑部收到了叶晓青两万多字的商榷长文,强调洋务运动中引进科技确实对中国社会产生了积极的作用和影响,观点新颖,别开生面。该刊编辑部当即回函鼓励作者就洋务运动引进科技的问题展开讨论。叶晓青根据建议撰写了《近代西方科技的引进及其影响》一文,在 1982 年第 1 期的《历史研究》上发表,在学术界引起较大反响,并荣获《历史研究》第一届优秀论文奖。叶晓青撰写的第二篇论文《西学输入和中国传统文化》,刊发前由编辑部打印出来寄送李时岳、章开沅、林增平和李侃等十多位学者审阅,获得一致肯定。然后作者再根据专家的意见对自己的文章进行了认真修改,在 1983 年第 1 期的《历史研究》上与读者见面,得到了广泛的好评。

虽然当时叶晓青没有正规高等学历,但是她的研究文章已显示出较高的专业水平,不久就被上海社科院破格录用。从此,她把历史研究视为自己一生的事业。

一天,澳大利亚国立大学远东历史系主任到上海社科院访问,宾主在谈到人员互访问题时历史所的领导向客人推荐了包括叶晓青在内的赴澳深造人员名单。那位教授随即与叶晓青进行了一次长谈,回国后便为她申请了澳洲国立大学的博士奖学金,还特意把她安排在一个提供食宿没有中国学生的天主教会学院,为的是让她快速提高英语水平。按照澳洲国立大学的规定,研究生学习一年后必须用英文作一个报告,这对促进她的专业学习帮助很大。

1986 年,叶晓青开始在澳大利亚国立大学攻读博士学位课程。这期间她遇见了墨尔本大学的康丹,两人在学校食堂开始了关于中国哲学与传统文化的话题,连续多日的畅谈孕育了他们心田的爱情沃土,构筑了他们学术生涯中的共同话语,彼此都对生命充满着美好憧憬。

1991年,叶晓青获得博士学位后被聘任为莫纳什大学的高级讲师,她热情地投入教学。1995—1997年,她的丈夫康丹奉派担任澳大利亚驻华使馆文化参赞,她便利用这一辅佐丈夫的机会经常在中国第一历史档案馆查阅皇室档案,从光绪最后一份阅读书单、《点石斋画报》所描绘的西潮冲击下的上海社会,到清宫升平署尘封的史籍。基于这些功课和研究,她撰写出了多篇论文并先后发表在一些主流刊物上。

《西学输入与近代城市》一书就是叶晓青当年在阅古斋构思出来的一部文集。该书收录了作者的10多篇论文,包括:辑一,近代史与科学史(第3—104页):《近代西方科技的引进及其影响》《西学输入和中国传统文化》《中国传统文化在近代》《赖尔的〈地质学原理〉和戊戌维新》《中国传统的科技观》《康有为〈诸天讲〉思想初探》;辑二,人和城市(第105—140页)《〈点石斋画报〉中的上海平民文化》《上海洋场文人的格调》《民族主义兴起前后的上海》《上海早期的城市化与城市文化》;辑三,中外文化(第141—216页):《中国园林植物与文化认同》《光绪帝最后的阅读书目》《〈四海升平〉:乾隆为英使马戛尔尼来访而编的朝贡戏》《亡国之音:清代的国歌》《20世纪初中国商业广告中的政治漫画》。作者的笔触走向,从对中国近代史与科学史的回顾开始,揭示了西方科技如何传入中国社会,在中外文化交流的背景中沪江洋场如何构建,以及伴随而来的声色犬马与人生百态。

《四海升平:戏剧与清宫》也是叶晓青花费了十余载的心血酿造出来的文稿。清军入关之初,曾利用大鼓书和其他民间说唱形式宣传造势,影响社情,掌控民意。乾隆朝大兴文字狱,地方衙门收缴有叛逆情绪的曲本,都是为朝廷命官服务的意识形态举措。专门为英使马戛尔尼访华编排的《四海升平》朝贡戏,也是统治者用心良苦设计出来的形象工程。叶晓青幼年时曾听说过杨乃武与小白菜、名伶杨月楼与韦阿宝以及张文祥刺马案等故事,她想利用陪伴丈夫来华的机会研究早期中国发生的一些悬案。

叶晓青在汗牛充栋的清宫档案中找到了1793年9月18日招待英使马戛尔尼朝贡戏的演出剧本,对其中一些背景材料、清宫招待外藩朝贡的规格和惯例、剧本的编写和演出,都进行了详细解读,从国人不易注意的视角提出了一些独到见解,如对乾隆诗句"不贵异物"和"厚往薄来"的分析。至于该剧本发现的价值,作者写道:

这个剧本不但可以告诉我们乾隆如何看待英使的来访,也即英国使团的外交地位问题;而结合英国方面的事后回忆,也可以了解到他们当时是如何误会了这出戏的内容,错过了与他们直接有关的信息,以致他们后来的计划全盘落空,空手而归。虽然近年来西方清史研究中强调把皇帝当成皇权机构而非个人看待,但皇帝除了代表皇权,也还是个人,他们仍时时表现出个人的特性,在皇权空前集中的清代,这种个人性格尤其处处可见。①

叶晓青的研究领域是19世纪中国社会史、中国医学史和清史,主要著述有《清末中西医学研究会》(与许立言合撰,载《中国科技史杂志》,1981年)、《近代西方科技的引进及其影响》(载《历史研究》,1982年第1期)、《西学输入和中国传统文化》(载《历史研究》,1983年第1期)《中国传统的科技观》(载《社会科学》,1985年)、《中国传统文化在近代》(载《历史研究》,1985年)、《康有为〈诸天讲〉思想初探》(载《自然辩证法通信》,1988年)、《〈点石斋画报〉中的上海平民文化》(载《二十一世纪》创刊号,1990年10月)、《上海早期的城市化与城市文化》(载《东方》1996年第4期)、《中国园林植物与文化认同》(载《二十一世纪》2003年4月号)、《光绪帝最后的阅读书目》(载《南方周末》2007年5月31日)、《四海升平:乾隆为英使马戛尔尼来访而编的朝贡戏》(载《二十一世纪》总第105期)、《乾隆为马戛尔尼来访而编的朝贡戏》(载《南方周末》2010年2月25日)、《四海升平:戏剧与清宫》(*Ascendant Peace in the Four Seas: Drama and the Qing Court*,The Chinese University Press,2012)、《西学输入与近代城市》(北京大学出版社,2012年)。

十一、研究西方政治理论、比较政治学和非政府组织的何包钢

何包钢(He Baogang,1957—),湖南衡阳人,1978—1982年,就读于杭州大学哲学系。1984年9月—1986年9月,以论文《思维方式的认知功能》获中国人民大学哲学硕士学位;1990年4月—1993年6月,以论文《民

---

① 叶晓青:《乾隆为马戛尔尼来访而编的朝贡戏》,载《南方周末》2010年2月25日。

主的三个模型》获澳大利亚国立大学社会科学研究学院政治科学博士学位,后担任澳洲塔斯马尼亚大学(University of Tasmania)政府学系讲师;2001—2004年,在新加坡国立大学东亚所担任高级研究员;2005年,转任澳洲迪肯大学(Deakin University)国际关系学系讲座教授。

1999—2000年,何包钢任政府学院政治科学组主任;2004—2005年,被聘任为塔斯玛尼亚大学政府学院副院长,并先后担任华中师范大学中国农村问题研究中心兼职教授、天津师范大学特聘讲座教授、新加坡南洋理工大学人文与社会科学学院公共政策与全球事务系主任和澳大利亚大学政府系教授;2005年9月起,任澳大利亚迪肯大学国际关系研究讲座教授。

何包钢的研究兴趣广泛,包括国际关系理论、亚洲洲际整合、世界公民、全球正义、非政府组织、亚洲联邦制、乡村公民权、中国民主化、比较政治学和政治理论。从1986年至2008年,已发表9本专著、中文论文60多篇、英文论文44篇。近年研究主要聚焦于中国崛起对亚洲的影响和地区主义,其中代表作有《正义论》(与何怀容、廖申白合译,中国社会科学出版社,1988年)、《当代认识论导论》(与周文彰合译,中国人民大学出版社,1990年)、《中国的民主化》(The Democratisation of China,伦敦:洛特莱爵出版社,1996年)、《中国市民社会的民主意义》(The Democratic Implications of Civil Society in China,巴新斯多克,伦敦:麦克米兰和纽约:圣·马克丁出版社,1997年)、《民族主义、民族认同和中国民主化》(与郭英杰合译,Nationalism, National Identity and Democratization in China,阿斯吉特:阿斯吉特出版公司,2000年)、《寻找民主与权威之间的平衡:浙江村民选举之经验研究》(与郎友兴合作,华中师范大学出版社,2002年)、《亚洲的多元文化》(与Will Kymlicka合编,Multiculturalism in Asia,牛津大学出版社,2005年)、《寻找中国的协商民主》(与Ethan Leib合著,The Search for Deliberative Democracy in China,New York:Palgrave Press,2006)、《中国农村民主》(Rural Democracy in China,New York:Palgrave Press,2007)、《民主理论:困境和出路》(北京法律出版社,2008年)、《协商民主:理论、方法和实践》(中国社会科学出版社,2008年)。

十二、以先秦思想史、中国哲学和古代文化为研究领域的陈慧

陈慧(Shirley Chan),1992年毕业于澳大利亚悉尼大学中国研究系,获亚洲研究学士学位;1995年,获该校国际研究硕士学位;2001年,获该校哲学博士学位。

她的学术研究领域为中国传统文化、中国哲学、汉文本研究和文献史。目前她聚焦于四世纪前的出土竹简中所涉及的早期中国思想史研究。

2002年以来,她在悉尼麦考瑞大学(Macquarie University)任教。现为该校国际研究系主任、博士生导师以及古代文化研究中心成员,担任汉学研究中的多门课程,指导博士研究生有关中国文化、中国古典哲学和典籍的研究工作。

陈慧在《儒家的士、仕务和儒家的〈论语〉》一书中,分析了"士"以及与其相关的一些概念和问题。"士"或"士人"是中国古代对知识分子的泛称,是社会最低等级的贵族。士阶层的出现是中国古代社会一种特有的文化现象。什么人可以被称为"士"?孔子说:"行已有耻,使于四方,不辱君命,可谓士矣。"(论语·子路篇)《儒家的士、仕务和儒家的〈论语〉》全书共五章,其中第三章通过对带"士"的句子来考察"士"的含义。第四章从"士"的角度探讨《论语》的文本,何时接受或者拒绝一个职位,什么是为君主服务和履行职责的最佳方式。作者指出,战国时期国君所倡导为政的具体理论和原则,就是士人的标准和职责。在第五章中作者就有关春秋后期"士"所关心的问题和意见,进行了分析和探讨。

21世纪中华文化世界论坛第七届研讨会于2012年12月1日在河南新郑举行,陈慧在大会发言的题目是"战国楚简中的宇宙观与天人关系"。她说,孕育于一种文化的宇宙观或世界观不仅仅是对自然界的单纯哲理思辨或认知,也是理解和建构自然与人类社会的方法,深入并体现文化、历史、社会和政治的方方面面。在中国古代"天"为万物之本,是宇宙秩序与自然运作的抽象表现。中国哲学和中国传统思想,主要是基于相关的宇宙和衍化理论,通过对"天"的理解来探讨天人互动关系。天道与人道以及由此衍生的各种哲学分支是千百年来中国思想家和哲学家探索的重要选题。战国竹简的一些片段涉及当时天人关系的哲学探讨,具有儒道色彩的楚简体现了万事万物相辅相成生生不息的理念,"天"成万物的模式与规

则使我们了解建构和谐有序社会的原理。

2017年9月21日至22日,第八届世界儒学大会在山东曲阜召开,参会专家、学者300人。陈慧向大会提交的论文为《身体与治国:试读早期文献兼论"疾"》。作者认为,身体与治国存在共通性,好的"气"与"德"均是两者赖以生存的要素。修身为治国之本,这一观点从《管子》《韩非子》《老子》等文论中都有所体现。作者援引《清华简》中《汤在啻门》和《汤处于汤丘》两文,对身体和政体之观做出了具体解释。谈到人体的成形与民体的建构,作者认为"气"和"美德"在其中相辅相成。她运用德行缺失与疾病之间的关系对《清华简》进行了解读,认为"疾病"不是单纯指身体患病,同时也比喻政体因德行缺失而趋于消亡,人们常用"天意"来解释两者的得失。作者得出的结论是:人由"气"而成,适"时"而生,但更需"真(德)"的彰显。治国需通过为政以德、施德保民,使四方有序,天地和谐。

陈慧主要研究范围为先秦思想史、中国哲学与中国古代文化。曾发表的中英文著述有《〈论语〉基本思想体系》(The Fundamental System of Thought in the Confucian Analects, in Chen, Rongkai, et al. (eds.), Confucianism and World Civilizations. The National University of Singapore, 2003)、《儒家之士、仕务与儒家的〈论语〉》(The Confucian Shi, Official Service and the Confucian Analects, 2004)、《郭店〈缁衣〉文本的政治思想——与〈论语〉〈孟子〉的比较》(The Political Thinking in the "Black Robes" in the Guodian Bamboo Texts: a Comparison with the Confucian Analects and the Works of Mencius, in Ding Sixin ed., Studies of the Bamboo and Silk Manuscripts from the Chu. Vol. 3. Wuhan: Hubei Education Press, 2007)、《郭店楚简与思孟学学派》(The Guodian Bamboo Manuscripts and the Zisi-Mencian School, People's University of China Press, 2008)、《郭店楚简的天人关系及"命"的涵义》(in Ding Sixin & Xia Shihua eds.,《楚地简帛思想研究》第四辑, Wuhan: Chongwen Shuju, 2010年)、《清华简〈保训〉篇解读》(co-authored with Liao Mingchun, Exegesis of the Baoxun Text in the Bamboo Slip Manuscripts Acquired by Tsinghua University, History of Chinese Philosophy, 2010)、《英语世界中的中国哲学》(Neville, Robert, Shirley Chan transl., Chinese Philosophy in the English-speaking World, Beijing: People's University of China University Press, 2010)、《郭店楚竹书老子校注》(Annotated

Commentaries of the Laozi from the Guodian Chu Bamboo Slip Texts, Wuhan: Wuhan University Press, 2010)、《早期中国思想反思》[*Rethinking Early Chinese Thought. Asian Studies Association of Australia (ASAA) e-bulletin Asian Currents*. October Issue, 2011, pp. 20-22]、《读列子识道情》(*Identifying Daoist Humour: Reading the Liezi*, in Davis, Jessica Milner & Chey, Jocelyn, V., eds., *Humour in Chinese Life and Letters: Classical and Traditional Approaches*. Hong Kong: Hong Kong University Press, 2011)、《郭店简〈性自命出〉的人性论与道德教化》(*Studies of Traditional Chinese Culture Quarterly*. 2011. Issue No. 4. pp. 46-58)、《战国楚简中的宇宙观与天人关系》(*Cosmology in the Warring Bamboo Slip Textx: A Philosophical Interpretation*, 2012)、《天、人、性:再读郭店楚简与上海博物馆藏简》(Shirley Chan, Liao, Mingchun & Li, Rui. *Early China Studies Book Series*, Shanghai: Shanghai Classical Works Press, 2013)、《四书——中国哲学特刊》(Cheng, Chung-ying, Shirley Chan eds. *The Confucian Four Canons. Special Issue of Journal of Chinese Philosophy*. Wiley-Blackwell. 2013)、《保君德训向"中"求:读清华简〈保训〉》[*Monarchy and Morality: Reading the Baoxun (Instructions for Preservation) Text in the Tsinghua University Collection of the Warring States Bamboo Slip Manuscripts*) in Bamboo and Silk Manuscripts, *Classical Texts and Ancient History*. Shanghai: Shanghai Classics Publishing House. 2013]、《中庸》(*The Doctrine of the Mean in Dillon*, Michael ed., *Encyclopedia of Chinese History*, Oxfordshire: Routledge, Taylor & Francis Group, UK. Contracted and submitted. Forthcoming, 2013)、《周礼》(*The Rites of Zhou in Dillon*, Michael ed., *Encyclopedia of Chinese History*, Oxfordshire: Routledge, Taylor & Francis Group, UK. Contracted and submitted. Forthcoming, 2013)、《东周》(*Eastern Zhou in Dillon*, Michael ed., *Encyclopedia of Chinese History*, Oxfordshire: Routledge, Taylor & Francis Group, UK. Contracted and submitted. Forthcoming, 2013)、《周公》(*Duke of Zhou in Dillon*, Michael ed., *Encyclopedia of Chinese History*, Oxfordshire: Routledge, Taylor & Francis Group, UK. Contracted and submitted. Forthcoming 2013)、《柳絮迎风起》(Shirley Chan, Hendrischke, Barbara & Wiles, Sue eds., *Willow Catkins: Festschrift for Dr Lily Xiao Hong Lee*. 2014)。

十三、熟悉中国现代军事史、政治史和中外关系史的冯兆基

冯兆基(Edmund S. K. Fung),原籍广东,幼年时随父母移居中国香港。1966年,毕业于香港中文大学历史系;1972年,在澳大利亚国立大学获得博士学位;1992—1993年,被聘任为格里菲斯大学中国历史系副教授,兼任亚洲和国际学院主任,同时受聘于新加坡国立大学和莫纳什大学;2004年,他任教于西悉尼大学亚洲学院,现任澳大利亚西悉尼大学人文暨语言学院讲座教授,亚洲研究与国际政治学主任。

冯兆基主要研究中国现代军事史、政治史以及中外关系史,是国际知名的中国现代史专家。2011年11月10日,他在《环球时报》发表的《辛亥思潮极具民族主义色彩》一文中说,辛亥革命不仅是推翻封建帝制的伟大革命,也是近代中国一次深刻的思想启蒙运动。中国知识分子为探索现代化提出了各种观点和思路,有崇俄的,有崇西的,有主张"东方文化救世论"的。中国最终选择了马克思主义道路,此外还有很多没有得到成功实践的思想,对中国后来的现代化历程提供了思想资源和理论基础。被称为"中国最后一位儒家"的梁漱溟认为,虽然具有普世价值的西方文化中包含着自由、平等、民主与科学的理念,但是东方文化同样也包含着具有普世价值的仁义、道德、孝悌、忠信与博爱。民国时期的许多知识分子都胸怀一种社会主义冲动,他们当中有马克思主义者,也有改良社会主义者。中国民盟创建人之一的张君劢所提倡的社会主义包含土地与生产机关之公有、管理和利益分配于公众等主张。处在辛亥革命转型年代的中国知识分子的共性是,他们身上都散发着浓烈的民族主义色彩。第一次世界大战和十月革命爆发后,李大钊等一批中国共产主义先驱者经过不断的求索和鉴别,逐渐摆脱各种资产阶级和小资产阶级思潮的影响,最终选择了马克思主义,加速了中国人民的觉醒。

冯兆基于2000年在剑桥大学出版社出版了《寻求中国民主》,全书共九章:第一章,独裁政权;第二章,制定对抗议程:1921—1931年的人权问题;第三章,国难:1932—1936年政治上和思想上的反击;第四章,捍卫民主:1933—1936年;第五章,失败的民主尝试:1938—1945年的国民参政会;第六章,抗日战争时期的民主思想;第七章,第三势力:中国民主同盟:1941—1945年;第八章,和平、民主、统一与建国:1946年;第九章,中国自

由主义的最终立场。政治民主化是世界近代史上的主要潮流之一,也是19世纪中叶中国仁人志士所追求的目标。早先史学界对中国追求民主的探索一般聚焦于戊戌变法、辛亥革命和五四新文化运动等方面。冯兆基认为,中国民主运动主要出现在1929年至1949年之间,当时中国的知识分子和政治活动家高举人权和宪政的大旗,以非暴力手段反对蒋介石的一党专制。作者考察了20世纪30—40年代中国民主思想形成的内在和外在因素,对这一时期中国自由主义知识分子追求民主的历史作了深入的描述,为中国后来的民主运动的研究打下了坚实的基础。该书是作者的一部代表作。

冯兆基的主要著述有《1949年后中国辛亥革命史学研究》(Post-1949 Chinese Historiography on the 1911 Revolution, Modern China, Vol. 4 No. 2, 1978)、《中国革命的军事实力:辛亥革命中新军的作用》(The Military Dimension of the Chinese Revolution: The New Army and Its Role in the Revolution of 1911, Canberra: ANU Press and Vancouver: University of British Columbia Press, 1981);《从恐惧到友好:1966-1982年澳大利亚对华政策》(With Colin Mackerras, From Fear to Friendship: Australia's Policies Towards the People's Republic of China, 1966-1982, St Lucia: University of Queensland Press, 1985)、《理想与现实:1860—1949 现代中国的社会和政治变化》(With David Pong eds., Ideal and Reality: Social and Political Change in Modern China 1860-1949, Lanham, Maryland: University Press of America, 1985)、《帝国退却后的民主:1924—1931年英国实施的华南政策》(The Diplomacy of Imperial Retreat: Britian's South China Policy, 1924-1931, Hong Kong: Oxford University Press, 1991)、《军事近代化与中国革命》(The Military Dimension of the Chinese Revolution, 上海人民出版社, 1994年)、《梁漱溟佛儒思想探索》(With Bai Ji'an, An Exploration of the Buddhist-Confucian Thought of Liang Shumin, Journal of Oriental Studies, December, 1999)、《寻求中国民主》(In Search of Chinese Democracy, Cambridge University Press, 2000)、《民国时期的中国社会主义、资本主义与民主:张东荪的思想》(Socialism, Capitalism, and Democracy in Republican China: The Thought of Zhang Dongsun, Modern China 28, 4 October, 2002)、《新儒学与中国民主化:张君劢困境》(New Confucianism and Chinese Democratization: The Thought and Predicament of Zhang Junmai, Twentieth-Century China, 28, 2 April,

2003)、《国家建构、资本主义发展与社会正义》(*State Building, Capitalist Development, and Social Justice: Social Democracy in China's Modern Transformation*, 1921-1949, *Modern China*, 31, 3 July, 2005)、《现代中国自由主义思想再探:双重责任的复式概念》(*The Idea of Freedom in Modern China Revisited: Plural Conceptions and Dual Responsibilities*, *Modern China*, 32, 4 October, 2006)、《民族主义与现代性:民国时期中国的文化保守主义政治》(*Nationalism and Modernity: The Politics of Cultural Conservatism in Republican China*, *Modern Asian Studies*, 43, 3, May, 2009)、《中国现代性的思想基础:民国时期的文化和政治思想》(Cambridge and New York: Cambridge University Press, 2010)、《辛亥思潮极具民族主义色彩》(载《环球时报》2011 年 11 月 10 日)。

十四、中国文化思想史研究者黄乐嫣

黄乐嫣(Gloria Davies),出生于新加坡。1981 年,在墨尔本大学以完成了学士课程;2005 年,获墨尔本大学哲学博士学位。黄乐嫣是人文学家、历史学家和翻译家,研究领域为 1890 年至当代的中国思想文学史、比较文学理论和数字化时代文化潮流,在澳大利亚国立大学学习过古代汉语和现代汉语。她是墨尔本大学研究生,专攻文学理论和当代中国文学史。

黄乐嫣现任莫纳什大学中文系主任,兼任《中国故事与中国思维》杂志编委,研究网络、文学、文化与艺术系成员,莫纳什亚洲学院顾问委员会委员。她教授亚洲文化、媒体研究等跨学科课程,当前她从事的项目是全球数字化时代的中国思维研究。

2010 年 9 月 20 日,黄乐嫣在复旦大学社会科学高等研究院以"试谈中文中的人道主义"(Ways of Being Human in Chinese)为题做了一次讲座。从比较中西不同的"人道"概念开始,然后分析中国 20 世纪话语体系中的"人道"概念的特点。

她说,把"humanism"译为"人道主义"是 19 世纪末 20 世纪初在中国学界才开始使用和流传的概念。但是"人道主义"的中文内涵不如"成人之道"和"天人之和"等儒学概念那么丰富,鲁迅的"人道"说法和康德的"全人"(universal man)不一样,前者是根据修身和养生的中国传统思想所做的表述(如鲁迅的《狂人日记》例证了"恍然大悟"这种"觉悟"式的认知方式),而后者给西方人道主义提供了一个规范理性基础,把人当成知识的主体和客体,而不是"道德主体"。

黄乐嫣解释说,虽然中国思想在20世纪初也经历了五四新文化运动的洗礼,但是并没有完全接受西方哲学中的认知观念。在现代中国思想语境中,"人"的概念还保持着庄重的修身和养生含义。"修身、齐家、治国、平天下"体现了中国传统的"人道"概念,80年代改革开放以来中国人的思维方式仍然包含着激烈的"道德情绪"(moral emotions)。

黄乐嫣认为现代中国思想不存在所谓人情味缺乏的问题,"我爱我恨"与"我判断"并不对立,它是提倡道德原则和道德价值的一种思维工具。她说自己所做的研究只是想考察一种思维方式是如何产生的,一种外国概念如何与中文概念接轨。这样的选题确实很有特色,也很有价值。

黄乐嫣的主要著述有《梁启超与澳大利亚华人》(*Liang Qichao and the Chinese in Australia*,1981)、《理论、专业性与中国研究》(*Theory, professionalism and Chinese studies*, Modern Chinese Literature and Culture, Vol. 1, no. 1, spring, 2000, Ohio: Foreign Language Publications, Ohio USA, 2000)、《梁启超在澳大利亚》(*Liang Qichao in Australia: A Sojourn of No significance? East Asian History*, Vol. 21, issue June 2001, Institute of Advanced Studies, Australian National University, Canberra)、《表达关切:当代中国评判研究》(*Voicing Concerns: Contemporary Chinese Critical Inquiry*, Rowman and Littlefield Publishers Inc, Lanham Maryland, 2001)、《亚洲地区全球化、影响与后果》(Co-written with Nyland, C.T., *Globalization in the Asian region, impacts and consequences*, Edward Elgar Publishing Ltd., Cheltenham UK, 2004)、《令人忧虑的中国——评判汉语研究》(*Worrying About China: The Language of Chinese Critical Inquiry*, Harvard University Press, Cambridge Massachussetts United States. 2007)、《中国的改革家:从自由主义到"第三条道路"》(*China's reformists: from liberalism to the "third way"*, Global Dialogue, Vol. 9, issue 1-2, Centre for World Dialogue, Nicosia, Cyprus, 2007)、《道德感情与中国人的思维》(*Moral emotions and Chinese thought*, Michigan Quarterly Review, Vol.XLVII, issue 2, University of Michigan, Ann Arbor Michigan, 2008)、《面向移民工的管理改革》(Co-written with Ramia, G.G., *Governance reform towards "Serving migrant workers": The local implementation of central government regulations*, The China Quarterly, issue

March 2008,Cambridge University Press,UK,pp. 140-149. 2008)、《中国评判研究中语言学的确切作用》(Certitude and linguistic play in Chinese critical inquiry,Boundary 2:An International Journal of Literature and Culture,Vol. 38,issue 2,Duke University Press,2011)、《鲁迅的革命——写于动乱的年代》(Lu Xun's Revolution:Writing in a Time of Violence,Harvard University Press,Cambridge USA. 2013)、《鲁迅的革命》(Lu Xun's Revolution,Harvard University Press,2016)。

十五、在文学、戏剧、宗教和绘画方面造诣非凡的黄兆汉

黄兆汉(Wong Shiu Hon/Huang Zhaohan,1941—),5—6岁时,在广东省番禺县蔗山乡开始接受小学教育,毕业之后升入香港华仁(英文)书院(Wah Yan College)。他先后获香港大学一级荣誉文学士(中国文哲)和文学硕士(词曲史),以及澳洲国立大学哲学博士(道教史)。曾任教于香港大学、澳洲国立大学、西澳洲莫道克大学、巴黎索邦法国高等研究院、澳门东亚大学。1998年退休前,为香港大学中文系教授,讲授词曲史、戏剧史和道教史,历任硕士和博士研究生指导教授。

黄兆汉9岁即从绘画大师李凤公和梁伯誉研习花卉、人物和山水画,11岁与其师及同门师友举办画展,得到艺术界人士好评。他研习中国绘画数十年,集古今大师、各家门派之专长,传统中见新颖,古典中见浪漫,个人风格鲜明。他曾在香港、斐济、堪培拉、珀斯等多个城市办画展,作品分别收藏于澳洲塔斯曼尼亚省立博物艺术馆、西澳洲莫道克大学、澳洲国立图书馆、西澳弗里曼特尔艺术中心。

30多年来,他在讲学、研究和编著之余,经常教授中国艺术,曾于20世纪70年代末至80年代分别于西澳洲莫道克大学中文系及弗里曼特尔艺术中心开设中国艺术课程和中国绘画书法班。他还先后出任西澳中国画协会(Chinese Brush Painting Society)创会会长、中国香港特别行政区康乐与文化事务署博物馆专家顾问、中国香港大学饶宗颐学术馆名誉院士、中国四川省社会科学院宗教组特邀研究员、澳洲塔省博物及艺术馆名誉高级顾问(中国艺术及古物),以及中国香港八和会馆名誉顾问。

黄兆汉先后出版有关诗词、戏剧、道教、粤剧和绘画著述30部,论文数十篇。在绘画方面他擅长山水、花鸟和人物;在书法方面,篆、隶、楷、行、草

都有所创作。在他的作品中,《艺术论丛》《岭南画派研究》《岭南画派作品幻灯片目录提要》《高剑父画论述评》及《黄氏珍藏古物图录》等 5 部是艺术研究专著。2005 年,他在澳洲塔斯曼尼亚省立博物艺术馆展出绘画书法作品 22 幅,此外还有专著《一个艺术家的路程:黄兆汉画集》(*Journey of an artist:The Paintings of Shiu Hon Wong*)。他的主要著述和合作编著有《高剑父画论述评》(香港:香港大学亚洲研究中心,1972 年)、《张三丰全集作者考》(*The Complete Works of Chang San-Feng by Shiu Hon Wong*, Faculty of Asian Studies Monographs,第 2 期,密歇根大学,1982 年)、《明代道士张三丰考》(台北:学生书局,1988 年)、《道藏丹药异名索引》(*Chinese alchemical terms:guide-book to the Daozang*,Pseudonyms compiled by Wong Shiu Hon,台北:学生书局,1989 年)、《词曲论集》(香港:光明图书公司,1990 年)、《艺术论丛》(香港:光明图书公司,1991 年)、《金元词史》(台北:学生书局,1992 年)、《香港与澳门之道教》(与郑炜明合著,香港:加略山房,1993 年)、《朽与不朽:张三丰研究》(*Mortal or Immortal—A Study of Chang San-feng*,The Taoist,Calvarden Ltd.,Hong Kong,1993)、《道教与文学》(台北:学生书局,1994 年)、《宋十大家词选》(与司徒秀英合编,南京大学出版社,1996 年)、《金元十家词选》(西安:太白文艺出版社,1996 年)、《姜白石词详注》(台北:学生书局,1998 年)、《新马师曾与粤剧》(香港:莲峰书舍,1998 年)、《粤剧论文集》(香港:莲峰书舍,2000 年)、《中国神仙研究》(台北:学生书局,2001 年)、《岭南画派研究》(香港:莲峰书舍,2002 年)、《梦窗词选注译》(台北:学生书局,2003 年)、《清十大家词选》(与林立合编,台北:稻乡出版社,2003 年)、《清真词选注译》(台北:稻乡出版社,2005 年)、《唐五代十大家词选》(与容媸薇合编,香港:玮业出版社,2006 年)、《明十大家词选》(与潘步钊合编,香港:汇智出版社,2008 年)、《二十世纪十大家词选》(与林立合编,台北:学生书局,2009 年)。

十六、以中国文学、语言、哲学和历史为研究选项的雷金庆

雷金庆,出生于广东中山,7 岁随父母移民澳洲,曾就读于北京大学和香港中文大学,后获悉尼大学博士学位。

1978 年,在香港中文大学取得硕士学位后,他到南京大学教了两年书,还任教于香港中文大学、新西兰奥克兰大学和澳大利亚默多克大学。

他是澳大利亚人文科学院院士,2005年11月,被推选为香港人文学院院长,曾任澳大利亚政府最高文化咨询机构——澳中理事会理事,《亚洲研究》期刊的总编辑。他现任澳大利亚悉尼新南威尔士大学人文语言学院院长兼教授。

2012年,雷金庆在江苏人民出版社出版的《男性特质论——中国的社会与性别》(刘婷译)是他的文学评论代表作。全书正文共九章,分别为:第一章,"文武"导论:中国男性特质定义发轫;第二章,战神关羽:性、政治与"武"的男性特质;第三章,圣人、先师、商人:"文"之象征孔子的变迁;第四章,旧式文人和当代知识分子:"文"的男性特质在过去与现在的代表;第五章,劳动阶级的英雄:传统与后毛泽东时代小说中"武"的形象;第六章,女性的声音:20世纪"女性的男性"理想;第七章,老舍的《二马》与外国妻子:为现代世界构建"文"的男性特质;第八章,李小龙、成龙和周润发:国际化的"武"的男性特质;第九章,重建"文武":中国男性特质的杂糅与国际化。该书是一部对中国男性进行研究的专著,分别从"文"和"武"的视角对中国文学艺术中的人物进行解读和评价,打破了过去的"阴"和"阳"二元对立的观点,概括了从《三国演义》《西厢记》《二马》到成龙和周润发等人领衔主演的电影中的人物。作者运用了本土化的社会构建手法,也借鉴了西方的符号学和精神分析理论,立足传播新观念、树立新思想、推广新学科,令人耳目一新。

雷金庆教授的研究领域为中国文学、文化、语言、哲学和历史等,他的主要著述有《当代中国儒学批判》(Critiques of Confucius in Contemporary China, Hong Kong Univesity Press, 1980)、《继承传统:中国古代哲学家讲解》(Inheriting Tradition: Interpretations of the Classical Philosophers in Communist China, Oxford University Press, 1986)、《事实与虚构之间》(Between fact and fiction: essays on post-Mao Chinese literature & society, WIld Peony, 1989)、《天方夜谭:郑万隆小说》(Strange Tales from Strange Lands: Stories by Zheng Wanlong, Cornell East Asia Series, 1993)、《当代中国小说(1945—1992)英译和评论文献目录》(Bibliography of English Translations and Critiques of Contemporary Chinese Fiction 1945-1992, Taipei Center for Chinese Studies, 1993)、《汉语政治与文化》(The Politics of Chinese Language and Culture, Routledge, 1998)、《20世纪中国文学》(The Literature of China in the Twentieth Century, co-authored with Bonnie S. McDougall, Columbia

University Press,1999)、《理论化的中国男性》(*Theorising Chinese Masculinity*,Cambridge University Press,2002)、《男性特质论——中国的社会与性别》(刘婷译,南京:江苏人民出版社,2012年)、《香港文化:词语与形象》(*Hong Kong Culture*:*Word and Image*,Hong Kong University Press,2012)。

十七、致力于近代商业史与海外物质文化史研究的黎志刚

黎志刚(Lai Chi Kong),祖籍中国香港,1982年,获新亚书院历史学硕士学位。1992年,毕业于美国加州大学戴维斯分校,获博士学位。他先后执教于犹他大学(University of Utah)、新英格兰大学(University of New England),现为澳大利亚昆士兰大学(University of Queensland)历史、哲学、宗教及古典史学院教授。他还兼任中国社会科学院近代史研究所社会史研究中心学术委员、上海社会科学院特聘研究员、清华大学华商研究中心学术委员、复旦大学上海史国际研究中心和孙中山博物馆顾问以及香港中文大学访问教授,曾与何汉威、陈慈玉等人共同创办"全汉昇讲座"。

黎志刚自岭南大学毕业后进入香港新亚书院(New Asia College)。该书院由钱穆(1895—1990)、唐君毅(1909—1978)和张丕介(1905—1970)及一批来自中国内地的学者于1949年创设,学术研究气氛浓厚。黎志刚在此受到扎实的史学训练,选修了全汉昇(1912—2001)的中国近代经济史课程。教授在讲课中常以盛宣怀(1844—1916)和汉冶萍公司为案例,引起了黎志刚对中国经济史的兴趣,在全汉昇的指导下,将郭嵩焘事迹作为硕士学位研究方向。

郭嵩焘(1818—1891)出身于岳麓书院,但是四次北京会试都名落孙山,直到道光二十七年(1847)才考中进士。1854—1856年,他开始佐理曾幕,创建湘军,成为中国近代史上举足轻重的人物。他一度受曾国藩派遣赴湖南和浙江筹饷,途经上海时参观外国轮船,从洋人处了解到西方政治和经济发展情况,感触良多。后由肃顺举荐,郭嵩焘多次受咸丰皇帝召见,派他到天津随僧格林沁帮办防务,但是因为彼此见解不同,关系一直冷淡。1859年10月,郭嵩焘奉派烟台查办财务税收大员,秉公执法受到抵制,被迫离开山东返京。1862年,他被授为苏松粮储道,后升两淮盐运使。1863年,任广东巡抚。1866年,又因与两广总督瑞麟意见不合罢官回籍,流落

到长沙城南书院及思贤讲舍讲学。1875年,经军机大臣文祥举荐进入总理事务衙门,后出任驻英公使和驻法使臣,成为中国职业外交家的先驱。他在《海防事宜》条陈中写道,船坚炮利并非中国的发展方向,只有学习西方的政治经济发展工商才是出路,但是遭到顽固派的抨击和反对。1879年,迫于压力郭嵩焘称病辞归,两年后病逝。他生前重谤缠身,死后百年才引起了学术界的关注。作为一名学者,黎志刚与国内史家在观点上之所以相互认同,一方面是时代脉络的牵动,另一方面也是他深入调研的结果。

黎志刚从新亚研究所毕业后于1984年秋负笈北美,在加州大学戴维斯分校师从中外航运史领军人物刘广京(Kwang-ching Liu)治学。

黎志刚的博士学位论文《中国第一间公司与政府:轮船招商局中的官僚、商人及其资源分配》(China's First Modern Corporation and the State: Officials, Merchants and Resource Allocation in the China Merchants' Steam Navigation Company, 1872-1902)获得亚历山大·格琴克郎奖,是美国经济史协会颁给最佳非美国经济史博士学位论文的奖项,部分研究内容先后以专题论著形式发表,引起了广泛好评。这些著述包括《轮船招商局国有问题(1878—1881)》《盛宣怀等与轮船招商局经营管理问题(1872—1901)》《李鸿章与轮船招商局(1872—1885)》《19世纪80年代上海金利源码头业权的纠纷》。其中第2篇论著,作者从管理角度对1872年至1901年轮船招商局由创办、发展到受挫的历程进行了评析,目的是探讨中国近代化得不到发展的原因与管理不善经营无方有关。

轮船招商局是中国近代史上一个大型民族企业,涉及晚清以降的中国经济、政治、外交、军事、文化等诸多领域。为了搜集资料,黎志刚曾多次到哈佛大学阅读洋行档案,到英国查考太古与怡和洋行文献,到南京二档、北京一档、上海图书馆和香港中文大学寻找盛宣怀文档,还到深圳蛇口档案馆翻阅招商局史册。然而因为轮船招商局是洋务运动的产物,在现代历史学家笔下曾经是饱受批判的反面教材,担当过各种骂名,长期未能作为个案展开研究。"文化大革命"后史学界提出了一些新观点、新评价,相关成果陆续出版,但与轮船招商局在近代经济发展上的地位仍不相称,黎志刚的博士学位论文堪称一部关于轮船招商局研究的力作。

黎志刚研究视野开阔,学风严谨,发表过一系列有影响的文章,曾任《企业和社会》《亚洲商业》和《中国商业史》编委。他的主要学术著述有《追寻富强:郭嵩焘及其经济思想》(载中国文化大学《中国文化》1984年第 3 期)、《近世中国商标与全国都市市场》(与韩格理合撰,载《近代中国区域研究前沿研讨会论文集》,"中央"研究院近代史研究所编印,1987年)、《清政府与轮船招商局(1872—1902)》(载 Jane Kate Leonard and John R. Watt 主编《保障与富强清政府与经济(1644—1911)》,1992 年)、《李鸿章与轮船招商局(1872—1885)》(载刘广京、朱昌峻主编《李鸿章与中国早现代化》,M. E.Sharpe,1994 年)、《中国第一个现代企业与政府》[摘刊《经济史杂志》(The Journal of Economic History),1994 年]、《1975 年以来东亚航海史研究》(载《国际海洋史研究》第 8 号,1995 年 12 月)、《企业史:研究和成就》(载 Andrea McElderry 等人主编《中国商业史:阐释趋势与发展特点》,M. E. Sharpe 出版,1998 年)、《李承基访问记录》(黎志刚访问整理,中央研究院近代史研究所,2000 年)、《政治实践与民主思想之间:郭嵩焘及其改良思想》(载王业键主编《薪火集:传统与近代变迁中的中国经济:全汉昇教授九秩荣庆祝寿论文集》,台湾稻香出版社,2001 年)、《从舢板到现代企业:轮船招商局的转变(1826—1873)》(载王赓武、吴振强主编《转变中的中国海(1750—1850)》,Harrassowitz Verlag 出版社,2004 年)、《中国近世商业组织在经济体系中的重要性》[载韩格理(G. G. Hamilton)主编《中国社会的商业与资本主义》,Routledge 出版社,2006 年]、《近世中国商人私利观》(载 Zarrow Peter 主编《中国现代化的缔造:知识与日常生活:1900—1940》,Peter Lang 出版社,2006 年)、《近世中国经济与商业史:过去和现在》(载王荣华主编《多元视野下的中国》,上海:学林出版社,2006年)、《近代广东香山商人的商业网络》(载王元明主编《香山文化》,广东人民出版社,2006 年)、《近代中山地区移民与家乡建设》(载朱荫贵、戴鞍钢主编《近代中国:经济与社会研究》,复旦大学出版社,2006 年)、《辛亥革命前后的辫发风潮》(载李长莉、左玉河主编《近代中国社会与民间文化》,社会科学文献出版社,2007 年)、《清政府与私营企业:轮船招商局》(载《近代中国》,上海社会科学院出版社,2010 年)、《清政府与商办企业:香山买办和轮船招商局》(载王元明、胡波主编《被误读的群体:香山买办》,广东人民出版社,2010 年)、《中国商业史:发展,现状和未来趋势》(载 Franco Amatori,Geoffrey Jones 主编《世界商业史》,剑桥大学出版社,2011 年)、《香山革命家与辛亥革命》(黄贤强主编《辛亥革命:孙中山与革命志士》,新加坡国立大学中文系和晚晴园编印,2012 年)、《黎志刚论招商局》(Exposition of China Meychants,社会科学文献出版社,2012 年)、《地方文献与华侨史研究：从地方史料看五邑地区的"侨乡"文化》(与袁子贤合撰，《中国南方华裔研究》2013年第6期)、《近世中国服饰变化》(载廖柏源主编《邦计货殖：中国经济的结构与变迁——全汉昇先生百岁诞辰纪念论文集》，台北：万卷楼图书，2013年)、《"战争对近代中国之影响"国际学术研讨会略述》(黎志刚等，载《抗日战争研究》2013年第4期)、《晚清商办与官督之变：轮船招商局的早期经营管理》(载《管理学家》2013年第19期)。

十八、晚清诗歌、电影和鲁迅研究学者寇致铭

寇致铭（Jon Eugene von Kowallis），出生于美国宾夕法尼亚州，曾师从夏志清（Hsia Chi-tsing, 1921—2013）获哥伦比亚大学中国语文与文化学士学位。后升入夏威夷大学国立东西文化中心，师从罗锦堂（1929—），获中国文学硕士学位。在加州伯克利大学东方语文系师从白之（Cyril Birch, 1925—）获中国文学博士学位。

寇致铭曾任教于美国加州伯克利大学、加州大学洛杉矶分校、俄勒冈大学、威廉斯学院、捷克查里斯大学、澳大利亚墨尔本大学，现任澳大利亚新南威尔士大学中国与印度尼西亚研究学系主任。他的研究范围包括鲁迅研究、晚清诗歌和电影。目前，他的研究重点是鲁迅的旧体诗和早期文言论文。

寇致铭是以非母语的汉语直接研究并写作的学者，曾获全澳洲研究理事会（Australian Research Coucil）奖学金资助研究鲁迅早期思想。

2015年，寇致铭应华东师范大学中文系的邀请，在闵行校区做了题为"美国的鲁迅热"的学术讲座，就四本代表性的美国鲁迅研究专著进行讲解和评析。第一本是周杉（Eva Shan Chou）的《记忆、暴力、辫子：鲁迅解读中国》(2012)；第二本是格罗利亚·戴维斯（Gloria Davies）的《鲁迅的革命：写在暴力之中》(2013)；第三本是庄爱玲（Eileen J. Cheng）的《文学的遗体：死亡、创伤和鲁迅对哀悼的拒绝》(2013)；第四本是柯德席（Nicholas A. Kaldis）的《中国散文诗：鲁迅的〈野草〉研究》。过去由于专业、体制和历史等原因，一般的研究人员对于境外的学术动态了解甚少，更谈不上分析和评价。寇致铭的讲座直接取材于国外第一手资料，根据自己的体会并联系国内鲁迅研究的热点，进行深刻讲解，针对性强，实现了打通学术交流渠道的功效，难能可贵。

寇致铭的论文散见于《鲁迅研究月刊》等杂志,代表性著作有《诗人鲁迅:鲁迅旧体诗研究》(The Lyrical Lu Xun: A Study of His Classical-style Verse, Honolulu: University of Hawaii Press, 1996)、《微妙的革命:清末民初"旧体"诗人》(The Subtle Revolution: Poets of the "Old Schools" during Late Qing and Early Republican China, Berkeley: University of California, Institute of East Asian Studies, China Research Monographs, 2007)、《清末旧体诗的现代性——樊增祥的前后〈彩云曲〉与赛金花的传说》(Modernity in Classical-style Verse: Fan Zengxiang's "Song of Rainbow Cloud" and the Popular Legend of Sai Jinhua, Cross-cultural Courtesan of the Late Qing Era, 2014)、《中英对照鲁迅旧体诗》(黄乔生校订注释,寇志铭译,春风文艺出版社,2016年)、《与鲁迅一起从美国到澳洲》(Studies On Contemporary China, 1916)。

十九、人力资源管理和中国研究专家李应芳

李应芳(Fang Lee Cooke),毕业于中山大学,1985年7月至1989年2月任中山大学英国文学讲师;1989年2月至1993年12月,任英国米勒斯黑石有限公司(Mirrlees Blackstone Ltd.)项目协调和中英文翻译;1999年,获英国曼彻斯特理工学院(UMIST)管理学博士学位;2005年8月至2010年2月,她被聘任为澳大利亚皇家墨尔本理工大学(RMIT University)管理学院副院长,现为莫纳什大学商学院教授。

李应芳的研究领域为雇佣关系、性别研究、人力资源、直接投资、移民就业、多样性管理和中国问题研究。她先后发表学术论文49篇,研讨会论文46篇,专著3部,担任国际期刊《性别、劳务与组织》(Gender, Work and Organization)和《亚太人力资源杂志》(Asia Pacific Journal of Human Resources)副主编,以及《人力资源管理》(Human Resource Management)、《亚太人力资源杂志》(Asia Pacific Journal of Human Resources)、《劳务、就业与社会》(Work, Employment and Society)、《人力资源管理刊物》(Human Resource Management Journal)编委,目前为多个国际顶级期刊的编辑成员或匿名审稿人。2004年和2006年,两度被提名为英国政府亚洲女性成就奖。

2012年7月28日,李应芳受邀赴西南财经大学开展交流。在讲座中她首先介绍了目前相当数量的中国人移民澳洲对其劳动力和人才缺

乏形成了重要补充,并对中国人移民澳洲的历史做了详细的讲解。她认为中国人移民澳洲的三大原因是为了选择更好的教育机会、开阔眼界以及生活环境。通过对澳洲华人的访谈,她认为成功就业的两大因素是工作经验和掌握英语,但是在与原住民竞争中不可避免地也会碰到文化冲突的问题。

李应芳的主要著述有《中国的人力资源管理、劳务与就业》(*HRM, Work and Employment in China*, Routledge, 2005)、《中国的竞争、策略和管理》(*Competition, Strategy and Management in China*, Palgrave Macmillan, 2008)、《中国的人力资源管理》(*Human Resource Management in China: New Trends and Practices*, Routledge, 2012)。

二十、荣获澳大利亚国家勋章的汉语学者吴坚立

吴坚立(James Wu),澳大利亚华人,东吴大学中文系的毕业生,长期担任墨尔本市翩丽艾森顿文法学校外语部主任,全澳中文教师联谊会主席和维多利亚州中文教师协会副主席,从事汉语教学近30年。2009年5月14日,因为他对汉语教学的特殊贡献在墨尔本总督府接受了维多利亚州总督克莱瑟(David de Kretser)颁发的澳大利亚国家勋章。

吴坚立在接受媒体采访时说,作为华人获此殊荣,他不仅感受到是对他本人工作的肯定和鼓励,同时也表明澳大利亚政府对汉语教学的重视与支持。他希望以此为契机,与从事汉语教学的其他教师一起,为澳大利亚汉语教学事业开创新局面。

汉语教育在澳大利亚仅有数十年的历史。吴坚立自20世纪80年代初远涉重洋到澳大利亚,开始了他的汉语教育生涯,在这一领域见证了中国的发展与强大,并为能在海外推广与传播汉语教育感到自豪。20世纪60年代初,维多利亚州墨尔本市的坎伯威文法学校率先开设汉语课程,1978年前后,南澳、西澳、昆士兰和塔斯马尼亚各州学校也纷纷响应,至20世纪80年代末,包括新南威尔士州在内的各州先后将汉语纳入了高考系统。

随着中国综合国力的提高,20世纪90年代,汉语教育在澳洲普遍推广,除了公立或私立日校开设中文课程外,教会学校和周末中文学校也增加了此类课程的招生。若干年之后澳洲联邦政府大力资助亚洲语言教育,

在近10年时间内投入金额高达4亿多澳元,对教师队伍建设、教学方法研讨、教材研发和编印等方面都起到推动作用。

因为澳大利亚实行联邦制,各州并没有统一的教学大纲,也不使用统一教材,除对高三学生教学有一定规范外,从小学到高二的汉语教学,各校在设定教学时数、选择教材、教学方法、测试方式和评分标准方面各不相同,这种状况在拼音教学上最为突出。

2008年8月,吴坚立接到孔子学院总部请他参加在北京召开的汉语拼音教学国际研讨会的邀请,他便赶制了《澳大利亚汉语拼音教学调查表》,对全澳汉语拼音教学开展了调查,然后根据回收的数据对澳大利亚汉语拼音教学的现状进行分析评价,并提出改进方法。在当年10月召开的研讨会上他作为特邀代表发言,引起了同行的关注。

吴坚立和白鹭合作编写的《汉语语法步步高》(*Chinese Grammar Step by Step*),是根据中国国家汉办颁布的《国际汉语教学通用课程大纲》中常用汉语语法项目分级表编制的新语法教材。该书用英语解释汉语语法,语言简明扼要,练习完备翔实,主要例句以不同颜色标出语法特点,并附加拼音和英文翻译,适用于以英语为母语的不同水平学生。

该书共分五级,按先易后难的顺序逐一讨论汉语学习中最重要的150多个语法点。每章先展示含有基本语法点的句型和例句,然后讨论语法点的派生句型,通过深入浅出的操练巩固所学知识。书后附上语法术语表和参考答案,便于学习者掌握和研判。

二十一、从事当代中国文学研究与翻译的西敏

西敏(Simon Patton,1961—),出生于澳大利亚,1981年开始学习中文,在昆士兰大学获翻译学博士学位,后留校教授中国文学课程。1999年来华考察云南大理风土人情,2000年以来出版多部英译中国文学作品。

他翻译当代中国文学包括夐虹、陈克华、苏绍连、陈义芝和叶石涛等人的作品,著名作家张爱玲的短篇小说,作家莫言、于坚和顾城等人的成名之作,现代作家迟子建、杨克、北岛、伊沙的作品,都是他翻译和研究领域的重要部分。

西敏对中国现代文学的认识不只是出自其现代文学的功用,也是基于其自身的根本属性,通过研究文学创作与翻译活动归纳其内在规律和运作

模式,把个案考察与宏观研究相结合起来。他认为文学创作可以形成一种社会力量,但是文学史是社会变化的艺术性反映,过分强调其社会性就可能忽视文学自身的创造性。文学作品不是技巧写法的简单堆积,而是有层次有系统的结合。学习中国文学的外国学生可以通过译文和评论获得更多信息。他对杨克的现代主义自由体诗歌特别关注,认为他的作品是富有个性的意象创作,把源于不同感官的信息成功地融合到一起,是他所获得的真切感受。

有些人用"杂家"来表述文学翻译,很容易被误解。西敏认为一个好的翻译家应该具备一些必要的艺术修养,即文学作家的高级语言技巧、音乐家的理解力、戏剧演员的同情感,以及出色的艺术家所具有的创新精神,否则文学翻译就不能发挥其应有的艺术效果。译者的语言和文化修养必须达到在不借助他人评论就能获得原作的全部真实感受的水平;否则,向读者再现原著的真实面貌就无法实现。

保持翻译文本的跨语言跨文化真实,必须避免对原文的错误解读,在文本转换过程中要防止缺斤短两,在文化对应问题上力求处置得当。针对文学翻译的审美和语言特殊性,译者应特别关注不同意识层次的不同策略的应用。如果用"真情实感"来概括两种文本的完美转换,那么这里应该包括审美真实、语言真实、意境真实和功效的真实诸多方面。

西敏的《译出地道的英文来——汉英翻译误区分析》2014 年 6 月由北京外文出版社出版,全书共十三章:第一章,关于翻译原则、理论和策略;第二章,基本句子结构;第三至四章,动词;第五章,名词;第六章,冠词;第七章,形容词和定语从句;第八章,副词和状语;第九章,直接引语和间接引语;第十章,词类问题;第十一章,标点符号;第十二章,汉语拼音和英文书写格式;第十三章,汉译英练习及译文分析。

西敏的主要著述有《于坚诗歌六十首评析》(*Introduction and Translation from Sixty Poems by Yu Jian*, Southerly, 613:24-30,2001)、《自然与本人:从抒情到非感情》(*The Relationship Between Nature and Self: From Lyricism to "Anti-Lyricism"*, Poetry Exploration, 2002)、《吴思敬诗学沉思路》(*Review of Meditations on the Study of Poetry by Wu Sijing*, Chinese Literature Essays, Articles, Reviews, 25:209-211,2003)、《岛与岛之间——李魁贤诗选》(Co-written with Kuei-sien, *Between Islands*, Berkeley, CA, USA, Pacific View Press, 2005)、《心灵富足》(*The Riches of the Soul*, Meanjin, 644:124-129,

2005)、《赵涛：生活镜像》(Zhao Tao: My Life with Mirrors, Renditions, 66: 94-96, 2006)、《饥饿诗》(Co-written with Sha, Naikan, Tao, Starve the Poems, Tarset Northumberland, U. K: Bloodaxe Books, 2008)、《书评：不真实的城市——奥克兰的华裔诗人杨炼》(Book Review, Unreal City: A Chinese Poet in Auckland by Yang Lian, 2009)、《翻译的天然牧场——论诗的翻译》(Natural Meadows of Translation: On Translating Poetry, Southerly, 2010)、《译出地道的英文来——汉英翻译误区分析》(Co-written with Leong Ko, Translating into Idiomatic English: An Analysis of Chinese-Enldish Mistraslations, Beijing: China Foreign Languages Press, 2014)。

二十二、对翻译、诗歌、小说和文艺批评有突出贡献的欧阳昱

欧阳昱（Ouyang Yu, 1955—），生于湖北黄州，黄冈中学毕业后下放农村，在工厂当工人。1979年，他考上大学；1983年，获武汉水利电力学院英美文学学士；1986年，就读于上海华东师范大学英语系，获英澳文学硕士；1989年，执教于武汉大学；1991年，他进入澳大利亚墨尔本拉筹伯大学，获澳洲文学博士学位，他的博士学位论文《表现他者——澳大利亚小说中的中国人（1888—1988）》，于2000年由新华出版社出版；1998年，他入籍澳大利亚。

2005—2008年，欧阳昱受聘为武汉大学英文系讲座教授；2005—2010年，任南京大学比较文学与比较文学研究所兼职教授；2006—2012年，他担任澳大利亚翻译学院教授，讲授文学翻译课程；2012—2016年，他担任上海对外经贸大学讲座教授，讲授中英文学翻译和英文创意写作。

欧阳昱是澳大利亚作协会员，中英文双语作家、诗人、翻译家、《原乡》文学杂志主编，在翻译、诗歌、小说、纪实文学和文艺批评方面都有突出贡献。他已出版中英文著作和译作80部，其中译著41部，代表作为《女太监》《新的冲击》《卡普里柯尼亚》和《致命的海滩：澳大利亚流犯流放史》。

他的中文诗歌两次入选中国最佳诗歌选，英文诗歌自2004年至2014年连续九次入选澳洲最佳诗歌选。他的英文诗歌代表作为《最后一个中国诗人的歌》(Songs of the Last Chinese Poet)。就风格而言，他敢说敢写，特立独行，不拘一格。他说："我写诗，崇尚的就是一个词：自由。如果连写诗都

不自由,如果还要按任何旧有的、既有的、现有的、新有的人和条条框框去写诗,还不如不写。"①

欧阳昱出版的长篇小说共5部:中文两部,英文三部。他的第一部中文长篇小说《愤怒的吴自立》耗时10年,1999年在原乡出版社出版。《淘金地》是他在中国发表以19世纪中叶赴澳淘金华人为背景的小说,当时17000名华工为逃避澳洲政府高额人头税,从南澳柔埠登陆,行程800多公里,千辛万苦才到达目的地。该小说在写作上中英语混杂使用,叙事成分近于零。他的英文长篇小说《东坡纪事》(*The Eastern Slope Chronice*)获2004年阿得雷德文学节创新奖,获南澳洲长迈克·兰颁奖1万澳大利亚元。《英语班》(*The English Class*)是欧阳昱的另一部英文长篇小说,2010年,在墨尔本Transit Lounge出版;2011年,获新南威尔士总督奖社区关系奖,新南威尔士总督奖克里斯蒂娜·斯台德长篇小说入围奖。欧阳昱的英文长篇小说《散漫野史》(*Loose: A Wild History*)2011年由南澳威克菲尔德出版社(Wakefield Press)出版。《东坡纪事》《英语班》和《散漫野史》构成了欧阳昱的英文长篇小说《黄州三部曲》(*The Huangzhou Trilogy*)。

《表现他者——澳大利亚小说中的中国人(1888—1988)》是欧阳昱在自己博士学位论文基础之上修订而成的一部专著,2000年由新华出版社出版。该书对一个世纪前赴澳华工的生活和遭遇,从文化背景、地理差别、民族心理进行了深入研究。他发现,在西方政客和文人的笔下华工邋遢懒散、奸诈狡猾、吸毒赌博、行为不端,而早期的澳洲文献却把华工描述为奉公守法、勤劳节俭、极富同情心。作者认为种族歧视和排外文化使澳洲西方移民产生一种自卑心理,往往歧视并排挤地位比自己更低的华工,轻信所谓"黄祸"之类的谎言。

2016年,台湾猎海人出版社出版的《澳中文学交流史》是欧阳昱撰写的另一本学术专著。该书通过对几位澳洲华裔作家和作品的分析,论证了澳洲华人文学的特点以及与中国的联系,例如对于自身地位的表白、研究选题的拓展等。与此同时,作者还分析了澳洲华人文学与当地主流英语世界千丝万缕的关系。这些议题和探讨在过去的学术界很少有人涉足,从这一意义上看欧阳昱的研究是有价值的。

欧阳昱的创作、翻译和研究常见一些引人争议之处。他公开宣传双语

---

① 欧阳昱:《永居异乡·跋》,浙江文艺出版社,2016年,第135页。

先锋实验,使用刺激性的标题是常有之事,更有甚者还将一个句子内的中英两种语言揉碎混合,有些译诗开头字母一律小写,随意借用同音词构成有歧义的短语,形同文字游戏。所谓"为了艺术的生存,要么弃汉投白,要么汉坚下去"就是一例,由于过于另类和张扬触发专业大忌,因此他的文字常遭到口诛笔伐。

第五章
澳大利亚政界和学界的两栖顾问团:"中国通"

"汉学家"通常用于指熟悉中国文化和国情或者海外华人历史的学者,又称"中国问题专家"。一些汉学家通晓汉语或者某种汉语方言,如闽南语、粤语或客家话,或者懂得中国某种少数民族语言,如藏语或蒙古语。他们也许来过中国,也许没有来过中国。因为学术兴趣或者专业需要,他们中的一些人长期观察中国社会,研究中国历史,参加各种研讨会,就某一专业领域著书立说。

"中国通"也是研究中国历史文化的专家,分布在各高校、智库、新闻媒体和政府部门,通过著述出版、新闻评论和咨询报告等形式影响政府对华决策,形成了一个中国事务的"认知共同体"(Epistemic community),然而比起书卷气浓厚的汉学家来,更具备提供咨询服务的资质。他们通常是国会听证会的座上客,为政府制定对华政策出谋划策,帮助解决外贸或外交问题。许多中国通受聘于本国政府部门、驻外机构、具有部委或者大学背景的研究所和数据库。像莫里循这样一位不懂中文的澳大利亚说客,凭借自己的政治头脑和交际手段,被聘任为袁世凯的政治顾问,实属罕见。中国通一般注重理论阐述、历史案例和数据分析,前瞻性和预见性为其专业著述的特色。他们敢于接受各种政坛风波和激烈外交争夺的挑战,在曲高和寡的氛围中结盟,在见仁见智的辩论中不受干扰,在鲜花美酒和荣誉的洗礼中当机立断是他们的强项。不过在澳大利亚,政策制定者与中国问题专家之间经常有较大分歧,弥合分歧需要由主管部门从中协调。

据报道,中澳贸易总额在过去十年里增长数量已达十倍,在上一个财政年度达到了1280亿元。中国是澳洲最大的留学生来源地,2012年,约有15万中国学子在澳留学。中国还是澳洲最大的海外游客来源地,2012年,中国有超过62.6万人次访澳。但是澳大利亚却长期被一些亟待解决的政策问题所困扰:自然资源开发与投资涌注使他们无法绕过中国,而气候变化和水资源的短缺又迫使他们不得不求助于西方盟国和亚太近邻。

2009 年,鉴于澳大利亚几届政府在处理与中国关系时态度飘忽不定,缺乏分析能力和协调性,致使两国关系局部受损,备受政界和媒体的抨击。为此,吉拉德总理(Julia Eileen Gillard)和时任外长的陆克文(Kevin Michael Rudd)决定成立专门机构,应对局势。

2010 年 12 月,澳大利亚联邦政府决定组建中国事务秘书委员会(Committee of Secretaries on China),由外交部常务副部长彼得·瓦吉斯(Peter Varghese)主持,20 个部委的首席中国通参与,包括内阁部长伊恩·瓦特(Ian Watt)、财政部部长马丁·帕金森(Martin Parkinson)、国防部秘书长丹尼斯·理查德森(Dennis Richardson)、安全情报机构局长大卫·尤恩(David Irvine)、联邦政策专员托尼·尼格思(Tony Negus)、国家评估署署长艾兰·金吉尔(Allen Gyngell)、驻华大使孙安芳(Frances Adamson)等。该委员会主要关注并研究中国对于有关环境、医疗、教育、贸易、农业、反间谍、反洗钱和反毒品等方面政策制定的影响。

2012 年 3 月 27 日,悉尼大学公布由欧洲的中国通凯利·布朗(Kerry Brown)领导的有 130 多名学者参加的该校中国研究中心(China Studies Centre)成立的消息。布朗以轻松的口气对记者说,他希望悉尼大学的中国研究中心能够摆脱汉学家"小集团阴谋"的专利,使更多人有机会申请该中心的工作岗位。那些知道中国运作模式秘密以及汉学精英主义但却不愿与他人分享的人难免会成为自己的对手。

2013 年 3 月 21 日,澳大利亚总理吉拉德和国防部长史密斯(Stephen smith,1955—)举行记者会,正式发布澳大利亚《2013 年国防白皮书》(2013 *Defence White Paper*)。吉拉德说,对澳大利亚而言中国不再是一个威胁,联邦政府欢迎中国的崛起并充分认识到中国正在改变所处地区的战略秩序。

这一时期,澳大利亚外交部要求对外交官进行亚洲语言培训,时间为两年。情报机构开始招募熟悉中国国情和语言的澳大利亚毕业生。澳大利亚财政部也扩大了北京办事处的阵容,并在堪培拉组建了 8 人中国事务小组。澳大利亚"中国通"在政界和学术界的形象、地位和作用,由此可见一斑。

一、集学者、军人、特工和外交官于一身的邓安佑

邓安佑(Hugh Alexander Dunn, 1923—2005),出生于 Townsville,他的父亲詹姆斯·麦金泰尔·邓(James Mcintyre Dunn)原是一个家庭报业(后晋升为昆士兰州)集团经理。第二次世界大战期间家中生活艰苦,他的健康每况愈下,去世时幼子才4岁。经济萧条时期全家人在昆士兰和苏格兰之间迁移多次,最后才定居于南港(Southport)。邓安佑的哥哥吉姆是昆士兰高级法院的法官,在语言学习方面对弟弟有很大影响。

由于得到国家奖学金的资助,邓安佑曾就读于布里斯班男生寄宿学校。他喜欢运动,橄榄球、板球、划船和体操样样都通,曾经当过校队队长。

1942年年底,邓安佑在澳大利亚陆军服役,经过专家两年的考察,最终确认了他的语言才能,吸收他加入了澳大利亚第一特工团队(The First Australian Specialist Intelligence Personnel Group)。他从小就喜欢歧义色彩浓厚的填字游戏(crosswords)被用作"特务"工具。隶属于道格拉斯·麦克阿瑟将军(General Douglas MacArthur)总部的第一特工团队是澳大利亚第一批信号情报组织,它的存在在当时以及战后多年,都是军事行动隐藏最深的秘密。

对于自己在战时借用外交代码掩饰的工作邓安佑平时很少谈及,即便对于最亲近的人也如此,直到联合国的同行,以及后来澳大利亚特工史作者杰弗里·巴拉德(Geoffery Ballard)在著述中透露此事才为人知晓。

邓安佑跟随麦克阿瑟周游世界各地,对亚洲才逐渐有所了解。他搭乘美国空军飞机到重庆访问,激发了对于中国的好奇心。

1948年,他从军队退役后转入昆士兰大学学习本科课程,与埃尔贝斯·麦肯兹(Elspeth Mackenzie)女士结婚成家。蒂姆·麦克唐纳(Tim McDonald)是他的内弟,也是他后来外交工作的同事。

1949年,他得到罗德斯奖学金的资助到牛津大学深造,攻读中国历史、哲学和文言文。后来他被招进伦敦的外务部(Department of External Affairs in London),1952年年底,返回堪培拉。他的大好前程专业一度被布里斯班信使邮电报(The Courier-Mail)的新闻采访以及加拿大的学术任命所打断。第二年他回到外事团队,1955年,他被派遣担任驻日使馆三秘,后来作为东京联合国韩国复兴统一委员会的澳大利亚代表,在三年任

期中坚守联合国资助的外交岗位。

1966年,他在印度国防学院深造,中国古代战略思想课程在他意境中打开了一片新天地,是他享用不尽的最大收获。

邓安佑在30年的公务员生涯中先后出任驻日本、韩国、美国、印度和越南的使节,后来成为澳大利亚驻肯尼亚、乌干达、埃塞俄比亚、阿根廷、乌拉圭、巴拉圭和秘鲁大使。

邓安佑集学者、士兵、特工和外交官于一身,他的多重身份源自整个辉煌的公务员生涯。他身材高大,相貌端庄,满脑子的主意,随时可以与人开展一场机智潇洒的辩论,议题包括钓鲑鱼、橄榄球联赛和全球战术等。他熟读中文古籍,先后承担过多项使命,常以"准汉学家"自称(a Sinologue of sorts)。

1985年,他结束了职业外交官的工作,被推举为布里斯班—中国委员会(Brisbane-China Committee)主席。期间,他作为学者访问了格里菲斯大学现代亚洲研究学院,并兼任昆士兰大学历史系副教授,就中澳关系和汉语教学的广泛议题撰写了不少文章。

他是一位亚洲问题专家,在20世纪60年代初曾经是对中苏分裂迹象小心谨慎地解读的分析家之一。1980年,中国对外开放,他十分高兴地接受了驻华大使的任命。促成对他派遣的不仅因为他的语言知识和学术才干,更重要的是他的交际能力和政策经验,自信个人的阅历可以证明自己对于外交工作并非外行。他充分利用了过去外事工作建立起来的联系网络,以及语言天赋和对有关中国知识的把握,为国人的利益深入并展望中国。他对于澳大利亚的利益所在有着与众不同的见解,认为国家关系的发展是出于彼此需要和相互看重,中澳建交后两国之间没有什么不能解决的问题。

邓安佑很早就从邓小平推行对外开放政策时期的中国获得施展才能的机会,清楚地知道经济问题是两国关系中的根本。他对于国家关系的严格界定,与他早先在日本仅从贸易角度对国与国关系的狭隘理解完全不同,这一体验促使他从广泛合作和战略意义的高度来实现对扩大中澳关系的追求。他任驻华大使期间中澳双方签署了多项有关科学、技术、文化和经济方面的协议和发展计划。

1984年,他从驻华大使馆离任时中澳双方的关系已得到了极大发展;1985年,因为他在中澳关系发展所做的杰出贡献荣获了澳大利亚公务勋章（Order of Australia for public service）；1985—1988年，他是澳中协会（Australia-China Council）委员，曾任昆士兰中国协会委员长达18年之久，同时还兼任布里斯班中国协会（Brisbane China Council）主席。

邓安佑荣休后应聘担任格里菲斯大学现代亚洲研究学院（School of Modern Asian Studies）访问教授，兼任昆士兰大学历史系副教授，为中澳友好继续做出贡献。

邓安佑回国后出任堪培拉执行秘书长，责任是政策规划并对授权长官下达指示。他的背景、老练和才智不仅赢得了称赞，对于众多外交人员来说也是一种鼓励和榜样。

邓安佑82岁那年大病一场后辞世。

二、长期研究中国与澳大利亚国家关系的权威费思棻

费思棻（Stephen Fitz Gerald,1938—），出生于澳大利亚。中学毕业后进入塔斯曼尼亚大学获文学士学位。1969年，他在澳大利亚国立大学攻读哲学专业课程，以论文《中华人民共和国的海外华侨事务》（Overseas Chinese affairs of the People's Republic of China）获博士学位。

费思棻的职业生涯肇始于外交舞台。自20世纪60年代起，他致力于澳大利亚的亚洲关系政策研究和改革，加深了澳大利亚公众对亚洲的了解。1961—1966年，他在澳大利亚外交部任职；1966—1969年，在澳大利亚国立大学太平洋研究所担任研究员；1969—1973年，担任该所高级研究员。他是惠特拉姆的中国问题顾问；1973—1976年，出任澳大利亚驻中华人民共和国首任大使，兼任驻韩大使；1977年，他重返学术界；1978年起，弃学从商，创立费思棻私人有限公司兼任董事主席，从事澳人投资亚洲特别是中国的咨询工作。

20世纪80年代，他应聘担任澳大利亚亚洲研究语言教育协会研究部主席，指导起草关于在教育机构中开展亚洲研究的战略报告。他还出任过澳大利亚移民政策专家组主席，为政府起草了有关澳大利亚移民问题的报告。他曾任澳大利亚国立大学东亚历史系主任和该大学的当代中国中心主任，创建了新南威尔士大学的亚洲与澳大利亚学院，并担任主任直至2005年。

他还是昆士兰州和北领地政府把亚洲语言引进教学的顾问，并兼任莫

纳什大学、墨尔本大学和格里菲思大学推动亚洲研究主流化的顾问,以及格里菲思亚洲研究院的主席,美国得克萨斯大学圣安东尼奥分校中国研究中心的研究战略主任,澳大利亚政府对中国与东南亚援助事务的顾问,为澳大利亚联邦政府、北领地政府,以及英国、丹麦等国政府提供咨询。

费思萘能说流利的中文,长期研究中国事务,是著名的中国问题专家,澳洲研究中国关系史的权威。在20世纪70年代,他是惠特拉姆的中国问题顾问,澳大利亚派驻中华人民共和国的首任大使。1980年,他创办了澳中关系咨询机构,并长期将其置于自己执掌之下。他不但是一位学者和大使,也是商人。他在担任亚洲移民澳洲委员会主席时提交了《费思萘移民报告》(Fitzgerald Report on immigration)。他也是亚洲学生留学澳洲委员会主席,并提出《亚洲研究国家报告》(National strategy for Asian studies)。这两份报告书对亚洲移民和亚洲学生留学澳洲有深远的影响。1984年,澳大利亚麦考瑞大学(Mcquarie University)和塔斯曼尼亚大学(University of Tasmania)向他颁发了荣誉文学博士学位学衔,以表扬他对澳大利亚社会和教育的贡献。从1990年起,他出任新南威尔士大学亚澳研究所所长(Asia-Australia Institute, University of New South Wales)。

他的著述甚丰,出版过大量论文、报告和书评。1999年7月,他应新加坡国立大学东南亚研究所之邀,在"吴庆瑞与现代中国"的第三次讲座中主讲"划分对华贸易环境的东西方观"(East view-west view divining the Chinese business environment)。

他的主要著作有《中华人民共和国的海外华侨事务》(Overseas Chinese affairs of the People's Republic of China, Thesis Ph. D, Australian National University, 1969)、《中国与海外华人》(China and the overseas Chinese: a study of Peking's changing policy, 1949-1970, Cambridge University Press, 1972)、《与中国对话:澳大利亚工党访问与北京的外交政策》(Talking with China: the Australian labor party visit and Peking's foreign policy, Canberra: Australian National University Press, 1972)、《中国与世界》(China and the world, Canberra: Australian National University, 1977)、《毛泽东去世后的中国》(China after Mao Tse Tung, North Hobart: Adult Education Board, 1977)、《马来西亚的地名》(Malaysian Place-names: Chinese-Malay / Nancy Lim and Stephen Fitzgerald, Canberra: Dept. of Far Eastern History, Australian National University, 1977)、《20世纪70年代的中国》(China in the seventies:

Australian perspectives, Canberra: Contemporary China Centre, Australian National University, 1980)、《中国的外贸法》(*China laws for foreign business 5 volume-set / Editorial consultant*: Stephen Fitzgerald. In Chinese & English. North Ryde, N.S.W.: CCH Australia Ltd., 1985-1987)、《面向中国文化社会》(*Towards an Asia-literate society*, Victoria: Asian Studies Association of Australia, 1988)、《澳大利亚人眼中的中国》(*Australia's China*, Canberra: Australian National University, 1989)、《澳大利亚是亚洲国家吗?》(*Is Australia an Asian country? Can Australia survive in an East Asian future*, St. Leonards, N.S.W.: Allen & Unwin, 1997)、《澳大利亚应该不应该有东亚学说》(*Should Australia have an East Asia doctrine*, Sydney N.S.W.: Asia-Australia Institute, University of Nedw South Wales, 1998)、《划分对华贸易环境的东西方观》(*East view-west view divining the Chinese business environment*, Singapore: East Asian Institute, National University of Singapore, 1999)。

三、国际关系、学术著作和科学模式评论家李瑞智

李瑞智(Reginald Little, 1938—），出生于澳大利亚。1962年,他毕业于墨尔本大学,获得历史政治科学一级荣誉学位后得到奖学金资助到哈佛大学深造。1970年,获颁政治学博士学位。他的老师有美国前国务卿亨利·基辛格和著名历史学家费正清等知名学者。

李瑞智是一位资深外交官,曾在澳大利亚外交部主管北亚,是国际经济组织及政策规划代表团成员,同时还是澳大利亚—中国理事会的执行理事。他从事外交工作25年,先后在中国、日本、老挝、中国香港、孟加拉、联合国纽约总部及欧美一些国家和地区常驻。1976—1977年,他是北京外国使团的副团长。

1984—1988年,他出任澳大利亚外交外贸部澳中协会执行主席,并于1987年出席了山东曲阜的首届儒学研究大会。自1994年国际儒联(International Confucian Association)总部在北京成立以来他一直担任理事,并于2009年被推选为副会长。他是澳大利亚邦德大学东西文化经济研究中心的创始主任之一。他早年发现儒学文化是日本经济成功的基础,基于这一认识,他最早提出了儒学文化将显示中国经济高速发展的预言。

离开外交部门后李瑞智一直担任昆士兰州政府主管国际业务的办公

室主任、国际商业公司的执行董事、国际贸易、金融与发展的讲师,是中国、新加坡和韩国召开的经济发展及儒家传统会议的特邀贡献者(捐款人)。他也是国际商业顾问,2000年,澳中商业理事会代表团的成员,访问过北京、重庆和大连三个中国城市,也是昆士兰州邦德大学、澳大利亚及设在中国北京的国际儒学联合会东西经济文化研究中心的创立者。近年来他被聘任为澳大利亚莫纳什大学和美国得克萨斯大学奥斯汀分校客座教授,2008年,还被任命为华盛顿伍德罗·威尔逊中心公共政策学者。

李瑞智在《儒家全球秩序——亚洲的和平兴起》一文中谈到东南亚儒学秩序的问题,认为东南亚所有行政和商业精英都是儒学观念打造出来的。这个20亿人生活的地区在优等教育、行政策略、生产能力和金融资源等方面无不凸显其先导形象和作用,表现出与众不同的价值观,在可以预见的将来必将成为全球活力的中心,与逐渐衰败的欧美秩序相比形成天壤之别。

2006年,李瑞智在专论《儒家道家一千年》中也谈到儒家和道家思想在过去一个世纪中对亚洲的影响。他说,我们都看到并感受到1978年邓小平发出经济改革号召后中国经济的快速提升,但是对于中国文化发展怀有乐观信念的人却为数不多。学术界就"亚洲价值"(Asian Values)所进行的辩论对于信仰基督教的西方却缺乏足够的吸引力。虽然澳大利亚和北美在地理上距离中国和日本遥远,但是他们却倾向于接受部分亚洲主流价值,诸如向学、孝道、专一与和谐。这些价值观是否可以引进?李瑞智的回答是肯定的。

持续了近200年的英美世界秩序已经衰败了几十年,实质上美国一直放手对亚洲制造技术和金融的挂靠。阿富汗和伊拉克最近的活动加速了这一进程,使美国远离俄国、伊朗和委内瑞拉的新兴能源供应商。随之而来的俄中战略利益联盟,为拉美、非洲、中亚和中东提供了新选择。

贸易界对于"儒家道家世纪"(A Confucian-Daoist Millennium)理论必须认真对待。我们正开始返回19世纪初英美势力兴起前就存在了多个世纪的全球秩序,那时中国在全球贸易和技术系统中独领风骚。

伴随这一变化而来的将是国际贸易所赖以存在的文化、政治、商务、建制、法制和科学等方面的许多时代错误。美国在这一过程初期就对其失察导致了自身的衰败。

源于耶路撒冷、雅典与罗马的历史和神话、宗教、合理性和法规,都需要以新眼光重新评价。这一过程必须通过对现在仍然指导着东亚的行为和思想的法律的比较和理解获得其合理性。

李瑞智曾获得日文与中文的高级语言资格，是一位著作评论家，也是国际关系、金融机构、文化竞赛、科学范式和健康传统的评论员。他的主要著述有《儒学的复兴》(Co-authored with Warren Reed, *The Confucian Renaissance*, 1989)、《财富的暴虐：澳大利亚的亚洲命运》(*The Tyranny of Fortune: Australia's Asian Destiny*, 1997)、《儒家文明在21世纪全球秩序中的作用》(*The Role of Confucian Civilization in 21st Century Global Order*)、《儒学智慧及未来的挑战》(*Confucian Wisdom and Challenges Ahead*)、《儒学的更新及英语全球秩序的衰退》(*Confucian Renewal and the Decline of an English Language Global Order*)、《21世纪的挑战与王阳明思想》(*21st Century Challenges and Wang Yangming Thought*)、《东方智慧——战胜危机之方法：知识隔离》(*Eastern Wisdom as a Way to Overcome the Crisis: Intellectual Apartheid*)、《文化之间对话的障碍》(*An Obstacle to Inter-Cultural Dialogue*)、《多元文化情景中儒学面临的挑战》(*Challenges Faced by Confucianism in a Multi-Cultural Context*)、《东亚的兴起及英美"全球"价值的衰败》(*The Rise of East Asia and the Decline in Anglo-American "Universal" Values*)、《全球市场中的儒家道德》(*Confucian Morals in the Global Marketplace*)、《儒家道家一千年》(*A Confucian-Daoist Millennium*, in 2006)、《儒家全球秩序——亚洲的和平兴起》(*A Confucian Global Order: Asia's Peaceful Rise*)。

四、对中国长期保持关注和研究的经济顾问郜若素

郜若素(Ross Garnaut, 1946—)，出生于澳大利亚珀斯，毕业于澳大利亚国立大学，先后获经济学学士和博士学位。回忆他的经历就像过电影一般，人生几个阶段历历在目，包含多少欢乐和艰辛：1975—1976年，他任巴布亚新几内亚财务部第一助理秘书长；1981—1983年，任东盟与澳洲的经济关系研究计划研究室主任；1983—1985年，任澳洲第23任总理霍克的高级经济顾问；1985—1988年，任驻华大使；1988—1995年，任西澳银行(Bank West)董事长；1989—1994年，任澳洲基础工业银行(Primary Industry Bank of Australia Ltd.)董事长；1998年，任澳大利亚国立大学亚太

经济管理学院基金会董事,后任该学院主任。

邰若素曾与不少中国高层领导人建立密切个人联系,并一直对中国保持着关注,被视为澳大利亚顶级的中国问题专家。他观察中澳关系的角度独特,例如在大宗产品前景、劳动力结构转型、碳税与资源税等问题上,都有不少与众不同之处。他认为中澳两国有很多方面可以互相促进、中国的改革改变了世界,以及中澳签署自贸协定利大于弊等观点,尤其令人认同。

澳大利亚总理霍克派邰若素出任驻华大使期间与陆克文共事,两位中国通相互提携。几年后陆克文主政时任命邰若素为经济顾问,广泛参与商业和投资活动,被认为是一位成功的投资家,此后每年访华2—3次。在他任教的澳大利亚国立大学亚太经济管理学院,每年7月在力拓赞助下举办"中国更新"(China Update)研讨会,与会者都是来自包括中国和世界各地的经济学家。2002年研讨会的主席是邰若素,主题是"重新平衡和维持中国增长",中国的劳动力结构转型成为话题焦点。

2007年4月30日,澳大利亚政府任命邰若素负责审查气候变化对本国经济的影响,并设计一项中长远的政策框架,以确保国家可持续繁荣。当时任总理的陆克文力主澳洲批准京都议定书。

《邰若素气候变化报告》就是在这样的背景下起草的。作者考察了气候变化对澳大利亚经济的影响,分析了国际政策反应的因素,为应对气候变化面临的挑战,以及为减缓气候变化所需的成本。国际社会为敦促各国采取共同行动而实行有效对策。

邰若素认为发达国家的工业化发展以及新兴经济体随后之崛起,让气候变暖的时间大大提前。伴随全球金融危机而来的大衰退,在多方面严重影响了气候变化全球行动的前景:虽然它暂时放缓了排放量的增长,降低了对引入低排放技术和产品的投资,但是相关国家对阻力重重的产业结构政策进行调整可能会因此失去有利的政治语境。

从经济学的角度看,衰退后的复苏是进行结构调整的好时机。因为对于新生产能力的投资会变得相对便宜,低排放的产品、服务和工序都可能获得发展。欧盟、中国和美国都不同程度地把新能源技术、低碳产业作为拉动内需、刺激经济增长的重要途径。相干国家和地区在获得新能源和低碳工业项目的同时也可获得大量的财政补贴和商业资金。

但是,为了恢复经济活力,有些国家也加大了能耗更高、对气候变化影响更大的基础设施的投资,使得产业结构调整的步伐放缓,拉动经济的作用因此无法发挥。在中国、印度和印度尼西亚等国家盛产煤炭,廉价能源为经济开发增加了吸引力。在各类主要能源类型中煤炭排放强度最高。这些国家经济活动的增加,必然导致使用更多的煤炭。可以预见,温室气体排放量的上升将仍然集中于发展中的大国。

郜若素认为,气候变化政策是一种全球共享的智力资源,不参与全球减缓排放行动的国家也能从中获益。发达国家如何帮助发展中国家在可控的道路上发展,对本地区和本国都是有益的。不同国家对于减少危险气候变化的全球行动有不同的理解和方式,寻找适合包括发展大国在内的多数国家认可的方案来减少碳排放是人类面对的巨大挑战,理想的合作前景是对象国的共同期待。①

1998年,郜若素在专论《中国:未来二十年的改革与发展》中说,中国在经济改革和对外开放方面取得了巨大成就,已经成为世界上一个举足轻重的经济体,但是仍然存在一些亟待解决的问题,面临诸多新领域的挑战。作者关注的问题包括:如何深化要素市场的改革,如何加速汇率体制和医疗卫生的优化。与之伴随的还需要配套政策措施:怎样应对劳力供给不受限制终结的前景,怎样在减少全球贸易失衡政治语境中发挥作用。至于移民、城镇化和社会不平等问题,以及在低碳环境中解决能源和金属使用量增长引发的排放问题,也是中国新生代无法回避的障碍。

2012年7月16日,郜若素在北京的建国饭店就中澳关系接受了财新记者专访。他说,中国已经变成一个强大的力量。在20世纪80年代前中国人是一个骄傲的民族,中国拥有伟大的历史和文明,但是在经济上是落后的,国际政治影响力也不强。自1978年改革开放以来,经济迅猛发展让中国很快变成了世界上最强大的经济体之一,中国同时具有经济重要性和国际战略重要性。

中国人民和世界人民都需要适应中国的变化,我们不得不改变对国际体系运作的观点。随着人们观念的调整,可能会有一些紧张。中国海外关系的紧张可能由此而来。在调整期间,美国希望向其传统盟友进一步倾斜。从第二次世界大战起,澳大利亚一直是美国的盟友。那时如果没有美国的合作,澳大利亚人很难抵抗日本的侵略。而这与目前澳大利亚独立的外交政策不一致,澳大利亚需要一段时间来寻求解决问题的最佳方式。

---

① 郜若素:《气候变化合作前景黯淡》,原载《能源评论》2013年第8期。

他认为中国的崛起会引发重大冲突。我们都需要思考在新的格局下，国际体系应该如何运作。除了中国，印度也是新兴发展中国家的重要力量，拥有领导的责任，我们需要思考他们对其他国家的影响。在新的国际体系运作方式建立之前，不可避免地存在一些摩擦和争端。

郜若素的主要著述有《郜若素气候变化报告》(*The Garnaut Climate Change Review*,郜若素、张亚雄、宋立刚等合著,张征译,社会科学文献出版社,2009年)、《中国：未来二十年的改革与发展》(*The Next 20 Years of Reform And Development*, Co-authored with Jane Golley,社会科学文献出版社,2011年)、《全球金融危机下的中国：经济、地缘政治和环境的视角》(*Economic, Geopolitical And Environmental Dimensions*,郜若素、宋立刚、胡永泰主编,社会科学文献出版社)、《大崩盘2008》(郜若素、戴维·莱威林-史密斯合著,社会科学文献出版社,2010年)。

五、从事翻译、评论和中国研究的任格瑞

任格瑞(Richard W. Rigby, 1950—2007),1970年,毕业于澳大利亚国立大学历史专业,后在王赓武教授的指导下在远东历史系（现名文化、历史与语言学院）完成了《五卅运动》(The May 30th Movement)的博士学位论文,获得博士学位。

1972年1月,任格瑞第一次访华；1975—2001年,他正式受聘于澳大利亚外交外贸部,先后被派驻日大使、驻华大使（两期）；1994—1998年,任驻沪总领事、驻英大使；2000—2001年,任驻以色列大使。

时任澳洲国立大学中国研究所所长(The ANU China Institute)和国家评估署北亚南亚助理总管(An Office of National Assessments Assistant Director-General, responsible for North and South Asia)的任格瑞,公务之余经常从事著述翻译、评论以及与中国有关的学术研究工作。他的汉学研究领域主要为中国文学和历史,但是他的职务所及使他对现代中国和亚洲文化各个方面都感兴趣。

2009年9月29日,任格瑞在悉尼接受新华网记者江亚平的专访时说,中国改革开放的成果给人留下两点深刻印象：一是中国人民比历史上任何时候都自由,人民能够自由旅行、自由着装、自由决定个人的人生规划；二是中国的对外开放带来了活跃的思想。

他认为,中国经济对澳大利亚经济发展相当重要,因为澳中两国联系紧密、休戚与共。中国能够顺利度过全球金融危机,是对全世界的巨大贡献。澳大利亚和中国都面临金融危机带来的困难和挑战。澳中两国政府要互相理解,处理好彼此间存在的问题。

任格瑞强调,中国的崛起所带来的机遇和利益远远超过一些人所看到的负面影响。澳大利亚是中国改革开放的受益者。下一个60年,中国将迎来更加深远、巨大和积极的变化。我们不知道中国会向哪个方向发展,可是我们得以同情、积极、合作的立场来面对复兴的中国,或者崛起的中国。中澳关系互惠互利,对两国来说都很重要。

任格瑞的主要著述有《五卅运动》(The May 30th Movement, 25 Nov., 1980)、《亚洲领袖孙逸仙》(Sun Yat-Sen: Leaders of Asia, Jul., 1980)。①

六、研究近代中国政治学与中澳关系史的费约翰

费约翰(John Fitzgerald, 1951—),1976年毕业于悉尼大学,第二年被纳入中澳留学生交换计划来华留学。1983年他在澳大利亚国立大学王赓武教授的督导下完成了《五卅运动》的博士学位论文,获中国近代史博士学位。同年他任职于澳大利亚国立大学当代中国研究中心,第二年被聘任于澳大利亚联邦议会立法研究服务部(Legislative Research Service of the Australian Federal Parliament)。1985年,他与研习历史专业的妻子安东尼娅·芬楠斯(Antonia Finnance)同时受聘于墨尔本大学。1988年,他在威斯康星—麦迪逊大学(University of Wisconsin-Madison)获聘为富布赖特博士后研究员(Fulbright Postdoctoral Fellowship)。1992年他进入拉筹伯大学政治系,1995年任亚洲研究副教授。

2007年之前,他是澳大利亚墨尔本拉筹伯大学社会科学院院长和澳大利亚国立大学亚太研究国际中心主任。他曾任澳大利亚外交外贸部所属澳中理事会委员和澳大利亚联合研究理事会合作委员会的主席,兼任澳大利亚中国研究协会会长。

1979年,福特基金会启动了它在中国的第一个项目——资助中国人到国外学习。费约翰于2008年加入福特基金会,作为福特基金会北京办

---

① http://bbs.qstheory.cn/bbs/thread-5318-1-1.html.

事处首席代表,他把握着福特基金会在中国资助工作的总体战略和方向,帮助边缘化贫困社区获得平等机会参与中国发展工程。他具体负责中美关系和民间组织发展的资助工作,既有利于中美新专业的构建,也有利于民间组织能力的强化。

费约翰的研究聚焦于19世纪末至20世纪初中澳身份的认同及建构过程。澳大利亚与美国、欧洲和日本的不同之处是,作为原大英帝国的殖民地,面对华人移民容易滋生有朝一日沦陷为亚洲殖民地的危机感。这种认同的不确定性,加上建国过程中"白澳政策"的实施,导致澳洲政界和学界从人种学角度来论述中国倾向的产生。华人在澳洲敏感的历史背景使得费约翰等学者反思中澳关系,试图利用传统儒家理论来探索他们现代身份的认同。

1996年,斯坦福大学出版社出版了费约翰的《唤醒中国——国民革命中的政治、文化与阶级》一书。1998年,该书获美国亚洲研究协会约瑟夫·列文森20世纪书奖(Joseph Levenson Book Prize),费约翰是第一位获此殊荣的澳洲学者。该书以回顾中国人民在19—20世纪中的觉醒为主线,对康有为、梁启超、孙中山和毛泽东等学者和伟人做了客观评价,不乏精彩细节。先后见诸报刊的西方学者对此书的评论有20余篇。澳大利亚国际事务研究所高级研究员保尔·蒙克(Paul Monk)认为该书是一部非常优秀的著作,想要了解中国之崛起及其争取自由斗争的人,都有必要认真一读。哥伦比亚大学黎安友(Andrew J.Nathan)的评价是:该书作者基于开阔而敏锐的目光,对20世纪初中国的一系列重要问题进行了综合研究,难能可贵。

费约翰在大学执教的课目为近代东亚、近代中国历史与政治学,以及中澳关系史。他的主要著述有《唤醒中国——国民革命中的政治、文化与阶级》(*Awakening China: Politics, Culture and Class in the Nationalist Revolution*, Stanford University Press, 1997)、《澳大利亚国家图书馆参考服务回顾委员会报告》(*Report of Committee of Review into Reference Services of the National Library of Australia*, Canberra, NLA. Co-authored, 1999)、《莫纳什大学非英语回顾委员会报告》(*Report of Committee of Review into the Provision of Languages Other Than English at Monash University*, Melbourne, Monash University Faculty of Arts. Co-authored, 1999)、《中国及其对尊严的追求》(*China and the Quest for Dignity*, The National Interest, 55, Spring, 47-59,

1999)、《尚未书写的未来中国历史》(*The Unfinished History of China's Future*, *Thesis Eleven*, 57, May, 17-31, 1999)、《历史的分量：20世纪中国的政治与文化》(*In the Scales of History*: *Politics and Culture in Twentieth Century China*, *Twentieth Century China*, 24.2, April, 1-28. 1999)、《21世纪的国际教育》(*International Education for the Twenty-First Century*: *Introducing "Asia" into Australian Education. Report to the Conference on Internationalisation of Education and China's Entry into the WTO*, Shanghai, May, 2000)、《他国》(*Another Country*, *Meanjin*, Vol. 60, No. 4:59-71. 2001)、《尽量扩大澳大利亚关于亚洲的知识》(Fitzgerald, J., Jeffrey, R. and Morris-Suzuki, T., *Maximizing Australia's Asia Knowledge*: *Repositioning and Renewal of a National Asset*, Melbourne, *Asian Studies Association of Australia*, xxii + 82pp., 2002)、《对澳大利亚的极大推动：联邦中对中国的声援》(*Advance Australia Fairly*: *Chinese Voices at Federation. Kathleen Fitzpatrick Lecture*, Melbourne, University of Melbourne History Occasional Papers, 2002)、《美图：澳大利亚对亚洲的了解》(*The Bigger Picture*: *Learning About Asia in Australia*, in Betty Schlesinger ed., *Engaging Schools in Asia*, Sydney, Association of Independent Schools, 1—15. 2002)、《华人世界秩序中的动力与形象》(Billy K. L., Fitzgerald, John, Jianli, Huang and Chin, James, K. eds., *Power and Identity in the Chinese World Order*: *Festschrift in Honour of Professor Wang Gungwu*, Hong Kong, Hong Kong University Press, ix+460 pp., 2003)、《中国省份研究再思考》(ed., *Rethinking China's Provinces*, London and New York, Routledge, 2002)、《大白谎：处在澳大利亚白人中的华裔》(新南威尔士出版社, 2007年)。

七、澳大利亚经济学家和外交家芮捷锐

芮捷锐(Geoff Raby, 1953—)，出生于澳大利亚墨尔本，在拉筹伯大学先后获经济学学士、硕士和博士学位，后任该校高级经济学讲师。

1986—1991年，他两度被派澳大利亚驻华使馆任经济处主任。1993年，他曾担任过外交外贸部长贸易政策顾问，并于1984—1986年在澳大利亚国家评估署工作。1991年，他在澳外交外贸部组建东北亚分析室(东亚分析室前身)，并于1991—1993年担任该室首任主任。1993—1995年，他

在巴黎任经济合作发展组织（OECD）贸易政策问题司司长。

芮捷锐曾在外交外贸部担任多个要职，2001—2002年，任国际组织和法律司司长；1998—2001年，任驻世界贸易组织大使（日内瓦）；1995—1998年，任贸易谈判司司长；2006年11月，任驻华大使兼驻蒙古国大使；2002年11月至2006年11月，担任澳大利亚外交外贸部副部长；2007年至2011年8月，任常驻中华人民共和国大使，同时兼任驻朝鲜民主主义人民共和国和蒙古国大使。

2011年8月，芮捷锐卸任政界职务进入商界，创建了咨询企业芮捷锐及顾问有限公司，担任董事长兼首席执行官。他还担任澳大利亚投资银行和基金管理企业麦格里集团（Macquarie Group）中国区副主席、澳五大律所之一的阔思律师事务（Corrs Chambers Westgarth）中国业务联席主席，以及慧智通远智能交通科技（北京）有限公司（Smart Trans）的董事长。芮捷锐还出任了数家上市企业包括澳大利亚第三大（世界第四）铁矿企业福特斯克金属集团（Fortescue Metals Group）、兖煤澳大利亚有限公司（Yancoal Australia）、亚太地区金矿企业大洋黄金（Oceana Gold）的独立董事。此外他还被聘任为咨询公关企业克雷布与嘉文·安德森（Kreab & Gavin Anderson）的中国战略顾问。

芮捷锐作为澳大利亚驻华大使在中国断断续续生活了20多年，去过新疆5次、西藏4次、云南3次，还去过甘肃、宁夏等少数民族地区。他对中国印象最深的是人民的活力、追求成功的意愿和国家的蓬勃发展。1949年中华人民共和国成立；1978年中国实施对外开放的政策，积极融入国际社会。中国经济发展速度是全球最快的，也是工业革命以来发展最快的，13亿多人民的生活水平得到了提高。中国在"十二五规划"中强调清洁能源、能源保护和绿色可持续发展，给全世界提供了前所未有的参与中国绿色发展的商机。北京的国家大剧院、后海、三里屯酒吧、爵士乐表演、宋庄艺术村和798艺术区，都是曾经使他流连忘返的地方。

芮捷锐也是一名知名学者。2010年，他受聘为南开大学客座教授；2011年，受聘为澳莫纳什大学经济学教授；2011年10月，被澳大利亚教育就业及工作关系部长任命为国际教育顾问委员会成员；2013年2月，他被授予四川省成都市荣誉市民称号，以表彰他在澳大利亚与四川成都的合作与交流当中所做的重要贡献。芮捷锐爱好文化艺术，任驻华大使期间筹划举办了丰富的文化交流活动，成功推动中澳两国互办文化年（2010—

2011)。业余时间他喜收藏当代艺术品,对葡萄酒和白酒研究有专门著述。

芮捷锐的主要著述有《生产不稳定与多种经营》(Production instability and the diversification of Phase I science in Australia: The case of the catarrh epizootics,1984)、《澳大利亚农村的发展:1788—1860 年技术与机构创造经济史》(Making Rural Australia: An Economic History of Technical & Institutional Creativity,1788-1860,1996)。

八、历任工党领袖、外交部部长和政府总理的陆克文

陆克文(Kevin Michael Rudd,1957—),出生于澳大利亚昆士兰州楠伯镇(Nambour),在家中四个孩子中行四,在父母就业的尤曼迪镇(Eumundi)一个奶牛场中长大成人。11 岁时,父亲阿尔伯特(Albert Rudd)遭车祸入院救治时感染败血症去世。因为家境寒微无法交房租,全家栖身的蜗居被房主收回。母亲玛格丽特(Margaret Rudd)带着 4 个孩子投靠亲戚,全家挤在一辆房车内艰难度日。少年时陆克文因感染了风湿热导致主动脉瓣损伤,成年后曾多次接受心脏瓣膜置换手术。童年的艰苦生活培养了他坚韧的性格。

1969 年,陆克文依靠教会福利机构的帮助,到布里斯班艾诗格罗夫玛丽会(Ashgrove Marist)修士学校就读。两年后,他母亲通过再就业培训成为护士,全家迁回楠伯镇,陆克文也转入当地州立中学(Nambour State High School)。他积极参加地区青年工党会议,并在中学担任辩论队队长,在澳大利亚青年演说大赛(Youth Speaks for Australia)中曾获昆士兰州第一名。

他小时候,母亲给他一本介绍世界古代文明的书,他第一次了解到中国文化,开始对亚洲历史和中国文学感兴趣。1976 年,他进入国立澳大利亚大学学习,主修汉语和中国历史,成绩优异。

1980 年,陆克文以"中国民主运动"作为他的学位论文选题,从中国香港收集资料,导师是考林·杰夫考特和汉学家李克曼(Pierre Ryckmans),以一级荣誉学位成绩毕业。同年他在台湾师范大学国语教学中心学习中文。

1981 年,陆克文从澳大利亚国立大学毕业后加入了工党,被招聘到澳大利亚外交部。初先他被派驻瑞典首都斯德哥尔摩,1984 年转派澳大利亚驻北京大使馆,负责征集和分析中国政治及经济形势资讯。1988 年,他

被提拔为外交部副部长助理,并加入了昆士兰州议会反对党领袖的韦恩·戈斯(Wayne Goss)竞选团队,协助他赢得了第二年的大选。戈斯出任昆士兰州州长后任命陆克文为幕僚长兼州政府内阁办事处总监。1995年,陆克文离开昆士兰州政府,出任毕马威(KPMG)会计师事务所中国事务顾问。1997年,出任澳大利亚昆士兰大学亚洲语言系副主任。

1998年,陆克文击败对手自由党在任议员,获得格里菲斯选区(Division of Griffith)的议席进入了国会众议院。2001年,他被提升为影子内阁外交部部长,位列前座议员(the frontbench)。

2003年,伊拉克萨达姆·侯赛因政权倒台,虽然陆克文对霍华德政府支持美国的立场持批判态度,但还是坚持澳美同盟的工党立场,因此成为一位有头有脸的工党议员。2003年年底,工党首领西蒙·克林(Simon Crean)受到党内前首领比兹利(Kim Beazley)的批评,同年年底,克林辞职,对此陆克文表示无意竞选党内空缺,但会投候选人比兹利的票。

比兹利后来被马克·莱瑟姆击败,陆克文与莱瑟姆的关系破裂,工党在2004年的大选中失败。2005年1月,莱瑟姆辞职,前党首比兹利当选,陆克文在比兹利的影子内阁中保住了原有职务,还被推选为影子贸易部长。2006年12月4日,陆克文在党内领袖会议上以49票对39票击败了比兹利,成为新一任工党的联邦领袖,并由女议员茱莉雅·吉拉德(Julia Gillard)出任副领袖。

陆克文在竞选谈话中提出了"新领导"与"新思想"的目标,承诺当选后将在劳资关系、教育、医疗和互联网基础设施建设等领域进行重点改革,承诺将签署《京都议定书》(Kyoto Protocol),并表示要维护与美国的战略关系,深化同中国和印度等亚洲国家的合作,从伊拉克撤出澳大利亚的战斗部队。

2007年12月3日,出身于昆士兰州的陆克文宣誓就任第26任澳大利亚总理,成为自第二次世界大战以来首位非新南威尔士州和维多利亚州出身的联邦总理,5个月后,成为《时代杂志》"全球百名最具影响力的人物"之一。陆克文上台后立即推动签署《京都议定书》和向澳大利亚土著人"被偷走的一代"(Indigenous Australians for the Stolen Generations)正式道歉。2007年12月3日,陆克文签署文书批准了《京都议定书》,澳大利亚正式承诺履行1997年各国议定书所规定的澳大利亚应对气候变化的责任。

2008年2月13日,陆克文在国会代表政府发表道歉声明,对过去实行的政策给澳大利亚土著带来的伤害,特别是对"被偷走的一代"的伤害进行正式道歉。

新澳大利亚政府在外交政策方面实行联合国、亚洲和美国兼顾的"三个支柱"政策(Three-Pillar Policy)。陆克文和当时美国总统奥巴马由于政治理念相似建立了良好的私人关系,陆克文的汉语能力又让他与中国领导人之间搭建起良好的联系桥梁。虽然力拓间谍案(spying Stern Hu)在一定程度上影响了中澳两国关系,但两国领导人的默契使双方关系很快平稳下来。2010年6月21日,时任中国国家副主席的习近平与陆克文在澳大利亚首都堪培拉举行会谈,双方签署了总值超过88亿美元的10项商业协议,其中7项涵盖了能源领域。有媒体分析家认为此举表明中澳关系已从力拓间谍案的纠纷低谷中走了出来。

2010年6月24日,因为工党内部矛盾陆克文被迫下台,职位由时任副总理的吉拉德接替,成为澳大利亚历史上第一届任期未满即下台的总理,后来陆克文在吉拉德内阁中获任外交部部长。2013年6月26日,陆克文在议会党团表决中击败了吉拉德,恢复了工党领袖的职位,第二天接受任命再次成为总理。

2013年7月1日,陆克文在第二次担任澳大利亚总理就新内阁的阵容进行说明时表示"中国的资源热已经终结",将强化制造业和服务业等资源以外产业,称此为"实现经济多样化,保持增长"。

陆克文在哥本哈根参加2009年联合国气候变化大会时,曾经与中华人民共和国与会代表进行了一场激烈争论。中方代表表达了拒绝签署所谓的排污交易计划(Emissions Trading Scheme,又称碳污染削减计划,Carbon Pollution Reduction Scheme)立场,媒体记者在陆克文当时的私下谈话中惊讶地发现他使用了与自己身份和教养不相符的脏话。

陆克文是澳大利亚的政治家和外交家,认为中国应当更多了解西方的各种关系和流派,不能简单地用"反华"和"亲华"来划分西方政界人物。他曾经因为对西藏人权问题表达关切而引起国际媒体注意。2008年,他在北京大学发表演说时以五四运动开篇,列举了中国历史上的蔡元培、陈独秀、胡适、李大钊、康有为、鲁迅等名人,并希望中国在像康有为所说的"大同世界"(harmonious world)中成为负责任的利益攸关者(responsible stakeholder)。

陆克文下野期间,曾多次在全球各地就中国问题发表演讲。外孙女出生后他多次以个人身份来华访问,还加入中国社交网站新浪、微博,与中国大众互动。有一次他接受中央电视台节目主持人访问时并不介意用"老陆"对他的称呼。

陆克文妻子李恩(Theresa Rein)毕业于心理学专业。1989年,她买下一家只有两个人的职业介绍公司,通过17年的努力,逐渐发展成为拥有1200名雇员、65家分公司的跨国人力资源管理服务的英格斯公司集团,业务范围扩展到了英国、法国和德国。在丈夫参选之前李恩出售了自己的股份,为的是避免违法之嫌。

陆克文夫妇育有两个孩子:女儿陆杰喜(Jessica),1984年出生,政治文学士和法学士毕业,2007年和中国香港移民澳大利亚的潮州人谢若谷(Albert Tse)结婚;儿子陆雨德(Nicholas),1986年出生,接受过大学法律和中文教育,2005年曾留学上海复旦大学,现任职律师。

九、从媒体、律师所、银行、企业进入政界的谭宝

谭宝(Malcolm Turnbull,1955—),曾在悉尼大学主修法律和政治学专业,后以澳大利亚电视第九频道和澳洲时事刊物《公报》(The Bulletin)的记者身份第一次接触政治。1986年,他创立了个人的律师事务所,还先后成为银行家、企业家,并当过通信部部长。

2015年9月15日,谭宝在党内选举中以10票优势打败了对手艾伯特(Albert),成为新任自由党党魁,于是接任澳大利亚新总理便顺理成章。《澳大利亚人报》分析称,对于澳大利亚新总理来讲,妥善处理与中国的关系可能是一个最大的挑战。中国占澳大利亚出口商品市场三分之一的份额,与其他大宗商品出口国及亚太地区合作伙伴相比,澳大利亚对中国的依赖程度,无论在经济上还是战略上怎么强调都不过分。

谭宝熟悉中国近代史,早在20世纪90年代他就投资了中国矿业项目。他的妻子是历史上第一位悉尼市女市长,儿媳是澳籍华裔,家庭对他了解中国重要性提供了优越条件。他曾在悉尼举行的澳中商务周(Australia-China Business Week)期间指出了澳中自由贸易协定(FTA)的重要意义在于奠定了澳大利亚繁荣发展的最重要基石。显然,当好澳大利亚新总理他比任何其他联盟党成员都更具备充足条件。

虽然中国已是澳洲服务业出口的最大市场,但主要集中在旅游和教育领域,比率高达60%,其他行业失调严重。谭宝表示,澳洲不仅要保证大宗商品的出口,还要拓展与中国在其他方面的经济贸易往来,澳中自由贸易协定就是其中重要的一环。他认为,澳洲各企业在中国开拓市场从未变得像今天这般容易,中国蓬勃发展的电子商务给澳洲企业带来了巨大的出口商机。据报道,中国在线零售市场年总值当时约为5000亿澳大利亚元,规模超过了美国市场。包括阿里巴巴和京东在内的电商业巨头均已先后涉足澳洲市场。作为曾经的信息技术(IT)企业家,谭宝对创新型企业特别关注,他在多次讲话中提及中国新兴手机制造商小米,认为这家企业就是"中国式创新"的典范。谭宝充满自信地说,澳洲教育能够与中国创新经济紧密相连,必须尽力提高澳大利亚大学声誉,确保高等教育事业始终处于有利的竞争地位。

澳大利亚媒体界长期以来把能讲一口流利普通话的陆克文视为"中国通",就对中国经济和历史的了解而言,谭宝可能与陆克文不相上下,是通晓中国文化和国情的另一位澳大利亚政治家。根据他的观察,中国与苏联和美国在国家发展方式的不同之处是,中国以和平方式取得了世界经济政治大国地位,虽然有波折,但是没有大起大落。第二次世界大战期间中国是澳大利亚的坚定盟友,他对近代史上中国所遭受的屈辱表示同情。舆论界相信谭宝上任后将为澳大利亚对华外交政策带来积极影响。

谭宝高度认可中国企业自主创新的能力和知识产权的注册量。他批评艾伯特政府时期澳大利亚高校招收海外学生的态度和做法,反对把海外学生当作印钞机,而应该为提高他们的自我价值观做更多工作。人们有理由相信,谭宝上任后澳大利亚的教育事业将会以更开放的态度迎接海外留学生,并在国际上提高澳大利亚教育业的整体竞争力,吸引更多优秀的学生来澳大利亚深造发展。这是一种向中国看齐、仿效中国适应创新力、高度重视海外留学生的态度。

谭宝与艾伯特在治国政见上有两个主要分歧。在同性婚姻问题上谭宝声称将投票支持同性婚姻合法化,在气候变化问题上他呼吁采取更有效的措施来遏制全球变暖的势头。

2015年9月15日澳大利亚自由党新当选党首谭宝在总督府宣誓就任,成为澳大利亚第29任总理。

第六章
孕育于大洋洲人文共同体的新西兰汉学

被称为"长白云之乡"(The Land of the Long White Cloud)的新西兰位于太平洋西南部,由北岛(North Island)、南岛(South Island)和斯图尔特岛(Stewart Island)等岛屿组成,西隔塔斯曼海与澳大利亚遥遥相望,北邻汤加、斐济和新喀里多尼亚,国土面积约为27万平方千米。

一亿年前,新西兰从冈瓦纳古陆(Gondwanaland)分离,在史前5000万年中岛国的许多动植物便在孤立的环境中繁衍。有学者考证,公元10世纪,库克群岛和塔希蒂的波利尼西亚航海家曾乘坐独木舟前往新西兰,在此后的200多年中开始出现了一些定居点(The Settlement)。1642年,荷兰航海家阿贝尔·扬松·塔斯曼在一次远洋探险中进入了新西兰的西海岸水域,因为受到毛利人的拦截而仓皇逃离。后来他以荷兰地名"新西兰"(Nieuw Zeeland)命名这片土地,并绘制了部分西海岸区域的地图,给世人留下了这片待开发土地的线索和希望。

1350年起,毛利人在新西兰定居。1769年至1777年,英国皇家库克船长先后5次到访新西兰,随后捕捞海豹和鲸鱼的渔民和传教士也纷纷加入开发团队,在各方势力的竞争中英国正式宣布对新西兰的占领。

1840年,新西兰的土著人口约为10万人,大约有2000名欧洲定居者散居于沿海地区。当时新西兰没有统一的行政机构和组织,毛利人和白人团体请求英国当局提供保护,制定法律并维护社会秩序。同年2月6日,毛利人和英国王室在岛屿湾的怀唐伊镇签署了《怀唐伊条约》(Waitangi Treaty),规定土著毛利人可继续拥有自己的土地、森林和渔场,西方开拓者可定居新西兰,新西兰人可享有英国公民的权利。1907年,新西兰成为一个政治、经济、外交由英国控制的自治领,1947年,才转变为英联邦内的主权国家。

19世纪80年代,新西兰人口增加到20万人,铁路和公路网纵横交错,农业和畜牧业构成了新西兰的经济支柱。英国对新西兰的政治和文化继续施加影响,成千上万的新西兰人曾以英国军人身份参加了第一次世界大战,其中有一半的参战者死于战争或负伤。第二次世界大战爆发后,大约有10%的新西兰人出国参战。20世纪50年代,新西兰经济开始繁荣,对外交往扩大。

关于在南太平洋的2.5万个岛屿上最初的居民的来源问题,澳大利亚国立大学考古学家彼得·贝伍(Peter Bellwoo)认为早期大洋洲的航海者可能主要来自中国。他的依据是:已发现的拉皮塔文化遗存(Lapita Cultural Remains)的陶器、黑曜岩和贝壳饰物在地理空间上的分布均属于6000年前在华南和台湾出现的农耕文化的衍生物;从语言学方面考察,正如夏威夷大学语言学家罗伯特·布鲁斯特(Robert Blust)所发现,若把南岛语系的1200种语言归纳为10个语族就会发现,其中9个语族都与闽南语有惊人相似之处,这一亲缘关系还延伸到中国台湾及大洋洲原始南岛语言(Proto-Austronesian);从遗传学角度追索,大约90%—95%的波利尼西亚人都有一种广泛存在于东南亚人身体上的遗传缺失。

英国退休海军军官凯文·孟希斯(Gavin Menzis,1937—)凭借一张1424年代海图的资讯,进行了为期15年的研究,撰写了《1421年:中国发现了世界》(*1421:The Year China Discovered the World*)一书,确认明成祖永乐十九年(1421)2月5日郑和为"宣德化而柔远人",带领3万将士从中国东海出发,先后横穿太平洋、大西洋和印度洋,经过麦哲伦海峡、南极洲、新西兰和澳大利亚,在两年时间内遍游地球一周。历史的纵横关系链总是把南太平洋两个大国——澳大利亚和新西兰连接在一起。

加德士石油公司退休海事工程师塞德里克·贝尔,根据《1421年:中国发现了世界》提供的信息,曾于2003年利用两次到新西兰看望儿子的机会进行了考古工作。他坚信2000年前就有中国海船到访过新西兰,1000多年前当今新西兰南岛的基督城植物公园已出现一个居民多达4000人的中国城,基督城其实就是南岛的中国人都城。

中新两国之间有文字记录的交往可追溯到18世纪70年代。19世纪初的广州和澳门一度成为新西兰外贸商人的第一个国际豹皮市场。1860年,华人移民新西兰,除了那里的肥沃可耕地外,在奥塔哥(Otago)和西海岸的金矿开采也是吸引他们的因素。1864年,新西兰南岛奥塔哥省向中国招募矿工,当时正值太平天国运动,中国社会动荡,很多人为避战乱选择了应募前往。5 年后,共有 2000 多名华工远赴新西兰,其中多半来自广东。

19 世纪 60 年代,一批广东农民前往新西兰南岛奥塔哥淘金。由于路途遥远,交通闭塞,他们无法与国内取得联系。一些新西兰传教士出于对华工的同情,为他们办班学习圣经和英语,帮助他们与国内亲友取得联系。从 19 世纪 90 年代起,新西兰长老会传道团先后派遣了 20 人到广州传教。1896 年,牧师亚历山大·唐(Alexander Tang)等人在江村建医院办学校,为村民提供医疗服务,受到欢迎。抗日战争爆发后他们与广州民众同甘苦共患难。

1884 年,安妮·伊莎贝尔·詹姆斯(Annie Isabella James,中文名泽国)出生于新西兰奥塔哥的奥特坡普(Otepopo)的一个农民家庭,有兄弟和姐妹各 6 人。因为家境清贫,6 岁时她就开始干农活。9 岁时母亲去世后她离家到达尼丁市打工,后加入了当地长老会青年团。1910—1911 年,她在长老会妇女培训学校学习教会史;1912 年 9 月,被按立为执事。广州乡村传道团牧师亚历山大·唐和麦沾恩帮助她学习中文,为她后来到广州江村传教做好准备。

1914 年,她回新西兰治病期间学习了助产护理培训课程,结业后重返广州。第二年,江村的普惠医院(The Hospital of Universal Love)建成,她被安排在江村女子学校工作,在向当地妇女儿童传教的同时提供医疗服务。1921 年,她再次回国进修妇产科课程,获得助产士资格证书后返回江村。

1929 年,她在墨尔本学习了两个月的儿童福利专业课程,回广州后应邀到偏僻的小县城从化开办普惠医院街口分院,负责产科、巡回医疗和护士培训工作,同时还承担了主日学校和儿童日托服务。她用广州口语编写了一套婴儿哺育护理手册,自己还收养了 5 个被遗弃的幼儿。

1935—1936 年,她在养女梁贝蒂(Betty Leung)陪伴下回新西兰休假,不久再次返回广州。1937 年 10 月,日军轰炸并入侵街口,她不得不在一座寺庙另立一处医疗站。1942 年,情况有所好转,她返回街口诊所,在几名护士助理的帮助下不断为从化平民送医送药。1946—1947 年,她回新西兰治病,同时为重建街口医院寻求社会援助。1951 年 5 月 13 日,她离开广州到香港,在一处难童之家工作直到 1953 年 3 月退休。1965 年 2 月 6 日,安妮·伊莎贝尔·詹姆斯病逝于奥克兰。在社会动荡战火弥漫的艰难岁月,她在中国的穷乡僻壤献出青壮年华 40 多年,令人敬重。新西兰与中国之间的友好关系的建立,包含着许多像安妮这样的普通人的无私奉献。

约瑟夫·英斯(Joseph Ings,？—1906)也是一位新西兰与中国文化交流事业的参与者和见证人。他是达尼丁浸信会一位牧师之子,在兄弟姐妹中排行第五。年轻时,他对住家附近的华工生活和境遇非常同情,曾在家为他们开班教授圣经和英语,同时也跟他们学习粤语。

1897 年,他随牧师亚历山大·唐以及美国、日本和英国的传教士到广州进行了为期三个月的考察,决心来华传教。

他曾连续 3 年慷慨资助达尼丁市华人教会。1898 年 5 月,他就读于一所专科学校,两年后通过了医学预科考试。1900 年 3 月,他转学爱丁堡大学攻读医科,1905 年 7 月,获得硕士学位。回新西兰后他与一位临床经验丰富的苏格兰女子杰西·威尔逊(Jessie Wilson)相识相恋,结婚成家,并一起加入了新西兰长老会的广州传道团。1905 年 12 月 29 日,他携新婚妻子到达广州,在江村普惠医院工作,同事和患者都热情地称呼他为"伍医生"。1906 年 8 月 16 日,他因感染痢疾不幸去世。他的夫人在寡居中坚守岗位,1907 年,曾担任当地医疗传道协会(Medical Missionary Asscociation)的护士长,一直工作到 1923 年。

许多新西兰华工移民在归期无望的岁月中,申请加入了当地的慈善互助机构昌盛堂并定期缴纳会费。昌盛堂的首任会长为中国商人徐肇开。1883 年,他曾将长眠奥塔哥的 230 具矿工遗骸送还家乡,被认为是件功德无量的善事。1902 年,载着 499 名华人矿工遗骨的轮船"文特诺"号从新西兰首都惠灵顿出发前往中国香港。船上除了船员外,还有几位华人老者获准同行照管亡故华工的棺木。"文特诺"号离开惠灵顿的第二天不幸在塔拉纳基海岸附近触礁,行驶到赫基昂加港时船体开始下沉。后来 4 艘前往营救的救生艇载着船上的人员逃生,其中 3 艘平安靠岸了,但是最后一艘却失联。几年后,有 33 具华人棺木在风浪中被冲上了出事地点的海滩,当地的毛利人将这些棺木埋葬在一座山下。长期以来在毛利人中流传着有关这一海难的奇闻逸事,许多华人呼吁把"文特诺"号打捞上岸,让那些亡灵回归故土。

2012 年 12 月,新西兰独立制片人约翰·艾伯特(John Albert)的文特诺项目团队在赫基昂加港 150 米深的海底找到了"文特诺"号的残骸。这一海难虽然令人心酸,但也是中国和新西兰两国人民交往的重要史证,华工对新西兰早期贡献的文化和价值举世认同。

南岛皇后区附近有一个箭竹镇(Arrow Town),是早期华人的定居点,1886年至1906年,共有25名男性华工在那里采金。随着岁月推移,他们先后老死。1983年,当地行政管理当局按照资料记载和老人的记忆恢复了原来的样貌。如今那里已经看不到任何华人,只有流淌的小河和矮小的窝棚,以及华工曾经使用过的各种工具,向祭奠者诉说早年华人移民的艰辛。

如同澳大利亚的情况一样,新西兰华人移民的不同文化和生活方式曾经成为当地排华势力制造事端的借口。1881年,约翰·赫尔(John Hall)政府通过了限制华人入境的《华人移民法案》(*Chinese Immigration Act*),规定每名华人入境者需缴纳10英镑人头税(Poll Tax),靠港船只每10吨货物只允许携带一名华人上岸。1896年,理查德·瑟登(Richard Seddon)政府更将每名华工缴费标准提高到100英镑,每200吨货物才允许携带一名华人。据估计,大约先后有4500名华人缴纳了约30万英镑的人头税,直到1944年该法案才被撤销。

1972年12月22日,新西兰与中华人民共和国建立外交关系。1987年以后,华人移民新西兰逐年递增。在2001年新西兰全国人口统计中,华人人口总数为10万多人,占新西兰人口总数的3%。从1986—2001年的15年中,华人移民增长了8.5万多人,其中不少人为科技、教育、医学等方面的精英。早先华人移民主要集中在北岛,第三次华人移民高潮(1987)后,华人移民开始在奥克兰东区和北岸等新城区会聚,惠灵顿、基督城、哈密尔顿等地开始形成华人的聚居点。新西兰的国情变化和发展方式与澳大利亚有许多相同之处,为其汉学发展奠定了基础。

随着中国国际地位的提高,经济实力的增强,新西兰政府对华人群体越来越重视,他们的社会地位也得到明显的提高。新西兰政府曾为华人举办农历新年庆祝酒会,2002年,海伦·克拉克总理就该国历史上向华人征收入境人头税道歉,华人参政议政的人数逐渐增加。媒体数字显示:新西兰是同中国签署双边准入世贸组织、承认中国经济市场地位并率先同中国签署自由贸易协定的第一个西方国家。

新西兰汉学起步于第二次世界大战之前,但是因为人口少,早期外交、政治、经济由英国控制,与中国直接交往有限,加之学术上沿袭欧美模式,发展缓慢。

第二次世界大战结束后情况有所改善,在路易·艾黎(Rewi Alley,1897—1987)、贝特兰(James Bertram, 1910—1993)和布坎南(Keith Buchanan)等人的带动下,许多华裔学者根据自己的选题积极参与中国问题研究。不过总体上看课题比较分散,集体项目少,与同一人文共同体的另一成员——澳大利亚的汉学研究比较起来力量显得单薄。

20世纪70—80年代之后,新西兰亚洲研究所(New Zealand Asian Studies Society)等文化学术机构正式成立,还创办了《亚洲季刊》和《新西兰亚洲研究杂志》等刊物,涌现了玛利亚·加利科夫斯基、林敏、哈玫丽、康浩(Paul Clark)、纪保宁(Pauline Keatings)等学者。

1972年中国和新西兰建交之后,新西兰汉学研究力度加大,涌现了一批专家学者,课题范围扩大到中国政治、文化、经济和教育等人文和社会学科领域,在南太平洋学术界有其独特的作用和地位。

一、新西兰政界、商界和学界对中国经济的研究

2008年4月7日,《中华人民共和国政府和新西兰政府自由贸易协定》正式签订,新西兰成为中国农产品重要的进口来源地,中国成为新西兰工业品进口的主流国家。1992年,两国贸易额仅为3.66亿美元,2006年达到29.34亿美元,是1992年的8倍多,创造了历史新高。在此后数年中国的贸易地位发生了逆转:从净进口国变为净出口国,出口到新西兰的产品以工业制成品,特别是高新技术和高附加值产品为主,这有利于两国贸易条件的改善和贸易利益的增加。

2014年7月2日,新西兰贸易部长蒂姆·格罗泽(Hon Tim Groser)在惠灵顿维多利亚大学举行的中国问题研讨会上告诉多名中国问题研究学者说,新西兰加入跨太平洋伙伴关系条约国(Trans-Pacific Partnership)是为减轻本国出口商在中国市场可能遇到的经济风险,新西兰正面临着类似的风险。现在124个国家视中国为最大贸易伙伴,无人不感到惊讶。如果中国的经济发展放缓或面临更糟的局面,所有出口市场发展都将减速。即便不向中国直接出口任何商品和服务的国家也将受到波及。加入跨太平洋伙伴关系国家是为了在风险中保持平衡,以便给有关企业更多选择。他认为新西兰经济规模小,受到世界主要市场经济不景气的牵连是常有的事,掌握灵活的经济策略对于新西兰来说十分重要,签署跨太平洋伙伴关

系协定是为了通过市场主导的政策工具应对外部影响。2017年5月4日，新西兰已成为第二个批准不包括美国在内的跨太平洋伙伴关系国家的协议。

按照格罗泽的说法,中国无疑是新西兰减少外债、增加出口收入的最重要伙伴,不过一旦中国经济出现问题,新西兰必将受到影响。

但是格罗泽个人对于中国经济增长速度放缓可能带来极大风险的说法并不认同。他指出,虽然最近几年中国的国内生产总值增长率降低到大约7%,不如先前两位数的增长率,但是国内生产总值每年的增量却比7—8年前增加了。即便在中国经济增长放缓阶段,新西兰对中国的出口仍保持较快速度增长。

2014年,亚太经合组织(APEC)会议在北京召开期间,新西兰惠灵顿维多利亚大学国际营销和商务学院教授洪生辉(Siah Hwee Ang)说,亚太地区是中国推动国内经济增长的重要领域。与亚洲其他发展中的经济体相比,中国的经济状况相对更好,在亚太地区经济发展中能够发挥关键作用。就中国提出以改革创新推动经济升级发展的理念,他认为中国创新型经济增长无疑将对其他经济体产生影响,面对中国的竞争必须加速自身调整,以此推动地区经济的发展。关于亚太自贸区的建设问题,他说强化贸易结构性发展必将推动全球的经济发展,新西兰学界看好中国发挥的作用和贡献。

2015年2月,普华永道(Price Waterhouse Coopers)新西兰公司公布了《2050年的世界:全球经济力量转移会继续吗》的研究报告,针对世界最大的32个经济体的国内生产总值(GDP)开展了长期预测,时间跨度至2050年。该公司经济部主任克里斯·莫尼(Chris Money)在一次讲话中说,新西兰的前途确实系于中国,我们的预测与新西兰政府在环太平洋地区(中国、印度尼西亚、墨西哥和俄国等)签订贸易协定的观点是一致的,预测中的范围都是到2050年发展最快的国家。近期按购买力平价(Purchasing Power Parity)中国与美国相同(各为17万亿美元),但到2050年中国按购买力平价的国内生产总值会增加3倍达到61万亿美元,这将比美国高出25%,大约超过欧盟各国国内生产总值总数的3倍。

该报告预测,到2030年无论从任何角度来看中国都将成为最大的经济体,但是在2020年后,由于人口老化和高投资比率收益下降,中国经济增长的速度将逐步减缓,需要依靠创新而非复制手段来提高生产力。与这一相同时段的全球经济实力将从美国、西欧和日本转移的趋势却是无法改变的现实。①

2016年4月19日,新西兰总理约翰·基为推进中国和新西兰自贸协定升级访华。他说中新两国在机电产品、农牧业、环保技术、清洁能源和服务贸易等方面已有很大的合作空间,希望进一步扩大新西兰的乳制品和肉制品在中国市场的份额。中国经济在过去20—30年中高速发展,增长率达到过两位数,现在增长率有所调整,但是中国经济基数大,每年的增长仍然相当可观。

几年前中国经济的结构开始发生变化,从以工业生产和出口为主导的经济转向知识型和服务型经济,运用互联网技术打造销售平台带来的机遇令人振奋。中国银行虽然面临新问题和新选择,但是总体仍然强劲稳健。新西兰看好中国经济转型前景,加强两国在各个领域的合作为最佳选择。中国人口多,购买力大,良性循环的规律支持其运作。中国市场经济的迅速发展为私人领域扩大提供了保证,不断释放的持续改革信号为私营企业的扩展营造了必要的市场环境。

2017年12月5日,新西兰副总理兼外交部部长温斯顿·彼得斯(Winston Peters, 1945—)在惠灵顿维多利亚大学为纪念新中建交45周年发表了一次公开演说。在回顾华人矿工第一次登陆新西兰和2007年他以外长身份首次访华的历史后,他呼吁新西兰政府继续寻求与中国密切合作的机会,为两国持续发展的经济和人民的福祉而加倍努力。他提醒西方评论人士在对中国的自由和法律做出评判时,应该注意中国经济转型过程需要安置10多亿人口的事实,需要更多关注中国的经济成就。彼得斯是一位新西兰政坛老将,在从政40多年中曾经因反对移民、尖锐批评中国投资和影响力、批判华人移民父母"占用新西兰过多资源"而出名。他的这次表态让不少媒体和观察家感到意外,但是却平息了人们对其所持贸易保护立场可能导致两国关系紧张的担忧。

中国共产党第十九次全国代表大会在北京召开前夕,新西兰当代中国研究中心执行总裁杰森·杨(Jason Young)就中共十八大以来所取得的成绩与中国未来的经济发展发表了看法。新西兰政府认为,新中关系是历史

---

① 中国商务部驻新西兰经商参处:《新西兰研究报告预测2030年中国经济规模第一,新西兰的前途系于中国》2015年2月12日。

进入21世纪以来最为重要的双边关系之一。新西兰当代中国研究中心于2017年10月底在奥克兰大学召开的金融会议主要议题就是人民币的国际化问题。中共十八大以来经历了进一步深化改革的5年，人们最深刻的感受就是中国的全球化战略，特别是中国与新西兰在经济、贸易和人文方面不断深入的交流，几乎每年都有双方各领域高层人士的互访，每一次互访都促成经贸合作的进一步升级。

杰森表示他非常关注中共十九大的召开，中国未来经济政治的走向，都与新西兰企业所关注的投资环境息息相关。他相信未来的中国一定会更加全球化，国际政治和经济地位都将得到进一步加强。中国的繁荣稳定对于世界发展至关重要，他期待新西兰与中国的自贸协定升级谈判能够顺利进行。

二、中国文学在新西兰作家、译者和读者中的传播

早先的新西兰华人移民因为工作性质和文化环境等关系，平时几乎没有什么文化生活，少数人可能从中国随身带去一些文艺用品和个人喜爱的书刊，如乐器、工尺谱和传抄的故事歌谣或画册，个别人可能带去四大奇书（《三国演义》《水浒传》《西游记》《红楼梦》）等。

新西兰出版的刊物有时刊载一些介绍中国国情、文学艺术信息或者当地学者介绍中国文学的文章。1947年创刊的杂志《着陆》(*Landfall*)是新西兰当时最重要的杂志之一。1955年第4期曾刊发过一篇关于周立波《暴风骤雨》英译本的书评。1956年第3期该刊刊发了几位学者笔谈中国的农村、人口、历史、创作、艺术以及中苏关系等方面的问题。1986年创刊的杂志《逆流》(*Crosscurrent*)在第2期刊发了一篇文章介绍1976年前后中国的伤痕文学(wound literature)、反思文学(reflective literature)和地方文学(regional literature)，以及1976年以来的中国新老作家、创作技巧、文学批评和发展趋势，称这个时期是1949年以来"文学创作的黄金时代"。《逆流》第3期刊发了新西兰诗人兼小说家詹姆斯·诺克里夫(James Norcliffe)的一篇文章全面介绍了鲁迅生平及其《狂人日记》《药》《阿Q正传》和《茶杯里的风波》等小说。

新西兰诗人、作家、翻译家路易·艾黎于1927年来华后英译的中国古诗和现代诗共11辑：《李白诗歌二百首》(*Li Bai：200 Selected Poems*)、《杜

甫诗选》(Du Fu Selected Poems)、《唐宋诗选》(Tang and Song Selected Poems)、《白居易诗选200首》(Bai Juyi:200 Selected Poems)、《胡笳十八拍》(The Eighteen Laments)、《少数民族诗歌选》(Folk Poems from China's Minorities)等。他的《杜甫诗选》是向英语世界读者介绍杜诗及其爱国情怀的译著。1957年年底他访问成都时，特地去杜甫草堂拜谒，他所看到的历代杜诗版本、楹联匾额、拓片书画让他十分惊叹。他在留言中写道："杜甫的诗歌能够有助于带给我们对一种精神的理解，这是一种无论你身在何处都能感动所有中国人民的精神。"赵朴初在为艾黎英译的《李白诗选》所写序言中说："他完全摆脱了许多译者对中国诗歌体裁与英国诗歌格调的拘泥，例如，绝句必须列为四行，律诗必须列为八行，杂言句法参差错落之处也要设法进行相应的凑合等。艾黎先生干脆丢开这些，直接按照自己的特殊风格，用普通自然的口语，忠实地、委婉地、必要时可曲折地把原诗的意思表示出来。这样，不仅避免了许多劳而无功的勉强牵合，并且可用另一种方式来表现李白的'清水出芙蓉，天然去雕饰'的特色。"①

早期新西兰研究和翻译中国文学作品的学者多数是华裔专家，惠灵顿维多利亚大学中国研究教授、中文系主任和博士生导师王一燕就是其中一位。她长期从事中国现代文学与文化领域的研究，对于上至鲁迅，下及莫言都有深入研究。围绕中国当代社会与文化变迁，她推出了"小说与视觉文化""中外翻译与文化传播""中国文学的现代性与叙事的百年互动"和"文学延续与缎带"等系列成果，在新西兰中国研究领域中堪称可圈可点的人物。她围绕"地方故事与国家认同"的主题先后发表了与中国西北作家贾平凹访谈记录《也谈贾平凹》(2003)、《说家园乡情，谈国族身份：试论贾平凹乡土小说》(2003)、《叙述中国——贾平凹的小说世界》(2006)。

伍晓明(Wu Xiaoming)，1986年毕业于北京大学中国文学与比较文学专业，获硕士学位。他从事比较文学和西方文学理论研究，曾翻译伊格尔顿(Terry Eagleton, 1943—)所著的《二十世纪西方文学理论》(Literary Theory:An Introduction)以及马丁·华莱士(Wallace Martin)的《当代叙事学》(Theories of Narrative)。1996年，伍晓明毕业于英国萨塞克斯大学(University of Sussex)哲学系，获博士学位，回国后任天津社会科学院文学研究所研究员，北京大学比较文学暨文化研究所讲师，现任新西兰坎特伯

---

① 赵朴初：《英译〈李白诗选〉序》，香港三联书店，1979年。

雷大学语言文化学院中文系高级讲师。目前他的研究领域为先秦儒家和道家思想的研究,探究《论语》和《老子》等作品的文学价值和思想内涵,并试用法国文学理论家列为纳斯(Immannuel Levinas)的理论来解读中国古代文学典籍,在新西兰可谓独树一帜。

新西兰学者韩南的主要研究领域是金学与红学、19世纪晚清言情小说和现代中国文学。他的治学特点之一是注重考证,原来钻研古代小说,晚年转入现代小说研究,尝试通过鲁迅等名家的小说找出作者的叙事模式与古典小说模式的联系和变化,以及跟东欧模式之间的关系。"考证"是学人查阅古代文献必需的一项基本功,研究人员学问的深浅高下皆可从这一修养中得到启示。韩南治学的特点之二是他运用西方文学理论对中国古典小说进行研究,包括作品中人物话语的理论模式、逻辑模式、叙说模式和节奏模式。在新西兰中国文学研究领域中他一直被视为"大师级学者"。

邓肯·坎贝尔不仅是翻译家,对于中国古典文学也有深入研究。他曾翻译袁宏道、袁中道、王思任、张岱、郑元勋、祁彪佳等人的作品。他认为,中国的古典文学在宋朝已经发展到了巅峰,他个人对明清文学更情有独钟。他所翻译张岱的两本散文集《陶庵梦忆》和《西湖梦寻》都是明末清初社会动荡时期的作品,反映了中国知识分子在社会变迁年代的心态。他对于中国现代文学同样感兴趣,翻译并出版了钱锺书的《七缀集》,力求表现作者"打通而抬出新意"的治学目标。

日籍新西兰学者梅丽莎·井上(Melissa Inouye),生长于美国加利福尼亚州科斯塔梅萨,曾任哈佛大学东亚语言与文明系高级讲师,在洛杉矶加利福尼亚大学教授中国和亚洲历史,在香港大学教授美国宗教史,现任奥克兰大学文化语言系高级讲师。她的学术领域是中国现代史、中国基督教史、中国宗教和摩门教研究,眼下聚焦于20世纪中国史、19至20世纪中国基层结社、中国的精神文明、中华文化与道德意识形态等。近期她主要研究儒家社会中妇女的作用和地位问题,从中国历史与宗教的角度考察中国现当代文学,探讨中国文学深远浓厚的文化背景。

2013年9月下旬,新西兰国家博物馆举行《李白诗选》英译本发布会,维多利亚大学孔子学院和新西兰文学翻译中心共同策划完成了该书的翻译出版工作。本校孔子学院院长罗辉向中国驻新西兰大使馆赠书时说,李白是中国历史上最伟大的诗人之一,他的诗作是中国古典文学的重要代表,他们还将继续选择翻译更多有代表性的中国文学作品,充实这个"外交系列"项目。与会嘉宾表示,文学翻译是文化交流的重要组成部分,是增进不同文化背景人群之间了解的有效途径,期待有更多优秀的中国文学作品向新西兰读者推介,进一步推动中新两国文化交流。

三、新西兰华文教育的开展与研究

新西兰是一个移民国家,华文教育起步较晚,1966 年,奥克兰大学率先成立了亚洲语言文学系,开始了正规的华文教学与研究。1968 年,奥克兰华人社区中心(Auckland Chinese Community Centre)也开办了华文义校,此后各种语言班和私立学校逐年增加,但是规模和影响却很有限。

20 世纪 80 年代,新西兰教育部决定把"中六华文证书"作为学生校内评估体系,但是因为各种原因只有少数学校响应。

1972 年,惠灵顿维多利亚大学正式开设华文课程,标志着华文的推广已从社团层面转入社会。1987 年,新西兰政府取消了过去带有浓厚种族色彩的移民条例,由此引发了一个前所未有的移民潮改变了人口结构,使华人社会呈现出人数众多、影响面广以及素质优越等特点。这些变化给当地华人社区带来了直接影响,成为推动华文教育发展的动力。

据统计,1989 年,新西兰学习华文课程的学生只有 61 名,通过函授课程学习华文的成年人更少;1992 年,新西兰教育部指令为非华裔学生开设正式华文课程;1995 年,在校学习华文的中小学生共 244 人;到 1996 年,学习华文的小学生增加到 1325 人,中学生增加到 1046 人。就开设华文课程的学校规模而言,全新西兰共有 60 所中小学、6 所大学和 7 所理工学院授权招生开课。1998 年,新西兰教育部又将华文列为全国大学入学考试的外语科目之一;1999 年,首届华文考试开始执行,非华裔学生可于完成"新西兰华文课程纲要"规定的八个阶段之后在大学入学考试时报考华文;2000 年,新西兰教育部将华文纳入了中学会考的外语考试科目。至此,华文与日文、法文和德文等其他外语平等地享有发展空间。

资料显示,2013 年,新西兰华人人口总数约为 13 万人。这些新移民,尤其是来自中国的新移民,多数受过良好教育,在专业才能方面独具优势,事业心起点高,受到新西兰政府的重视,当地华文教育就是在这样的背景下得到了快速发展。据媒体报道,越来越多的新西兰市民意识到亚洲人的存在和亚洲的重要性。

根据新西兰教育协会统计,1992年全新西兰共有70所中小学开设华文课程。其中44所为完全中学(9—13年级),5所含初中预备班的中学(7—13年级),11所只含7、8年级的初中,10所为小学(设置分别为1—6年级或1—8年级)。华文教师共有72名,其中9名为新西兰人,其余来自中国,也有少部分是马来西亚华人或华人后裔。除此以外,私立中小学亦普遍开设了华文选修课程。还有一些华人社团和教会组织专为学习华文文化而设立周末华文学校(班)或周末小区学校。

《新西兰与中国的自由贸易协定》规定,在新西兰执教的华文教师任何时候都可以多达150名。奥克兰孔子学院新方院长姚载瑜(Nora Yao)说,经过他们的努力,2012年,学习华文的新西兰学生增加了40%,他们将会吸引更多的人来学习华文。

在新西兰大学学习华文课程的学生,可根据需要系统学习华文口语、商务初阶、实用语法、唐诗宋词、现代文学、高级翻译、中国文明史或者中国电影百年等课程。

20世纪80年代后期,新西兰政府放宽了移民政策,吸引了大批华商。华文被认为是有实际经济效益的国际性语言,学生普遍把华文纳入选修科目之中。各大学更纷纷开设汉语课,北岛的梅西大学于1989年开设中文函授教学,一年后卡图大学也设立了中文学位专业。南岛的奥塔戈大学和坎特伯雷大学于90年代早期及中期设立了中文硕士和学士课程。目前新西兰的7所大学中已有6所大学设有中文专业,其中最具规模的是奥克兰大学亚语系,已培养出博士、硕士、学士多名,还向美国、英国、澳大利亚的一些大学及研究机构输送了人才。

中国和新西兰之间的外交、经济、文化和教育关系的发展也使新西兰政府的语言政策有所改变。1992年,新西兰政府颁布的国家语言政策报告中,汉语因为在国际文化交流中的重要意义被定为"一级"。同年,新西兰教育部指令国家课程体制规划组把在中小学推广华语任务纳入了教学计划。

第一节　新西兰汉学研究代表人物扫描

如果把新西兰与中国一个多世纪的文化交往历程看作一项重大的人

文学术工程,那么,只要翻阅历史,就可以追索到那些高瞻远瞩的设计师、披荆斩棘不畏艰险的开路人和前仆后继勇于献身的创业者形象。

一、中新关系的架桥人和教育家路易·艾黎

路易·艾黎(Rewi Alley,1897—1987),1897年12月2日,出生于新西兰坎特伯雷斯普林菲尔德镇(Springfield),祖籍爱尔兰,父亲曾担任过小学校长,母亲是知书达理的女权主义者,兄弟姊妹六人在家中受到良好的教育。艾黎先后在安伯利(Amberley)和瓦拉努伊(Wharanui)上过小学,1912年,升入基督城男中。

1916年,艾黎当兵的新西兰部队开赴法国,他在战斗中受过两次伤,曾荣获勇士勋章嘉奖。战争结束后他回到了新西兰,在韦弗利(Waverley)与几位校友合办农场,虽然艰苦奋斗了六七年,收益却不令人满意。

1927年,艾黎以一位远洋海轮无线电操作员身份来华,先后担任过上海公共租界工部局的消防督察和车间检验总管。1929年夏天,绥远发生旱灾,艾黎利用假期去萨拉奇帮助华洋义赈会修建民生渠。1932年,武汉发生水灾,在泽国汪洋中他积极投身抢险救助,视灾区为自己家园,待灾民为自己同胞,及时给灾民送去了食品和衣物。

1934年,艾黎在上海参加了一个国际性的马克思主义小组,并和中国共产党人建立了联系。当时他住在愚园路1315弄4号一幢砖木水泥结构的三层西式楼房,室外有扶梯通二楼居室,底层为会客室和餐室。他利用自己住所的条件为上海地下革命工作者的聚会提供了方便。这段时间他还和史沫特莱(Agnes Smedley,1892—1950)等人为红军购买医疗器械和药品,前往太原为中国红军兑换地方票券,积极支持美国友人迈克斯·格兰尼奇(Max Granich)与格雷斯·格兰尼奇(Grace Granich)夫妇主办的进步英文刊物《中国呼声》(The Voice of China),与鲁迅、矛盾、丁玲、胡愈之等中国文化界左翼作家交往密切。

1938年,国民军队从上海撤离,苏州河以南的公共租界和法租界被称为"孤岛"。当时80多万失业者中的一部分人为求生计先后涌入,被安置在难民收容所。艾黎和斯诺夫妇等人发起组织"工合运动"(Chinese Industrial Cooperation)。这一安排得到了宋庆龄、周恩来和当时英国驻华大使阿奇博尔德·克拉克·卡尔(Archibald Clark Kerr,1882—1951)的支

持,艾黎被任命为行政院的技术顾问和代理工合总干事。至 1942 年,在汉口和宝鸡等地 3000 多个工业合作社出现在抗日大后方和抗日根据地,他们会集了一批能工巧匠向工人传授技术,组建了数十个合作社,生产了数十种包括食品、鞋袜、棉纱、毛毯、毛巾等民用消费品和军需品,每月生产总值高达 2500 万元。此外他们还先后组建了机器、造纸、制革、纺织合作社,成立了医院、小学和幼儿园,成为支援抗日战争的重要力量。当时这类合作社遍及中国近 20 个省,社员多达 2 万多名。1943 年年初,中国工业合作社国际促进委员会在中国香港诞生,艾黎作为执行秘书,先后去菲律宾、缅甸和新加坡等地筹募资金。由于"工合运动"的大力宣传和介绍,国外的捐款源源不断汇入。

从 1940 年起,艾黎开始在中国各地兴办培黎学校,陕西秦岭山区双石铺镇柏家坪村的职业教育学校就是其中之一。该校实行半工半读、手脑并用创造分析的教育方式,招收学生 10 多名。因为条件艰苦,一年中八任校长先后辞职,第九任校长为英国记者乔治·何克(George Aylwin Hogg, 1915—1945)。

随着抗日战争的深入,形势危急,加上艾黎被国民党定性为亲共危险分子,使他承受到巨大的政治压力。艾黎觉得应该把学校搬迁到更安全的地区,便于当年 12 月 21 日,组织全校师生将学校拆除,租用一辆旧卡车,带领第一批学生到丝路省份甘肃的一座半荒废古城山丹重新建校。整个迁校过程持续了 3 个月。经过一年的努力,山丹培黎工艺学校得到了进一步发展,学员规模超过了 600 人,设有近 20 个供学生实习的生产组,深受当地群众的欢迎。

因为艾黎经常为工合办学事务出差,就任命何克为校长,掌管日常教务。一年多后,何克感染破伤风不幸去世,艾黎便亲自挑起了办学重担,组织包括新西兰教师在内的数名外籍人士参与教学。几年后山丹培黎学校培养出数百名技师,为战后中国的重建做出了巨大的贡献。

1952 年,路易·艾黎倡导成立新中友协时,曾庄重地声明协会应该执行的三大宗旨:阻止任何歪曲中国言论的散播、帮助中国获得国际社会的承认,帮助中国贫困地区和人口改变现状。他在中华人民共和国成立百废待兴的岁月里,如此真情实意帮助中国,令人感动。

1953 年,培黎学校迁往兰州,改名为兰州培黎石油技工学校,艾黎为名誉校长,为中华人民共和国的石油和工业战线培养了一大批技术人才。

该校就是现在甘肃省兰州城市学院的前身。

1953年,他定居北京后曾多次参加国际和平会议,在世界各地介绍中国革命和建设的成就。1960年、1965年、1971年,他三次返回新西兰探亲,常常向故旧亲朋介绍自己在中国的所见所闻。1972年,新西兰政府正式承认了中华人民共和国后对艾黎的态度有明显的改变。他在新西兰获得了各种荣誉,还荣获女王服务奖章。

艾黎每年都要到中国各地参观访问,根据自己所掌握的材料,用客观报道和新旧对比的方式,讲述中华人民共和国翻天覆地的变化。他写了许多诗文,还翻译了一些中国古诗和现代文学作品,先后出版了66部著述和译作,其中《艾黎自传》是他不平凡生涯的重要纪录。他学识渊博,对中国社会有深刻的了解,对中国人民和社会主义事业有深厚感情。

为应对不断恶化的沙漠侵害,艾黎80高龄时还深思熟虑地设计出一所新型的山丹培黎学校,以体现公平、公正、民主的合作社价值观。根据培养"手脑并用,创造分析"实用人才的目标,在甘肃省政府和海外朋友的支持下新型学校于1987年4月21日挂牌运作。

19世纪80年代,艾黎的心脏病时时发作,皮肤癌手术给他带来心身痛苦,但是他仍坚持每年出访,深入过去曾工作过的偏远地区、建设工地或者受水灾和地震严重破坏的地方。他时刻关心青少年的教育问题,把数十年搜集和珍藏的20多类近4000件中国文物和艺术品,包括陶瓷器、铜铁器、玉石器、饰件、古钱币、造像和古旧书画(如唐代胡腾舞铜人像和《大清万年一统图》)运往山丹,作为他留赠第二故乡的礼物。此外他还把自己的藏书赠送给人民大学。

艾黎终生未婚,然而他却有一个特殊的家庭。20世纪20年代,他在内蒙古和洪湖救灾时曾收养孤儿阿兰和迈克,他们长大成人后都到延安参加了革命事业。40年代,他收养了母亲病故、父亲居留延安的聂家四兄弟。他还帮助革命烈士邓中夏的侄儿邓邦镇完成了学业。山丹培黎学校的几百名毕业生,常常从全国各地向他汇报工作成绩,使他感到无比欣慰。他一生无私奉献,赢得了不少的荣誉称号:作家、诗人、教育家、历史学家、考古学家、社会活动家、"工合之父"和中新关系架桥人。

1987年12月27日,艾黎因脑血栓并发心功能衰竭在北京逝世,终年90岁。遵照他的遗嘱,他的骨灰撒在了山丹。他的主要著作有《人民之声:中国诗歌翻译》(*The People Speak out: Translations of Poems and Songs of* the People of China, 1954)、《人定胜天》(Man against Flood: A Story of the 1954 Flood on the Yangtse and of the Reconstruction that Foolowed it, 1956-1965)、《京剧介绍》(Peking Opera: An Introduction through Pictures, 1957-1996)、《从中国传出的故事》(Stories out of China, 1957-1958)、《中国内地大跃进》(China's Hinterland-in the Leap Forward, 1961)、《肺腑之言:上一世纪中国之声片段》(Poems of Revolt: Some Chinese Voices over the Last Century, 1962)、《中国游》(Travels in China, 1966-1971)、《和风》(The Freshening: Breeze, 1977)。

二、对新西兰早期汉学研究有开创性贡献的贝特兰

詹姆斯·门罗·贝特兰(James Munro Bertram, 1910—1993),出生于新西兰奥克兰一个牧师家庭,第一次世界大战爆发时全家移居墨尔本,后来又迁居悉尼,他先后在当地教会学校就读了10年。他平时从母亲讲的故事和朗诵的诗歌以及圣经中受到了许多人生哲理的浸润,但是对于父亲的训诫虽然不敢顶嘴却并不以为然。

1929—1931年,贝特兰在奥克兰大学研修,课余时间曾与同学合作编辑一份名为《开放窗口》(Open Windows)的学生基督教运动刊物,此外贝特兰个人还承担过文学刊物《凤凰》(Phoenix)前两期的编辑工作。

1932年4月,因经济不景气大批工人失业引起奥克兰市皇后大街的骚乱,他一度加入纠察维持秩序,对此他感触良多,觉得无论从教义上还是美育上对他来说都是生动的一课,领悟到出身非权势家庭的人应该受到宽容对待。

这一年,贝特兰在奥克兰学院获新闻学证书,罗德斯奖学金(Rhodes Scholarship)资助他进入了牛津大学。他在新学院主修英语,同时还学习了其他几门现代语言。他积极参加左派俱乐部的各项活动,忙里偷闲打打橄榄球,把英式信念视为一种消遣而不是专职,绝对对自己的口味。他打算将来以国际新闻采访为业,牛津大学的名声正好为他在《泰晤士报》社赢得了一份美差,但是他很快就意识到此事欲速则不达。1935年下半年,他终于从罗德斯信托获得一份访华奖学金,第二年便到燕京大学一边学习汉语普通话一边研修远东政治。他一度与黄华和张兆麟等爱国学生为室友,跟美国记者斯诺(Edgar Snow, 1905—1972)及其夫人海伦·斯诺(Helen

Foster Snow,1907—1997)交情深厚。在中国的所见所闻加深了贝特兰对当局腐败和人民大众贫困问题的认识,对中国人民反对外来侵略,反抗黑暗统治的斗争深表同情。一些英国报刊先后约他写稿,他的记者生涯便从此开始。

1937年,贝特兰被告知他的罗德斯奖学金获准延长。贝特兰参加了北平学生的抗日大游行并立刻把情况转告斯诺。几天后,东北军少壮派军人苗剑秋秘密拜访了斯诺,希望跟他一起去西安。斯诺因故无法成行,他的夫人便提议由贝特兰陪同他前往。他们从北平乘火车到太原,11天后才到达西安。旅途中苗剑秋向贝特兰讲述了有关张学良与东北军一些鲜为人知的事情,加深了他对中国政坛和军界的了解。后来贝特兰在西安又跟张学良的秘书长应德田和卫队营营长孙铭久有过几次长谈,他由此预感到中国将面临一场史无前例的政治风暴,但是事态如果得不到控制将可能影响抗日联合阵线的建立。

西安事变发生期间,贝特兰采访了东北军司令张学良(1901—2001)和十七路军将领杨虎城(1893—1949)以及社会各阶层人士,还与史沫特莱(Agnes Smedley,1892—1950)在西安广播电台联合主持了一次英语节目。贝特兰后来在英国麦克米伦公司出版的《中国危机》一书中向国际社会全面报道了震惊中外的西安事变实情。

1937年10月,贝特兰访问了延安,他还走访了华北战线前沿地区。他的客观公正报道和相关著述为国际社会了解中国军民当时的英勇抗日战争提供了第一手真实资料,也为中国人民赢得了同情与支持。

后来,贝特兰还专程前往菲律宾、北美和英国等地为保卫中国同盟的成立筹资。同盟成立后,贝特兰被委任为中央委员会委员。1940年夏天,他和德国医生汉斯·米勒为保卫中国同盟护送12辆卡车和600箱医药用品到西北国际和平医院;还把英国工业家约翰·桑尼克罗夫特(John Thornycroft)捐赠的1辆带手术设备的救护车送达延安。1941年6—12月,贝特兰编辑的《保卫中国同盟新闻通信》第17—24期刊发了《同日本摊牌》《纪念白求恩》《日本在华北的进攻》《关于国际和平医院的报告》《穿越中国战场、随救护车赴西北的行程》等文章。

1937—1946年间,贝特兰被英国驻华使馆聘任为新闻专员,与此同时他还兼职保卫中国同盟的秘书。1941年11月,他曾随宋庆龄从重庆飞赴香港,为救助抗日战争伤员和孤儿募集资金。太平洋战争爆发时他奋不顾身地加入了后备炮手队伍,不幸落入日军手中,在战俘营中被囚禁4年多。这一段难忘的经历在他的专著《战争的阴影》中得到了充分的演绎。出狱后,他在东亚和东南亚海外救济服务组织理事会(Council for Organization of Relief Services Overseas)担任援助工作。

第二次世界大战结束后,贝特兰领导了一个"中国游说团",建议维多利亚大学将1966年成立的亚洲研究中心重点转为东亚研究。1972年,该校决定把汉语纳入教学大纲。20世纪80年代之后,维多利亚大学的中国研究发展与贝特兰的个人的努力和贡献是分不开的。

中华人民共和国成立后,贝特兰于1957年、1962年、1978年和1986年四度访华,著述客观报道了中国不同时期的发展和变化,他是中新友协的见证人和参与者。

1986年,贝特兰以新西兰维多利亚大学教授的身份来华参加西安事变50周年纪念活动,与多位老朋友重新聚首。1988年,他为纪念中国福利会成立50周年撰写了《保盟的早期岁月》,表达了对当年患难之交岁月的缅怀。

贝特兰在新西兰大学执教期间笔耕不辍,他的主要著述有《中国的危机》(*Crisis in China*, MacMillan & Co., 1937)、《中国的第一幕——西安事变》(*First Act in China—The Story of the Sian Mutiny 1937*. New York: The Viking Press, 1938)、《华北前线》(*North China Front*, MacMillan & Co., 1939)、《坚贞不屈——在华北战斗农民中间一年的惊险往事》(*Unconquered. Journal of a year's adventures among the fighting peasant of north China*. New York: The John Day Company, 1939)、《战争的阴影》(*Beneath the Shadow: a New Zealand in the Far East*, 1939-1946, New York, J. Day Co., 1947)、《重返中国》(*Return to China*. London, William Heinemann Ltd., 1957)、《年轻一代在今日中国观光》(*The Young Traveller in China Today*. London, Phoenix House, 1961)、《战争与和平之回忆》(*Capes of China Slide Away: a Memoir of Peace and War, 1910-1980*. Auckland: Auckland University Press, 1993)。

三、在多元文化的格局中研究中国古典和白话小说的韩南

韩南(Patrick Hanan, 1927—2014),出生于新西兰的莫林斯维尔

(Morrinsville)。他5岁时，牙医父亲就退休了，全家搬迁到奥马乎（Omahu）附近的一个农庄。韩南上的启蒙小学非常简陋，仅有一间房，每天必须骑马去。父母亲意识到附近的学校不能为儿子提供良好的学习环境，就把他送到奥克兰的一所寄宿学校。1948年，他毕业于奥克兰大学，获得了英语学士学学位。

韩南为求在更广阔的世界接受挑战，独自一人闯荡英国，在伦敦大学亚非学院学习中文专业之前曾做过帮助没有文化的犯人学习或做冰淇淋之类的临时工。虽然生活艰难，幸运的是，1951年他结识了安纳利斯·德鲁碧（Anneliese Drube）小姐并建立了一个小家庭，一年后有了一个儿子。1953年他读完了中国文献学学士课程后，到伦敦大学亚非学院一边教书一边撰写博士学位论文。他原本计划从文学角度对司马迁的《史记》进行研究，但是他的指导教授西蒙（Simon）建议他改选《金瓶梅》，因为研究《史记》的学者太多了。该校名誉教授亚瑟·威利（Arther Waley）也认为《金瓶梅》无论历史文化背景还是语言技巧运用方面都最值得研究，韩南觉得专家言之有理，就采纳了他们的意见。

1957—1958年，韩南获准休假一段时间，便来到北京报名参加一个进修班，但因故未能办理注册手续，就由对外文化联络委员会安排到东单船板胡同附近的一所补习学校上课。他的住处离北京图书馆、首都图书馆和北大图书馆都不远，可以经常前往借阅图书，更重要的是那些地方是北京名流学者荟萃之处，他竟然先后见到了郑振铎、傅惜华和吴晓铃等专家。身为文化部部长的郑振铎平易近人，对他非常关心照顾，除了抽空回答了他想探讨的一些学术问题外，还把他介绍到东城区的一个专家服务部，使他有机会涉猎普通读者看不到的许多善本书籍。那一年人民文学出版社根据1933年的影印本出版了供高级干部和专家学者内部参考的《金瓶梅词话》。郑振铎破例批准从限量发行的1000套中特售伦敦大学图书馆一套，以便于韩南回国后借阅，人缘书缘加深了他对中国文化的印象。

1961年，韩南获得伦敦大学亚非学院中国古代文学博士学位，留校任讲师。几个月后唐纳德·夏夫利（Donald Shively）电告称美国加利福尼亚斯坦福大学有一个6个月外聘的名额，美方确认韩南一家半年后一准返回英国，就接受了他对斯坦福大学1963年全职待遇职位的申请。1968年，纳德·夏夫利调入哈佛大学，韩南也接受哈佛大学的聘请担任东亚语言与文明系教授。1987—1996年，韩南任哈佛燕京学社社长，为推动与中国学界的交流做了许多工作。他在该校的任期一直延伸到1997年他70岁退休。

韩南一生主要从事中国文学的翻译与研究。《金瓶梅》是引导他涉足中国文学的一部名著。除了博士学位论文外,1962年,韩南还在《亚洲杂志》上发表了论文《〈金瓶梅〉的版本及其他》,通过文字考证探讨了《金瓶梅》的不同版本及其之间的关系,论证分析中引用了大量文献,说理透彻。第二年,他又发表了《〈金瓶梅〉探源》一文,对《金瓶梅》中作者所引用的小说、话本、戏曲和史书进行了综合性剖析和解读,资料翔实,推理严谨。

1973年,韩南出版了专著《中国短篇小说》,对于中国白话小说的断代研究提出了有价值的见解。中国白话小说文本在表述人物直接和间接引语以及人物对话开始和结束之间的衔接,使用了一套特别的手段,与现代汉语的断句、分段、移行和字型字号等方式有巨大差别。断句换行方式的变化,从某种意义上看,构成了不同的文本风格,隐含着不同的文本时代差异。韩南的"风格标志断代"的提法对于解决阅读古文代沟很有针对性,他从白话小说的文本差异中推断出《醒世恒言》的首席编者是席浪仙而不是冯梦龙,令人信服。他还把中国话本小说的历史划分为三个阶段,对各阶段的代表作品和特征加以引证说明。

韩南的青楼文学研究推动了中外学术界对明清古典通俗小说价值的定位和评估认识的思考。明代江南盐业、手工业和域外水上贸易发达,人员流动频繁,城镇中落地举子和爆发富商攀龙附凤吃喝玩乐,青楼小妞逢场作戏,演绎了多少人间悲欢离合的故事。康乾盛世更将当年一幕幕才子佳人戏推向新高潮。但是像《金瓶梅》和《肉蒲团》那样的戏文,即便在当时的社交场合也可能被视为下九流文人和戏子海淫海盗的迷魂阵,正人君子无不望而却步。韩南翻译和评析的白话小说《肉蒲团》《十二楼》《蜃楼志》《无声戏》和《黄金祟》等,一度引起了文艺界和学术界的关心和思考,研讨方式从私下议论到公开发表文章。他的翻译从某种意义上说也是一种解读,在资本主义和非资本主义社会并存的20世纪尽管可以不必遮遮掩掩,有时甚至还可以找到堂而皇之的存在理由,但是他通过这类文学作品传达出过去未为人知,或者敢想又不敢表达的信息,却是千真万确的事实。

1976年后,韩南与中国学术界交往密切,先后于1980年和1990年来华访问。1997年他从哈佛大学荣退,有更多时间著书立说,笔耕不辍,直到2014年去世。

哈佛大学东亚语言与文明系在发布的《怀念韩南》悼词中写道：

　　韩南的同事和研究生都认为他的学术领域特别宽广，焦点特别突出，对于与个人文化有天壤之别的另一种文化之细节也十分关注。正如他的许多弟子所说，对于与他一起开拓和研究的后起之秀的培育和鼓励的独特才干也同样了不起。显而易见，与他共事或得到他指导的所有人，对于他的广博知识和对自己研究领域追求的执着都敬佩有加。这位文质彬彬的学者、慈祥和蔼的良师益友的去世令人悲痛。①

　　韩南撰写、编辑、翻译和与人合写的主要作品有《〈金瓶梅〉的版本及其他》(*The Text of the Chin Ping Mei*, 1962)、《〈金瓶梅〉探源》(1963)、《中国短篇小说》(*The Chinese Short Story: Studies in Dating, Authorship and Composition*, Cambridge, MA: Harvard University Press, 1973)、《中国白话小说》(*The Chinese Vernacular Story*, Cambridge, MA: Harvard University Press, 1981)、《李渔的创造》(*The Invention of Li Yu*, Cambridge: Harvard University Press, 1988)、《19世纪中国的传教小说》(*The Missionary Novels of Nineteenth-Century China*, Harvard Journal of Asiatic Studies, 2000)、《无声戏》(Translation by Patrick Hanan et al., *Silent Operas*, Hong Kong: Research Centre for Translation, Chinese University of Hong Kong, 1990)、《恨海：世纪之交的中国言情小说》(*The Sea of Regret: The Turn of the Century Chinese Romantic Novels*, 1995)、《肉蒲团》(Translation, *The Canal Prayer Mat*. Honolulu: University of Hawaii Press, 1996)、《十二楼》(Translation, *Tower for the Summer Heat*. New York: Columbia University Press, 1998)、《燕京的财富》(Ed., *Treasure of the Yenching: Seventy-Fifth Anniversary of the Harvard-Yenching Library*, the Chinese University Press, 2003)、《19世纪与20世纪初的中国小说》(*Chinese Fiction of the Nineteenth and Early Twentieth Centuries: Essays*, New York: Columbia Press, 2004)、《爱情：中国明代故事》(*Falling in Love: Stories from Ming China*, Honolulu: University of Hawaii Press, 2006)。

---

① In *Memoriam: Patrick Hanan*, Department of East Asian Languages and Civilizations, Harvard University, 2014.

四、新西兰中国地理学研究先驱布坎南

1953年,基思·布坎南(Keith McPherson Buchanan)受聘于惠灵顿维多利亚大学地理系,开设了中国研究课程,为该校的汉学研究打下了坚实的基础。

布坎南是新西兰早期的马克思主义地理学家,他所追随的学派是19世纪在地理学研究中对空间科学(atmoshoeric science)、区位分析(location analysis)和人文实证主义(humanities and positivism)持批判立场的激进学派。

马克思主义地理学,是指用马克思主义的分析方法和理论对传统的人文地理学进行重新定义和解释的一门科学。传统的地理学研究习惯于使用空间分析法,研究人员通常根据地理信息系统中的客观数据进行推论归纳。新创建的马克思主义地理学派认为,单纯的定量空间分析法不再适用于各类地理学意义的研究,对于空间理论的依赖势必引起对空间社会背景的忽视。学者们从超物理的角度提出了相对空间概念,以期通过认知革命摆脱分析社会问题时碰到的理论和方法的困惑。诚然,学术上的马克思地理学有别于政治上的马克思主义,但不可否认的事实是,用马克思主义哲学和政治经济学的理论来研究地理学,并通过跨学科的和多学科的体制来审视人文地理和自然地理的手段不是不可能而是大有可为。20世纪60年代该系统已经进入主流学科,并出现了人文主义地理学和马克思主义地理学等流派,建立在这一理论基础上的潮流已经逐渐从欧洲转向美国。

马克思主义地理学的广义研究与传统地理学的差别体现在以下方面:1.马克思主义地理学认为,地理概念就是在广阔社会背景下以政治和经济为主导的关系和作用的过程与结果。2.资本主义地理学的结构永远充满建设与破坏,经济危机促使资本寻找空间转移,资本的投入和积累依靠时间来消灭空间。3.过去地理学家可参与生产单位的调整或关闭的决策,按照结构分析方法(structural approach)的观点,区位决策理论只是投资理论的一部分,经济活动地理格局既是资本主义生产关系的体现,也是社会关系演变的反映。4.经济地理学应该关注空间化的社会关系、劳动地域分工所引起的社会组织空间形式及其彼此之间的依存关系。5.不能脱离社会

性来研究地理空间,应该从重构和超物理进程提出其相应概念,自然与环境的辩证关系应纳入其选项。

布坎南是新西兰早期的马克思主义地理学家,虽然当时还未明确形成新的理论系统和学术派别,但是他毫无隐晦地表明自己的学术主张和政治倾向,在当时是为数不多的。

布坎南对中华人民共和国和中国共产党的理解和亲近与他的阅历和学术观点分不开。从1964年到1966年间他多次来华进行深入考察,曾在一篇文章中对"文化大革命"的总体目标表示理解。他认为,这场运动是为清除资产阶级意识形态残余,防止资产阶级复辟和修正主义抬头所做的一次全国性努力。他高度评价了"文化大革命"前十年中国在各个领域所取得的进步,同时也驳斥了西方媒体对中国知识分子的改造、人民公社成立和教育改革的歪曲报道。

布坎南是维多利亚大学荣誉教授、多产作家、批评家和评论家,78岁时去世。他知识渊博,勤于思考,先后出版了九部著作,与他人合作撰写两部专书,发表了200多篇散文和书评。作为一位思想激进的地理学家和社会学家,他是一位被排挤者的代言人,不屈不挠的权威批评家,他的著述是矛头指向20世纪下半叶的邪恶势力和危险潮流的檄文。他是《亚太观察》(*Asia Pacific Viewpoint*,原名《太平洋观察》)的创始人之一,在20世纪60年代与同事一起协助把维多利亚大学地理系建成研究并记述亚洲与第三世界具有首创精神的中心。

他的主要著述有《中国农村面貌的改变》(*The Changing Face of Rural China*, *Pacific Viewpoint*, Vol. No. 1 Dept. of Geography. Victoria University of Wellington, Wellington, Auckland, 1960)、《尼日利亚土地和人民》(*Land And People in Nigeria: the Human Geography of Nigeria and its Environmental Background*. University of London Press, 1961)、《第三世界的出现及其轮廓》(*The Third World, Its Emergence and Contours*, Radical Education Project, 1963)、《中国人民与土地》(*The Chinese People & the Chinese Earth*, G. Bell and Sons, LTD., 1966)、《中国——土地与人民:历史、艺术与科学》(*China, The Land And the People: the History, the Art, the Science*, Co-authored with Colin A., Fitzgerald, C. P., Crown Publishers, 1967)、《东南亚世界》(*The Southeast Asian World*, London: G. Bell and Sons, 1967)、《1958—1966年亚洲以外的亚洲主题》(*Out of Asia: Asian Themes 1958-1966*, Sydney University

Press,Sydney,Australia,1968 年)、《中国土地的改造：从远古到毛泽东时代关于中国土地评估的方方面面》(*The Transformation Of the Chinese Earth：Aspects of the Evaluation of the Chinese Earth from Earliest Times to Mao Tse-tung*,Praeger,New York,1970)、《中国土地的改造：现代中国的展望》(*The Transformation of the Chinese Earth：Modern Perspectives on China*,Bell & Sons,1973)、《关于第三世界教育的思考》(*Reflections on Education in the Third World*,Spokesman Books,1975)、《中国》(*China*,Crown Publishers,1981)。

五、研究世界新秩序中中华文明与超级文明之间关系的阿谢德

阿谢德(Samuel Adrian Miles Adshead),曾就读于牛津大学和哈佛大学,20 世纪 70 年代,他受聘于坎特伯雷大学历史系。他专攻中国历史,特别是中国盐政管理史,硕果累累。

1988 年,他出版的《世界历史中的中国》是一部系统研究中国历史的著作,全书正文六章,分别为：第一章,世界的一部分：古代中国(公元前 200 年至 400 年);第二章,世界的中心：后古代中国(400 年至 1000 年);第三章,世界的中枢：中世纪中国(1000 年至 1350 年);第四章,世界的地平线：文艺复兴时期的中国(1350 年至 1650 年);第五章,世界中的世界：启蒙时期的中国(1650 年至 1833 年);第六章,两国世界之间：现代中国(1833 年至 1976 年)。

该书展示了中华文明的发展脉络,中华文化同西欧、东亚、非洲和美洲文明之间的关系,中华文明与超级文明的比照,以及中国对世界体系建构所做出的贡献。作者认为人类文明在更新世(pleistocene)早期就打下了基础并延伸到新石器时代,中国汉朝也有这样的基础,但却是以一种独立形式发展起来的,与其他文明接触有限,因而只能以世界的一个组成部分出现。要了解中国与其他古代文明的关系,首先必须对古代中国在世界文明之中的地位进行评价。通观全书,气势恢弘,视域宽广,内容丰富。

作者在该书的再版和三版中吸收了不少历史学界的新观点和新成果。在《第三版前言》中他写道："本书出版以后,世界上发生的变化可以分为特殊和一般的两个方面。在特殊变化方面,我们需要重点解释道教、宋朝的国家主义、货币的国际化和全球性消费主义这四个方面的研究进展。"①

从以上目录介绍中可以看出,作者在分析某一阶段历史时尽可能将中国与同一时期的其他文明进行联系和比较,这一良苦用心对读者有很大启发。我国史学界过去在编撰史书时通常采用单线条就事论事的方法,把人物或事件孤立在境内或境外的背景和环境中去分析解读。论述中国时基本上不涉及外国,谈贞观之治不涉及秦皇汉武,肯定丝绸之路却不跟地理大发现的史料比照,因而显得简单化、不顺理成章、缺乏说服力。在经济发展一体化的当代环境中,学术思路不能割断跨文化和多视角手段的运用。

严格地说,该书对历史人物的定位以及对重大事件的评估还有一些不到位之处,小而言之是对史料的辨伪和对译文的审读章法不严,广而言之是该书基本上在西方中心论的视角下编写出来的,这就直接影响到编写权威、读者定位、编审环节科学化以及成果的开发。作者在书中提出了"西欧亚"(Western Eurasia,包括北部、地中海、大伊朗和印度)的新概念,显然是为了便于对"世界与中国"主题而不是"东方与西方"的政治语汇的描述和扩展。

1997年,由夏威夷大学出版社出版的《1400—1800年欧洲和中国的物质文化》,全书共七章,279页,是阿谢德多年来在历史、哲学、汉学、神学、政治学、社会学和心理学广泛研究后写出的另一部力作。开篇一章是对后续主要章节的物质文化和消费主义现象的综合介绍。作者从三个方面对消费主义进行分析:1.消费主义与食品(第二章31—66页);2.消费主义与服饰(第三章67—101页);3.消费主义与住房(第四章102—137页)。欧洲和中国在消费潮流方面的相互影响,构成了衣食住行、信息和象征消费主义的智识基础,是一种自由和理性的表现,在建构现代社会方面可发挥建设性的作用。但是作者没有预料到今日很多中国消费者的购物思想和方式正受到西方消费主义价值观念的冲击,随着经济全球化的发展,域外意识形态对国内市场的渗透不可低估。

阿谢德的主要著述有《中国盐政管理的现代化》(*The Modernization of the Chinese Salt Administration, 1900-1920*, Harvard University Press, Cambridge, Massachuttes, 1970)、《世界历史中的中国》(*China in World History*, New York, St. Martin's Press, 1988)、《世界历史中的中亚》(*Central*

---

① 阿谢德著,姜智芹译:《世界历史中的中国·第三版前言》,上海人民出版社,2009年。

Asia in World History,1993)、《1400—1800 年欧洲和中国的物质文化》(*Material Culture in Europe and China,1400-1800*,1997)、《1000—1700 年的财富之源:中国的钱与货币政策》(Review of Rechard von Glanhn,*Fountain of Fortune:Money and Monetary Policy in China,1000-1700,Journal of Asian Studies* 57(1),202-203,1998)、《唐代中国:世界历史上的东方崛起》(*T'ang China:the Rise of the East in World History*,2004),等等。

六、长期从事东亚和中亚古代史研究的专家狄宇宙

狄宇宙(Nicola Di Cosmo,1957—),1982 年获意大利威尼斯大学东方学学士学位,其间在南京大学访学一年,1991 年获印第安纳大学乌拉尔—阿尔泰研究系欧亚研究博士学位。1989—1992 年,他任剑桥大学克莱尔学院(Clare Hall)研究员;1992—1993 年,任印第安纳大学洛克菲勒研究员和讲师;1993—1997 年;任哈佛大学助理教授;1997—2003 年,他以高级讲师身份接任阿谢德在新西兰坎特伯雷大学历史系的教职,长达 6 年之久;2004 年,他转任美国普林斯顿高等研究院鲁斯基金会东亚研究教授;2015 年,兼任纽约大学上海校区的访问教授。

狄宇宙长期致力于东亚古代史的研究,是新西兰晚清和满族研究专家之一。他也是 1999 年出版的《剑桥中国古代史》(*The Cambridge History of Ancient China*,鲁惟一与夏含夷编著)和《中国的国家和礼制》(*State and Ritual in China*,约瑟夫·麦克德尔莫特编著)的特约作者,曾主编《中亚战争中的战争》(*Warfare in Inner Asian Warfare*),参编《17 世纪中国:一个满族士兵的日记》,与怀亚特合编《中国历史上的政治边疆、种族分界与人文地理》等。2009 年,他主编《帝制时代中国的武文化》(*Military Culture in Imperial China*)和《剑桥内亚史:成吉思汗时代》(*The Cambridge History of Inner Asia:The Chinggisid Age*),并兼任《亚洲研究学刊》(*Journal of Asian Studies*)、《泰东》(*Asia Major*)和《东亚考古杂志》(*Journal of East Asian Archaeology*)编委。他先后发表的论文和出版专著多达 109 篇(部)。

2002 年,剑桥大学出版社出版的《古代中国及其敌人:东亚历史上游牧强国的兴起》(*Ancient China and Its Enemies:The Rise of Nomadic Powers in East Asian History*),是狄宇宙多年研究内亚史(history of Inner Asia)的一部力作。该书覆盖了公元前 900 年至公元前 100 年中国北疆的历史,特别是

草原游牧民族与内地军民由对抗到到统一的过程。作者充分利用历史文献和考古资源：由早期部落之间防御边界墙所连接成的著名长城，匈奴帝国版图的构建和发展的前因后果，以及中亚商贸通道的开通和丝绸之路的延伸。作者对中匈关系的探索深入包括传说和野史在内的尘封收藏和公开的官方文献，甚至有关中国史学传统对待游牧帝国官员所持的礼遇态度都给予了充分关照。

几年前狄宇宙又开始了一个研究蒙古高原气候变迁的研究项目，其成果可为成吉思汗蒙古帝国崛起时期的气候特征提供印证，还可突破许多学者在内亚史研究中所采用的语文学方法（philological approach），进而可了解内亚游牧社会的组织架构、宗教信仰和内外互动的情况。过去史学界许多学者认为中国的农耕社会是比北方游牧社会更高一级的生产形态，前者对后者的影响巨大，但实际上影响都是双向的。作者强调撰写该书的目的主要为了建立一个全新的学术模式，有助于正确认识北方游牧民族的社会架构和政治组织，以及中国与北方民族之间的关系。把比较法纳入史学研究领域可以在更高层次上考察问题，创建新方法，提出新观点。例如在欧洲和中国历史上都出现过外族入侵导致旧帝国解体的情况，其结果是大动荡、大崩溃、大迁徙。如果用世界史的眼光来分析，草原游牧民族的大迁徙同时也促进了各种形式的知识传播和技术交流，显然这就是比较史学打造了有别于传统研究的新维度。

2003 年，布利尔出版社出版的《满族入关前的满蒙关系》（*Manchu-Mongol Relations on the Eve of the Qing Conquest*）一书。通过翻译、注释和解读有关满族入关前的外交信函、军情往来、法律案例和纳贡记录，作者展示了 17 世纪蒙古族各部落间的关系和处境。

七、潜心研究中国电影文化的康浩

康浩（Paul Clark，1963—），出生于新西兰一座海滨城市，曾在奥克兰大学历史系学习硕士课程。1974 年，以中新交换学生身份来华。1975—1976 年，先后在北京语言大学学习汉语，在北京大学研究中国历史。20 世纪 80 年代，在哈佛大学攻读博士，师从史华兹（Benjamin Schwartz）。现任奥克兰大学亚洲研究学院教授，著有数部关于中国历史和文化的书籍。

康浩的《中国电影：1949 年后的文化与政治》（*Chinese Cinema：Culture*

and Politics since 1949, Cambridge University Press, 1987），全书 184 页，对中国的电影史进行了全面的回顾，涵盖中华人民共和国成立前以上海为中心的影业如何从无到有的创业，改革开放后北京电影学院高才生组建的第五代导演团队如何春风化雨般发展，行文字斟句酌，叙述简明扼要。作为一位外国研究人员潜心写出的专著填补了文献收藏的不足，其学术价值不容低估。

但是从总体上看该书资料还不够翔实，对于不熟悉中国政治和文化历史的读者，单凭这部简史要了解中国的文化政策、中国影视业的发展以及电影演员、导演和影视观众的错综复杂关系是有困难的。虽然作者介绍了中华人民共和国各个历史时期的政治运动概况，但是对于"文化大革命"时期（1966—1976）影业界内部的方向大辩论、有争议影片的清算以及样板戏对市场的占领，给影视界和戏剧界的冲击是致命性的，结果导致了影业制作停顿多年。

吉·马尔凯蒂（Gina Marchetti）在《评〈中国电影：1949 年后的文化与政治〉》中有这样一段评论：

> 该书由于缺少固定的研究方法，所以陷入了一种分析上的困境。由于书中全忽略了电影理论，所以它全然没有认真地去探讨女性、性、家庭、阶级关系、少数民族、政治运动等形象的意识形态结构。由于本书对具体影片文本的场面调度、声音、剪辑、叙事结构及其他具体电影元素绝少进行深入的讨论，所以中国电影语言的发展仍是电影史中的一块未经介绍的空白。①

2008 年 3 月，剑桥大学出版社出版了康浩的《中国文化革命史》（A History of Chinese Cultural Revolution）一书，似乎是与《中国电影：1949 年后的文化与政治》相互关联的上下册。全书 368 页，对中国各类文化形式进行了广泛考查后作者认为：创新、对文化产业的参与以及对现代事物的热情鼓励，以突出现代性为其特色，就是"文化大革命"中的"文化"含义。

在当代中国经历了结构动荡的十年中，该书作者对文化生活进行了破

---

① 吉·马尔凯蒂著，齐颂译：《评〈中国电影：1949 年后的文化与政治〉》，美国《电影季刊》第 43 卷，第 2 期（1989—1990 年冬季号）。

土工程式的研究,目的是揭开有关"文化大革命"的几个令人不解的谜团。通过对全国和地方大范围的文化形式(电影、戏曲、舞蹈、各类舞台艺术、音乐、美术、文学以及建筑)的考察,康浩对被视为"动乱"的十年提出了一些与众不同的见解。他发现"文化大革命"就是对文化产业的革新,对现代事物的大力提倡。作者利用此前很少使用的材料,让我们不得不对所理解的"文化大革命"——他认为政治领导人为实行自上而下现代化所做努力产生的冲突——进行再评价。该书加深了我们对"文化大革命"的了解。

香港中文大学中国文学评论家杜博妮(Bonnie S. McDougall,1941—)对该书的一段评论说:

> 这部值得点赞的著作扩大了我们更为需要的对中国"文化大革命"理解的层面,运动发生在几十年前,影响一直延续至今。康浩通过对艺术的制作、传播和接受,而不是对其所表现的派系和意识形态的斗争,令人信服地再现了 20 世纪 60—70 年代人民生活中的文化境地。

八、关注中国极地政策和中新两国关系的安琳

安琳(Anne Marie Brady 1966—),1985—1989 年,在新西兰奥克兰大学学习汉学与政治学学士专业,1992—1994 年,攻读同一专业的硕士课程,能说一口流利的汉语;1996—2000 年,她在澳大利亚国立大学获东亚与国际关系学博士学位;2000—2001 年,研读瑞典伦德大学东亚研究中心博士后,此后她担任坎特伯雷大学政治与传播学院高级讲师兼博士生导师,现任该校教授;2005—2006 年,她研究冷战和冷战后中国与新西兰的外交关系、中国的精神文明建设以及中国宣传与媒体的现代化问题,她任《极地期刊》(Polar Journal)的执行编辑,已经出版 9 部专著,发表论文 40 余篇,内容涉及中国现代宣传系统、外侨管理和南北极策略。

安琳对于以马克思主义为主流意识形态的中国共产党及其在中国的领导作用做过深入的研究。她注意到,中国共产党增强自身的合法性和强化执政能力的手段是依靠党章党纪和宣传工具。在当代经济一体化和社会转型时期,视媒体、网络手段和信息技术为生命线,赋予领导机构在关系

交错问题层出不穷的客观环境中保持稳定和活力。

2012年8月2日,中国"雪龙"号邀请冰岛、丹麦、法国和美国等国的科研人员参与对中国北极东北航道的首航。作为伍德罗·威尔逊国际学者中心(Woodrow Wilson International Center for Scholars)①研究员的安琳曾多次在该中心刊物《极地期刊》上发表对中国南北极政策的评论。她认为由于气候变化,全球力量平衡发生转移,加上能源短缺,各国对北极的关注再次升级。在过去10年中中国对极地基本建设进行了大规模投资,费用支出增加了两倍,目标是要在"十二五"期间进一步提升中国在国际极地事务中的地位和影响力,以便更好地保护中国的极权(polar rights)。中国不断增加的极地活动被推测为可能对别国的权益构成挑战,并导致对以下问题更为广泛的辩论:一、中国在国际系统中是否属于"非情愿的利益攸关者"(reluctant stakeholder)？二、随着国际地位的提高中国是否继续支持现有的准则？

安琳指出,在北极事务方面,中国希望更多参与新行为准则的制订,这些准则关乎各国在北极地区的航运、矿产和渔业的开发。不过目前中国在极地的投资只有20%用于北极,剩余的80%资金都投到了南极地区。2008年中国在南极内陆冰盖最高点设立了昆仑科考站,投入了6000万美元改造已建的南极科考站并升级上海站的极地考察基地码头,另外还计划投资3亿美元建造破冰船和冰上飞机,并将科考人员人数从200人增加到1000人。②

2018年1月26日,外交部副部长孔铉佑在公布北极政策白皮书时说中国是"北极事务的重要利益攸关方",也是陆上最接近北极圈的国家之一。同年2月6日,安琳在威尔逊学者中心举行的一次会议上发言称:10多年来中国已经从一个小角色成为极地大国,2013年又升级为北极理事会的正式观察员国。中国外交部白皮书展示了中国在国际事务中日渐增加的信心和自信,但是却没有完全缓解大家对中国在北极意图的担忧。

据2017年9月的《新西兰先驱报》(*New Zealand Herald*)报道,安琳在

---

① 伍德罗·威尔逊国际学者中心,简称"威尔逊中心",是为纪念美国第28任总统伍德罗·威尔逊于1968年在华盛顿建立的一个智库,目的是为政策论坛提供平台,有庞大的国际访问学者群,在世界同级智库中排名前15位。该中心与中国交集较多的是其下属的三个研究项目:冷战国际史项目、基辛格研究所和中国环境论坛。

② 潘敏:《国际政治中的南极》,上海交通大学出版社,2015年。

美国的一次讲话中宣称她的一个"重要发现":中国的"统一战线"已经控制了新西兰华人社团和媒体,并且严重影响了本地公民的言论、结社和宗教信仰自由,现在是新西兰新一届工党、绿党和优先党联合政府另起炉灶的时候。

同年11月14日一则"知名学者呼吁调查中国的影响力"的新闻出现在新西兰各大媒体网站。据《新西兰先驱报》和《新闻编辑室》(Newsroom)等媒体报道安琳曾发表政策报告称,中国在新西兰的影响力已经达到"非常危急的程度",呼吁政府各部门调查并加以抵制并提出了6点建议:1.责成安全情报部门调查中国的活动;2.责成总理府和内阁开展类似澳大利亚执行的调查;3.责成商务委员会调查对本地华文媒体的干涉;4.起草新法律,规范政治献金和外国影响行动;5.议会通过搁置已久的反洗钱和恐怖资金法;6.与重要非政府组织会面帮助制定对华政策。但是新上任的新西兰女总理杰辛达·阿德恩(Jacinda Kate Laurell Ardern,1980—)表态说她不会仿效澳大利亚的做法要求安全情报部门调查中国的政治影响活动。在同中国领导人的会面中,她表示新西兰政府将继续密切对华合作,推动双方自贸协定的升级谈判。

安琳的丈夫是一位中国画家,他们有三个孩子。安琳曾在武汉大学短期授课。

安琳的主要著述有《中国人的朋友——路易·艾黎之谜》(Friend of China-The Myth of Rewi Alley, London and New York:Routledge Curzon, 2002)、《集思广益》[Regimenting the Public Mind:The Modernisation of Propaganda in the PRC(revised version), International Journal, Vol. 57, No. 4, Autumn, 2002]、《洋为中用》(Making the Foreign Serve China:Managing Foreigners in the People's Republic, Lanham, MD:Rowman and Littlefield, 2003)、《当代中国的宣传和思想工作》(Marketing Dictatorship:Propaganda and Thought Work in Contemporary China, Rowman & Littlefield Publishers, 2007)、《中国极地活动的水准基点》(Polar Stakes:China's Polar Activities as a Benchmark for Intentions, China Brief, July, 2012)、《外交寒流》(Diplomatic Chill:Will Politics Trump Science in Antarctica? World Politics Review, March 19, 2013)、《南极政治学初现》(The Emerging Politics of Antarctica, Routledge Publishers, 2013)、《中国的思想管理》(China's Thought Management, Routledge, 2014)。

九、执着于中国历史、哲学与国际关系研究的纪保宁

纪保宁(Pauline Keating),改革开放初期曾在南京大学攻读过两年历史课程,现任新西兰惠灵顿维多利亚大学历史、哲学、政治与国际关系教授,并兼任新西兰亚洲研究学会主席。

她的学术研究领域宽广,选项范围包括20世纪中国农村的民主和建设;中国共产党的延安路线及其实施;1938—1950年,中国农村"工合运动"史;民国时期中国的基层民主和社区发展。多年来,她一直执着于延安之路的研究,成果颇丰。

美国康奈尔大学东亚项目高级研究员马克·赛义登(Mark Selden)于1971年出版的《革命中的中国:延安之路》(*China in Revolution: the Yenan Way*)首次以地区为基本分析概念对战时中国根据地进行研究,从基层到地域、民族和世界的视角,把家庭、村庄、县、根据地与国际社会联系起来考察。作者指出:"延安之路"是关于经济发展、社会改造和人民战争的一种特殊方式,它紧紧依靠具有创造性的中国人民,主要是农民,坚信人定胜天,敢于战胜一切天灾人祸、剥削和贫穷,鼓励大众参政的范围包括精兵简政、干部下乡、减租减息、互助与合作化、大生产运动和大众教育。他认为延安之路的贡献就是动员民众杀敌救灾,让群众路线深入战场和根据地。这种微观与宏观结合的研究方法使读者感到耳目一新,很快就被推广到对各个历史时期的中国国情研究,充分显示出中国共产主义运动在根据地的创造性,其理论权威还被运用于指导亚洲、非洲、拉丁美洲的反殖民主义运动。

在赛义登延安研究方法的众多追随者中纪保宁是其中一位女性代表。她把赛义登的延安之道社会学研究语境提升到社会生态学(social ecology)的等级,表明她不满足于一般的社会学分析。如果说赛义登是倾向于宏大叙事的社会学者,那么她却比赛义登更关注社会语境中的相互关联细节。

在1994年发表的《延安之路的生态学起源》中她把延安之路的具体社会生态学起源等同于共产主义运动中的民众冲动,包括文化、阶级、职业、历史和人口的差异和类别。她认为延安之路的形成与当地的社会生态关系密切,但是发现同属陕甘宁边区的延属和绥德两个分区的社会生态竟然各不相同。在同年发表的《延安的合作之路》一文中,她比较了这两个分

区的合作化运动,结论是延安之路可能只适用于延安地区,或者说并不具有赛义登所声称的那种普遍性。

1997年,纪保宁出版的博士学位论文《两次革命:1934—1945年中国西北农村的重建和合作化运动》汇集了她8年来对延安之路的研究成果。其结论有两点:以大众参与和群众路线为特点的延安之路不可能从延属分区的荒原延伸到中国其他地区;假如要延伸,那就必须排除延安之路中的核心成分,不然的话就会出现意料之外的结果。

在1999年推出的另一篇文章《组织农民:1934—1945年陕甘宁边区基层与党组织》中,纪保宁通过对共产党组织工作的考察,研究抗日战争时期运作于"国家集权"与"民粹主义"之间的共产党组织建设的理论价值和实践意义。在她看来,阶级斗争手段是指导中国共产党成功建国的法宝,组织阶级斗争是中共乡村组织工作的重要环节。据此,她断言赛义登关于中共通过延安之路取得革命胜利的结论不确切,因为国家集权和民粹主义之间的关系是随地区社会生态的不同而不同的。

纪保宁的专论专著以及与他人合作撰写的文论有《1937—1945年中国共产党西北的工合运动》[Indusco and the CCP Cooperative Movement in Northwest China, 1937-1945 in D. Bing, S. Lim and M. Lin (eds.): Modern China in Transition, NZASIA Occasional Papers Series, Vol. 10, Outrigger Publishers, Hamilton, 1993]、《延安的合作之路》(The Yan'an Way of Cooperativization, China Quarterly, 140, Dec. 1994)、《延安之路的生态学起源》(The Ecology of the Yan'an Way, The Australian Journal of Chinese Affairs, 32, July, 1994)、《两次革命:1934—1945年中国西北农村的重建和合作化运动》(Two Revolutions: Village Reconstruction and the Cooperative Movement in Northwest China, 1934-1945, Stanford: Stanford University Press, 1997)、《合作目光与战时现实:1938—1944年工合与中国共产党》(Cooperative Visions versus Wartime Realities: Indusco and the Chinese Communists, 1938-1944, The New Zealand Journal of East Asian Studies, Vol. 5, no. 1, 1997)、《汉学与中国问题研究中的战时工合运动》(The Wartime Indusco Movement in Hanxue yu Zhongguo wenti yanjiu, Nanjing: Nanjing University, 1997)、《新西兰威灵顿大学与亚洲研究》(Asian Studies in New Zealand's Tertiary Institutions Wellington: Institute of Policy Studies & Asia 2000 Foundation, 1998)、《组织农民:陕甘宁边区党、政府与乡镇组织》(Co-written with Goodman, D. & Fong,

C. Y. , *Organizing peasants*: *Party*, *Government and village organisations in the Shaan-Gan-Ning Border Region*, in Feng Chongyi and David Goodman, *The North China base areas and social ecology*, Beijing: Dangdai Zhongguo Chubanshe,1998)、《组织农民:1934—1945 年陕甘宁边区基层与党组织》[Co-written with Goodman, D. & Fong, C. Y., *Getting Peasants Organized*: *Grassroots Organizations and the Party State in the Shaan-Gan-Ning Border Region*, *1934-1945* in David Goodman and Feng Chongyi (eds.). *North China at War*: *The Social Ecology of Revolution*, New York: Rowman and Littlefield, 1999]、《轻声说出来:中国农村妇女跟小雅倾吐苦水》(Co-written with Wang, X. J. , *Speaking Up Softly*: *Chinese Rural Women Tell Their Troubles to Xiao Ya*, *New Zealand Journal of Asian Studies*, Vol. II, No. 2, December, 2000);《延安道路的生态起源》(*The Ecological Origins of the Yan'an Way*, Occasional Papers, Zhongyang Bianji Chubanshe, Central Compilation and Translation Press, Beijing, 2001)、《了解亚洲:高等教育面临的挑战》(*Knowing Asia*: *The challenge for the Tertiary Education Sector*, Wellington: New Zealand Asian Studies Society, 2004)、《新西兰中国研究的回顾与展望》(*The past and future of Chinese studies in New Zealand*, *Guowai Shehui Kexue*, *Social Sciences Abroad*, Beijing, vol. 3, 2006)。

十、致力于南太平洋华侨史和东南亚民族主义运动研究的云达忠

云达忠(William Edward Willmott),1932 年 2 月,出生于成都华西坝,曾在当地加拿大人创办的学校(Canadian School of Western China)上学。1921 年,云达忠的父亲云从龙(Leslie Earl Willmott)以加拿大基督教组织成员身份携新婚妻子到四川华西协和大学择业,先后担任过教务长、司库和英国文学教师等职。他同情中国革命,经常请进步学生来家里做客,帮助收听延安电台的广播。他有三个儿子:大儿子云达乐(Donald Edward Willmott)、次子云达吉(Richard Edward Willmott)和三子云达忠。

1948 年,云达忠离开中国回加拿大;1949—1951 年,就读于美国俄亥俄州奥柏林学院(Oberlin College)。朝鲜战争期间他曾致信美国当局有关部门,批评西方国家的侵略行为,遭到驱逐。

1951—1953 年,云达忠在加拿大麦吉尔大学(McGill University)社会

系深造,获学士学位,其间在北魁北克地区的爱斯基摩社区调研,1959 年获人类学硕士学位。1962—1963 年,他在柬埔寨实习调查华人社会的问题。1964 年,获伦敦大学经济学院社会人类学博士学位,论文选题是《柬埔寨的华人社会》(Chinese Society in Cambodia: with special reference to the system of congregations in Phnon-Penh)。1964—1966 年,云达忠任加拿大不列颠哥伦比亚大学(University of British Colombia)助理教授。1966—1970 年,任副教授;1970—1973 年,任教授。1973 年,他移居新西兰,任坎特伯雷大学(University of Canterbury)社会系教授。1998 年,从主任职位上荣休。

云达忠 6 岁时见到父亲的挚友路易·艾黎,当时他在中国西北开展"工合运动",他的言传身教给云达忠留下了深刻印象,此后两人往来频繁,联系不断,成为忘年交。他曾任新中友协全国总会会长 10 年,1997 年 10 月,率团到甘肃参与"沿着路易·艾黎的足迹"之旅。

20 世纪 90 年代,云达忠致力于南太平洋华侨史以及战后东南亚民族主义运动等课题研究。1993 年 11 月,云达忠向广东汕头的世界华人经济国际学术研讨会提交的论文《南太平洋国家华人的经济角色与文化认同》,是他多年来潜心研究的一个重要领域。这些太平洋岛国的移民方式、社会条件、种族关系和政治形态各不相同,但是华人社会如何能在那些国家独辟蹊径创建丰功伟业的问题,可以通过对当地具有实验室价值的环境研究获得启示。

云达忠在论文中谈到了芭芭拉·斯托林斯(Barbara Stallings)有关 20 世纪第三世界的发展变化和 90 年代之后出现的五种新情况:冷战的结束、资本主义国家间新型关系的建立、新的生产和销售方式、资本流动的变化以及不断涌现的新思潮。①

通过对上述趋势的分析,云达忠提出了不能不正视并解决的南太平洋华人华侨所涉足的四类私营经济形式:非土著公民拥有的企业、在旅游、交通、制造或加工领域与海外投资者联合经营的企业、经营旅游、商业服务和制造业的小型海外企业、由跨国公司经营的资源开发和银行业的大型商业项目。他提供了实例和数据对此前未引起关注的情况进行了充分描述,认为在投资环境复杂或者条件不成熟的区域应该开展调查研究,根据具体情

---

① 1993 年 11 月汕头世界华人经济国际学术研讨会论文,王苍柏译。

况制定政策和法规。过分强调与国际接轨或按惯例办事都可能拒客商于国门之外,无原则管理又可能造成资源流失。有些观念应该具体问题具体分析,如:"华人"与"华侨"、"土著"与"外资"的法律界定,理论与实际滞后问题的解决,惯例与特例的处理,合法与非法的判定,都需要通过调查研究严格区分,认真制定可行的规章制度。这些建议很有针对性和实践意义,说明当事人的功夫修炼到家,已进入了仅凭象牙之塔的学问无法达到的境界。

2006年起,云达忠担任坎特伯雷大学麦克米兰布朗研究中心副研究员,后又兼任陕西大学客座教授和多种国际性杂志编委。他长期从事包括海外华人研究在内的社会学研究,主要著述有《柬埔寨的华人社会》(*Chinese Society in Combodia*:*with special reference to the system of congregations in Phnon-Penh*,Thesis Ph.D,University of London,1964)、《柬埔寨华人》(*The Chinese in Cambodia*,Vancouver:University of British Columbia,1967)、《柬埔寨华人社区的政治结构》(*The Political Structure of the Chinese Community in Cambodia*,London:University of London,1970)、《华人社会的经济组织》(*Economic Organization in Chinese Society*,Stanford,Calif.:Standford University Press,1972)、《南太平洋国家华人的经济角色与文化认同》(王苍柏译,1993年11月汕头世界华人经济国际学术讨论会论文)、《南太平洋国家华人的经济角色与文化认同》(与王苍柏合写,载《华侨华人史研究》1994年第3期)、《南太平洋诸岛的华人起源》(与窦文金合写,载《华侨华人史研究》1995年第4期)。

十一、精通中国文学和中国园林艺术的邓肯·坎贝尔

邓肯·坎贝尔(Duncan M. Compbell,1955—),1976年,初次来华,在北京语言大学进修一段时间的汉语后便转学南京大学历史系。他的学术兴趣是中国文明史,特别关注中国文人在社会变迁年代的思想潮流。回国后在澳大利亚国立堪培拉大学教授中国语言和文化,课余时间翻译中国古典文学作品。1992—2008年,他在新西兰威灵顿维多利亚大学创建了亚洲语言系,任高级讲师。

多年来坎贝尔翻译了袁宏道、袁中道、王思任、张岱、郑元勋、祁彪等人的作品,对中国翻译家林纾和美国诗人兼翻译家庞德很推崇。他认为中国

古典文学在宋朝已发展到巅峰,明清白话小说另辟了新天地。他翻译的张岱两本散文集《陶庵梦忆》和《西湖梦寻》反映了中国知识分子在明末清初动荡社会的思想,优美的文笔令他人爱不释手。

20世纪80年代,坎贝尔读到钱锺书的《七缀集》,书中的一些章节传达出来的深厚理念和幽默的表达方式深深地吸引了他,便想把其中几篇翻译出来。他发现书中的7篇文章虽然写作年代不同,但是共享的话题却是通向作者学术世界的门槛。他决心在译文中把作者"打通而拈出新意"的治学理念表现出来。2014年,他得到了钱锺书的夫人杨绛的同意开始翻译全书,由布里尔出版社出版,在英语读者中反应热烈。

邓肯·坎贝尔认为翻译是一种高层次的文化交流,也是分享异域文化精华、协调文明差异的一种方式。学习翻译学的学生应该关注中国的经济和文化发展,深入钻研中华文明史。关于翻译标准"信""达"和"雅"如何理解和把握的问题,他说:西方翻译界也有类似的标准,"信"和"达"固然重要,但是无论在中国还是在西方,翻译的最高水准和境界应该是"雅"。

他在由文化部、中国作家协会、国家新闻出版广电总局共同主办的"2016中外文学翻译研修班"期间的一次关于如何提高译文质量的发言中说:"译者应该让自己隐身,令原著作者直接同读者进行沟通、交流。当面临某些确实难以转换的'中国化'词句时,译者应该增添文采,提高作品的故事性,这样或许能弥补一些难以避免的小误差,增添作品对不同文化背景的吸引力。"①

坎贝尔对于园林、藏书楼乃至古代家具都情有独钟,认为中国园林并非仅仅休闲的去处,不少园林也是读书和鉴美的场所。他担任所长的亨廷顿图书馆东亚园林艺术研究所(The Huntington Library, Art Collections and Botanical Gardens)以收藏古籍、艺术珍品和奇花异木闻名,园内的流芳园(中国园)不仅是著名的文化机构,也是欢庆佳节时举办中国书法、文艺表演和文化图片展览的场所。2009年,他曾在该所举办了"中国园林与诗歌散文创作"的系列讲座。近几年他还参与了惠灵顿的中国园林的策划设计工作,希望这个被命名为"惠园"的园林能展示传统和现代的建筑风格,以开放式的面貌来体现与周边居民社区的精神世界联系。对于新西兰的中国移民来说,该园是他们早期来访者与祖先的联系纽带,也是新移民对于

---

① 《中外专家为中国文学走出去支招》,载《中国文化报》2016年9月6日。

自己文化根源的认同。坎贝尔曾先后出版了多本与中国园林文化有关的书籍。

2014年,坎贝尔被聘任为亨廷顿图书馆东亚园林艺术中心馆长和主任。2016年8月25日,因为他在介绍中国、翻译中国文学作品、促进中新文化交流方面的贡献突出而荣获第十届中华图书特殊贡献奖。

第二节 华人学者的加盟与新西兰汉学领域的开拓

新西兰的华人移民史始于1865年南岛奥塔戈淘金热(Otago Goldrush),大多数人来自广东。由于种族主义思想的影响,华人移民受到歧视。在19世纪80年代,政治上的恐华政策导致了人头税的实施。1987年,新西兰政府颁布了新移民法案,迎来了20世纪90年代中期和2000年以后两次大批中国移民前往新西兰。据2001年新西兰官方人口统计显示,华人人口总数为10万多人,占人口总数的3%,中国成为新西兰移民第二个主要来源地,华人是除毛利人和南太平洋岛民之外最大的新西兰非欧裔族群。

新移民包括受过高等教育的留学生和数以万计的商业移民,他们有一定专长,在事业上起点较高,其中不少人对参与新西兰的政治和文化生活表现出浓厚的兴趣。新移民的持续增长,对新西兰社会的经济文化生活产生了巨大影响,为当地华人社会注入了新鲜血液,改变了华人成分结构,加速了当地商务、文教、媒体、科技的研究与教学的发展。他们以巨大的吸引力和冲击力,在短期内改变了社会公众对华人知识阶层的印象。

华人一直是新西兰汉学研究的主要推动力量,当汉学研究在新西兰成为一个重要的学术领域时,他们都争先恐后地与主办单位签约,抢占制高点。

1966年,汉语教学在新西兰大学刚刚列入日程表,许多大学的非语言学科就及时地为中国研究学者设置了教席,这是汉学发展的标志。近年来,奥克兰、惠灵顿和基督城三所孔子学院成立,进一步提高了汉学研究和教学层次。新西兰会聚着各类中国问题研究人才,有能力开设各类中国研究课程,加速了中国问题研究的进度,展示其与众不同的魅力。

一、新西兰华人移民史和妇女史专家叶宋曼瑛

叶宋曼瑛(Ip, Manying),1945年出生于中国香港,1967年毕业于香港大学历史系,获文学士学位。1974年7月,她随丈夫移民新西兰。1977年,在奥克兰大学以学位论文《白先勇的小说》(*The short stories of Pai Hsien-Yung*)获中国文学硕士学位。

1978年,叶宋曼瑛以学位论文《张元济与五四运动》获得奥克兰大学历史系博士学位。张元济(1867—1959)是清末的一位维新派人物,后来成为出版家,在古籍整理方面曾有突出贡献。中国改革开放初期,学术界掀起对历史人物和事件翻案和重新评价的热潮。张元济作为有影响的文化人,被认为可以通过他的坎坷生涯重现所处时代学界的是非恩怨。但是当时在图书馆和文献档案库能找到的资料多半来自海外,视点不同观点各异。叶宋曼瑛曾多次到北京和上海查阅文献,访问张家后人,甚至在丈夫回国探访期间也帮她抄录书稿,终于收集了大量第一手史料。1985年,叶宋曼瑛将自己的博士学位论文扩展成一部英文专著《从清末的改革家到20世纪的出版家——张元济的生平和事业,1867—1959》由北京商务印书馆出版,受到海内外学术界的好评。1992年,张人凤和邹振环将该书译成中文,由香港商务印书馆以《从翰林到出版家——张元济的生平和事业(1867—1959)》出版发行。

叶宋曼瑛定居新西兰20余年,对新西兰华人移民史和妇女史有独到研究。她认为华人移民新西兰的历史可分为三个时期:暂居者时期(1881—1945)、同化时期(1945—1987)和新移民潮时期(1987至今)。虽然1881年新西兰政府颁布排华法案并征收人头税,对华人移民设置了重重障碍,但是经过华人一百多年坚持不懈的努力终于改变了自己的生存条件。2002年新西兰政府总理就人头税问题正式向华人道歉。20世纪90年代中期,该国又一度出现了反华浪潮,使华人移民呈现政治化和全球化倾向。新西兰华人园艺种植业在20世纪90年代以后得到了极大发展,呈现高密度发展的倾向。当前新西兰华人移民面临着永久性定居、回流或跨国移民的三种选择。跨国移民直接影响个人身份认同,世界公民与所属国籍的冲突无法从根本上解决。她认为对新西兰华人的研究可视为思考海外华人试验室,在移民史、华人身份认同以及融入当地主流社会等方面,有

极丰富的内容和斟酌价值。

叶宋曼瑛根据新西兰华人移民的历史编著了三部书。第一部《也是家乡——新西兰华人妇女的真实故事》通过华人妇女的口述往事回顾历史；第二部《同桌异客——新西兰人看亚裔》通过100幅政治漫画重温当年新西兰人如何看待华人；第三部《此心安处》再现华人在新西兰的生活遭遇。虽然作者不是以"三部曲"的手法来撰写华人在南太平洋的不平凡经历，却是从三个历史角度复原了当年令人难以忘怀的日日夜夜。

从1982年起叶宋曼瑛被聘任为奥克兰大学亚洲研究学院（School of Asian Studies）中文系讲师，后晋升为副教授和教授。现在她担任新西兰皇家科学院院士和新西兰人文学院院士。她的主要著述有《也是家乡——新西兰华人妇女的真实故事》（Home away from home: life stories of the New Zealand Chinese women, 1990）、《从翰林到出版家——张元济的生平和事业（1867—1959）》（邹振环和张人凤译，香港：香港商务印书馆，1992年）、《新西兰华人——侨居多年的新移民》（Chinese New Zealanders: Old Settlers and New Immigrants, in Stuart W. Greifedd, *Immigration and National Identity*, Palmerston North: The Dunmore Press Ltd., pp. 161-186. 1995）、《长白云之乡的巨龙——新西兰华人史》（*Dragons on the Long White Cloud: the making of Chinese New Zealanders*, 1996）、《纽西兰华文教育历史演变及现行政策》（*Chinese Education in New Zealand: A Survey of Its History and Policy Changes*, Keynote Speech delivered at The First Symposium on Chinese Education in New Zealand, Auckland, April 6, 1996）、《同桌异客——新西兰人看亚裔》（Co-written with Nigel Murphy, *Aliens at My Table: Asians as New Zealanders see Them*, Penguin, 2005）、《毛利华人面面观》（*Being Māori-Chinese: mixed identities*, Auckland, N.Z.: Auckland University Press, 2008）。

二、致力于戏剧史、艺术学和比较文化学研究的孙玫

孙玫（Sun Mei, 1955—），祖籍江苏扬州，15岁时考进扬州京剧团学戏和演戏三年。1973年，以"工农兵"学员的资格进入扬州师范学校。1975年毕业后，分配到扬州第四中学任教。1978年，进入南京大学中文系。1982年，在戏剧学院学习戏曲表演和导演专业，授业于阿甲教授名下。1984年，取得硕士学位后留校任助理研究员。1988年，他获得中英友好奖

学金资助赴英国攻读戏剧专业。他先在剑桥大学短训班学习强化英语课程,后转入埃塞克斯大学学习,其间曾举办中国戏曲讲座。在英国一年多时间到各地观摩演出,共看了40多场古典和现代戏剧。1990年3月,他随中国戏剧家代表团赴印度考察梵剧,同年8月,赴美国夏威夷大学戏剧系研攻读戏剧博士专业,同时担任该系助理教授。1995年,他获得戏剧博士学位后执教于新加坡国立大学。1999年,他应聘执教于新西兰惠灵顿维多利亚大学欧亚语言文化学院,课余时间继续研究戏剧理论,并多次参加国际研讨会,同时在学术期刊上发表论文。2007年,他赴中国台湾执教。

孙玫的研究方向为戏剧史、艺术学和比较文化学。2006年,他在中华书局出版的《中国戏曲跨文化研究》为其代表作,具体个案分析与宏观综合论证结合为其研究特色。该书共分三篇,上篇:异质文化摩擦出耀眼火花——关于戏曲概念和戏曲的形成;中篇:跨文化视野下的古代戏曲——以南戏和传奇为例;下篇:西方强势文化冲击下的国粹——传统戏曲现代历程多面观。他围绕以上三个命题对戏曲概念进行探讨,肯定印度佛教文化对中国戏曲形成的影响,但是不认为中国戏曲源于印度梵剧。中编的内容聚焦于南戏的定位,力图对南戏和传奇的历史断限做出界定,指出南戏在戏曲史上具有重要地位但是未得到应有的重视,后因文士介入而发生质变,并对晚明三部传奇中非正统非规范的青楼女子的形象做出诠释。下编从西方影响的角度解读中国戏曲发展的现代历程,通过戏曲研究来展示跨文化交往的时代与跨文化跨学科研究的关系、西方戏剧和中国戏曲的交互影响与现代知识分子对于传统戏曲的复杂情结。该书涉及了自汉至唐的佛教文化对中华文化的影响,以及由明至晚清西方文化对中华文化的冲击,说明全球一体化并非始于今日,早在一个多世纪前就已响起号角。中国戏曲研究应该关注这一历史背景,这其实就是几代中国戏曲界学人的跨学科跨文化的认知历程。至于"跨文化"的概念,他强调不是平行地比较对照中国戏曲和外国戏剧之间的异同,而是以中国戏曲为对象,或从与外来文化相互影响的角度,或从中国文化以外的视角,寻找启发,进行解读。

2007年11月,孙玫在《中国戏剧学院学报》(*Journal of National Academy of Chinese Theatre Arts*)第28卷第4期发表的《简论戏曲研究之中西互动》是他关于中国戏曲跨文化研究的续篇。所谓的"中西互动",他主要指英语世界中关于中国戏曲的研究。他认为元、明、清三朝戏曲曾经是中国人最主要的娱乐形式,深深地影响了中国人的审美活动,然而在中国传统的学术中戏曲属于茶余饭后的谈资,没有什么地位。戏曲在中国真正受到人们的重视是西方文化冲击后的结果。一个多世纪之前,英国汉学家翟理斯(Herbert Giles)就在他的《中国文学史》中设专门章节讨论戏曲和小说。由于西方观念的影响,中国学者逐渐改变了不重视戏曲的观念,从而开启了具有现代意义的戏曲研究。20世纪50年代,柯润璞(James Irving Crump)和他的弟子奚如谷(Stephen West)对中国戏曲的研究广为人知。柯润璞以研究元代杂剧和散曲闻名,他的力作《忽必烈时代的中国戏剧》(Chinese Theater in the Days of Kublai Khan)深入探讨了元杂剧的活动与发展。后来奚、伊师生二人合作撰写《月与琴〈西厢记〉》(The Moon and the Zither:the Story of the West Wing)一书。荷兰汉学家龙彼得(Piet Van der Loon)在60年代中期曾多次前往东南亚研究华人宗教仪式和戏剧活动,后来还到华南进行田野调查。他影响较大的著述有《中国戏剧源于宗教仪式考》和《明刊闽南戏曲和弦管选本三种》(The Classical Theatre and Art Song of South Fukien:A Study of Three Ming Anthologies)。龙彼得的弟子杜为廉(William Dolby)曾撰写了《中国戏剧史》(A History of Chinese Drama)。冷战中西方对峙时期欧美掀起了中国戏曲和小说研究的热潮,虽然当时官方学术交流渠道不畅,但是中西方学者之间的联系没有完全停止。许多大学图书馆想方设法购买收藏中国出版的戏剧文献资料,像《古本戏曲丛刊》的丛书几乎是研究部门的案头必备参考书。

孙玫的《取巧,终究难成大器》是一篇关于电影《梅兰芳》的观感短文,又是一篇立论明确、言辞恳切、专业性很强的文章。他开宗明义地指出梅兰芳一生的经历丰富多彩,而电影《梅兰芳》却只写了三个故事:和十三燕打擂台、与孟小冬的恋情(顺带写梅访美)以及对日军拒不从命等,基本上按照郭沫若的《屈原》和田汉的《关汉卿》的思路,勉强制造一些矛盾冲突,戏剧效果并不佳。因为没能摆脱意识形态的束缚和陈旧戏剧观念,使得屏幕上的梅兰芳和历史上的梅兰芳相去甚远。抗日战争时期梅兰芳确实曾拒绝为日本人演戏,蓄须明志,因此赢得国人的敬重。但梅先生是一位艺术家,演出是他施展才华与养家糊口的手段,不能演戏就是失去谋生能力,因此这一情节的处理要合情合理。

20世纪以来,有三个戏剧艺术家团体被认为对世界产生过影响:斯坦尼斯拉夫斯基(Konstantin Stanislavsky,苏联戏剧家)、布莱希特(Bertoit Brecht,德国戏剧家)和梅兰芳为代表的三种表演体系,以自己的独特风格形成了不同的戏剧观和美学理想。1994 年孙玫在《艺术百家》第 2 期发表的《"三大戏剧体系说"和"三种古老戏剧文化说"辨析》，被认为是对上述三大戏剧体系的质疑。1985 年，他在《宁夏艺术》发表的《三大戏剧体系述评》中提出三者好像并非属于一一对应的多面体。他还对自己以前信奉过并引述过大师们的话表示歉意。

孙玫致力于学术研究数十载，平日少交游，生活简朴，为人低调，教学之余尽可能把精力用于学问。2009 年起他担任中文核心期刊《艺术百家》学术委员。他的著述除《东西方戏剧纵横》外还有十余篇英文论文以及多篇中文小说刊发于国内外刊物，其中包括《戏曲改革三题议——有感于〈戏曲艺术的转折与发展〉引起的争论》（载《剧本》1986 年第 10 期）、《戏曲艺术规律的自觉和发展——兼谈戏曲可以吸收外来因素升华到新境地》（载《戏剧报》1986 年第 11 期）、《面向传统还是面向现实》（载《光明日报》1986 年 9 月 7 日）、《谈"戏曲需要保存"及其他》（载《艺术百花》1993 年第 1 期）、《东西方戏剧纵横》（南京：江苏文艺出版社，1996 年）、《中国戏曲跨文化研究》（中华书局，2006 年）、《沧海漂泊》（文化艺术出版社，2007 年）、《简论戏曲研究之中西互动》（载《中国戏曲学院学报》第 28 卷第 4 期，2007 年 11 月）、《再论全球化压力下戏曲之保存》（Further on the Preservation of the Xiqu Opera Under the Pressure of Globalization，载《艺术百家》2008 年第 6 期）。

三、长期从事中西文化交流与中国音乐史研究的宫宏宇

宫宏宇（Gong Hong-yu, 1963—），20 世纪 80 年代中期，曾就读于武汉音乐学院，后入奥克兰大学获哲学博士学位。自 1997 年起，他在新西兰尤尼坦国立理工学院语言研究系任高级讲师。

他长期从事关于中西文化交流、近代西方传教士在中国的教会音乐创作以及中国音乐史等方面的研究。2007 年，他在《音乐研究》上发表的《基督教传教士与中国学校音乐教育之开创》（上）和 2012 年发表的《美国哈佛—燕京图书馆收藏的中文基督教新教赞美诗集缩微资料初探》（Hymnbooks in the Harvard-Yenching Collection of Protestant Missionary Works in Chinese-A Preliminary Study）都是关于早期基督教传教士与中国学校的音乐教育的论文。过去很少学者涉猎这一领域，偶尔有人关切，多半也是

神职人员,至于从纯音乐或文化专业角度去审视史料的人则更少,主要是因为这一领域的研究需要跨学科的知识、方法和平台。从这一角度看,宫宏宇的研究具有填补学术空白、扩大选题领域的先导意义。

哈佛大学校园内的哈佛—燕京图书馆的藏书历史可追溯到1879年,宁波举人戈鲲化(1838—1882)应聘赴美教授中文时携带的汉籍就是那里的第一批藏书。该馆的100多万册书籍中中文图书占一半以上。据统计,从1818年新教传教士马礼逊(Robert Morrison,1782—1934)的《养心神诗》出版,到1936年联合圣歌编委会的《普天颂赞》印行,共有200多本中国方言和白话赞美诗集。最早的基督教赞美诗缩微资料选自马六甲英华书院的《续纂省身神诗》和巴达维亚石印版的《养心神诗》。有些只有词没有歌谱,但因为在歌词旁已注明所选曲调,就便于演唱。只有押韵中文的赞美诗,如果附有英文说明或标出乐调索引,也可配唱。后来一些赞美诗直接配上五线谱,歌词既用汉字也用罗马拼音拼写当地方言,歌词列在乐谱之下或与乐谱分列。这些资料对于中西音乐交流史的研究具有珍贵价值。

宫宏宇在《星海音乐学院学报》2013年第4期上发表的论文《意想不到的文化使者——广东淘金客与中国音乐在新西兰早期的传播》,将当年华工在新西兰传播中国音乐的历史划分为五个阶段:第一阶段(1865—1900),淘金的广东农民把口耳相传的中国民间音乐带到了新西兰;第二阶段(1900—1950),华人社团的形成为中华音乐文化在新西兰传播提供了环境;第三阶段(1950—1972),华人处于从认同主流社会文化到被同化的时期,年轻一代的华人开始喜欢新西兰音乐,但是老一辈华人对粤剧粤调仍情有独钟;第四阶段(1972—1987),中新建交为中华音乐文化在新西兰的传播打开了大门,也为新西兰音乐家了解中国音乐文化提供了便捷通道;第五阶段(1987年至今),中国经济迅猛发展背景下出现的新移民潮为中华音乐文化在新西兰的传播提供了多种渠道。作者画龙点睛的概括展示了中新两国一个多世纪文化交流的漫长历程与充满希望的前景。

宫宏宇在2014年第3期的《星海音乐学院学报》上发表的《从广东淘金客到谭盾——中华传统音乐文化在新西兰的传播(1865—2013)》,是他对中国音乐文化在新西兰传播方式、内容和历程的进一步的详尽诠释。他在文章中写道:不同时期的新西兰华工不仅为当地的经济注入了活力,也进一步丰富了民众的文化生活。早期他们的娱乐方式是在劳作之余自拉自唱,在节日庆典上有时也与当地白人社团互动。从1872年到1893年,每逢春节他们除了表演合奏、独奏、独唱外,还在当地会堂上用中国乐器或中西乐器联奏曲目。此外,每逢赈灾、筹款、扶贫,他们或演奏二胡,或舞狮,或清唱,以各种形式表演。音乐是华工寻求慰藉缓解乡愁的一种手段,在漫长的冬夜里他们常聚在一起讲故事或吹拉弹唱。

19 世纪 80 年代,之后金矿资源枯竭使得新西兰华工人数减少,到 1916 年华工人数仅剩下 2000 人。他们不再栖身矿区工棚,纷纷流落到但尼丁、惠灵顿和奥克兰郊区。反华浪潮袭来好景不再,华人的音乐活动大幅度减少,文娱生活仅限于华人社团、学校或俱乐部。20 世纪初,新西兰华人社团开始活跃,主要有洪门致公堂(1907)、新西兰中华会馆(1909)、冈州会馆(1921)、东增会馆(1926)、番花会馆(1927)、四邑会馆(1930)、新西兰华侨抗日后援会(1937),以乡籍区分或以信仰结社,但都试图通过组建音乐社团、举办中文补习班、出版中文刊物等方式,加强对自己子女有关祖国文化和伦理道德的教育。后来华人教堂和华人会所也开始组织与中国有关的文艺活动。第二次世界大战爆发后,新西兰华人团体的文艺活动增加了劳军表演和中国剧目,以此方式在新西兰主流社会传播中国音乐文化。

宫宏宇在文章中继续写道:20 世纪 50 年代之后,新西兰华人由"外来人"到"社会一分子"的角色转换,进入了认同主流社会文化价值的同化时期。华人不再重视中国的传统节日。有条件的华人家庭都有钢琴、手风琴、小提琴和其他乐器,华人聚会上的音乐表演,也开始用西洋乐器取代民族乐器。但是新西兰的老一辈华人仍尽可能地保存并发扬中国传统文化,华人社团仍然维护坚持中国文化,经常组织粤剧演出,鼓励华人青年学唱中国歌、演传统中国戏,为的是使中华文化在多元文化中得到应有尊重。

中华人民共和国成立后,中新友好协会开展了非官方的文化外交活动,1956 年,中国艺术团访问新西兰,80 多名演员表演京剧和民间歌舞在主流社会影响很大。他们为新西兰民众带去了中国的传统京剧和民间音乐,引起了当地观众的兴趣。

新西兰政府与中华人民共和国正式建交后两国官方音乐文化交流活动得以开展。1975 年 9 月,新西兰国家青年乐团访华,作为回访新西兰外务部邀请了上海乐团,在指挥家曹鹏的带领下到新西兰四大城市演出。最早摒弃"重欧轻亚"理念的惠灵顿维多利亚大学音乐系高级讲师、著名作曲家杰克·鲍地(Jack Body,1944—)在弘扬中华音乐文化方面做出了长期贡献。他介绍中国当代作曲家,录制并保存中国民族音乐,把中国传统和民间音乐引入了主流媒体和大专院校,把中国音乐元素运用到自己的创作中,鼓励学生到中国去研习中华民间音乐。1988 年 5 月,谭盾应杰克·鲍地邀请以住校作曲家的身份访问新西兰半个月,举办了多次演讲,还制作了介绍中国新音乐创作的专题节目。

1987 年,新西兰开始从中国、马来西亚和新加坡引进成功商业人士。1992 年,移民法改用"计分"制度吸引商业人士。中国新移民的到来,使得中国音乐在新西兰的传播呈现出了多样化的趋向。这些新移民中不但有受过专业训练的音乐学院毕业生,也有造诣极高的音乐家。新西兰的商业与教育机构为了和本地华人社会沟通和开拓中国市场,不失时机地利用这些人才。2000 年 4 月,奥克兰大学成立创作表演艺术学院时所举办的"龙歌"音乐会就邀请了民族声乐家姜嘉锵和西安长城中乐四人组前往献艺。1996 年,上海评弹艺术家蒋云仙、新西兰华人学者协会都邀请他们表演,他们把中华音乐文化曲目献给了新西兰观众。

宫宏宇在该文结论部分说:随着中国和新西兰两国之间关系的发展,一些高水平的中国乐团不断到新西兰访问演出。除国家级的艺术团体外,省、市、自治区级艺术团也先后参与文化交流。近年到新西兰巡回演出的中国音乐艺术团体已接近百个。中华音乐文化在新西兰多元文化语境中的传播与华人的贡献分不开。

宫宏宇的主要著述有《基督教传教士与中国学校音乐教育之开创》(上,载《音乐研究》,2007 年)、《"文化大革命"不仅是红宝书、样板戏、语录歌——康浩著"文化大革命"文化史述评》(2009 年)、《王光祈初到德国》(2011 年)、《德彪西的"汉学家"知音拉卢瓦》(2011 年)、《美国哈佛—燕京图书馆收藏的中文基督教新教赞美诗集缩微资料初探》(*Hymnbooks in the Harvard-Yenching Collection of Protestant Missionary Works in Chinese-A Preliminary Study*,2012)、《意想不到的文化使者——广东淘金客与中国音乐在新西兰早期的传播》(载《星海音乐学院学报》2013 年第 4 期)、《从广东淘金客到谭盾——中华传统音乐文化在新西兰的传播(1865—2013)》(载《星海音乐学院学报》2014 年第 3 期,总第 136 期)、《新西兰的汉语教育》(新西兰国立尤尼坦理工学院语言学系,2014 年)。

四、专攻中国古典小说和戏曲的赵晓寰

赵晓寰（Zhao Xiaohuan，1963—），曾就读于爱丁堡大学亚洲研究学院，授业于中国戏剧史学者杜为廉（William Arthur Dolby）和研究中国电影与古代游记文学的汪居廉（Julian Ward）。获中国古典文学和比较文学方向博士后任教于爱丁堡大学和格拉斯哥大学，后任新西兰奥塔戈大学中文部主任兼中国文学高级讲师。

赵晓寰的主要研究领域为中国古典小说和戏曲、宗教与民间信仰、仪式与文学艺术、民俗学与文化人类学。他的专著《中国文言超自然小说形态发展史》运用普洛普的形式主义理论对中国古典志怪小说进行心态学分析，从比较文学角度探讨中国超自然小说的形态结构，涉及神话、宗教、鬼魂、比较文学、跨文化对比、语言学以及结构功能主义形态学，曾荣获2005年度美国阿黛尔·梅隆（Adele Mellen）杰出学术贡献奖。

赵晓寰认为在中国文学传统中，小说和戏剧在故事、主题和人物方面常常相互借鉴和分享。比如中国戏剧中的一些超自然成分，其本事可以追溯到六朝志怪，《窦娥冤》是元代戏剧家关汉卿根据晋代干宝《搜神记》卷11的"东海孝妇"和《汉书·于定国传》改编的，充分体现了中国"文史不分家"的传统观念。

2009年，赵晓寰与乔雪瑛在复旦大学出版社出版的《新西兰：历史、民族与文化》，是一部研究新西兰各族人民相互交往、融合及其历史文化发展的专著。作者在书中回顾了新西兰的经济、文化和教育的历史与现状，探讨了新西兰移民政策的演变过程。全书共六章：第一章，引言；第二章，新西兰的移民史；第三章，《怀唐伊条约》；第四章，新西兰的毛利人；第五章，新西兰的文学；第六章，新西兰的社会与文化。过去西方学者大多从欧洲中心主义的立场来透视新西兰的毛利人和非欧裔移民，第二次世界大战结束后随着南太平洋地区民族意识的高涨和国家认同理念的强化，这种研究倾向逐渐得到改变。作者正是从新视角、新观念的立场上展开研究的。

戏剧的起源也是赵晓寰研究领域中的重要选题。自亚里士多德提出希腊戏剧源自酒神狄俄尼索斯祭祀以来，有关戏剧起源于神话和典礼成为戏剧史学术界的重要假设，无论持何种观点的学者都无法回避这一关联。20世纪初剑桥仪式学派体系的理论进一步加速了对这一问题的探讨，经

历了长期的假设和论证,争论各方都在相互比较和批评中收集到越来越多的论据,得出了同中有异的结论。赵晓寰为此写过有关文章,并在几次学科研讨会上发表了自己的观点。

几年来赵晓寰在《通报》(T'oung Pao)、《亚洲文化研究》(Asian Cultural Studies)、《魔术、仪式和巫术》(Magic, Ritual and Witchcraft)、《亚洲学报》(Acta Asiatica)和《法律与文学》(Law and Literature)等刊物上发表学术论文20余篇。主要著述有《关于句法学、语义学和语用学三角关系的思考》(载《外语与外语教学》1998年)、《中国文言超自然小说形态发展史》(Classical Chinese Supernatural Fiction: A Morphological History, Lewiston, New York, USA & Ceredigion, Wales, UK: the Ldwin Mellen Press, 2005)、《中文广告中的结构形态:主述角度的文本分析》(Structural Patterns in Advertising Chinese: a Textual Analysis from the Theme-Rheme Perspective, The New Zealand Language Teacher, 2005)、《从神奇故事到传奇剧:明代梦幻/鬼神剧〈牡丹亭〉的结构分析》(From Story to Script: Towards A Morphology of the Pony Pavilion—A Dream/Ghost Drama from Ming China, 2006)、《论〈道德经〉文本中的主述结合态与逻辑语义关系》(On the Modes of Theme-Rheme Combination and Logic-semantic Relations in the Text of the Tao te ching, Studies in Sinology, Vol. 29, Issue 2, 2007)、《新西兰:历史、民族与文化》(与乔雪瑛合著,上海:复旦大学出版社,2009年)、《元杂剧科举戏婚姻家庭关系中所涉法律问题考察》[载《上海师范大学学报》(哲学社会科学版)2014年第4期]、《中日古代鬼魂观及其在传统戏剧上的表现——以元杂剧与日本能乐为中心》(The Concepts of Ghosts and Spirits in Traditional and Japanese Culture and their Theatrical Manifestations in Zaju and Noh)、《巫蛊在帝制时代中国的政治功能:跨文化比较研究》(Political Uses of Wugu Sorcery in Imperial China: A Cross-Cultural Perspective)、《元代戏台上上演的女道观中的爱情、肉欲和失落》(Love, Lust and Loss in Daoist Nunnery as Staged in Yuan Theatre)。

五、对清代思想史和中国教育思潮研究贡献突出的白莉民

白莉民(Bai Limin),1982年,毕业于安徽大学后开始专攻中国古代教育史;1986年,获华东师范大学古籍所硕士学位,留所任助理研究员;1990

年,她进入澳大利亚拉筹伯大学;1994年,获博士学位;1995年后,在新西兰维多利亚大学任高级讲师,现为该校中国课程主任。

她的学术领域为清代思想史、中国数学史、中国传统教育、儿童教育跨文化研究和教育思潮研究。1989年,她在北京教育科学出版社出版的《西学东渐与明清之际教育思潮》于1992年获全国高等院校书籍优秀学术奖。2005年,她在香港中文大学出版社出版的英文著述《塑造理想儿童:蒙学教育》,对中国古代开蒙教育的方式和价值进行了深入探讨。她还在《清史问题》(Late Imperial China)和《中国季刊》(China Quarterly)等国际核心刊物上发表过多篇论文。

2005年,《中国瞭望》第57期发表了白莉民的《民办大学中党的领导与作用》一文,对改革开放后教育界面临的挑战,进行了准确的阐述和解读。作者认为:根据宪法所赋予的权利,中国共产党有责任把握教育领域的政治方针与方向,并在重要教育官员的任命和重大的教育问题的处理上有决策权。1949年后,由政府拨款设立的高等教育管理机构主体有党与政两套系统。20世纪80年代,中国开始出现民办教育机构。1993年,国务院签发了《中国教育改革与发展纲要》文件,明确允许并鼓励民办投资进入国家和地方教育领域。

作者在文章中进一步分析,在高等教育领域,民办大学或机构根据社会经济的需求应运而生,可以帮助减轻政府在教育事业上的财政压力。所谓的"民办教育"是指非政府拨款的教育。但是中国的民办教育实际上包括公有制主体和私有制主体两类,有相当比例的中国民办学校的所有权为非私有制,

尽管"教育企业"的概念存在争议,民办高校还是从民营企业那里借用了很多的理念和方法。但是教育企业不同于其他类型的企业,因此有观点认为必须强调党的作用才能确保民办高校的社会主义性质。公办高校和民办高校的领导体制的差异表现在:公办高校实行的是党委领导下的院(校)长负责制,民办高校则实行理事会或董事会领导下的院(校)长负责制。然而在培养目标、政策和教育内容上,公办和民办教育都必须坚持教育的社会主义性质。根据2000年6月中共中央、人力资源部和教育部党委联合发布的文件规定:公办和民办高校都必须坚持社会主义办学方针,党组织应参加学校重大问题决策、领导思想政治、道德教育、校工会、共青团和学生会,并开展统战工作。公办高校与民办高校在行政管理上的差别

是:民办高校在聘用教师和职员、确定薪资等级、使用和管理资金以及设备方面享有自主权,可以依据市场需求设定课程。鉴于现在中国的政治思想与社会条件,民办高校不可以取消党的领导。

2008年,白莉民在华东师范大学出版社出版的《出国留学与预想不到的问题——新西兰中国留学生生存报告》,是一份对出国小留学生群体有特别指导意义的专著。全书共分八章:第一章,中国留学生不是留学垃圾;第二章,中国教育现状和出国留学选择;第三章,中心比较(a):追求现代化;第四章,中新比较(b):教与学;第五章,学历和文凭的含金量;第六章,语言和异文化造成的困境;第七章,走出国门的困惑与收货;第八章,反思中国教育。签证较快和学费较低,是新西兰成为中国学生第三次留学潮热点的因素之一。中学生自费出国留学,在语言环境和社会管理状态与中国不同的情况下可能碰到各种问题。他们完成学业后是否在新西兰就业或移民,也需要慎重斟酌。该书通过对中国留学生的访谈和问卷调查,以充分的数据和真实的案例,分析准备留学学生的情况,中国教育制度的强项等,为望子成龙的家长献计献策。该书把留学生群体在国外求学中碰到的各类问题与中国国内的传统德智体教育、家庭父母的言传身教以及社会文化影响联系起来分析反思,协调提出了弥补和对策。

白莉民的主要著述有《西学东渐与明清之际教育思潮》(北京教育科学出版社,1989年)、《明初的数学研究与思想转化》(*Mathematical Study and Intellectual Transition in the Early Mid-Qing*, *Late Imperial China*, Vol. 16, No. 2: 36-73, 1995)、《20世纪90年代中国高等教育的异动》(*The Metamorphosis of China's Higher Education in the 1990s*, in *Education and Change in the Pacific Rim*: *Meeting the Challenges*, Volume 7 in Oxford Studies in Comparative Education, ed. by Keith Sullivan. Wallingford, Oxfordshire: Triangle Books, pp. 241-266. 1998)、《1903—1927年的中国幼儿园浪潮》(*The Chinese Kindergarten Movement, 1903-1927*, in *Kindergarten and Cultures: the global diffusion of an idea*, edited by Roberta Wollons. Yale University Press. pp. 137-165, 2000)、《儿童与中国的复苏:梁启超论1898年维新前的教育》(*Children and the Survival of China: Liang Qichao on Education Before the 1898 Reform*, in *Late Imperial China*, Vol. 22, No. 2. pp. 124-155, 2001)、《塑造理想儿童:蒙学教育》(*Shaping the Ideal Child: Children and Their Primers*, 香港中文大学出版社, 2005年)、《游乐儿童:远

离儒教阴影的童年》(*Children at Play：A Childhood beyond the Confucian Shadow*,*Childhood：A global journal of child research*,Vol. 12,No. 1,pp. 9-32,2005)、《中国儿童的培养：儿童教育入门教材》(*Shaping the Chinese Child：Children and Their Primers in Late Imperial China*,The Chinese University Press,Hong Kong,p. 311,2005)、《毕业即失业：中国面向大众高等教育的困境和挑战》(*Graduate Unemployment：Dilemmas and Challenges in China's Move to Mass Higher Education*,*China Quarterly*,Vol. 185,pp. 128—144,2006)、《西学东渐及其对中国文化教育的影响》[载《河北师范大学学报》（教育科学版），2007 年]、《王亨统和他的绘图蒙学读本 1902—1915》(*Wang Hengtong and His Illustrated Primers*,1902-1915)、《帝国时代视儿童为朝气蓬勃的希望：1895—1915 年种族、国家主义与基础教育》(*Children as the Youthful Hope of an Old Empire：Race, Nationalism and Elementary Education in China*,1895-1915,*Journal of the History of Childhood and Youth*,Vol. 1,No. 2,pp. 48-69,2008)、《出国留学与预想不到的问题——新西兰中国留学生生存报告》(*Meeting the Challenges：Chinese Students' Experience in New Zealand*,Shanghai：Press of East China Normal University,p. 197,2008)、《为民族之未来而训蒙稚：王亨统和他的〈绘图蒙学读本〉，1902—1915》（2014 年）。

六、对中国乡土文学和移民史研究有造诣的王一燕

王一燕（Wang Yiyan），大学本科，学的专业是英语。1988 年，到澳大利亚国立堪培拉大学英语系做访问学者，后在阿得雷德大学攻读硕士课程，研究加拿大小说家和文学评论家玛格丽特·阿特伍德（Margaret Atwood）的小说，后任悉尼大学中国研究系主任。自 2012 年起，王一燕担任惠灵顿维多利亚大学中国研究项目主任，博士生导师。

她对中国现当代作家鲁迅、丁玲、萧红、徐志摩、钱锺书、沈从文、贾平凹、阿来、莫言都有深入研究，经常在惠灵顿维多利亚大学语言文化学院举办中国文学讲座，用翔实的例证讲解中国文学创作发展的变革历程，为新西兰汉学研究提供了资料和经验。目前，她主要致力于中国现代文学与文化、乡土文学、现代思想史以及移民研究。

跟访谈者谈自己的博士学位论文时她说，曾经考虑过用西方的符号

学、现象学或者后结构主义等理论框架来探讨贾平凹的小说世界,但很快就发现无法深入其中。对于乡土作家贾平凹来说他笔下的土地和人物都是本乡本土族群的一部分,如果不从人类学的角度审视,就感受不到事物的渊源和作家的生活体验,只能就事论事。这也是许多研究人员都会碰到的问题。

她还谈到研究人员的身份认同问题。对待某种现象或事物,每个人都可能有自己的观点和判断,但是一个学者对书本知识和发生在自己眼前的现象的理解可以有不同的角度,从自己所属的文化角度来理解就可能错了,从他人文化的角度来体验就可能完全不一样。从外部世界看中国,跟置身于中国看中国不一样,提的问题也不一样。研究和被研究,跟表述与被表述,都有一个异化的过程。族群的认同与族群身份的转移,是一个文化归属的问题。①

关于凌叔华小说中对民国女学生后学校生活形象的塑造问题,王一燕说那是作者当时的主流题材,把有文化小女子的日常生活与正转向现代化发展的大社会联系起来,读者会发现大家开始习惯过去并不熟悉的东西,这就是重大变革的开端。这些非常性别化和时代化的空间和生活经验也是同时代男性生活的写照。由此可以看出:家庭现代性是社会现代性的一个重要部分,家庭日常生活的改变实际上是社会最根本的改变。②

王一燕在为《中国小说家,1950—2000》(Chinese Fiction Writers, 1950-2000)写的"贾平凹"词条之前,曾经对自己的博士学位论文进行扩展加工,以《叙述中国——贾平凹的小说世界》为书名出版。全书共十一章,信息量大,分析深刻,学术价值高,精雕细刻到在书后收录了特意制作的"贾平凹生平创作年表"(1952—2005)和"贾平凹出版作品年表"(1977—2005)。该书对贾平凹的《废都》(1993)、《白夜》(1995)、《土门》(1996)、《高老庄》(1998)和《怀念狼》(2000)等 6 部作品进行了充分解读。专门评析《废都》的章节有《废都》的文化背景(第三章)、《废都》阴柔的文化根源(第四章)、《废都》家庭女性扮演的角色(第五章)。总体上说评价是正面中肯的,小骂大帮忙也不避他人耳目,因为有大批读者做后盾,所以用词造

---

① 王一燕:《跨文化视野下的"表述中国"——王一燕访谈录》,载《文化遗产研究》(总第三辑),2009 年。
② 王一燕:《凌叔华短篇小说中民国时期家庭现代性初探》,原载《文化遗产研究》(总第八辑),2016 年。

句底气十足。对于小说中有争议的性描写,评价很有分寸。王一燕善于讲故事,评析流畅,赞许者众。娓娓道来的好像是日常人际交往的家长里短,实际转达的是文艺创作的大道理和硬指标,但是最重要的是为域外学者的中国文学研究提供了资源和思路,模式具有示范价值。

王一燕在 2012 年第 8 期《中国现代文学研究丛刊》上发表的《施蛰存短篇小说中的都市漫游者》,通过《梅雨之夕》和《春阳》两篇小说中漫步游走的人物揭示了早期中国文学中的现代性。上海的天气和街景为作品中的人物提供了一种异乎寻常的感受和诱惑,也为追寻文学世界性现代主义的读者精心营造了所期待的场景。20 世纪上半叶的中国小说家是否都清楚地知道文学创作中现代主义的选题和使命,恐怕无法一言冠之,但是新世纪的文学评论家完全可以对中国文库中的经典进行理念上的提升和学术上的归类。这大概就是王一燕及其同事做学问所设计的预案吧?

王一燕的主要著述有《说家园乡情,谈国族身份:试论贾平凹乡土小说》(《当代作家评论》,2003 年)、《叙述中国——贾平凹的小说世界》(*Narrating China: Jia Pingwa and His Fictional World*, London: Routledge, 2006)、《中国现代思想史的遗珠:1900—1930 年间的艺术书写与现代性》、《本土故事与民族认同:中国现代乡土文学中的国家叙事竞争》、《施蛰存短篇小说中的都市漫游者》(载《中国现代文学研究丛刊》2012 年第 8 期)、《日常生活的文化形式——凌叔华短篇小说中民国时期家庭现代性初探》(载《文化遗产研究》2016 年总第八辑)。

七、在中国电影、电视剧、网络文化方面有所建树的林勇

林勇(Adam Yong Lam),出生于北京,先后在澳大利亚和新西兰接受过高等教育,长期从事文化研究,在中国电影、电视剧、网络文化方面有所建树,对于推动新西兰坎特伯雷大学与东亚地区的合作做出了杰出贡献。他曾任坎特伯雷大学文化研究系和中文系主任,现任坎特伯雷大学孔子学院院长。

《21 世纪日常生活文化再研究》(*The Reinvention of Everyday Life: Culture in the Twenty-first Century*)英文版于 2006 年由坎特伯雷大学出版社出版,参编者除林勇外还有坎特伯雷大学文学文化及社会学院前任院长霍华德·麦克诺顿(Howard McNaughton),他也是《后殖民主义英语文学百科

全书》的新西兰主编,在当代文化和舞台表演理论研究方面有重要建树。

《21世纪日常生活文化再研究》正文分四个部分:第一部分,文化产品与文化展示(收录论文6篇);第二部分,粉墨登场与角色扮演(收录论文6篇);第三部分,后现代语境中的身份塑造(收录论文7篇);第四部分,人类与机械的交媾(收录论文5篇)。该书由澳亚地区(Australiasia)的几位学者从不同角度对日常生活中的文化进行了分析和阐释。

2011年,该书中文版由复旦大学出版社出版,编辑部特地就当代中国问题组稿五篇:1.林勇《我们都是同村人:互联网时代的国家与民族形象》(代序);2.林听雨《对中国音像盗版问题的分析与思考》;3.林勇和黄音《在"艺吟"与"意淫"之间——民间曲艺的生存空间》;4.陈运享《窈窕君子,淑女好逑——21世纪中国电影中的女性化银幕英雄》;5.姜申《手机与后工业文化》。从养老院房地产广告中老年人的文化身份、新媒体环境装饰艺术、天津街头茶馆的曲艺表演,到南极科学考察基地的殖民文化气息,涉及了以往不为学者们所关注的方方面面,把该书的主题与中国日常生活中的文化内涵紧密地联系了起来。作者群体具有不同的学科背景、不相同的地域和文化身份,他们的跨学科经验使各自论证相得益彰。

林勇的主要著述有《阴影中的写作:畅想与期待》(*Writing in the Shadow, or Writing the Present in the Past and Writing the Past for the Present*. MA, University of Hong Kong, University of Hong Kong, Theses-Master of Arts, 1994)、《奥克兰大学作为第二语言的汉语教学的新方向:文化步骤》(*Cultural Approach: A New Direction of Teaching Chinese as a Second Language*. University of Auckland: First International Symposium on Chinese Language Education in New Zealand, May, 1996)、《跨界:中学跨语言、跨专题教学的需要和好处》(*Cross the Boundary: The Need and Benefits of Cross Language and Cross Subject Teaching at High School*. Dunedin: NZALT Conference, July, 1998)、《张艺谋拍摄的三部电影中的中国服饰、多元文化节庆与中国性》(*Chinese Costume, Multi-Cultural Carnival: the Chineseness in the Three Films by Zhang Yimou*. Athens, USA: 38th Southeast Conference, Association for Asian Studies, 15-17 Jan 1999)、《从"华侨"到"海外华人"——当代中国电影的国际化解读》(*From "Chinese Overseas" to "Chinese Migrants": A Metaphorical Reading of Internationalization of Contemporary Chinese Cinema*. Dunedin: New Zealand Conference of Association for the Study of the Chinese and Their Descendants in Australasia and the Pacific, 20-21 Nov. 1998. 73-77, 1999)、《时间和政策允许时革命史的编写和改写问题》(Writing and Rewriting of the Revolutionary History... as Time and Policies Allowed. Wellington, New Zealand: Film and History Conference 2000: 10th Biennial Conference of the History and Film Association of Australia and New Zealand, Dec, 2000)、《上海风格的电影与电视的昨天、今天和明天》(Shanghai Style Film and TV: Yesterday, Today and Tomorrow. Shanghai, China: Conference of Shanghai Style Film and TV, 21-22 Dec., 2002)、《全球化时代中国国家影业的消亡与复苏》(The Death and Survival of Chinese National Cinema in the Age of Globalisation. Beijing and Shanghai Universities, China: National, Transnational, and International: Chinese Cinema and Asian Cinema in the Context of Globalization, Centennial Celebration of Chinese Cinema, 6-10 Jun, 2005)、《后"文化大革命"时代中国电影与全球文化》(文化艺术出版社, 2005年)、《怀旧与不足——读张艺谋的后现代剧本〈回家之路〉与〈一个都不少〉》(Nostalgia and Dissatisfaction: Reading Zhang Yimou's "The Road Home" and "Not One Less" as Postmodern Texts. In E. Palmer Ed., Asian Futures, Asian Traditions: 401-418, 2005)、《当玫瑰花不再散发芳香的时候——评冯小刚与中国贺岁片风格的发展》(When the Rose No Longer Smell as Sweet: Feng Xiaogang and the Development of New Year Celebration Film Genre in China. The Orient Quarterly, 51, 2005)、《生存还是毁灭:评冯小刚的贺岁片》[To Be or Not to Be: New Year Celebration Films by Feng Xiaogang. In J. Lin, K. Henshall and H. Xiao (Ed.), Ethnic Identities and Linguistic Expressions: Languages, Literatures and Cultural Interaction in an Age of Globalization: 185-201. Beijing: People's Literary Press, 2006]、《我们的"中土世界"如何建成:〈指环王〉文集》(Copedited with Oryshchuk, N. How We Became Middle Earth: A Collection of Essays on The Lord of the Rings. Zollikofen: Walking Tree Publishers. 460, 2007)、《中土世界的诞生:新西兰通过〈指环王〉对后殖民形象的建构》[Co-written with Wong, L. The Birth of Middle-earth: New Zealand's Postcolonial Identity Constructed Through The Lord of the Rings Film Tourism. Contemporary Cinema 136, 2007]、《身份、传统与全球性:1977—1996年中国后"文化大革命"故事片》(Identity, Tradition and Globalism: Post-Cultural Revolution Chinese Feature Films 1977-1996.

Saarbrücken:VDM Verlag Dr. Müller. 316,2008)、《一种消亡艺术之复苏表现》(Co-written with Huang Y., *A Life Performance of a Dead Art*. In A. Lam and H. McNaughton Ed., *The Cultural Reconstruction of Our Everyday Life*:208-219. Shanghai:Fundan University Press,2011)、《我们都是同村人:互联网时代的国家与民族形象》(*We Are All in One Village:National and Ethnic Identities in the Age of the Internet*. In A. Lam and H. McNaughton Ed., *The Cultural Reconstruction of Our Everyday Life*:3-17. Shanghai:Fundan University Press,2011)、《21 世纪日常生活文化再研究》(Co-written with Howard McNaughton, *The Reinvention of Everyday Life:Culture in the Twenty-first Century*,Fudan University Press,2011)、《对全球化时代民族电影的再定义》(*Redefining cinema:For the sake of national cinema in the age of globalisation*. In F. Y. Ji, J. H. Lin and S. Bouterey Ed., *Cultural Interactions and Interpretations in a Global Age*:205-215. Christchurch:Canterbury University Press,2011)、《新媒体发展与电影的再定义》(*The development of new media and redefinition of cinema*. Chao Xing.com. Online Video Publication of Public Lecture,2012)、《互联网时代的国家民族身份》(*The national and ethnic identities in the age of the internet*,ChaoXing.com. Online Video Publication of Public Lecture,2012)、《新媒体充起的浮力》(*Floating Power as Enabled by New Media:Hu Ge and Battling Bandits in Mt Birdcage*. Shanghai University, Shanghai,China:The 3rd Global Chinese-Language Cinema Conference,13-16 Dec,2013)、《数码时代全国电影文学剧本》(*National Cinema Texts in the Age of Digital Media*. In China Film Museum Ed., *Changes of Films and Audiences in New China*:193-202. Beijing:China Film Press,2020)。

第三节 新西兰中国问题专家视野中的多维世界

1972 年 12 月 22 日,新西兰与中华人民共和国正式建立了外交关系,从此新西兰外交政策把亚太地区定位为对外关系的优先领域,两国经贸关系逐步朝着稳定、双赢和多元方向发展。

中新关系的发展结束了冷战时期的对立状态,对两国教育、文化和学术研究环境的改善和提高产生了前所未有的推动力。许多政界和学界人士认识到:新西兰需要越来越多的人能适应中文工作环境,推广中文被视为对国家未来的投资。

学习汉语的热潮先后出现在新西兰奥克兰理工大学、尤尼坦理工学院和惠灵顿维多利亚大学。2009年,孔子学院成立时,南岛只有5所开设中文课的学校,学生人数100多人;2016年,南岛开设中文课的学校已经发展到90多所;20世纪90年代初,新西兰政府设立了亚洲2000年基金会,为中国与新西兰两国文化艺术及大专院校之间的学术交流、研究、合作项目提供了资助;2014年,多数接受资助的新西兰学校开设了中文课程,大学招生考试也把中文纳入了可选外语的评价体系。

关于这一时期新西兰大学的汉语教学与研究以及随之而来出现的问题,新西兰亚洲研究学会主席纪保宁在《新西兰中国研究的回顾与展望》一文中写道:

> 20世纪80年代中期之后,新西兰政府对"与亚洲接轨"越来越有兴趣,新西兰所有的大学(林肯大学除外)、大多数的理工学院和许多专科学校都开始开设语言课程,一些新的汉语教学岗位就是在这种背景下设立起来的。90年代,一些学者受聘于大学教汉语——不管他们的研究兴趣是否仅局限于汉语和中国文学。这些学者的加入极大地丰富和拓宽了新西兰的中国研究事业。在新西兰每一所大学的汉语系,都汇集了诸如汉语、中国电影、戏剧和民间文化、中国性别史(gender history)和女性主义批评、中国哲学、思想史和当代思想、中国教育史、中国艺术史、中国音乐史以及新西兰华人移民史等不同领域的中国专家。遗憾的是,因为许多时间被用于初、中级的语言教学,经常的情况是,学生们从他们的语言教师那里学到的专业知识非常少,上面所列出的很多专业在课堂上反倒不讲授。这些中国专家一般在课外时间讲授专业知识,然而学生们对这些知识却经常一无所知。①

近年中国经济快速发展,移民新西兰的华人人数增加,中国在国际事务中的作用得到了更充分的发挥。中国的存在给新西兰的经济、政治、文化、教育和社会生活带来的影响也越来越广泛。新西兰政界和学界越来越

---

① 纪保宁著,崔玉军译:《新西兰中国学的回顾与展望》,载《国外社会科学》2006年第三期,79—80页。

关注中国,关注华人,关注中国文化和社会。从世界经济一体化的角度考察,新西兰在放弃对移民的同化政策之后转向了多元文化的发展。许多新西兰人认为,应该学会了解中国文化、中国思维和中国方式,而不是期待中国人对新西兰社会的适应,或向西方世界的融入。加强中新友好关系,加强与华人的交流,对今日世界和未来社会的发展都是有益的。

随着新西兰汉学研究的升温,涌现了一大批新西兰中国问题专家,其中一些有眼光有魄力被尊称为"中国通"的高手,见证并参与了中新两国关系黄金时期丰功伟业的建构。

一、热爱中国传统艺术和文化的包逸之

包逸之(Tony Browne),20世纪70年代新西兰派送到中国香港学习中文的三个人之一。1973年,他进入新西兰外交部工作,1976—1978年,首次出任新西兰驻华使馆外交官;1994—1997年,担任新西兰驻台北商务办公室的负责人;2000年,兼任新西兰外交部北亚区负责人。2002年后,他作为新西兰外交部北亚司司长曾来华访问15次,先后三次前往西藏:2002年,陪同新西兰外长访问;2005年,第二次访问西藏;第三次访问西藏的时间是2007年。2004—2009年,任驻华大使,后任新西兰当代中国研究中心主席,兼惠灵顿维多利亚大学孔子学院院长,以及新西兰—中国关系促进会理事。

2004年4月14日,新西兰正式宣布承认中国市场经济地位,这是第一个给予中国市场经济待遇的发达国家外交决策。同年12月,中国和新西兰进行的自由贸易协定谈判在北京启动,这是中国与发达国家之间的第一个关于自由贸易区(FTA)的对话,意义重大。2007年6月,中新两国代表在华进行了关于自贸协定签署的第十二轮谈判,取得了重大进展;2008年4月,签署了关于建立自由贸易区协定。以上重大外交决策是在包逸之大使任期前后完成的,他是新西兰的国家代表,是两个重大举措的参与者和见证人,他的眼光、智慧、才干和贡献举足轻重。

包逸之热爱中国传统艺术和文化。2017年10月9日,他接受《人民日报》特派记者李锋采访时说:

历史上中国在很长时间里都是世界第一大经济体,当前中国的崛

起是历史的回归,对了解中国历史的人来说一点也不令人意外。

近些年来,在发展对华关系方面,新西兰始终走在发达国家前列,开创了与发达国家对话关系的几个"第一"……新西兰国家虽然不大,但有着独立的外交政策,能够根据自己的国家利益迅速决断,不会瞻前顾后,更不会受制于第三方。……牢固的政治关系是新中两国在众多领域取得巨大成就的基础。新西兰各党派均认识到,良好的对话关系对新西兰来说至关重要。新西兰不仅能够理解并调整政策适应中国的关切,而且愿意在国际舞台上支持中国。①

这是包逸之作为一位前任驻华大使就中新关系发展方针的表态,也是一位退居二线的新西兰外交官对于执行国家政策的回忆。

二、了解中国历史和文化的新西兰著名"中国通"麦康年

麦康年(John McKinnon),曾就读于1883年创办的新西兰尼尔森中学(Nelson College)。2004年,他第一次担任新西兰驻华大使;2015年1月,他第二次担任驻华大使。

在麦康年驻华大使任期内中新两国关系发展良好,曾经出现几个"第一"。关于新西兰加入亚洲基础设施投资银行和签署"一带一路"合作协议的问题,他说这两项决策有助于相关国家的基础设施建设、互联互通和科技创新等领域的合作,有利于共同促进地区的和平发展。在他的努力下,新西兰在加入亚洲基础设施投资银行(2015年1月4日)和签署"一带一路"合作协议(1917年3月27日)方面也名列西方发达国家之首。他说,新西兰是一个开放型的国家,政府依靠国际贸易来维护人民生活水平,全球化对于新西兰来说是影响其发展方式的一个重要因素。

麦康年熟悉中国历史和文化,中文流利,专业领域面广泛,思维敏捷,责任心强,接待过许多记者和学人,交谈中言辞平实友善,是一位有代表性的新西兰"中国通"。他平时爱读中国史书,爱看余华的小说,喜欢收集中国老地图,通过观看中国电视节目和电影来提高自己的中文水平。

---

① 《人民日报》赴新西兰特派记者李锋:《新西兰驻华大使包逸之:见证中国建设成就让人兴奋》,载《人民日报》2017年10月9日第3版。

麦康年认为,中国是一个非常重要的国家,是新西兰非常重要的政治经济伙伴,新西兰年轻人如果掌握中文,发展和就业机会就会更多,对国家也有帮助。现在人们生活在一个地球村,必须了解其他国家的语言和文化。

出任新西兰亚洲基金会首席执行官的麦康年说,该基金会的成立是为了帮助新西兰民众更多了解中国,更多了解亚洲国家的文化和发展状况。基金会通过举办研讨会和公共讲座,邀请来自中国和亚洲的专家,就一些热门话题进行讨论,促进新西兰各行各业对中国和亚洲的认知,并让年轻人作为基金会的使者和代表与社会分享他们与亚洲交流的成功经验。培养青年领袖就是为新西兰的未来投资。①

三、熟悉中国历史喜爱中国文化的伍开文

伍开文(Carl Robinson Worker),曾就读于奥克兰大学和牛津大学。1981年,作为交换官员被派到澳大利亚外交部工作;1984—1986年,他出任新西兰驻华使馆二等秘书;1988年,任外交部副部长秘书;1988—1989年,任新西兰外交部部长秘书。1992—1994年,任新西兰驻华使馆副大使;1994—1998年,任新西兰驻中国香港总领事;1998—2001年,任外交贸易部人力资源部主任。2009年4月25日,正式担任驻华大使。从事30年外交工作,1984和1985年,先后访问过北京和西安。

2012年9月,新西兰最大的乳制品企业恒天然公司在产品检测中发现了二聚氰胺残留,后来第一产业部官员也证实了新西兰产的小部分牛奶和奶粉中检测出双氰胺残留物,随后新西兰政府下令禁售此类产品,并向新西兰驻华使馆通报了此事。2013年8月28日,新西兰初级产业部宣布经对恒天然集团生产的浓缩乳清蛋白进行了多次重新检测,并未发现致病性肉毒杆菌,只含有不会引发食品安全问题的梭状芽孢杆菌。此事虽然是一次误判,但是引起了双方有关部门的不安,新西兰使馆官员为此做了许多工作。

在外交系统和学术界伍开文常被称为有经验的"中国通"。对此,伍开文曾低调回答说:"我愿意告诉你我对'中国通'的定义。他们应该是那

---

① 黄兴伟、刘洁秋:《新西兰亚洲基金会执行官:希望更多学生学习中文》,新华网,2013年4月15日。

些知道自己对中国了解有多有限的人,因为有关中国的内容是如此的广博,中国的历史是如此悠久。我很认真地说,我对中国有一些了解,与一些人相比,我知道一些。但我清楚地知道,还应该对中国有怎样的了解。即便是那些最杰出的中国专家也仅仅对这一伟大文明有有限的了解。中国是一个国家,也是一个文明。"①

伍开文在中国居住了10多年,熟悉中国历史,喜爱中国文化,中文流利,有4个子女。

四、关心中国政治和亚太安全的杨健

杨健(Yang Jian,1962—),生于江西鹰潭,祖籍玉山,父亲杨经仁是当地小学数学教师,母亲周可央是语文教师。杨健的外祖父在国民党军队中曾任高级将领,1949年,随国民党军队移居台湾。复杂的家庭背景给杨健的童年蒙上过阴影。

1978年,杨健考上了解放军空军工程学院英语专业,毕业后留校任教。5年后,他在洛阳外语学院英语专业攻读硕士学位课程。1988—1989年,在南京大学-约翰·霍普金斯大学中美文化研究中心选读美国研究。在此期间他建立了自己的小家庭。

1994年,赴澳大利亚国立大学攻读国际关系,获硕士和博士学位。1999年博士毕业后,先后担新西兰国立奥克兰大学国际关系学高级讲师、人文学院副院长、新西兰亚洲研究院中国研究中心主任、新西兰国际关系学会奥克兰分会主席,教授国际关系学课程。

从2004年开始,杨健多次以新西兰国际关系学者身份参加与亚洲国家国际关系学者的半官方"1.5轨道"外交政策交流对话,培养了他的政治意识和外交意识。

新西兰国家党是执政党,但是党内华裔议员参选人当时空缺,也没有华社代表。2011年8月8日,国家党主席彼得·古德费洛(Peter Goodfellow)电话征询他加入国家党并参加竞选的意见,杨健发现国家党有关降低福利将税收用于救助社会贫穷群体的观点与自己的政见高度重合,

---

① 何晶茹、邓智慧、郑青亭:《专访新西兰驻华大使:"中国通"见证中国30年发展奇迹》,人民网,2014年4月18日。

便决定向学院提出辞职申请,但是学院许诺帮他办理停职3年,以便留出履行国会议员的任职时间。2011年11月,杨健成功当选新西兰国家党华人议员,并担任新西兰议会卫生委员会副主席。2014年9月,杨健第二次当选新西兰国会议员,同时出任议会教育和科技委员会主席,负责讨论、审议教育科技方面的议案。

2017年3月,彼得·古德费洛与杨健共同发起成立"一带一路"促进机制。杨健认为,"一带一路"倡议涵盖经济和社会等多个方面,未来在"一带一路"沿线将形成多个贸易与物流枢纽。对于拥有450万人口的岛国新西兰来说,这是一个不能忽视的重大机遇。新西兰积极参与倡议,在区域内发挥引领效应,将自身建设成为区域内的中心支点,有利于整合资源,创造出互利共赢的局面。①

杨健从政前是国际关系学者和中国问题专家,长期从事国际关系教学和学术研究,在做学问的同时也关注社会,关注中国外交关系、中国政治和亚太安全。2010年年底,他被任命为奥克兰大学文学院副院长;2011年,兼任新西兰亚洲研究院中国研究中心主任。2016年1月11日,他曾应中国香港特别行政区的邀请,率领新西兰国家党华人议员和议会对中国香港友好小组访问中国香港。

杨健是杰出的华人代表,他所在的国家党执政期间十分注意并努力加强和中国的关系,新西兰各个政党在发展同中国关系问题上没有分歧,大家都意识到中国经济对于新西兰具有举足轻重的作用,期待加强同中国的经贸往来。他多次强调中国是亚太和世界经济发展的引擎,是新西兰政治和经济合作的重要伙伴,新西兰必须搭乘中国经济便车。

2015年10月底,作为新西兰议会对华友好小组主席的杨健接受了中国经济网记者专访时表示:随着中国经济的增长和双边经贸合作关系的不断发展,中新两国已从单一贸易关系发展到多领域、多层次、多形式的经贸合作。中国在全球的投资越来越重要,新西兰是全球最自由的经济体之一,希望将来有更多的中国企业到新西兰投资创业。

杨健治学严谨,视觉敏锐,言辞客观。他的第一本专著是《美国国会与对华政策》,曾任《人类安全学刊》副主编。

---

① 见《新西兰议员:"一带一路"倡议是重大发展机遇》,新华网,2017年5月12日。

第七章
情境化、中国性、认同策略与省份中国研究

本章通过"情境化"(contextualization)、"中国性"(Chineseness)、"认同策略"(strategy for identification)和"省份中国研究"(provincial China)来探讨澳大利亚汉学研究中的几个理论核心问题。汉学史研究中的一些现象,部分孕育于中国土壤,带有中国特色,应从中国文化共生体系和关系网的思路进行解读;有些是西方或东洋文化引介年代的产物,带有时代和异域的烙印,不联系当时政治舞台的生旦净末丑,不通过现代政治学、社会学和历史学的专业手段进行分析结论就无法让人信服。

由于不同的学术观点、研究方法和专业素养,不同学者对同一问题有不同的理解和分析,结论必然有所不同。但是对抽象或零散的事物加以情境化处理,将其置于原生态的脉络中,采取正确的认同策略,就可以提高其话语价值。

2009年12月2日,《澳大利亚人报》在《明日中国可寄予希望,中国的崛起将是我们这个时代决定性的地缘政治事件》中写道:

> 澳大利亚智库洛伊研究所今天发布的一项民意调查有趣地呈现了中国人如何看世界。说到外部威胁,中国人最担心的是美国。50%的成年人称美国是中国安全的威胁,1/3的受访者认为美国是调查提到的所有5个国家中威胁最大的。在认为美国构成威胁的人看来,主要理由是美国可能谋求遏制中国的影响力及支持分裂势力。
>
> 对美国的担忧也延伸到其盟友关系:近一半受访者认为澳美结盟是影响中澳关系的首要不利因素。由于快速军事现代化、重商主义政策和秘密的战略文化,中国的崛起构成特殊挑战。无怪乎太平洋横亘着不信任的鸿沟。这反映在美国和澳大利亚的民意调查中。去年

CNN 民调显示,51%的美国人称中国是军事威胁。而洛伊研究所今年的民调显示,40%的澳大利亚人认为中国发展为世界强国对澳关键利益构成重大威胁,41%的人认为今后 20 年中国可能成为澳军事威胁。
……

不过,结果并非全都悲观暗淡。中国人对澳大利亚的态度基本上是正面的。而且,中国人似乎跟西方人有共同的担忧。民调最惊人的一个发现是,非军事威胁,包括气候变化和粮食及水资源短缺,占据突出位置。有 76%的中国人将环境问题列为 9 大可能威胁之首。中国参加哥本哈根气候变化会议时将不得不考虑民众的这些看法。

澳大利亚位于南半球和东半球,介于南太平洋和印度洋之间,与其隔海相望的东南近邻是新西兰,西北是印度尼西亚,北边是巴布亚新几内亚、西巴布亚和东帝汶。但是面对科学测定的地理位置,有人却说澳大利亚属于亚洲(泛东方),有人则说澳大利亚属于西方(具有与欧美结盟的亲缘关系)。从澳大利亚地缘政治学和地缘经济学的角度考察,语境化的地理和政治解读结论竟然如此出乎人们的意料!

国际政治不能公说公有理,婆说婆有理,寡头政治(oligarchy)必然是失败的政治。多项民意调查,多次分析归纳,中国受访者一锤定音,其中话语价值的揭示与认同策略的选择关系至为密切,令人深思。

一、澳大利亚汉学研究的文献语境化解读

有一定规模的汉学研究立项都必须通过海量的文献、资料和档案的调阅与解读才能完成。这其中涉及图书、手稿、报刊、史册、通信、文物和评论的分类、归纳、比较、翻译和鉴别。在这一过程中首先必须明确研究动机与研究手段、需要解决的问题,以及对结论的可行性预设。有的资料非常珍贵,但是因为各种原因可能语焉不详;有的文档言辞凿凿,但是明显偏袒受指责的一方;由于历史上学政部门的专断,有些过誉人物没有为史学界所接受。最主要的是,文献资料研读者和翻译必须面对古今中外文化差异的问题,他们在多大程度上能正确理解远离他们的历史和文化时期的人和事。不从原始文件的历史背景和话语逻辑着手,或就事论事,或随心所欲想当然,或未经文档的真伪判别,结论就可能失却话语价值。

文献的解读和翻译必须遵照语境原则。"语境"(context)的本义是指一个句子或一段话的语法单位上下文。它的存在对于相关元素的扩展以及含义的引申有直接或间接关系。

语言活动总是在特定的时间、空间、情景和对象之间进行的。1923年，英国人类学家马林诺夫斯基(B. Malinowski)提出话语分析要考虑不同的"情景语境"和"文化语境"，或者"语言性语境"与"非语言性语境"。"语言性语境"研究的是语言行为与语言功能结合后如何对表达意义产生影响的问题。英国语言学家菲斯(Firth)认为广义的"语境"除了相关上下文外还应包括语言交际双方的语气声调、面部表情、体态动作和周边环境，语言交际离不开一定的客观条件和背景。一句简单的话"你真是一位好人"，与"这哥们特好""这小子还不赖"相比较，话语元素差别不大，但是语气却完全不同。如果在展开对话交际时加上"嬉皮笑脸""漫不经心""扬长而去""拍桌子"或"跺脚"等肢体动作，意思就可能与原来的字面含义完全不一样。

"语境"可以包含一个共生环境中研究对象主体内外相辅相成的各种因素之间的变化、增减与强弱的复杂关系。国外有些关于中国传统戏剧的译著很注意转译并保存原始背景资料，对于读者和演员了解剧情和演出有很大的帮助，因为有的演出仪式和社会习俗在历史发展中可能消失或改变，若要了解其原貌就需要研读有关历史背景资料。

《红楼梦》五十三回"宁国府除夕祭宗祠，荣国府元宵开夜宴"对年终贺岁以及家中人物升迁的庆祝，收拾供器换门神，香烛辉煌，锦幛绣幕，仪仗执事乐器，贾府的内眷、外戚和丫环前呼后拥，车马浩荡，人声鼎沸，旌旗飘扬，景象蔚为壮观。这在贾府年节、寿诞、省亲和红白喜事场合是常有的事，但是在现代读者看来却很不一般。一位从大洋洲留学回国的博士后读完这章后感叹说："真有点浪费人力资源！"他哪儿知道讲究排场是封建社会等级和身份的标志。

由于书面语言和话语表达蕴含着特定的文化脉络、社会背景和交际双方或多方的关联因素，语言表达中指涉与被指涉之间的关系往往具有任意性，只有在特定的场景、文化、历史和交际规则的实践中文字或话语的含义才可能被固定下来，最终确认语言及其所指涉对象关系后突显所指事物的意义。

研究者或译者无法回避再现原著述主题意义的重构，为确保再现意义的真实性，就必须对相关社会的历史与文化有所了解，不能满足于想当然或似是而非的错误联想。这里有交际者或译者的业务修养问题、责任心问题，是非观问题和学术道德问题。语言是传情达意的媒介，是汉学家窥探中国秘密的工具。无论参与对话的各方过去是否有过接触，无论种族和民族是否相同，无论对话时间和地点是过去还是当今，他们承担的责任都是相同的。虽然难免经历推敲、联想、印证或翻案的痛苦过程，但是要遵守的原则却是一致的：协助中外古今读者沟通的责任是至高无上的。

"语境化"是汉学研究中文献资料翻译和解读的重要环节。正确的文献解读应该在历史维度下确立主体与他者的关系变化，使译文应用的历史和社会背景与原文文化语境相符，才能展开作者、译者和应用者之间的对话交流。境外读者通过熟悉原文的中国文化语境，才能最终获取所需信息。

母语或第一语言为非汉语的境外学者，在阅读和翻译汉学文献时可能会因语境消失或改变而引起对语义变化的词语的误解误译，翻译的通用技巧之一"增词法"就可以用于克服语境化解读的障碍。例如把短语"一带一路"译为"Silk Road Economic Belt and Maritime Silk Road in the Making"是它在相关译文中首次出现时的最佳选择，第二次出现时才可考虑把"一带一路"简化译为"The Belt and Road"，此译例足以表明语境化的重要性。

20世纪80年代前，澳大利亚学术界对中华人民共和国成立后的国情研究较少，媒体和专业刊物发表的一些文章主要局限于对中国的政治分析、社情分析和政策分析，涉及范围包括工业、农业、外贸、外交、教育、文化、科技和国防等方面。原因是主管部门和研究人员当时能得到的信息有限，他们多半依靠媒体和中国官方的公开文件和报道。为了找到某些相关数据，研究人员往往要查阅图书馆历年收藏的《人民日报》等刊物。这样的学术研究主要凭感觉、印象、联想和主观判断，与中国的现实有时难免脱节。

澳大利亚学者近年开展对中共党史和毛泽东思想的研究并取得了重要的成绩，反映了冷战结束后中西方停止对峙和挑战的局面，多元文化的氛围改变了国际学术的价值取向和思维方式，打破了意识形态禁区，扩大了选题范围和研究方法。学者们在交流切磋的基础上敢于涉猎过去不允许探讨的内容和敏感的话题，这是时代的进步，将中国的发展置于更广阔的全球学术语境之中，也为各国同类学术研究树立了榜样，其意义和影响都是不可估量的。

翻译理论家杜博妮不赞同翻译作品中的流行话语和宏大叙事手段运用,认为他们忽视了作为个人的译作与读者思想交流时的复杂性和多样性,希望译者更多关注文学翻译和译文阅读中的个人因素,特别是大众读者在阅读名著和重要文档译文时流露出的那种快感和满足感。

澳大利亚汉学家白杰明在1966—1976年期间来华留学,他学习汉语的亲身经历以及对中国的认识从某种程度上讲是新奇甚至不可思议的,不同于其他许多澳洲汉学家的感受。他提倡的"后汉学"主张借助语言和历史的学习融入中华文化,他本人就是这样的实践者。2005年,他与澳大利亚国立大学的同事创办在线《中国传统季刊》(China Heritage Quarterly),为中国传统文化研究提供了理论平台,期刊内容与核心价值在澳洲学界吸纳和会聚了一大批学者。

"后汉学"是基于对过去澳大利亚汉学研究进行反思后所提出的研究规划和目标,不同于过去部分学者出于经济利益或战略考虑而开展的汉学研究。可以毫不夸张地说,这是基于对人类文明关怀立场的研究,是跟为集团或地区利益进行的研究反差很大的学术命题。这样的研究把目标和背景纳入了广义的"语境"范围,是一种新概念,也是一种新思维。

二、汉学文献解读中中国性的保存与失落

汉学文献解读中的"中国性"(Chineseness)是指中国元素、中国特色、中国源流、中国方式、中国话语和中国精神。汉学家对中国文化、文学和艺术研究的思考,带着明显的他者化选择,无论举办中国艺术展览、进行汉学研究立项或者对中国文学作品的翻译和推介,中国性都是使用频率很高的话题。读者和观众希望看到具有中国原汁原味的作品,并以此为学术目标,以此为快乐。

20世纪80年代以来,中国文学与艺术创作以及学术研究开辟了新局面,成果卓著,充分体现了国人在改革开放时代的精神面貌与追求,成为国际学坛关注的重要对象。对于在全球一体化背景下的中国当代文坛和艺坛来说,无论是新闻报道、书斋苦读或研讨会辩论,中国性都是无法回避的选题。从这一角度而言,中外文化交流就是要表现中国人在不同历史时期的生存状态和精神创造,思考中国文化与历史的价值追求和价值判断,而

不是为了简单地表现某种国家主义或族群认同(ethnical identity)。

有些学者质疑境外华文文学有没有中国性,如果答案是肯定的,那是否就属于中国语境下的一种权力话语?要是按照后殖民主义理论(post-colonialism)的说法,是否只有"去除中国性"才可使华人居住地创作的文学作品展示其"本土性"和"原创性",即所谓华文文学"断奶"之说?

新世纪初以来,海内外史学界不再把马克思主义史学视为唯一的正统史学。2009年12月,生活·读书·新知三联书店出版了《世界时间与东亚时间中的明清变迁》;2010年12月,中国人民大学出版社出版了《清朝的国家认同:"新清史"研究与争鸣》;2012年3月,中国人民大学清史研究所主办了清代政治与国家认同国际学术研讨会,会议的论文结集为具有论战性质的《清代政治与国家认同》由社会科学文献出版社出版。有学者强调清朝统治有别于中国历代王朝,认为满洲的族群认同与清朝各少数民族的统治政策对于清代王朝的成功统治起到了重要作用。持新清史观点者强调满人在清朝的主体性地位,把族群意识跟中国性对立起来,大概和后现代史学思潮兴起对"民族国家"的解构有关。美国历史学家罗友枝(Evelyn Sakakida Rawski)批评汉化模式的演讲《再观清代——论清代在中国历史上的意义》,被批评的何炳棣随后以《捍卫汉化》回应,指出"汉化"概念及其理论对于"新清史"的负面影响。

中国性的表现形态并不只是书写符号,更重要的是中国传统文化影响、思维方式及人情风物的认同感。中国是一个历史悠久的多民族国家,在全球一体化的时代,中国文学艺术与海外华人的文学艺术在数量上确有或多或少,在地域上确有或大或小的区别,但是汉族与非汉族并不影响其主体性,最核心的问题是学术地位上的平等。境外学者对学术中国性的关切有别于他们对学术地位的关切。具有中国性的中国文学艺术与海外华人文学艺术的差异不在于其原创性,而在于其表现对象的方式和内涵。文学艺术中的中国性不可能也不应该与其本土性发生冲突,中国性与世界性其实可以和谐并存其中。

海外华人对于祖籍的认同和表述经历了曲折历程,有许多人情冷暖,也饱受慢待、排斥和屈辱,但是中国文化和中国精神始终是他们在异国他乡生存的文化财富。作为弱势群体的他们在抗拒偏见和误解的同时,也通过吸收族间文化和域外文化观念从新的角度对故国进行重新观察和验证,对中国风物和中国图像进行解读和建构。华人学者与生俱来的民族意识和故土观念,是解读和创建汉学文本的通道和工具,从血脉、资源、传统和精神上讲,谁都无法否认更不可能将其异质化。综观欧美汉学大国的历史,台前台后都有一支实力雄厚的华人汉学家团队,没有他们的参与和奉献,就没有今日汉学大国的业绩和规模。

文化中国与汉学中国的相互切入点就是中国性,保存中国性两者相通,消除中国性则两者相斥。中国性让人感受到炎黄文化的时代传承,也展示了中国优秀传统的千百年回归。中国性不是琴棋书画或者诗词歌赋所能全权代表的,也不局限于长江、黄河、茶叶、丝绸、方块字和水墨画等智能领域。一些学者日思夜想摆脱超级大国的文化霸权,创制了更大概念的"东方学",为的是参与分享并拓展地域与历史无法分隔的精神财富魅力。

当代汉学研究的中国性到底是什么?首先它不是追星族眼中的文身、蛤蟆镜、同性派对、男性马尾辫或补丁牛仔裤之类的时髦标志。20世纪50年代中学生演活报剧中的阿飞时,常向同班女同学借花衣服作为演出服,因为在当时观众的心目中阿飞都是穿花衣服、戴项链、抽烟的男人。现在街上穿花格衣服和碎花布衣服的不仅有年轻小伙子,也有年过花甲的老大爷,人们早已习以为常了。半个世纪前五音不协调的歌曲被斥之为"什么调",如今在超市和迪厅招揽迪哥迪妹不播"什么调"的音乐还真不行。生活变了,男人女人也变了,中国性变吗?中国性是最能代表中国精神的思想,是一种与时俱进不断完善的模式。

如前所述,汉学中国性的表现形式除了书写符号,还有文论的中国价值观,即中国传统文化的影响、思维方式以及对涉事人情风物的认同感。应该强调的是中国价值观的前提必须是中国选择而不是他国选择,否则就离题;其次是中国性的重要元素必须既有特殊价值又有普世价值。在各种各样西方中国观和学术话语中,我们每天都面临质疑与挑战,经受意识形态化解构的威胁。但是,民族认同是重要的首选,千头万绪国家为大,对故土的亲近和忠诚是国人建构的最高人文价值。

科学家说生物基因可以传承,也可以改造,同样地,文化基因也可以传承和改造。这一发现所传递的信息是科学研究可以实现跨领域的发展,而且已为全球一体化的趋势所印证。基因工程不是简单的加减法,认识飞跃可以推动科学以惊人速度发展。承认这一现实,就可以对当代汉学研究中国性的定位进行预测和求证。

2012年8月,美国前驻华大使骆家辉在接受《看历史》杂志编辑杨东晓采访时说：

> 我的父母竭尽全力向我们灌输最好的中国传统价值和习俗。回想过去，当时的我也许并未意识到我们家族的某些特质是属于"中国特质"（Chineseness）的。但是现在的我已在中国生活和工作了很长一段时间了，我已发现在我自身和我们家族身上，许多共同的特质是源自中国传统的。比如说，我们有一定程度上的集体主义思想和信念，我们看重亲密的家庭和良好的教育。而所有这些正是中国人的理想追求。在成长的过程中，我们还总是觉得同新的中国移民有种亲切感。
>
> ……
>
> 美国的流行文化和中国的传统价值观、习俗是不同的。有这么一段时间，我对这两种文化的任何一种都感到不确定。但是最终我通过取两种文化的长处而获益。当我意识到我可以从两种文化中分别汲取一些好的传统，并将它们融合在一起的时候，我开始变得自信。①

三、澳大利亚汉学家的省份中国研究

汉学研究属于一种跨文化跨学科的研究，涉及范围囊括人文学科的政治、经济、文化、史学和社会学等，通常采用一种或多种西方中心模式以及与其对应的中国中心观进行分析比较。中国中心观的特点是从中国内部而不是从西方外部来研究中国历史和社会并确认主次关系，再从横向把中国分解为省、市、县与乡展开区域和地方历史的研究，然后从纵向把中国社会分解为若干阶层并对下层社会历史进行编写，还可引用非历史学学者的理论、方法和技巧参与评价和分析。

就选题和方法而言，欧美的中国研究历史大致可划分为四个阶段：区域研究阶段，对中共党史研究阶段，政治精英研究阶段和改革开放研究阶段。澳大利亚早期的汉学研究基本沿袭了欧美的方式和路线，有影响的学

---

① 杨东晓著，吕宇珺译：《骆家辉：我们从未忘记自己来自何方》，载《看历史》2012 年 8 月刊。

者及其专著大都有欧美生活或工作的经验,通过欧美与澳大利亚汉学研究的比照分析可以加深对部分问题的了解。

第二次世界大战后,美国政界和军界呼吁加强对外军事和经济的扩张,以便应对可能出现的外来威胁。1946—1949 年,汉学家费正清倡议为美国本科生和硕士研究生设计"区域研究"(Area Studies)授课计划,福特基金会、洛克菲勒基金会和纽约卡内基法人社团(Carnegie Corporation of New York)先后召开了多次会议商量对策。1950 年,福特基金会制订了外国区域研究学者计划(Foreign Area Fellowship Program),四年内为 34 所大学的区域和语言研究拨款 2.7 亿美元,又为社会科学研究会以及美国学术总会下属委员会追加了数百万美元捐赠,为执行外国区域研究学者计划提供了必要条件。

美国的区域研究重点是对已经或可能建立社会主义政权的地区及其周边地带的研究,即东亚研究、东欧研究、西亚和中东研究,始料不及的是从一开始就受到社会舆论的严厉抨击。一些有良知的汉学家指出该计划与美国中央情报局、联邦调查局以及其他情报和军事部门的冷战计划有着密切关联。

苏联解体后西方科技机构和慈善基金会减少了对区域研究的支持,不再鼓励学者开发所谓的"发展与民主"研究项目。美国社会科学研究会和美国学术总会也先后关闭了区域委员会。

区域研究曾被认定为在本国政治、社会、文化、经济和历史等综合语境中开展汉学研究的一种有效方式。费正清所提倡的研究是为了充分利用社会科学中的相关知识,突破早期汉学研究选题狭窄和学科之间缺乏联系的弊端。无奈事与愿违,计划尚未足月就流产了。

欧洲、亚洲以及澳大利亚都设有一些中国区域研究的机构,无论是专家的人数还是研究成果的分量,美国的中国研究都占据着优势地位。然而在 20 世纪 60 年代,美国的汉学家由于受到其他学科领域的影响,过多地关注了中国的特殊性,却忽视了理论研究和比较研究。到 20 世纪 70 年代研究重心发生了突变,便把注意力转移到学科院系的研究。

20 世纪 30—40 年代,区域研究在美国得到广泛开展,并逐渐流行于欧美汉学研究大国,60 年代之后更以人类学施坚雅模式(Skinnerian Model)流行于美国汉学界。它按照中心市镇的作用把中国分为几大区系,并对其特点、人口、贸易和非政府组织进行分析,在 1968—1969 年召开的三次研讨会上进行解读。在1984年意大利贝拉丘(Bellagio)以"中国经济史的时空动态及周期"为主题的会议上,中外学者通过区域研究将其推向高潮。施坚雅以中国市场研究为基础,根据德国学者克里斯塔勒(W. Christller)的中心区位观点(Central Place Theory)提出了中心边缘理论,将中国的地域分为中心地与地区系统两个层面,并以经济职能为其中心地的职能。虽然学术界对此持不同观点的学者甚众,认为施氏的市场体系与宏观区域结合的理论存在着严重缺陷,施坚雅模式只符合西方的中国观和学术话语机制。但是随着"结构—功能主义"(structural functionalism)跨学科方式在学术研究中的流行,研究中国地方史、社会史、经济史和文化史的学者中仍有不少人沿用这一模式。

20世纪下半叶,中国政治精英研究被纳入了西方汉学研究中的重要选项。学者们注意到,国际政治局势、经济全球一体化和科技文化是相互影响彼此渗透的,但是对于中国文化传统的影响却无能为力,中国历代政治精英在政治舞台上始终驾驭自如。美国的"中国通"何汉理指出,早期欧美汉学家受冷战思维的制约,凡事都挥舞意识形态的大棒,后来在极权主义(totalitarianism)和派系政治(factional politics)理论的影响下,一些人通过对不同精英之间的矛盾冲突以及中国政治变化的考察,发现勇于改变并纠正中国政治走向的正是中国的精英力量。

英国赴澳学者古德曼(David S. G. Goodman)写过不少专文和专论,《邓小平与中国革命:政治评传》(1994)和《后邓小平时代的中国》(1995)就是从中国精英角度分析解读邓小平历史贡献的两部专著。20世纪70年代,他开始了以省为单位进行"省份中国"研究,对于每一个省在改革开放中的政治、经济、社会方面的变化都加以关注,具有突破性和前瞻性,从本质上跳出了冷战体系下的民族国家思维。年复一年,采用这种研究方法的人越来越多,已经成为中国研究中有影响力的议题。

虽然古德曼的研究领域广及当代中国社会和政治变迁、中国省份研究、中共党史研究、1900—1949年中国社会史和地区发展研究,但是他在中国政治精英研究和中国省份研究方面却有更多的建树,凸显现代澳大利亚汉学有别于同期欧美汉学之处。他强调地方研究在中国研究中的重要性,主张从省级甚至是更低层研究中国,认为这样才能显示出中国的真实面目。他的学风严谨而不烦琐,分析问题全面且重点突出,在超群的学科品格中以翔实资料演绎新观点,令人信服。

1994年，悉尼理工大学国际研究所就改革中的中国各省的研究课题开始立项，1998年，新南威尔士大学和悉尼理工大学合办的中国省份研究中心（Centre for Research on Provincial China）正式成立。该中心的主旨是通过课题开展和成果的出版来支持对中国各省的原创性研究，并通过博士和博士后的培训造就了解中国各省情况的专门人才，同时通过建立国家级的相关信息中心，为政府和企业界提供服务。该中心的主要活动包括每年以一个省为主题召开学术研讨会，选编年度研讨会的论文，出版研究专著、有关中国各省经济的系列手册和《省份中国》（Provincial China Journal）杂志（半年刊）。

中国省份研究中心的创建体现了澳大利亚为国家政经利益服务的新型研究原则与特色，标志着澳大利亚汉学研究开始朝新方向的转移。不过也有一些学者对古德曼的研究提出了质疑：他站在这样高度一元化的对立面可能营造出多元化的氛围来吗？如果他持的是多元化观点，那么是否属于建立在行政区域差异之上的多元化？如何评价他在中国研究中的开创性及其地位是一个严肃的问题。

省份中国研究毕竟打破了此前区域研究的模式，也是反西方中心论的一种大胆尝试。1996年，古德曼受聘为《省份中国》主编，他曾多次强调省份研究在汉学选题中的重要意义，认为从省级甚至更基层单位来研究中国可以更真实地展示中国的面貌。他参与了多个省级中国研究团队的组建，召开了各类学术研讨会，指导过多个省份中国研究书籍的编审，还为多册专书撰写序言和书评。《中国海南省：经济发展与投资环境》（1995）、《改革中的山西：中国北方省份的日常生活》（2000）、《中国西部大开发：全国、省和地区的前程》（2004）和《中华人民共和国中心和省份》（2009）等力作留下了他的精彩篇章。

四、由汉学研究中的他者、异域和相异性引发的思考

在汉学研究中"他者"是与"自我"对立的概念。西方殖民主义者当年在扩张过程中以霸权话语建构了以"自我"为中心的文化立场，把"他者"的领域视为野蛮未开化的世界。中国历史上也有"非我族类，其心必异"的说法。但是从语义学角度来看"他者"不一定就是贬义词，要根据使用者对"自我"的定位来判断。第二次世界大战结束后，西方国家的一些知

识分子面对惨烈的战后社会对人类的未来感到渺茫,急于在"异域"中探寻新的"自我"就是一例。所以,对自己民族、国家或者生活方式存在满足感或者理想化的政客、军人和文人都可能把有别于自己的区域和群体看作有贬义色彩的"他者";反之,则视他国、他人为值得追求和仿效的对象。

早在4万多年前土著居民就生息繁衍于澳大利亚。根据2006年的人口普查,在全澳2200万总人口中最早的原住民还不及1%。从20世纪初到70年代,澳大利亚政府实行"白澳政策",认为土著居民野性未开化,竟强迫他们把自己的孩子交给白人家庭抚养或送到白人办的寄宿学校就读,以此对土著人后裔进行"同化"。那些被带走的土著孩子成为"被偷走的一代"(the stolen generation)。本来是当地主人的土著,竟被降格为"他者",而不请自来的殖民者却掌管了生杀予夺的大权,乾坤颠倒宾主错位到如此地步。

澳大利亚在地理位置上与东亚国家为邻,被视为东南亚地区的自然延伸。历史上澳大利亚的移民多数来自英格兰和苏格兰,因此澳洲的社会文化、政治制度和生活方式与英国有着渊源关系。在欧洲人主宰亚洲命运的殖民主义时代,特别是第二次世界大战前,澳大利亚实际上执行的是"背对亚洲"或"绕过亚洲"的政策,对近在咫尺的亚洲视而不见。但是在世界权力中心由欧美向亚洲转移的背景下,澳大利亚不敢不正视亚洲的存在。融入亚洲是现代澳大利亚克服地理位置与历史文化障碍的唯一途径,然而却受到本国内部和亚洲近邻的阻挠。

如何应对地理位置与历史文化的矛盾,实现从"欧洲的海外部分"向亚太国家的"亚洲化"转变,是现代澳大利亚政治无法回避的问题。

2013年2月13日,澳大利亚政府为修改宪法通过了一份过渡性法案,正式承认土著人和托雷斯海峡岛民为澳大利亚的第一代居民。2008年2月12日,时任总理的陆克文在多名原住民代表、国会议员和社会贤达的见证下,为"失窃的一代"和有损原住民族文化的早期政策代表政府向原住民郑重道歉。

与此相关的另一个问题是,史学界公认华人移民是澳大利亚社会的一个不可分割的群体,从"淘金热"到民族主义运动掀起高潮的漫长岁月里,华工都以积极正面的形象出现在历史文献中。然而在霸权主义者的心目中华工移民却被描绘成嗜赌吸毒低贱无能的"他者",简直与未开化的异教徒无异。

他者化的中国观是根据政治需要炮制出来的思维方式,被赋予了浓厚的意识形态功能。在政界精英看来华工是廉价劳动力,他们刻苦耐劳的品质正符合澳大利亚开发时期的需要。从1840年第一次鸦片战争到第二次世界大战结束,政界就是这样看待华工移民的。

华工移民被视为"他者"的相异性激起了侨居国民的反感,使移民的归属感因为长期得不到认同而变得复杂。虽然部分持现代跨国主义(transnationalism)观念者愿意接受先来后到的不同群体,但是在富人云集的大城市中移民却沦落为文化混血儿,他们只能无奈地适应各种生活和工作环境。2002年时任总理的海伦·克拉克(Helen Clark)就澳大利亚历史上通过向华人征收入境人头税限制华工入境的政策正式向华人移民道歉。

长期以来学界认为汉学研究是他者思维的一种专业,也是他者中国观的涉科领域。立足于自己民族文化和传统之上来考察他国文化和传统,彼此间互为他者是一种可能的选择,不过把研究对象视为"他者"的概率却最高。可否抛弃他者中国观来研究汉学?强者意识往往使研究者摆脱不了社会实践中的规定动作。

美籍巴勒斯坦裔学者爱德华·萨伊德(Edward W. Said, 1935—2003)1979年在他的《东方主义》(Orientalism)一书中把"东方主义"作为一个社会科学的话语体系提出,认为它以二元对立的狭隘思维方式存在的目的是配合西方殖民活动。通过对其知识谱系的分析,发现学者们刻意把想象的"东方"塑造成幼弱、纵欲、非理性和不正常的人群。在东方学家眼中的"东方"形象永恒不变,没有能力界定表述自己,只能供人研究和描写,是缺席和沉默的"他者";而"西方"却是主体,积极的行动者,也是东方人所有行动的目击者和审判者。"东方"既是地理概念,也是性质概念。东方学家心目中的"东方"并非现实,而是被概念化了的存在。知识与权力的链接将西方的政治家与东方学家连接到一起了。

萨伊德赞同超越传统二元对立世界秩序的假设,从东方或西方的文化立场跨越到多元文化空间对中国进行研究。2010年4月23日,总理陆克文在澳大利亚国立大学发表了题为"澳大利亚与中国在世界扮演的角色"的演讲中谈到新汉学要研究崛起的中国,不应该将中国简单视为威胁,要超越冷战时期的"反华"或"亲华"观念,以更成熟的"诤友"方式来理解当下的中国,就是对萨伊德主张多次回应中的一次。

2012年,丹尼尔·武科维奇(Daniel F. Vukovich)的专著《中国与东方主义:西方的知识生产与中华人民共和国》,由路德里奇出版社出版,考察的问题是西方学界对毛泽东时代、"大跃进"运动和当代中国电影等领域的研究。作者认为:长期以来西方通过其权力话语来构建二元对立体系,直至今日西方研究中国的主流话语体系仍然是东方主义的版本,理论和方法依旧设置于这一知识生产框架内,因而必然导致对中国实际现状的歪曲。

改革开放以来,中国的文学界、艺术界和影视界推出了许多新作品,内容丰富,主题深刻,反映了不同历史时期中国社会的深刻变化。但是文坛、艺坛和影坛也出现了一种或明或暗的他者化倾向。在票房价值魅力、电影节五彩光环和诺贝尔文学奖的诱惑下,媚西与媚俗的主题引起了不同读者和观众的兴趣。对于神秘、愚昧、无知、呆傻人物的刻画,长辫、裹脚、纳妾、烟枪、文盲相册式总汇,以及庸俗的搞笑斗嘴,不合身份和逻辑的情节,虽然用西方人能够理解的影视语汇来诠释中国人的形象,却一次次引起了有识之士的反感和反思。

文学史上曾经有些中国作品从他者的角度展示了东方传统与现实,揭露并批判旧社会,改变了人们的思想观念和行为方式。但把这类作品集中展示在当代西方读者和观众面前,所产生的负面影响却是始料不及的。这类文艺创作是根据作家和演员个人"他者"的理解来塑造人物的,对旧中国的社会生态进行全部改写谈不上审美情趣,却是为了迎合域外观众和读者的追求,也许出于鼓励或礼节,其中的他者化倾向因此得到了部分西方读者和评论界接受和欣赏。

欧美文化市场对中国文艺和影视作品的引介、翻译和传播,主要集中在有争议或遭查禁的作家、导演及其作品,以及具有异国情调或暴露阴暗面的应时之作。这是一种文化的误读和误导,有人以此把自己打扮成为中西文化交流困难时期的知音。话语霸权出自欧美中心主义思潮的泛滥,从总体上提高中国作品读者和观众的新时期文化价值观,可以消除他者思维对中国文学艺术的干扰和对峙。

参考文献

一、中文部分

1. 艾瑞克·罗斯:《澳大利亚华人史》(张威译),广州:中山大学出版社,2009年。
2. 安德鲁斯:《澳中关系史》(高亮、钟兴国、陈希育译),厦门:厦门大学出版社,1992年。
3. 澳大利亚联邦:《中国国别战略——亚洲世纪中的澳大利亚面向2025年》,2013年。
4. 北京中国现代国际关系研究院与澳大利亚国立大学亚太研究学院中华全球研究中心:《中国和澳大利亚关于双边关系的联合报告》,2012年。
5. 陈吉荣:《翻译建构当代中国形象:澳大利亚现当代中国文学翻译研究》,北京:中国社会科学出版社,2012年。
6. 陈吉荣:《论中国现当代文学的历史真实性理论:澳大利亚的视角》,辽宁师范大学外国语学院《当代文坛》2010年第6期。
7. 大卫·沃克、张勇先:《澳大利亚与亚洲》,北京:中国人民大学出版社,2004年。
8. 冯崇义、古德曼:《华北抗日根据地与社会生态》,北京:当代中国出版社,1998年。
9. 冯兆基:《军事近代化与中国革命》(郭太风译),上海:上海人民出版社,1994年。
10. 宫宏宇:《从广东淘金客到谭盾——中华传统音乐文化在新西兰的传播(1865—2013)》,载《星海音乐学院学报》2014年第3期,总第136期。
11. 宫宏宇:《美国哈佛—燕京图书馆收藏的中文基督教新教赞美诗集

缩微资料初探》，载《武汉音乐学院学报》2011年第4期。

12.郭存孝：《中澳关系流金岁月》，哈尔滨：黑龙江人民出版社，2006年。

13.何汉威：《澳洲国立大学的汉学研究》，载史学研究网，2009年8月12日。

14.黄昆章：《澳大利亚华侨华人史》，广州：广东高等教育出版社，1998年。

15.纪保宁：《新西兰中国学的回顾与展望》（崔玉军译），北京《国外社会科学》2006年第3期。

16.金介甫：《中国文学(1949—1999)的英译本出版情况述评》（查明建译），《当代作家评论》2006年第3—4期。

17.李瑞智、黎华伦：《儒学的复兴》（范道丰译），北京：商务印书馆，1999年。

18.刘宏（主编）：《坦荡人生，学者情怀：王赓武访谈与言论集》，新泽西：八方文化企业公司，2000年。

19.刘渭平：《汉学研究在澳洲》，载《汉学研究之回顾与前瞻·历史哲学卷》，北京：中华书局，1995年。

20.罗斯·特里尔：《我与中国》，北京：中国人民大学出版社，2010年。

21.欧阳昱：《表现他者——澳大利亚小说中的中国人(1888—1988)》，北京：新华出版社，2000年。

22.欧阳昱：《中国文学在澳大利亚的起源、生发、传播和影响》，载《华文文学》2011年第2期。

23.阮西湖：《澳大利亚民族志》，北京：民族出版社，2004年。

24.唐棣：《澳大利亚新西兰西藏研究现状概述》，载《西藏研究》2015年1月12日。

25.韦立德：《澳大利亚和英国的中国学比较》（刘霓译），载《国外社会科学》2004年第6期。

26.吴景亮（主编）：《刘渭平先生纪念集》，悉尼：国际华文出版社，2007。

27.萧虹《阴之德——中国妇女研究论文集》（张威译），北京：新世界出版社，1999年。

28.杨进发：《新金山：澳大利亚华人，1901—1921年》（姚楠、陈立贵译),上海:上海译文出版社,1988年。

29. 杨雁斌:《南太平洋岛国的中国学研究——新西兰中国学研究概况》,载《国外社会科学》2005年第2期。

30. 以萱(编译):《新西兰当代中国研究中心》,载《中国社会科学报》2010年3月30日。

31. 袁玚(Sylvia Yuan):《新西兰赴华传教士,1877—1952》,北京《世界宗教研究》2012年第3期。

32. 詹森·杨:《新西兰中国学研究新进展》(姜红译),北京《中国社会科学报》第498期,2013年9月6日。

33. 张梦阳、张钊贻:《澳洲鲁迅研究一瞥》,《鲁迅研究月刊》2009年第2期。

34. 张天:《澳洲史》,北京:社会科学文献出版社,1996年。

35. 章立明:《当前澳大利亚中国研究的两个领域》,载《中国社会科学报》第241期,2011年11月24日。

36. 赵晓寰、乔雪瑛:《新西兰:历史、民族与文化》,上海:复旦大学出版社,2009年。

二、英文部分

1. Adrian Chan, 1995. *Chinese Studies: Stocktaking a Decade on*, *The Last Quake of an Old Drake*, *CSAA Newsletter*, No. 11.

2. Andrew Watson, 2009. *Social Security for China's Migrant Workers-Providing for Old Age*, *Journal of Current Chinese Affairs* 4.

3. Anne Elizabeth Mclaren, 2008. *Performing Grief-Bridal Laments in Rural China*, Honolulu: University of Hawaii Press.

4. Anne McLaren (ed.), 2004. *Chinese Women: Working and Living*. London: Curzon Routledge Press.

5. Australian Centre on China in the World College of Asia & the Pacific, The Australian National University, Canberra, Australia, and China Institutes of Contemporary International Relations Beijing, People's Republic of China, 2012. *Australia and China-A Joint Report on the Bilateral Relationship*.

6. B. J. Brill, 2001. *Men and Women in Qing China*, *Gender in The Red Chamber*, University of Hawaii Press.

7. Beverley Hooper, 1993. *Area Report*: *China*, *Asian Studies Review-Journal of the Asian Studies Association of Australia*, Vol. 17, No. 1.

8. Beverley Hooper, et al. 1992. *In-country Language Study in China*, *Asian Studies Review*, Vol. 16, No. 2.

9. Bonnie S. McDougall, 2011. *Translation Zones in Modern China*: *Authoritarian Command versus Gift Exchange*. Amherst, NY: Cambria Press.

10. Chan, Adrian, 1995. *Chinese Studies*: *Stocktaking a Decade on*, *The Last Quake of an Old Drake*, CSAA Newsletter, No. 11.

11. Colin Mackerras, 1992. *A Message from the President*, CSAA Newsletter, No. 5.

12. Colin Mackerras, 1993. *ASAA Matters*: *The Role of the ASAA and Issues in Asian Studies*, *Asian Studies Review*, Vol. 17, No. 1.

13. Commonwealth of Australia, 2003. *China's Industrial Rise*: *East Asia's Challenge*.

14. Frances Adamson, 2012. *New South Wales and China in the 40th Year of the Australia-China Relationship* – A Speech at the University of Sydney, Sydney, New South Wales.

15. Geremie R Barmé, 2005. *New Sinology*, in the *Chinese Studies Association of Australia Newsletter* Issue No. 31.

16. Hooper, Beverley et al., 1992. *In-country Language Study in China*, *Asian Studies Review*, Vol. 16, No. 2.

17. Jacqueline Lo (ed.) 2000. *Writing Home*: *Chinese Australian Perspectives*. Canberra ACT: Centre for the Southern Chinese Diaspora, Division of Pacific and Asian History, The Australian National University.

18. James NG, 2001. *Chinese Settlement in New Zealand*, *Past and Ppesent*. New Zealnd: Amity Centre Publishing Project.

19. James Ng., 1993. Windows *On a Chinese Past*: *How the Cantomese Goldseekers and Their Heirs Settled in New Zealand*. Dunedin: Otago Heritage Books.

20. Jan Ryan, 1995. *Chinese In Australia And New Zealand*: *A Multidisciplinary Approach*. New Delhi: New Age International Publishers.

21. Joan Grant, 1994. *Asian Studies Centres Update*, *Asian Studies Review*,

Vol. 18, No. 2.

22. John Fitzgerald, 1996. *Awakening China: Politics, Culture, and Class in the Nationalist Revolution*, Stanford, Calif: Stanford University Press.

23. John Ingleson, 1992. *ASAA Matter: President's Report at the Nineth Biennial Conference*, Asian Studies Review, Vol. 16, No. 2.

24. Kam Louie, 1999. *The Literature of China in the Twentieth Century*, co-authored with Bonnie S. McDougall, Columbia University Press.

25. Kam Louie, 2003. *From Orientalists to Bent Bananas: Australasian Research in Chinese Literature in the Last 50 Years*. AUMLA: Journal of the Australasian Universities Language And Literature Association, V100.

26. Kevin Rudd, 2012. *The West Isn't Ready for the Rise of China*.

27. Liu Ts'un-yan, 1962. *Buddhist and Taoist Influences on Chinese Novels*. Wiesbaden: Otto Harrassowitz.

28. Liu Ts'un-yan, 2010. *Chinese Scholarship in Australia*.

29. Mabel Lee, 1990. *President's Message*, CSAA Newsletter, No. 1.

30. Manying IP, 1996. *The Chinese Community and New Zealand Politics*. The University of Auckland Press.

31. Mo Yimei, 1988. *Harvest of Endurance: A History of the Chinese in Australia 1788-1988*. Sydney, Australia-China Friendship Society.

32. Patrick Hanan, 2004. *Chinese Fiction of the Nineteenth and Early Twentieth Centuries: Essays*, New York: Columbia Press.

33. Pauline Keating, 1998. *Asian Studies in New Zealand's Tertiary Institutions* Wellington: Institute of Policy Studies & Asia 2000 Foundation.

34. R.J.L Hawke, 1994. *The Asia Pacific Region-Living in it; Competing in it; Practising Law in it: An Address to the International Bar Association's 25th Biennial Conference*.

35. Reginald Little and Warren Reed, 1999. *The Confucian Renaissance*. Sydney: Federation Press.

36. Ross Garnaut, 2010. *China As A Great Power*, Melbourne: University Publishing, Melbourne.

37. Rudd, Kevin 2010. *Australia and China in the World 70th Morrison Lecture at Australian National University Canberra*.

38. Sophie Couchman, John Fitzgerald & Paul Macgregor (ed.). 2004. *After The Rush: Regulation, Participation And Chinese Communities In Australia, 1860-1940*. Victoria, Australia: Arena Printing and Pub.

39. Stephen FitzGerald, 2012. *Australia And China At Forty, Stretch of The Imagination*. A lecture presented on behalf of the Australian Centre on China in the World College of Asia and the Pacific, The Australian National University.

40. Stuart William Greif, 1974. *The Overseas Chinese In New Zealand*. Singapore: Asia Pacific Press.

41. Tamara Jacka, 2005. *Rural Women in Urban China: Gender, Migration and Social Change*, NY, M. E. Sharpe.

42. Wang Gungwu, 1992. *Community And Nation: China, Southeast Asia And Australia*. Kensington, Australia: Asian Studies Association of Australia.

43. Wang, Zheng-Ting, 1997. *Chinese Music In Australia, Victoria: 1850s to mid 1990s*. Melbourne: Australia Asia Foundation.

澳新汉学汉英人名对照表

A

阿伦,马克 Mark Allon
阿特伍德,玛格丽特 Margaret Atwood
阿德恩,杰辛达 Jacinda Kate Laurell Ardern,1980—
安德鲁斯,丹尼尔 Daniel Andrews
安德鲁斯 E. M. Andrews,1933—
安戈 Jonathan Unger,1946—
安德森,奥拉夫·柏特尔 Olof Bertil Anderson
安东篱 Antonia Finnane
安德森,嘉文 Kreab & Gavin Anderson
安琳 Anne Marie Brady 1966—
艾格莱斯通,弗雷德里克 Frederic Eggleston,1875—1954
艾黎,路易 Rewi Alley,1897—1987
艾志顿,富兰克林 Franklin Edgerton,1885—1963
艾尔文,郝伯特·莱昂内尔 Herbert Lionel Elvin
艾伯特,约翰 John Albert

奥克森伯格,米歇尔 Michel Oksenberg

B

巴顿,埃德蒙多 Edmund Barton,1849—1920
巴纳,诺埃尔 Neol Barnard,1918—2016
巴克斯,吉赛尔 Gisèle Bacquès
巴山 A. L. Bashan
巴尼特,道格拉斯 Douglas Barnett
白杰明 Geremie Randall Barmé,1954—
白之 Cyril Birch,1925—
白鲁恂 Lucian Pye
白莉民 Limin Bai
包逸之 Tony Browne
鲍地,杰克 Jack Body,1944—
葆朴 Fanz Bopp,1791—1867
贝德士 Miner Searle Bates,1897—
贝伍,彼得 Peter Bellwoo
贝特兰,詹姆斯·门罗 James Munro Bertram,1910—1993
毕汉斯 Hans Bielenstein

毕晓普,朱莉 Julie Bishop,1956—
比兹利 Kim Beazley
彼得斯,温斯顿 Winston Peters,
　1945—
波蒂厄斯,米妮 Minnie Porteous
博勒 F. W. Baller
布拉持,伊内斯·阿德莱德 Ines
　Adelaide Brasch
布朗,凯瑞 Kerry Brown
布莱希特 Bertoit Brecht,
布鲁格,比尔 Bill Brugger
布坎南,基思 Keith McPherson
　Buchanan
布鲁斯,詹姆斯 James Bruce
布鲁斯特,罗伯特 Robert Blust

C

陈佩华 Anita Chan
陈炎生 Y.S.Chan
陈顺妍 Mabel Lee,1939—
陈慧 Shirley Chan

D

达顿,莫娜·贝陀莎 Mona Bedortha
　Dutton
达顿,罗伯特·芒罗 Robert Munro
　Dutton
达顿 Michael Robert Dutton,1957—
戴密微 Paul Henri Demieville,1849—
　1979
戴维思 Albert Richard Davis,1924—
　1983

戴维斯,格罗利亚 Gloria Davies
戴凯利 David A. Kelly
党居仁 J. R. Adames
德赖斯代尔,彼得 Peter David
　Drysdale,1938—
德鲁碧,安纳利斯 Anneliese Drube
邓普西-波蒂厄斯,约翰 John
　Dempsey-Porteous
邓利杰 Luigi Tomba
邓安佑 Hugh Alexander Dunn,
　1923—2005
邓,詹姆斯·麦金泰尔 James
　Mcintyre Dunn
迪金,艾尔弗雷德 Alfred Deakin,
　1856—1919
狄雍 Jan Willem de Jong,1921—2000
狄宇宙 Nicola Di Cosmo,1957—
董育德 Audrey Donnithorne
杜博妮 Bonnie McDougall,1941—
杜为廉 William Arthur Dolby
端纳 William Henry Donald,1875—
　1946

F

法朗士,诺曼 Norman France
范乃思 Peter Van Ness
房兆楹 Fang Zhaoying,1908—1985
费子智 Charles Patrick Fitzgerald,
　1902—1992
费约翰 John Fitzgerald,1951—
费正清 John King Fairbank,1908—
　1992

费吴生 Geogea A. Fitch
费思棻 Stephen Fitz Gerald,1938—
芬楠斯,安东尼娅 Antonia Finnance
冯兆基 Edmund S. K. Fung
菲利普,亚瑟 Arthur Philip,1738—1814
腓特烈二世 Friedrich Ⅱ
傅因彻 John H. Fincher
弗格森,马丁 Martin John Ferguson,1953—
弗莱彻,凯瑟琳 Catherine Fletcher
弗莱泽,大卫 David Fraser
弗里曼,爱德华 Edward Friedman

G

高马士,约瑟夫 Josef Kolmas,1933—
高本汉 Klas Bernhard Johannes Karlgren,1889—1978
戈斯,韦恩 Wayne Goss
格里木 Jacob Ludwig Karl Grimm,1785—1863
格罗泽,蒂姆 Hon Tim Groser
格兰尼奇,迈克斯 Max Granich
格兰尼奇,格雷斯 Grace Granich
葛德石 George Babcock Cressey,1896—1963
宫宏宇 Gong Hong-yu,1963—
古德曼 David S. G. Goodman,1948—
古德费洛,彼得 Peter Goodfellow
郜若素 Ross Garnaut,1946—

郭秀峰 Arthur G. Nicholls

H

哈里森,保罗 Paul Harrison
哈特姆,巴兹尔 Basil Hatim
韩安德 Anders Hansson
韩南 Patrick Hanan,1927—2014
杭智科 Hans Hendrischke
何大化 Antonio de Gouvea,1592—1677
何丙郁 Ho Peng Yoke,1926—2014
何汉理 Harry Harding,1946—
何国光 Joyce Ho
何包钢 Baogang He,1957—
何克,乔治 George Aylwin Hogg,1915—1945
贺大卫 David Leopold Holm
赫德森,杰弗里·弗朗西斯 Geoffrey Francis Hudson
赫尔,约翰 John Hall
华森,约翰·克利斯蒂安 John Christian Watson,1867—1941
华尔,玛丽 Mary Wall
华莱士,马丁 Wallace Martin
豪斯霍费尔,卡尔 Karl Haushofer,1869—1946
亨廷顿 Huntington Phillips Samuel,1927—2008
洪生辉 Siah Hwee Ang
惠特拉姆,高夫 Gough Whitlam,1916—2014
霍克,罗伯特 Robert Hawke

霍克斯,大卫 David Hawkes
霍尔特,哈罗德 Harold Holt
胡佩霞 Patricia Uberoi,1942—
胡珀 Beverley Hooper
黄有光 Yew-Kwang Ng,1942—
黄宇和 John Y. Wong,1946—
黄乐嫣 Gloria Davies
黄兆汉 Wong Shiu Hon/Huang Zhaohan,1941—

J

纪保宁 Pauline Keating
基多,布鲁诺 Bruno Guido
吉田松阴 Yoshida Shoin
吉拉德,茱莉雅 Julia Gillard
贾佩琳 Linda Javin,1955—
加菲尔德,杰伊 JavL Garfield,1955—
杰华,塔玛拉 Tamara Jacka,1965—
结构-功能主义 structural functionalism
金启孮 JinQicong,1918—2004
金吉尔,艾兰 Allen Gyngell
井上,梅丽莎 Melissa Inouye

K

考普兰 Douglas Berry Copland,1894—
考登,麦克斯 Max Corden,1927—
凯西 Richard Gardiner Casey,1890—1976
卡恩,赫尔曼 Herman Kahn
卡尔,鲍勃 Bob Carr,1947—

卡尔,阿奇博尔德·克拉克 Archibald Clark Kerr,1882—1951
卡塞尔 Gustav Cassel,1866—1945
卡贝尔,亚瑟 Arthur Capell
坎德尔,巴尔巴拉 Barbara Kandel,又称 Barbara B. Hedrischke
坎贝尔,邓肯 Duncan M. Compbell,1955—
康兹,爱德华 Edward Conze,1904—1979
康丹 Daniel Kane,1948—
康浩 Paul Clark,1963—
科普兰,格拉斯 Douglas Copland
克林,西蒙 Simon Crean
克拉克,乔治 George Clarke
克拉克,希尔达·塞尔温 Hilda Selwyn Clark
克拉克,海伦 Helen Clark
克莱瑟 David de Kretser
克里斯塔勒 W. Christller
柯萨科夫,里姆斯基 Vieta Rimsky-Korsakov
柯德席 Nicholas A. Kaldis
柯润璞 James Irving Crump
库克 James Cook,1728—1779
邝如丝 Rose Maud Quong,或 Kuang Ju-ssu,1879—1972
奎日波 F. B. J. Kuiper
寇致铭 Jon Eugene von Kowallis

L

拉采尔 Friedrich Ratzel,1844—

1904

拉露,玛赛乐 Marcelle Lalou,1890—1967

拉铁摩尔 Owen Lattimore,1900—

拉斯克 Rasmus Christian Rask,1787—1832

莱德敖 J. K. Rideout

兰姆 Alastair Lamb

雷努夫 Alan Phillip Renouf,1919—2008

雷金庆 Kam Louie

雷格,约翰 John Wregg

里德,乔治·豪斯顿 George Houston Reid,1845—1918

里克曼斯 Belgian Pierre Ryckmans

李,安茜 Ansie Lee,1914—

李克曼 Pierre Ryckmans,1935—2014

李约瑟 N. J. T. Montgomery Needham,1900—1995

李木兰 Louise Edwards

李约翰 John Lee,1955—

李瑞智 Reginald Little,1938—

李渡南 Donald Daniel Leslie,1922—

李应芳 Fang Lee Cooke

李恩 Theresa Rein

黎志刚 Lai Chi Kong

黎安友 Andrew J. Nathan

理查德森,丹尼斯 Dennis Richardson

利夫顿,罗伯特 Robert Lifton

林勇 Adam Yong Lam

梁贝蒂 Betty Leung

刘渭平 Liu Weiping,1915—2003

刘咏聪 Chara Wing-chung Ho

列为纳斯 Immannuel Levinas

柳存仁 Liu Ts'un-yan,1917—2009

龙彼得 Piet Van der Loon

骆保禄 Giampaolo Gozani,1659—1732

罗依果 Igor de Rachewilts,1929—

罗依国 Igor de Rachewiltz

陆克文 Kevin Michael Rudd

鲁桂珍 Lu Gwei-Djen,1904—1991

吕武吉 Martin Wu-chi Lu

M

马可波罗 Marco Polo

马克林 Colin Mackerras,1939—

马汉 Alfred Thayer Mahan,1840—1914

马悦然 Nils Göran David Malmqvist,1924—

马兰安 Anne Elizabeth McLaren

马守真 Robert Henry Mathews,1877—1970

马修斯,威廉 Willam Mathews

马吉 John Gillespie Magee

马礼逊 Robert Morrison,1782—1934

马尔凯蒂,吉 Gina Marchetti

马丁,罗伯特·奥姆斯比 Robert Ormsby Martin

麦克法夸尔,罗德里克 Roderick

McFarquhar
麦凯 Huw Mackay
麦卡瑟 John MacArthur, 1767—1834
麦克阿瑟, 道格拉斯 Douglas MacArthur
麦嘉底 John M'Carthy
麦克马洪, 威廉 William McMahon, 1908—1988
麦世英 Mak Sai Ying, 1796—1880
麦金德 Halford John Mackinder, 1861—1947
麦克劳林, 亨利·诺曼德 Henry Normand MacLaurin
麦肯兹, 埃尔贝斯 Elspeth Mackenzie
麦康年 John McKinnon
麦克唐纳, 蒂姆 Tim McDonald
迈斯纳 Maurice Meisner
梅隆, 阿黛尔 Adele Mellen
梅约翰 John Makeham, 1955—
梅森, 伊恩 Ian Mason
梅笃克 J. Musdock
梅辉立 William Frederic Mayers, 1831—1878
梅, 雷切尔 Rachel May
孟希斯, 凯文 Gavin Menzis, 1937—
孟席斯 Robert Menzies
孟正气 Jean Domenge, 1666—1735
闵福德 John Minford
摩根, 罗伯特 Robert L. Morgan
莫理循 George Ernest Morrison, 1862—1920

莫尼, 克里斯 Chris Money
穆瑞, 莱斯 Les Murray, 1938—
默顿 Robert King Merton, 1910—2003
米纳, 罗塞斯 Mina Roces
梅邝安妮 Annie Née Moy Quong
缪豪斯勒, 彼得 Peter Mühlhäusler

N

奈特, 尼克 Nick Knight, 1947—
尼格思, 托尼 Tony Negus
内森, 伊萨克 Isaac Nathan
诺夫罗次基, 安娜 Anna Novroczky
诺克里夫, 詹姆斯 James Norcliffe

O

欧菲塞 F. K. Office
欧阳昱 Ouyang Yu

P

帕尔默, 克莱夫 Clive Palmer
帕金森, 马丁 Martin Parkinson
彭尼, 本杰明 Benjamin Penny
佩弗 Richard M. Pfeffer
匹尔司 Edmund Piesse
浦拉德, 萨谬尔 Samuel Pollard
普洛丁, 米歇尔 Michael Prawdin
普拉特, 玛丽·路易斯 Mary Louise Pratt
珀尔, 西里尔 Cyril Pearl
珀洛斯奥, 安托尼娅 Antonina Perosio

Q

乔治三世 George Ⅲ, 1738—1820
钱伯斯, 伊丽莎白 Elizerberth Chambers
钱存训 Tsuen-hsuin Tsien, 1909—2015

R

饶家驹 Father R. P. Jacquinot
荣振华 Joseph Dehergne, 1903—1990
荣格, 卡尔 Carl-Gustav Jung
瑞, 乔治·布朗松 George Bronson Rea
瑞德, 安托尼 Anthony Reid, 1939—
芮捷锐 Geoff Raby, 1953—
任格瑞 Richard W. Rigby, 1950—2007

S

萨缪尔, 杰弗瑞 Geoffrey Samuel
萨伊德, 爱德华 Edward W. Said, 1935—2003
萨缪尔森, 保罗 Paul Samuelson
赛德勒 A. L. Sadles
赛义登, 马克 Mark Selden
撒切尔, 查尔斯 Charles R. Thatcher, 1831—1878
桑德森, 丹尼尔 Daniel Sanderson
桑尼克罗夫特, 约翰 John Thornycroft
斯莱瑟, 肯尼思·阿道夫 Kenneth Slessor, 1901—1971
斯特凡诺斯卡 A. D. Stefanowska
斯塔尔, 约翰 John Bryan Starr
斯科鹏, 格雷戈里 Gregory Schopen
斯诺 Edgar Snow, 1905—1972
斯诺, 海伦 Helen Foster snow, 1907—1997
斯诺登, 爱德华 Edward Snowden, 1983—
斯坦尼斯拉夫斯基 Konstantin Stanislavsky
斯托林斯, 芭芭拉 Barbara Stallings
司徒永觉 Selwyn Clark
舍甫, 爱德华 Edward Schafer
宋君荣 Antoine Ganbil, 1689—1759
松本重治 Matsumoto Shigeharu
沈大伟 David L. Shambaugh
施勒瑟, 罗伯特 Robert Schloesser
施拉姆 Stuart R. Schram
施坚雅模式 Skinnerian Model
史沫特莱 Agnes Smedley, 1892—1950
史华慈 Benjamin Isadore Schwartz, 1917—1999
史莱星格, 阿瑟 Asser Slesinger
史密斯, 安妮·伊瑟尔 Annie Ethel Smith
孙安芳 Frances Adamson
孙玫 Sun Mei, 1955—
所罗门, 理查德 Richard Solomon
索南塔却 Sonam Thakchoe

T

谭宝 Malcolm Turnbull,1955—
唐纳,亚历山大 Alexander Downer,1951—
泰韦斯,弗雷德里克 Frederick C. Telwess,1939—
泰勒,布列为特 Brewitt Taylor
特里恩,达列尔 Darrell Tryon
特里尔,罗斯 Ross Terrilll,1938—
田伯烈 Harold John Timperley,1898—1954

W

瓦吉斯,彼得 Peter Varghese
瓦特,伊恩 Ian Watt
王赓武 Wang Gungwu,1930—
王怀仁 George E. Metcalf
王铃 Wang Ling,1917—1994
王一燕 Yiyan Wang
汪居廉 Julian Ward
韦利,亚瑟 Arthur Waley
韦伯,马科斯 Max Weber
韦立德 Tim Wright
威尔逊,杰西 Jessie Wilson
威利,亚瑟 Arther Waley
魏特夫 Karl August Wittfogel
维特洛,玛丽 Mary Whitlaw
沃姆 Stephen Adolphe Wurm,1922—2001
沃姆,阿道夫 Adolphe Wurm
沃森,安德鲁 Andrew Watson
沃尔特 Andrew G. Walder
沃马克,布兰克利 Brantly Womack
吴坚立 James Wu
伍晓明 Wu Xiaoming
伍开文 Carl Robinson Worker

X

西门,华德 Earnest Julius Walter Simon,1893—1981
西敏 Simon Patton,1961—
西蒙,沃特 Walter Simon,1893—1981
奚如谷 Stephen West
席格伦 Gory Sigley
萧虹 Lily Xiao Hong Lee
谢阁兰,维克多 Victor Segalen
许倬云 Hsü Cho-yün

Y

颜慈 Walter Perceval Yetts,1878—1958
颜清湟 Yen Ching Hwang,1937—
杨日文 Edmond Young
杨健 Yang Jian,1962—
杨,杰森 Jason Young
姚载瑜 Nora Yao
叶晓青 Ye Xiaoqing,1952—2010
叶宋曼瑛 Ip,Manying,1945—
伊懋可 Mark Elvin,1938—
伊格尔顿 Terry Eagleton,1943—
因诺森四世 Innocent IV
英戈尔斯,丹尼尔 Daniel Ingalls

英斯,约瑟夫 Joseph Ings,？—1906
优娑纳德佳法师 U Sasana Dhaja
尤恩,大卫 David Irvine
云从龙 Leslie Earl Willmott
云达忠 William Edward Willmott
云达乐 Donald Edward Willmott
云达吉 Richard Edward Willmott

Z

詹斯,威廉 Willem Janszoon,1571—1638
詹姆斯,安妮·伊莎贝尔 Annie Isabella James,中文名泽国
庄爱玲 Eileen J. Cheng
赵晓寰 Zhao Xiaohuan,1963—

哲伦 Rudolf Kjellen,1864—1922
泽勒 Albert Selle
张磊夫 Rafe de Crespigny,1936—
张尔昌 Gladstone Charles Fletcher Porteous,1874—1944
张人骏 Chang Chen-chun
翟理斯 Herbert Giles
朱南卡,拉贾 Raja Junankar
周策纵 Chow Tse-tsung
周思,尼古拉斯 Nicholas Jose,1952—
周守恩 George Herbert Jose,1868—1956
周平 Phillipa Kelly
周杉 Eva Shan Chou

澳新汉英术语对照表

A

桉树叶帮 The Eucalytus Group

B

"白澳政策" White Australian Policy
被偷走的一代 the Stolen Generations
本质主义 essntialism

C

城市户籍登记 urban household registration

D

大区域 Macroregions
道德管理 policing of virtue
东方主义 Orientialism
地缘政治学 geopolitics
地缘经济学 geoeconomics
地方主义 parochialism
地方文学 regional literature

F

泛亚研究 Greater Asian Studies/ Pan-Asian Studies
反派角色 Machiavellian-type villain
反思文学 reflective literature
妇女参政 Women's Suffrage
负责任的利益攸关者 responsible stakeholder

G

高级均衡伐理论 High Level Equilibrium Trap Theory
更新世 pleistocene
根据实情抉择 voting with feet
工合运动 Chinese Industrial Cooperation
古壮字 the Old Zhuang Script
国家战略 National Strategy
管理全球化 Managing Globalization
寡头政治 oligarchy

H

海权论 Sea Power
花鼓戏 Flower Drum Song
华人华侨 Chinese diaspora 或 overseas Chinese

华人移民 Chinese Immigration
后汉学 New Sinology
后殖民主义 post-colonialism
后现代女权主义理论 postmodern feminist theories
"黄祸论" the Yellow Peril

J

接触区 Contact Zones
极权主义 totalitarianism
计划生育 birth control
简约主义 reductionism
结构分析方法 structural approach
解释学 hermeneutics
经验主义 Empiricism
旧体诗 Classical-style Verse
均衡观点 balanced view

K

空间科学 atmoshoeric science
孔子学院 Confucius Institute
跨太平洋伙伴关系条约国 Trans-Pacific Partnership
跨国主义 transnationalism

L

力拓间谍案 spying Stern Hu

M

媒介感 sense of media
美丽诺羊种 Merino lambs
民族国家 nation state

名实论 Name and Actuality

N

女权主义 Femalism
农村经济战略 rural economic strategy

P

派系政治 factional politics
排污交易计划 Emissions Trading Scheme

Q

契约制 Indenture System
前座议员 the frontbench
区位分析 location analysis
囚犯流放地 penal colony

R

儒家道家世纪 A Confucian-Daoist Millennium
人文实证主义 humanities and positivism
认知共同体 epistemic community

S

山水诗 Landscape Poems
伤痕文学 wound literature
省份分析 provincial analysis
社区共识 community consensus
生育与优生学 reproduction and eugenics
社会生态学 social ecology

市民行为主义 civil activism

T

他者 others
淘金热 Gold Rush
堂会 household performance
同龄人 age-mates

W

挖穷根 Entrenching Poverty

X

新富 the New Rich
新儒家哲学 Neo-Confucian Philosophy

Y

亚殖民地 hypocolony
亚洲价值 Asian Values
亚洲世纪 Asian Century
郁金香部队 Tulip Force
语言政策 language policy
一带一路 The Belt and Road

Z

中论 Balanced Discourses
中层理论/中观理论 theories of middle range
中心区位观点 Central Place Theory
准汉学家 a Sinologue of sorts
族群认同 ethnical identity

澳新汉学发展史大事记

1810年,广州人麦世英(Mak Sai Ying,1796—1880)被认为是第一位到达悉尼的华人。

1856年4月,英国人罗伯特·比尔(Robert Bill)在巴拉腊特创办《唐人新文纸》,后改名为《番唐人新文纸》和《英唐招贴》,1858年8月7日终刊。

1864年,新西兰南岛奥塔哥省向中国招募矿工。

1881年,新西兰政府通过了限制华人入境的《华人移民法案》(Chinese Immigration Act)。

1894年9月,华商孙俊臣创办华文《广益华报》(The Chinese Australian Herald),1923年终刊。

1901年,在墨尔本开幕的联邦议会上通过了《移民限制条例》。

1918年,悉尼大学设立东方研究系,聘任梅笃克为教授,开始古汉语教学。

1927年,首届澳大利亚联邦会议在堪培拉召开,正式宣布澳大利亚独立。

1932年,澳大利亚华人为纪念记者乔治·莫理循创办了莫理循学术讲座。自1948年起澳大利亚国立大学每年继续定期举办该讲座。

1952年2月27日,新中友好协会在奥克兰建会。

1953年,澳大利亚国立大学设立了远东历史系,费子智出任讲座教授和系主任。

1955年,悉尼大学聘任教授戴维思(A. R. Davis)恢复东方研究系招生。

1960年,维多利亚州墨尔本中小学开始汉语教学,同年墨尔本大学设立第一个中文教席。

1960年,悉尼大学亚洲研究学院创办《东方社会学刊》(Journal of the

Oriental Society），是全澳出版最早的亚洲研究期刊之一。

1966 年,西澳洲大学亚洲研究中心（Centre for Asian Studies）建立。

1970 年,当代中国中心（Contemporary China Centre）建立于澳大利亚国立大学亚太问题研究学院（Research School of Pacific and Asian Studies），着重研究 1949 年以后中国的政治、经济、社会等问题,培养了一批博士研究生。

1970 年,澳大利亚亚洲研究协会（Asian Studies Association of Australia）建立,旨在促进对亚洲各国的语言、文化、政治方面的研究。

1970 年,澳大利亚国立大学远东历史系创办《远东历史论丛》（现名《东亚史》）。

1971 年 1 月,澳大利亚国立大学主举办了第 28 届国际汉学会议,扩大了澳大利亚汉学在国际汉学界的影响。

1972 年 12 月 21 日,中华人民共和国与澳大利亚正式建立外交关系,推动了两国政治、经济和文化交流。

1973 年,澳大利亚政府通过了移民法修正案。

1974 年,中国和新西兰开始互派留学人员。

1974 年,新西兰亚洲研究会（New Zealand Asian Studies Society）成立,定期举办学术讨论会,通过各种出版物开展对亚洲问题的研究。

1975 年,亚德雷德大学亚洲研究中心（Centre for Asian Studies）建立。

1977 年 7 月,莫纳什大学亚洲学院创办《亚洲研究评论——澳大利亚亚洲研究协会杂志》（*Asian Studies Review：Journal of the Asian Studies Association of Australia*）

1978 年,格里菲斯大学澳亚关系研究中心（Centre for the Study of Australia-Asia Relations）建立。南澳、西澳、昆士兰和塔斯马尼亚州开始在日校设置汉语课程。

1978 年,澳大利亚政府建立澳大利亚外交与外贸部下属的澳中协会（The Australia-China Council），主要职能是促进澳中两国人民之间的交流,资助相关研究机构和个人的学术研究。

1979 年,澳大利亚国立大学的当代中国中心创办《澳大利亚中国事务杂志》[*The Australian Journal of Chinese Affairs*，现名《中国研究》（*The China Journal*，1995-2014，No. 34-71]，2012 年第 68 期后同时出版印刷文本和网络版。

1981年4月,对外文委主任黄镇访问澳大利亚,双方正式签署了《中澳文化合作协定》。

1982年12.月1日,澳大利亚华文期刊《海外风》在墨尔本创刊。

1985年,澳大利亚亚洲研究理事会(Asian Studies Council)成立,提倡开展对亚洲的政治、经济、历史、地理和文化研究,费思棻出任该会第一任主席。

1985年,澳大利亚《文萃》杂志在新南威尔士州创刊。

1985年1月,澳大利亚《汉声杂志》在墨尔本创刊。

1987年3月19日,澳大利亚《澳洲新报》的前身香港《新报》(澳洲版)在悉尼创刊。

1988年5月1日,澳大利亚《华声报》在悉尼创刊。

1988年,格里菲斯大学和昆士兰大学亚洲语言和研究中心(Key Centre for Asian Languages and Studies)建立。

1988年,莫纳什亚洲学院(Monash Asia Institute)建立。

1989年,悉尼大学亚太地区研究所(Research Institute for Asia and the Pacific)建立。

1989年,麦考瑞大学的中国政治经济中心(Centre for Chinese Political Economy)建立,经常进行一些商业领域的调查并召开讨论会,为澳大利亚商业界提供一些课程,并出版刊物《进入中国》以及不定期出版物《麦考瑞中国政治经济研究》(Macquarie Studies in Chinese Political Economy)。

1989年,拉特罗布大学亚洲研究所(Institute of Asian Studies)建立。

1989年7月7日,墨尔本大学成立澳大利亚中国研究协会(Chinese Studies Association of Australia),并召开第一届澳大利亚中国研究协会全国大会(National Conference of the Chinese Studies Association of Australia)。

1990年,默多克大学亚洲社会、政治和经济变化研究中心(Asia Research Centre on Social, Political and Economic Change)建立。

1990年,阿德雷德市阿德雷德大学中国经济研究小组(Chinese Economy Research Unit)建立,主要研究中国的城乡经济关系、农村工业化、粮食生产和市场投资与就业等问题,并出版《中国经济研究小组工作报告》(Chinese Economy Research Unit Working Papers)等文集。

1990年,新南威尔士大学亚澳研究所(Asia-Australia Institute)建立。

1990年,塔斯马尼亚大学亚洲中心(The Asia Centre)建立。

1990年，塔斯马尼亚大学历史系创办《澳大利亚中国研究协会通信》(CSAA Newsletter)。

1990年，乌龙冈大学亚太地区发展研究项目(Asia-Pacific Development Studies Program)建立。

1991年，中澳两国签署文化合作协定，确定每两年在各自首都召开会议商定交流项目。

1991年，维多利亚理工大学亚太研究中心(Centre for Asia Pacific Studies)建立。

1991年，悉尼麦考瑞大学创办中国政治经济中心，出版了《进入中国》(Access China)。

1992年，澳大利亚汉学国家战略(National Strategy for Chinese Studies)成立，主要目标为：1995年前，澳大利亚各中学和大学生有机会学习汉语、中国历史、文化、地理、经济和艺术；使更多澳大利亚人了解中国传播媒介、商业和旅游；实施战略中提出的建议并跟踪其进程。

1992年，麦考瑞大学亚太研究所(Asia-Pacific Research Institute)建立。

1992年，墨尔本大学亚洲教育基金会(Asia Education Foundation)建立。

1993年，悉尼大学亚太地区法律中心(Centre for Asian and Pacific Law)建立。

1993年，中国各族同胞联谊会在澳大利亚新州成立，会员500名来自中国新疆和内蒙的俄罗斯族、维吾尔族、哈萨克族、蒙古族、鄂温克族等10余个少数民族。

1993年，新西兰中华文化中心成立，以推广中华文化、促进中新两国文化交流、增进族群和谐为宗旨，会址在奥克兰。

1994年5月25日，澳大利亚联邦总理、各州总理和首席部长共同签署了由马克林主持的澳大利亚政府理事会(Council of Australian Governments)亚洲语言与文化工作组提交的《亚洲语言与澳大利亚经济未来的报告》(Asian Languages and Australia's Economic Future)。在此基础上形成了文件《亚洲语言10年计划——澳大利亚学校亚洲语言与学习国家战略》(National Asian Languages and Studies in Australian Schools Strategy，英文简称为NALSAS，汉译简称为《亚洲语言计划》)，旨在鼓励和支持澳大利亚中小学开设亚洲语言课程。

1995年7月5日至7日,在悉尼市麦考瑞大学召开第4届澳大利亚中国研究协会大会(Chinese Studies Association of Australia 4th Biennial Conference),与会代表约120人,来自澳洲及中国的各大学和研究机构,向大会提交论文100多篇。

1996年11月19日,在堪培拉成立会员制非营利组织澳大利亚中国工商业委员会(Australia China Business Council, ACBC),共有新南威尔士、北领土、昆士兰、西澳、和维多利亚六个分支机构。

1998年,新南威尔士大学与悉尼理工大学合办的中国省份研究中心(UNSW-UTS Center for Research on Provincial China),进行以省为单位的研究,以便全面了解中国文化和社会,并决定每年以省为主题举行研讨会,会后出版《中国省份学刊》(Provincial China Journal)。专注各省的研究体现了澳大利亚汉学研究为其国家政经利益服务的原则与特色,表现出澳大利亚汉学研究方向的转移。

1998年4月5—18日,阿德莱德大学人文与社会学部副主任华安德教授访问了北京语言大学、北京师范大学学、北京大学、北京外国语大学、西北大学、复旦大学等院校,并就汉语教学、教材编写、合作办学和校际交流进行了商谈。

1998年,奥克兰被确定为新西兰汉语水平测试考点。

1998年,新西兰政府宣布增加中国自费赴新留学生名额至4000名。

1999年7月,澳大利亚教育、培训与青年事务部长大卫·肯普访华,双方签署了中澳教育培训合作谅解备忘录。

1999年,新西兰取消对中国赴新留学生的名额限制。

2003年,胡锦涛主席访问新西兰期间,双方签署相互承认高等学历和学位证书协议。

2004年,新西兰华人人头税历史遗产基金会拨款500万新西兰元,为研究早期华人移民的历史、语言与文化提供资助。

2005年,在珀斯的西澳大学建立了全澳第一所孔子学院——西澳大学孔子学院,宗旨是推广汉语教学和中国文化。至2013年全澳共建13所孔子学院、20所孔子课堂(Confucius classrooms)。

2007年,秉着"传承中华文化,弘扬和谐理念,维护世界和平"的宗旨,澳洲成立了孔子研究会。

2007年2月,奥克兰大学孔子学院举行揭牌仪式。

2007年9月,中国人民对外友好协会在北京、甘肃举办路易·艾黎诞辰110周年纪念活动。

2008年,澳大利亚政府公布了"国家学校亚洲语言学习计划"(National Asian Languages and Studies in Schools Program)。

2009年4月14日,新西兰当代中国研究中心(The New Zealand Contemporary China Research Centre)在惠灵顿维多利亚大学正式成立。

2009年9月20日,悉尼华人庆祝孔子节,澳大利亚联邦总理陆克文为节庆亲笔题词"文行忠信"。

2009年11月,时任副总理的李克强访问新西兰,双方签署《中国孔子学院总部与新西兰坎特伯雷大学关于合作设立坎特伯雷大学孔子学院的协议》。

2009年11—12日,由南澳中文协会主办的第十五届年会暨学术讨论会在阿德莱德大学举行,主题为"集思广益:在中文教育的创新实践中取长补短",世界和全澳各地185名大中小学汉语教师与会。

2010年4月,澳中论坛(Australia-China Forum)组建。

2010年6月,时任副主席的习近平访新期间为维多利亚大学孔子学院揭牌。

2010年12月,澳大利亚联邦政府决定组建中国事务秘书委员会(Committee of Secretaries on China),由外交部秘书主持,成员包括财政部、国防部和机密情报组织等20个部委的负责人。

2011年3月,新西兰维多利亚大学创建孔子学院。

2011年,悉尼大学中国研究中心(The University of Sydney's China Studies Centre)成立。

2012年11月30日至12月3日,由中华炎黄文化研究会、新加坡炎黄国际文化协会和澳大利亚拉特罗布大学在墨尔本联合主办以"文明对话与中华文化精神"为主题的21世纪中华文化世界论坛第七届国际学术研讨会。

2012年,时任总理陆克文宣布联邦政府出资5300万澳大利亚元建立隶属于澳大利亚国立大学亚太学院的澳大利亚中华全球研究中心(Australian Center on China in the World,CIW)。

2012年3月27日,悉尼大学成立由欧洲的中国通凯利·布朗(Kerry Brown)领导的有130多名学者参加的该校中国研究中心(China Studies

Centre)。

2013 年 11 月 24 日,澳大利亚藏族同胞联谊会成立。

2014 年 5 月 16 日,悉尼科技大学澳中关系研究院(Australia-China Relations Institute,UTS)成立。

2014 年 11 月 18 日,云南师范大学与澳大利亚塔斯马尼亚大学共建的中澳跨文化研究中心在塔斯马尼亚州首府霍巴特成立。

2014 年,新西兰当代中国研究中心成立。

2017 年 3 月,李克强总理访新期间,双方签署了《中华人民共和国文化部和新西兰奥克兰市政厅关于在新西兰奥克兰设立中国文化中心的合作安排》。